创新创业基础

CHUANGXIN CHUANGYE JICHU

李宇 陈文婷 主编

东北财经大学出版社
Dongbei University of Finance & Economics Press
大连

图书在版编目（CIP）数据

创新创业基础 / 李宇，陈文婷主编．—大连：东北财经大学出版社，2018.5

ISBN 978-7-5654-3120-3

Ⅰ.创…　Ⅱ.①李…②陈…　Ⅲ.大学生-创业-研究　Ⅳ.G647.38

中国版本图书馆CIP数据核字（2018）第056085号

东北财经大学出版社出版

（大连市黑石礁尖山街217号　邮政编码　116025）

网　　址：http://www.dufep.cn

读者信箱：dufep@dufe.edu.cn

大连永盛印业有限公司印刷　　东北财经大学出版社发行

幅面尺寸：170mm×240mm　　字数：476千字　　印张：23.75

2018年5月第1版　　2018年5月第1次印刷

责任编辑：李　彬　时　博　周　慧　　责任校对：时　慧

封面设计：张智波　　版式设计：钟福建

定价：49.00元

教学支持　售后服务　联系电话：（0411）84710309

如有印装质量问题，请联系营销部：（0411）84710711

序

中国从来没有像今天这样，携带着伟大复兴的梦想，如此热切地对那些心怀高远的创业者敞开怀抱，并向全世界发出创新创业的最强音。在20世纪80年代，也就是改革开放初期，国内出现了“个体户”式的创业热潮；到了20世纪90年代末21世纪初，互联网热潮中又出现了“网络精英”式的创业；“2014夏季达沃斯论坛”则揭开了“大众创业、万众创新”的时代序幕，现在的中国俨然成为新经济时代下的创新创业热土。“不是在创业，就是在创业的路上”可以算是中国一些年轻人的一个缩影，创业社区与创孵空间在国内如雨后春笋般出现，在北京中关村的创业大街上，不到两年时间便诞生了300多家初创企业。2015年全球125家价值10亿美元以上的初创企业中，有18家来自中国，这个数量仅次于美国。

在创新创业时代，一切都在推陈出新。作为引领社会文化，不断为社会输送青年人才的国内高等院校，正如火如荼地推动在校生的创新创业教育与实践，甚至有些院校将创新创业纳入素质教育，不断融入学科、专业、课程及教学与研究中去。在这些昔日的“象牙塔”里，近些年来创新创业学院、“产学研”一体化平台、实践教学基地、大学创业科技园、校内预孵化器等创新创业教育实践机构纷纷应运而生，“大创计划”“互联网+”等各种主题的创新创业训练及竞赛也越来越受到学子欢迎。因此，一些高校都在根据自己的院校特征，培育各具特色的创新创业教学体系，其中财经类院校由于在学科上具有“贴经靠商”的天然优势，在创新创业教学体系的设计和发展上有着更多的探索空间。

东北财经大学创新创业教育起步于2008年。先是从个别院系“创业基础”和“创新思维训练”等课程导入开始，课程的开设得益于个别师资早年参加大连市人社局面向军转干部及下岗职工开展的创业培训与实践指导。2011年，东北财经大学工商管理学院推出“足实”整合性实践研究活动，并与本科生毕业设计答辩赛有机结合起来，开创了大学生的创新训练与实践研究活动（早于国家“大创计划”）。再后来，“创新管理”“商业模式创新”“家族创业与传承”“创业与管理设计”等创新创业类课程陆续得以开设，有20余名专业教师陆续参加了人社部SYB（国际劳工组织创业培训项目）和YBC（中国青年创业国际计划）师资培训，并面向校内本科生开展SYB培训（纳入校内选修学分）。2014年东北财经大学设立了创新创业教学部，之后在2014级本科生培养方案中，全校铺开了创新创业选修模块课程。2016年东北财经大学整合校内大学生创新创业工作职能，组建了创新创业与实验教学中心，2017年在校内设立了大学生创新创业孵化基地。至此，东北财经大学“一理三实”，即基于理论教学（创新创业基础）和实验、实训、实践教学的创新创业教学体系初步形成。

师资队伍建设是创新创业教学体系培育的重要保障。令人欣喜的是，经过多年的培养，东北财经大学建立了一支优秀的创新创业师资队伍，他们全部具有博士学位，多人接受过美国百森商学院、澳大利亚昆士兰科技大学、中山大学等高校的创新创业教育与培训，连续多年指导学生参加“大创计划”，并指导学生参加全国“挑战杯”创新创业大赛、全国互联网+创新创业大赛、全国网络商务创新应用大赛、全国大学生市场调查与分析大赛、全国大学生电子商务“三创”挑战赛、全国管理决策模拟大赛、全国大学生金融创意大赛等全国性创新创业赛事，积累了丰富的教学与实践经验。本书的编写是东北财经大学“一理三实”创新创业教学体系的重要建设内容，也是对师资团队的一次检验。

在财经类高等院校普及展开创新创业教育，对于其人才培养特色化具有重要意义。因此，在创新创业教育实施中，确实需要充分借鉴、汲取国内外相关教材的特点，编写一本针对财经类院校特点并满足其创新创业教学需求的教材。本书的诞生，便响应了这一需求。

创新创业的重心在于教育。不忘初心，方得始终。希望本书能够达成其使命，即“将创新的精神根植到学子头脑中，将创业的种子播种到学子心田里”。

王维国

2018 年 4 月 18 日于东财园

前　言

在2014年学校设立创新创业教学部并在全校2014级本科生培养方案中普及开设了创新创业模块课程之后，编写一本满足本校本科生、研究生创新创业教育需要并具有财经类院校特色的教材便提上日程。首先是师资团队的成长学习，在教学团队搭建起来后，出身于管理学科背景的教师们，便开始转身投入到创新创业教育与实践中去。有的出国进修，有的参加国内培训，所有教师均先后获得了SYB师资培训证书。正是在SYB培训课堂上，教师们实现了交互学习和各自研究与实践专长的定位，并创新了“课训一体”“学生课堂自治”授课模式，实现了创新创业课堂的翻转。有了三四年的师资成长及课堂授课实践基础，在充分借鉴国内外同类教材的基础上，编写一本具有财经类院校特色的创新创业教材便水到渠成了。

本书共由13章组成，一共有10名教师参加了编写，基本内容及章节分工如下：

第1章是概论（苗莉执笔）。介绍了创新与创业的本质与内涵、创业者的创业动机与素质以及创业的类型与过程。

第2章是创意与创造性思维（李宇执笔）。无论是创新还是创业，好的创意都是非常关键的。本章介绍了创意的内涵与来源、创意资产形成以及创造性思维与方法。

第3章是创新与创新战略（李宇执笔）。创新是创业活动的理论支撑和有竞争力的创业活动成功的关键内核。本章介绍了创新的价值、创新的类型、创新的过程与主要模式以及企业的创新战略。

第4章是创业机会（朱阳执笔）。机会对于创业者的成功至关重要。本章主要介绍创业机会的发现、识别、评价与构建。

第5章是创业团队的组建与管理（陈文婷执笔）。由创业者组成的团队要比单独的创业者具有更为强大的力量，但如何组建创业团队和管理创业团队则是一个关键问题。本章侧重于介绍创业团队的组建与管理。

第6章是商业模式（李孟涛执笔）。商业模式的重要性丝毫不亚于技术创新。本章介绍商业模式的基本内涵、构成要素以及商业模式设计方法和典型商业模式剖析。

第7章（王东波执笔）和第8章（孙灵希执笔）介绍了创业成功的两个重要外部问题：一个是融资问题，包括创业融资概述、融资渠道、融资类型及常见问题；一个是法律与税务问题，包括与创业及经营相关的政策、法律及税收实务。

第9章是创业风险（丁秋雷执笔）。只有对创业风险有了准确的认识，才能有针对性地制定风险预防措施，增加创业的成功率。本章对创业风险的来源与类型、创业风险的识别与防范进行了介绍。

第10章是新创业企业成长（王慧执笔）。绝大多数创新创业活动是通过成立新创企业的形式得以实现的，本章着重阐述了新创企业面临的生存、成长和管理问题。

第11章到第13章是本书的创新之处。第11章（李健生执笔）着重介绍了创业与创富的关系，在树立正确创业价值观的基础上，解读了创业与创富的关系，强调了对财富本质的理解及如何驾驭好财富，并介绍了共享经济和消费创富新模式。第12章（刘佳执笔）介绍了家族创业与传承问题，围绕家族企业及其创业问题、代际传承及跨代创业进行了阐述。第13章（苗莉执笔）探讨了目前创业的全新领域，即公司内部创业和社会创业，前者是当前创新型企业克服“大企业病”的良方，而后者则将关注社会问题、解决社会痛点问题而开展创业活动纳入视野。

以上章节安排遵循了创业活动的基本逻辑，涵盖了创业活动面临的主要问题，并触及了创新创业的全新领域。基于此，本书作为财经类院校《创新创业基础》教材，其特色可以归纳为以下两点：

第一，本书依托财经类院校经济与管理学科基础，发挥师资团队成员研究领域各有侧重的优势，紧紧围绕创新创业中的几个关键环节，如创意与创造性思维、创新与创新战略、创业机会识别、创业团队组建、商业模式创新、创业融资与创业风险控制等，有机安排章节内容，并将视角加以延伸，涉及创新创业创富“三创”协同问题，家族创业与传承问题，以及公司创业和社会创业问题，使得本书有了一个明显的“纵贯线”。

第二，本书贯彻了“课训一体”的创新创业教学模式。在师资团队多年创新创业教育与实践经验总结的基础上，有机地将创新创业理论与案例剖析及课堂实训内容融为一体，在每章前面均设有引导案例，在每章课后均安排课后思考和实训演练，在章节中增加了与讲授内容相关的拓展阅读内容。“课训一体”的设计，将问题研讨、案例分析和课堂实训有机融合，推动课堂实现翻转并走向“知行合一”。

本书得以顺利出版，要特别感谢东北财经大学出版社的田世忠社长的大力支持和李彬等编校人员的辛苦工作。感谢东北财经大学分管本科教学工作的王维国副校长亲自为本书作序，并对本书的写作思路、逻辑构架、格式规范等方面提出宝贵意见。感谢参与本书编写的各位创新创业教育者，作为东财创新创业师资团队的代表，他们都来自东北财经大学工商管理学院，衷心希望他们能在创新创业教育的征途上走得更远。

编　者

2018年4月

目　　录

第 1 章　概论 …… 1
【学习目标】 …… 1
【引导案例】 …… 1
1.1　创新、创业的本质与意义 …… 3
1.2　创业者的创业动机与素质 …… 9
1.3　创业类型 …… 15
1.4　创业过程 …… 19
【本章小结】 …… 23
【核心概念】 …… 24
【课后思考】 …… 24
【实践演练】 …… 24
第 2 章　创意与创造性思维 …… 28
【学习目标】 …… 28
【引导案例】 …… 28
2.1　创意的内涵 …… 30
2.2　创意的来源 …… 32
2.3　创意资产的形成 …… 35
2.4　创造性思维 …… 42
【本章小结】 …… 58
【核心概念】 …… 58
【课后思考】 …… 59
【实践演练】 …… 59
【课后作业】 …… 62
第 3 章　创新与创新战略 …… 63
【学习目标】 …… 63
【引导案例】 …… 63
3.1　创新的基础理论、时代特征与企业竞争力 …… 65
3.2　创新的主要模式 …… 77
3.3　企业创新战略 …… 80
【本章小结】 …… 92
【核心概念】 …… 93

【课后思考】 …… 93
【实践演练】 …… 94
【案例分析】 …… 97
第 4 章 创业机会 …… 100
【学习目标】 …… 100
【引导案例】 …… 100
4.1 创业机会的发现 …… 102
4.2 创业机会的识别 …… 108
4.3 创业机会的评价 …… 112
4.4 创业机会的构建 …… 117
【本章小结】 …… 120
【核心概念】 …… 121
【课后思考】 …… 121
【实践演练】 …… 121
第 5 章 创业团队的组建与管理 …… 123
【学习目标】 …… 123
【引导案例】 …… 123
5.1 创业团队及其内涵 …… 125
5.2 组建创业团队 …… 128
5.3 管理创业团队 …… 133
【本章小结】 …… 139
【核心概念】 …… 139
【课后思考】 …… 139
【实践演练】 …… 139
第 6 章 商业模式 …… 143
【学习目标】 …… 143
【引导案例】 …… 143
6.1 商业模式内涵 …… 144
6.2 商业模式要素 …… 150
6.3 商业模式设计 …… 156
6.4 典型商业模式 …… 159
【本章小结】 …… 171
【核心概念】 …… 171
【课后思考】 …… 172
【实践演练】 …… 172
第 7 章 创业融资 …… 173
【学习目标】 …… 173

【引导案例】……173
7.1　创业融资概述……175
7.2　创业融资的渠道与类型……182
7.3　创业融资中的常见问题……202
【本章小结】……205
【核心概念】……205
【课后思考】……205
【实践演练】……207
第 8 章　创业法律与税务问题……208
【学习目标】……208
【引导案例】……208
8.1　依法创业与相关政策……209
8.2　创业筹备的法律实务……214
8.3　企业经营的法律实务……224
8.4　企业经营的税务管理……229
【本章小结】……238
【核心概念】……238
【课后思考】……238
【实践演练】……239
第 9 章　创业风险……241
【学习目标】……241
【引导案例】……241
9.1　创业风险概述……243
9.2　创业风险的识别……247
9.3　创业各阶段风险与防范……249
【本章小结】……261
【核心概念】……262
【课后思考】……262
【实践演练】……262
第 10 章　新创业企业成长……264
【学习目标】……264
【引导案例】……264
10.1　新创企业成长概述……265
10.2　新创企业的生存……270
10.3　新创企业成长面临的挑战……279
【本章小结】……289
【核心概念】……289

【课后思考】 …… 289
【实践演练】 …… 290
第 11 章 创业与创富 …… 291
【学习目标】 …… 291
【引导案例】 …… 291
11.1 创业价值观与创富 …… 293
11.2 读懂财富 驾驭财富 …… 300
11.3 共享经济与消费创富 …… 306
【本章小结】 …… 313
【核心概念】 …… 313
【课后思考】 …… 314
【实践演练】 …… 314
第 12 章 家族创业与传承 …… 316
【学习目标】 …… 316
【引导案例】 …… 316
12.1 创业家族企业 …… 317
12.2 跨越生命周期的家族创业 …… 324
12.3 代际传承与跨代创业 …… 337
【本章小结】 …… 344
【核心概念】 …… 345
【课后思考】 …… 345
【实践演练】 …… 345
第 13 章 企业内创业与已定型企业的持续成长 …… 346
【学习目标】 …… 346
【引导案例】 …… 346
13.1 企业内创业的内涵、必要性与特征 …… 349
13.2 内部创业者及其创业动因与形式 …… 353
13.3 基于企业内创业的企业持续成长机制 …… 359
【本章小结】 …… 366
【核心概念】 …… 366
【课后思考】 …… 366
【实践演练】 …… 367

第 1 章　概论

【学习目标】

1. 了解创新创业的含义与意义
2. 了解创业者的动机与素质
3. 了解创业的主要类型
4. 准确理解创业的过程和要素

【引导案例】

超级课堂：杨明平的创业故事

杨明平是一位 80 后“高校系”创业者，2012 年《福布斯》刊登的“中国 30 位 30 岁以下创业者”名单上，他位列其中。用他的话说，就是喜欢“折腾”。他开过火锅店、从事过金融业、在中小学教育行业开启颠覆模式，又在手机互联网开挖艺术品市场，他成立无届网络科技有限公司，希望科技能够到达所有的地方……

因为“无知”——闯进创业圈。“才 9 万元就可以盘下学校边上的餐饮店面，我当时觉得很便宜，并且餐饮容易赚钱，就接手了。”杨明平自嘲说“因为无知”，当时他上大学三年级，后来才发现“完全被忽悠了”，6 个月就陷进去 30 万元。即便如此，也没走回头路。“我一个浙大理工男，另两个合伙人也和我差不多，没学过经济学、管理学，自己就乱学一通。”就是这么乱学一通，一年后，杨明平一伙人将原先主打东阳菜、川菜的饭店做成了年收入 200 万元的火锅店。

“不踏实感”——让他选择继续学习。毕业之后，杨明平到银行工作，在银行时接触到很多关于经济的专业知识，发现自己对于专业的理论、商业模式都不明白。虽然当时火锅店收入比较稳定，名气也大。但他觉得，自己还没有形成商业思维的逻辑。工作的困难，加上创业的不踏实感，让他决定继续学习。2007 年，杨明平决定开始申请学校，并同时拿到了 MIT 斯隆学院以及中欧国际商学院全奖的 offer。2008 年，他开始了自己在中欧国际商学院的 MBA 学习生涯，成为该院最年轻的学员。后来的事实证明，他的这个决定是正确的。中欧国际商学院学习的这段经历，给杨明平带来踏实的感觉，变得更加相信自己。

“折腾到精”——做细分市场第一。如果说开火锅店是误打误撞，那么创办超级课堂则是杨明平团队深思熟虑的结果。这也是他从传统线下走向线上，进入科技领域的一大转折。杨明平利用火锅店得到的第一桶金以及同伴从美国寄来的打工赚的钱作为启动资金。2008 年，杨明平创立超级课堂，为中小学学生提供影像大片式网络互动学习课程。杨明平的目标是打造线上线下相结合的优化学习体验的教育科技公司。

“助燃性就是说氧气可以帮助别人燃烧，从而达到把自己嫁出去的邪恶目的，氧化性是说氧气可以和别人结婚，这不是一码事吗？”打开空气与氧气的入门课程，你会看见燃烧着熊熊火焰的炼狱，看见星象环生的银河系……在这些如好莱坞大片般引人入胜的画面背后隐藏的却是初中化学课中关于氧气的知识点，这就是“超级课堂”的冰山一角。杨明平说，他期望的结果是：“学生一旦点开‘超级课堂’，就迫不及待地想一口气看完，而且看了还想看。”

“我们一直以来的想法，就是用超级课堂的大片式教育去代替老师的 PPT。”杨明平满满的自豪感，“不论是导演、文案、后期制作、视觉、动画、合成、音效，还是教研团队，我们的阵容强大，当时也雄心勃勃。为的就是要保护学生的好奇心与求知欲。”超级课堂的目标是将在线教育规模化，通过两个途径来实现：一个是互联网；一个是走内容。一年的时间，超级课堂有了一万多个付费用户，销售收入达两三千万。

如今他和团队专注于移动教育的应用产品开发和运营。旗下有两大产品线。产品之一物理大师。它专注于 K-12 中小学教学资料片的开发和运营，目前已经开发了近 180 个教学资料片，涵盖初中所有物理的教学知识点。产品以生动、有趣、形象的方式辅助中小学课堂教学的前五分钟。“我们团队由最好的艺术家、教育专家、心理学专家，以及移动技术专家构成，旨在帮助教师提升课堂效率，有更多时间参与学生互动。在做好物理科目之后，水平扩张，提供化学、数学、政治、地理、历史等其他科目的垂直应用。”产品之二老师无忧，它是提升教师批改作业和试卷效率的工具，把纸质作业电子化，并构建大数据的题库系统，形成教师提升效率、黏度极高的产品。在此基础上，构建教师社交、家校沟通的平台。“无届科技提供激动人心、最高效的教学资料片，以及作业批改和社交工具，帮助老师在课前、课中、课后提升效率，更多专注于学生互动，打造未来的课堂。”杨明平自豪地说。

他的梦想是带领团队打造一个真正的百亿美金的公司，给现行的教育带来质的变革。无论投资和创业都希望能在该领域里做到创新，做到细分市场的第一名。

资料来源：根据相关资料整理。

创新、创业是推动人类社会发展和进步的永恒动力。一个民族的真正伟大，乃根植于它的创新精神和创业精神之中。21 世纪是一个以创新、创业为特征的世纪，伴随着技术变革和时代的发展，创新和创业型经济作为一种新的经济形态逐步走上历史舞台，以创新、提前行动和勇于奉献等为基本特征的创业者正在引领整个社会经济的发展，那些享誉世界的成功创业者们开始成为时代偶像和标志性人物。在现实中，越来越多的大学生开始将创业作为他们的职业选择之一，案例中的杨明平，便是当前创业热潮中大学生创业的典型代表。为适应上述发展趋势，21 世纪的高等教育也需要调整发展思路，以培养具有创新、创业精神和能力的人才为己任，将创新创业教育作为大学教育的重要组成部分。

1.1 创新、创业的本质与意义

1.1.1 创新的本质与内涵

在20世纪以前，“创新”是一个普通词。到1912年，美籍奥地利经济学家约瑟夫·熊彼特把创新概念引入经济学，他在《经济发展理论》这本书里首先提出了“创新理论”。他当时提出来的定义是：企业家对生产要素的组合，包括开发一种新产品，采用一种新方法，开辟一个新市场，获得或者控制原料或半成品的一种新来源，以及实行一种新的组织形式。他当时提出的这“五个新”都属于创新。于是创新便成为经济学中的专业词了。

从1912年到现在已经超过100年了，创新的概念也在不断发展，如今创新已经是一个涵盖十分广泛的概念，主要是指提出新理论、发明新技术、采用新方法、建立新制度、制定新政策、组建新组织、构成新机制、提供新产品、获得新原料、开辟新市场、组成新文化、创造新艺术等等。用一个适用范围更广的“创新”含义概括，即：创新是指能先于他人，为人类社会的文明与进步获得新发展、新突破，创造出有价值的、前所未有的物质产品或精神产品的活动。创新过程是创造性劳动的过程，没有创造性就谈不上创新。

虽然，现实中人们常常将创新与创造、创业相提并论，但三者的本质和内涵却是不同的。

创造是一个从无到有的过程，强调原创性，能够孕育前所未有的东西；创新主要是对现有事物的更新和改造，是“革故鼎新”“推陈出新”，强调产生经济效益、社会效益；而创业则是开创某种事业的活动，使创造与创新的成果实现产业化、商品化，从而造福社会、造福人民。

创造强调的是第一次的首创，它在“首创”或“第一”问题上是绝对的。而创新则是相对的概念，“创新”要比“首创”“前所未有”的“创造”更宽泛，它既包含了“前所未有”，也包含了对先前原有创造的“重新组合”和“再次发现”。所以，“创新”的概念包含“创造”，但“创造”并不包含“创新”。

我们都知道知识经济时代的代表人物比尔·盖茨，其起家的BASIC语言并非自己发明的，当家产品DOS是从其他公司买来的，Windows是借用了施乐公司和苹果公司的技术，IE浏览器则来源于网景公司的创意，Office办公系统的多数组件均出于微软收购的公司。微软公司的成功就在于他敏锐地发现了别人的创造，然后通过“集成”，把别人的创造重新组合成为更为“精进”的产品。例如，Office办公系统就是由Word、Excel、PowerPoint等软件重新组合而成的。比尔·盖茨的创新是把别人的知识、思想、理论或产品引入到自己的经济实践中，创造出别人没有的产品。这种“重新组合”就是创新。

再如纸烟的出现。最初，抽雪茄烟是西班牙富人的嗜好，公元1600年前后传到欧洲许多国家，很长时期，雪茄烟被看成是财富的象征。当时西班牙塞维利亚地区的乞丐买不起雪茄烟，便从地上捡雪茄烟头用纸卷起来抽吸来过烟瘾，就这样“纸烟”便被乞丐们创造发明出来了。烟草商们看到这种“纸烟”有商机，便对其进行改进和重新包装，组织规模化批量生产，如今，已成为盛销全球的高利税商品。这一案例说明：乞丐是纸烟的创造发明者，而纸烟生产商们把纸烟转化为商品，开辟市场的活动则是创新。

按照熊彼特的观点：无论是科学发现还是技术发明等方面的创造，在它们没有转化为商品之前，只是一个新观念、新设想、新方案或新实验，它还不能创造任何经济价值。只有将发明创造转化为新装置、新产品、新的工艺系统才是创新，因为创新必须要产生经济效益和社会效益。所以说，创新是一个经济学范畴的概念。将创新与发明创造区别开来，被认为是熊彼特的一大贡献。

综上所述，创新与发明创造的概念，从一定意义上说是有本质区别的，但它们在解决问题时的思维方法却是相通的。

【创新实例1-1】

2017全球十大突破性技术创新

2017年2月21日，《麻省理工科技评论》官方网站发布了“2017年全球十大突破性技术”，以下为十大技术的榜单：

1. 治愈瘫痪。全球有数百万人被瘫痪所折磨，而无线脑-体电子元件可绕过神经系统的损伤来实现运动，利用无线电将大脑读取技术直接连接到身体上的电刺激器，创造出法国神经科学家所称的“神经旁路”，使人们的想法能够再次控制四肢。

2. 自动驾驶卡车。高速路上能够自动驾驶的货车。它的意义在于，无论是货主方还是货车司机们，都能够更高效地完成他的运输业务。这个领域的主要参与者有沃尔沃、戴姆勒、福田汽车以及百度，这个技术的成熟期预计是5~10年。

3. 刷脸支付。通过扫描人脸面部特征，提供一种安全并且十分方便的支付方式，人脸识别技术已经在交通监管、银行交易、日常生活交易以及公共交通等方方面面改变人们的生活，目前中国深耕相关技术的公司主要有三家：FACE++、百度、阿里巴巴。

4. 实用型量子计算机。可以制造出稳定的量子比特（量子计算机的信息单位），在运行人工智能程序以及处理复杂的模拟和规划问题时，量子计算机的计算速度可能是传统计算机的指数倍，量子计算机甚至能制造出无法破解的密码。

5.360度自拍。采用非常低廉的价格——500美元以下——就可以实现360度自拍，以前如果要达到360度的拍摄，要用很多个相机，或者用非常昂贵的上万美元的相机。比如很多记者在海啸现场的采访、难民的现场采访，就非常需要使用这样的技术。

6. 太阳能热光伏电池。一种可以让太阳能电池效率翻倍的技术，先将太阳能转化为热能，然后再将热能转化为光能，可能会催生日落后仍然能够工作的廉价太阳能发电技术。

7. 基因疗法 2.0。很多疾病都能是由单个基因突变导致的，新型基因疗法能够彻底治愈这些疾病。目前，美国即将批准首个基因治疗技术。

8. 细胞图谱。人体中各种细胞类型的完全目录，通过细胞内部的内容来定义活细胞，超精确的人类生理学模型将加速新药研发与试验。

9. 强化学习。这是一种人工智能技术，它能够使计算机和机器人在没有更多指引的情况下，像人一样自主学习。2016 年特别爆炸性的一个新闻就是，AlphaGo 战胜了李世石，其实就是强化学习在其中起了关键作用。如果没有强化学习技术，无论是自动驾驶的汽车还是其他自动化领域，一系列发展都会受到重大限制。

10. 僵尸物联网。感染并控制摄像头、监视器以及其他消费电子产品的恶意软件，造成大规模的网络瘫痪。基于这种恶意软件的僵尸网络对互联网的破坏能力将越来越大，也会越来越难阻止。

在公布的 2017 年全球十大突破性技术里，有很多 1~2 年内即将进入成熟期的技术，涵盖人工智能、生物医疗等各个领域，数年前一些遥不可及的新兴技术，正在慢慢走进我们的生活。

榜单中最令人兴奋的是，作为榜单重要程度排名第三的突破技术——“刷脸支付”，是一项完全来自于中国的创新科技。该技术入选的三个“关键玩家”（key player）均来自中国——Face++、阿里巴巴、百度，其中百度继 2016 年入选语音技术“关键玩家”后，成为该榜单首个两度蝉联入选“关键玩家”的中国公司，也创造了一项全新的“中国纪录”。“刷脸支付”是一项完全源自中国的创新科技，创造了榜单创立 16 年来中国创新技术“零”的突破，并且它的可用性是“现在”。据了解，目前有约 15 亿人，大部分在亚洲和非洲，因为无法证实身份，也无法获得基本的服务和权利。当越来越多的金融服务通过网络来提供时，以人脸识别技术为代表的远程身份识别变得尤其重要。2016 年杭州 G20 峰会上，数字普惠金融被确定为国家战略，其中第七原则就是身份识别。《麻省理工科技评论》点评说，作为全世界首批上线人脸识别技术的国家，中国的人脸识别技术精度已达到金融交易的级别，刷脸支付进入成熟期。

1.1.2 创业的本质与内涵

对于什么是创业，目前还没有统一的定义。可以说，有多少学者探讨过其含义，就有多少种定义。以下是我们挑选出几个有代表性的有关创业的定义。

霍华德 · H. 史蒂文斯（Howard H.Stevens）认为：“创业是一种管理方式，即对机会的追踪和捕获的过程，这一过程与其当时控制的资源无关。”并且进一步指出：“创业可由以下七个方面的企业经营活动来理解：发现机会、战略导向、致力于机会、资源配置过程、资源控制的概念、管理的概念和回报政策。”

杰弗里·A.蒂蒙斯（Jeffry A.Timmosns）则认为："创业是一种思考、推理和行为方式，这种行为方式是机会驱动、注重方法和与领导相平衡。创业导致价值的产生、增加、实现和更新，不只是为所有者，也为所有参与者和利益相关者。"

科尔（Cole）（1965）提出：把创业定义为"发起、维持和发展以利润为导向的企业的有目的性的行为"。史蒂文森（Stevenson）、罗伯茨（Roberts）和苟斯拜客（Grousbeck）提出："创业是一个人——你不管是独立的还是在一个组织内部——追踪和捕捉机会的过程，这一过程与当时控制的资源无关。"

综合学者们的观点，我们对创业的定义为：创业是一个发现和捕获机会并由此创造出新颖的产品、服务或实现其潜在价值的过程。

就创业与创新的关系而言，创业首先是一种创新，包括理念上的创新、技术上的创新和组织上的创新。同时，创业活动又是一种具有高度创造性的社会实践活动。即：创业创造了新的企业、创造了新的技术和产品、创造了新的市场、创造了新的价值和经济效益、创造了新的就业岗位，……等等。图 1-1 揭示了创造、创新与创业之间的区别和联系。

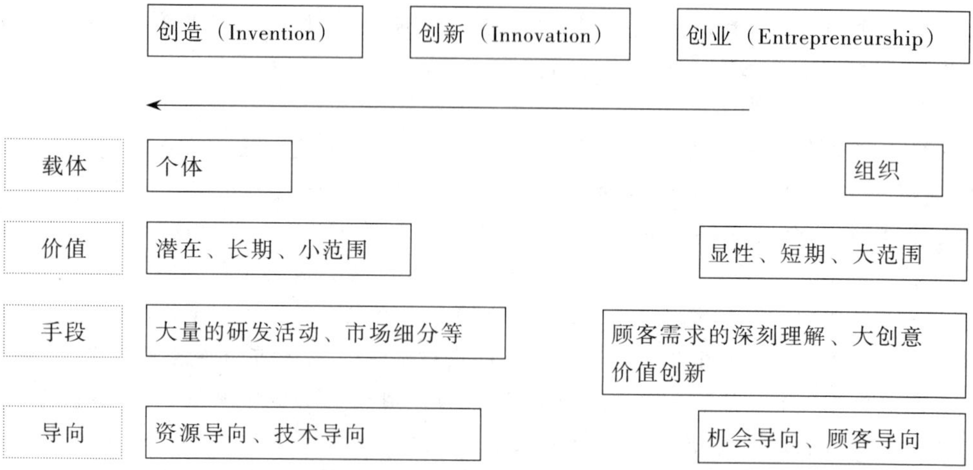

图 1-1 创造与创新、创业之间的区别和联系

从某种程度上讲，创新的价值就在于将潜在的知识、技术和市场机会转化为现实生产力，实现社会财富增长，造福人类社会。否则，创新也就失去了意义。而实现这种转化的根本途径就是创业。

事实上，历史上每次划时代的创新成果几乎都是通过创业进入市场，进而催生出一个或若干庞大的产业部门，为社会、企业和创业者带来巨额财富的。如 1876 年发明的电话成就了全球通信产业和诺基亚、摩托罗拉、贝尔、朗讯等一大批跨国公司；1885 年发明的汽车造就了通用、福特等一批世界级汽车业巨头；1903 年发明的飞机开创了波音、空中客车等公司辉煌的业绩；1946 年制造出来的第一台计算机使得 IBM 和英特尔成为 IT 界的霸主；个人 PC 机诞生于 1981 年，催生了微软和苹果等世界级企业；1995 年前后电子商务投入市场，亚马逊、阿里巴巴等一批网络企业应运而生。

总之，创业是富有创新精神的创业者与机遇相结合并创造社会经济价值的活动。创业以及创业教育的实质就是培养既有创业精神、创新精神，又具有创业能力的优秀人才。

1.1.3　大众创业、万众创新的战略意义

2014年9月10日夏季达沃斯论坛开幕式上，李克强总理正式提出“大众创业、万众创新”的理念。他在讲话中称，要借改革创新的“东风”，推动中国经济科学发展，在960万平方公里土地上掀起“大众创业”“草根创业”的新浪潮，形成“万众创新”“人人创新”的新态势。随后他多次对大众创新创业做出重要指示，强调要将此作为新常态下经济发展的新引擎。

2015年3月5日，李克强总理在政府工作报告中进一步指出，打造大众创业、万众创新和增加公共产品、公共服务将成为推动中国经济发展“调速不减势、量增质更优”，实现中国经济提质增效升级“双引擎”。显示出政府对创业和创新的重视，以及创业和创新对中国经济的重要作用。2015年6月发布的《国务院关于大力推进大众创业万众创新若干政策措施的意见》，则进一步明确了大众创业、万众创新的重要意义：

推进大众创业、万众创新，是培育和催生经济社会发展新动力的必然选择。随着我国资源环境约束日益强化，要素的规模驱动力逐步减弱，传统的高投入、高消耗、粗放式发展方式难以为继，经济发展进入新常态，需要从要素驱动、投资驱动转向创新驱动。推进大众创业、万众创新，就是要通过结构性改革、体制机制创新，消除不利于创业创新发展的各种制度束缚和桎梏，支持各类市场主体不断开办新企业、开发新产品、开拓新市场，培育新兴产业，形成小企业“铺天盖地”、大企业“顶天立地”的发展格局，实现创新驱动发展，打造新引擎、形成新动力。

推进大众创业、万众创新，是扩大就业、实现富民之道的根本举措。我国有13亿多人口、9亿多劳动力，每年高校毕业生、农村转移劳动力、城镇困难人员、退役军人数量较大，人力资源转化为人力资本的潜力巨大，但就业总量压力较大，结构性矛盾凸显。推进大众创业、万众创新，就是要通过转变政府职能、建设服务型政府，营造公平竞争的创业环境，使有梦想、有意愿、有能力的科技人员、高校毕业生、农民工、退役军人、失业人员等各类市场创业主体“如鱼得水”，通过创业增加收入，让更多的人富起来，促进收入分配结构调整，实现创新支持创业、创业带动就业的良性互动发展。

推进大众创业、万众创新，是激发全社会创新潜能和创业活力的有效途径。目前，我国创业创新理念还没有深入人心，创业教育培训体系还不健全，善于创造、勇于创业的能力不足，鼓励创新、宽容失败的良好环境尚未形成。推进大众创业、万众创新，就是要通过加强全社会以创新为核心的创业教育，弘扬“敢为人先、追求创新、百折不挠”的创业精神，厚植创新文化，不断增强创业创新意识，使创业

创新成为全社会共同的价值追求和行为习惯。

【阅读材料 1-1】

国家创新驱动发展战略纲要

2016 年 5 月，中共中央、国务院印发了《国家创新驱动发展战略纲要》，要求各地区各部门结合实际认真贯彻执行。创新驱动就是创新成为引领发展的第一动力，科技创新与制度创新、管理创新、商业模式创新、业态创新和文化创新相结合，推动发展方式向依靠持续的知识积累、技术进步和劳动力素质提升转变，促进经济向形态更高级、分工更精细、结构更合理的阶段演进。

战略共分三步走：

第一步，到 2020 年进入创新型国家行列，基本建成中国特色国家创新体系，有力支撑全面建成小康社会目标的实现。

——创新型经济格局初步形成。若干重点产业进入全球价值链中高端，成长起一批具有国际竞争力的创新型企业和产业集群。科技进步贡献率提高到 60% 以上，知识密集型服务业增加值占国内生产总值的 20%。

——自主创新能力大幅提升。形成面向未来发展、迎接科技革命、促进产业变革的创新布局，突破制约经济社会发展和国家安全的一系列重大瓶颈问题，初步扭转关键核心技术长期受制于人的被动局面，在若干战略必争领域形成独特优势，为国家繁荣发展提供战略储备、拓展战略空间。研究与试验发展（R&D）经费支出占国内生产总值比重达到 2.5%。

——创新体系协同高效。科技与经济融合更加顺畅，创新主体充满活力，创新链条有机衔接，创新治理更加科学，创新效率大幅提高。

——创新环境更加优化。激励创新的政策法规更加健全，知识产权保护更加严格，形成崇尚创新创业、勇于创新创业、激励创新创业的价值导向和文化氛围。

第二步，到 2030 年跻身创新型国家前列，发展驱动力实现根本转换，经济社会发展水平和国际竞争力大幅提升，为建成经济强国和共同富裕社会奠定坚实基础。

——主要产业进入全球价值链中高端。不断创造新技术和新产品、新模式和新业态、新需求和新市场，实现更可持续的发展、更高质量的就业、更高水平的收入、更高品质的生活。

——总体上扭转科技创新以跟踪为主的局面。在若干战略领域由并行走向领跑，形成引领全球学术发展的中国学派，产出对世界科技发展和人类文明进步有重要影响的原创成果。攻克制约国防科技的主要瓶颈问题。研究与试验发展（R&D）经费支出占国内生产总值比重达到 2.8%。

——国家创新体系更加完备。实现科技与经济深度融合、相互促进。

——创新文化氛围浓厚，法治保障有力，全社会形成创新活力竞相迸发、创新源泉不断涌流的生动局面。

第三步，到2050年建成世界科技创新强国，成为世界主要科学中心和创新高地，为我国建成富强民主文明和谐的社会主义现代化国家、实现中华民族伟大复兴的中国梦提供强大支撑。

——科技和人才成为国力强盛最重要的战略资源，创新成为政策制定和制度安排的核心因素。

——劳动生产率、社会生产力提高主要依靠科技进步和全面创新，经济发展质量高、能源资源消耗低、产业核心竞争力强。国防科技达到世界领先水平。

——拥有一批世界一流的科研机构、研究型大学和创新型企业，涌现出一批重大原创性科学成果和国际顶尖水平的科学大师，成为全球高端人才创新创业的重要聚集地。

——创新的制度环境、市场环境和文化环境更加优化，尊重知识、崇尚创新、保护产权、包容多元成为全社会的共同理念和价值导向。

资料来源：根据《国家创新驱动发展战略纲要》整理。

1.2　创业者的创业动机与素质

创业者是创业活动的发起者和实施者。成功的创业，既需要创业者有积极的创业精神和创业动机，同时还要具备一些基本素质。既有意愿又有能力才是创业者成功创业的前提。

1.2.1　创业者的创业动机

创业者的创业动机是其开展创业行为的基本出发点。创业者总是追求恰当的机会，进入新的市场并提供新的产品，这些行为都是源于某些创业动机。创业动机可以使创业者抓住影响创业行为的激励因素，也可以影响创业者的努力程度和付出意愿。一般而言，从事一种行为的动机越强烈，其绩效结果越好。当采取的行为是可行的并且是必需的时侯，个人就会有很强的动机来执行这个行为。

关于创业动机的研究可以追溯到几十年前，如众多研究认为获取并保持独立性是绝大多数小企业的基本动机[①]。Hamilton（1987）通过调研新西兰岛的公司样本得出，39.8%的企业是发现商业机会，33%是受到独立性需求的驱动，9.9%是为了创造财富，8.2%是为了避免失业。

Cooper和Dunkelberg（1986）根据创业动机的差异性，确定了两类创业者——艺术型创业者和管理型创业者。前者是指具有强烈动机去做他们想做的事情，并喜欢给自己做老板。他们受到个人挑战或者生活方式需求的强烈驱动。管理型创业者则是受到经济利益驱动或者为家族做贡献，他们关注于构建一个组织以便于他们能够更多地参与管理细节和控制体系。简言之，前者更注重非经济利益，后

① 例如，Bolton Committee（1971）Borland，1974；Shapero，1975；Timmons，1978；Pandey&Tewary，1979；Perry，1980等研究。

者更关注经济利益。Amit 和 Muller（1995）从动机的角度将创业划分为推动型创业和拉动型创业。推动型创业是指创业者对当前的现状不满，并受到了一些非创业者特征因素的推动而从事创业的行为。拉动型创业是指创业者在“新创一个企业”的想法以及“开始一个新企业活动”的吸引下，由于创业者自身的个人特质和商业机会本身的吸引而产生的创业行为。

R. Chaganti 等人（1995）则将创业动机划分为四类：一是个人挑战；二是为家族做贡献；三是经济需求；四是生活方式需求。M.R. LeCornu 等人（1996）通过以往的实证研究得出小企业所有者——管理者的创业动机包含三个方面：（1）不是只有一个主要目标如财富最大化，而是有多个复杂的目的；（2）具有绝对非金钱方面的动机；（3）具有相当多的自由来追求目标，包括金钱或者其他方面。常常被引述的动机因素包括控制自己的生活，具有个人和家庭生活方面更大的灵活性，达到更高的社会地位，受到尊重，具有采用自己方式工作的自由。

已有对于创业动机划分最为细致的当属 M. Drnovsek 和 M. Glas（2002），他们将其细化为 11 个方面，包括想取得一些成就并得到赞成、延续家族传统、发展关于产品/服务的一个想法、在圈子里更有影响力、看到一个很有前景的机会并想实现它、发展成为一个人物、对收入不满并且想获得更多、几乎看不到其他工作可能性、控制自己的人生、为家庭提供安全保障、终生不失业等。

当前创业环境下中国创业者的创业动机可能具有其特殊性，我国学者曾照英和王重鸣通过访谈和实证分析提取了中国创业者的动机类型。[①]他们发现，我国创业者的动机主要包含事业成就型和生存需求型两大类。其中事业成就型包含获得成就认可、扩大圈子影响、实现创业想法、控制自己人生等五个维度；生存需求型包含不满薪酬收入、提供经济保障和希望不再失业等三个维度。

“事业成就型”类似于之前所定义的“拉动型创业”，但又有所区别。拉动型创业主要强调了创业想法和商业机会，而“事业成就型”更加强调了个人追求方面的维度，如成就追求、影响力追求和控制人生的追求等，对商业机会的追逐则不显著。之前学者的定义是针对西方创业者的创业动机研究得出的结果，而本研究则是针对中国创业者。因此，这在一定程度上凸显了中西方创业者的重要区别——中国创业者更加看重隐性的非经济利益方面的追求，而西方创业者更加看重与经济利益相关的因素，并且对商业机会更加敏感和关注。

“生存需求型”类似于之前学者所定义的“推动型创业”，但也存在一定的区别。推动型创业主要强调对现状不满的因素，而“生存需求型”不仅包含了对现状的不满，还包含了为家庭提供经济保障和希望终生不失业两个维度。这凸显了中国创业者区别于西方创业者的又一特质——家庭观比较重和对失业的防备与回避。这说明我国很多创业者是多种创业动机共同驱使下选择创业，而且不同个体的不同动机强弱存在差异。

---

① 曾照英，王重鸣. 关于我国创业者创业动机的调查分析［J］. 科技管理研究，2009（9）：285-287.

1.2.2　创业者的创业素质

无论是哪种类型的创业者，都要具备一些基本素质。创业者仅有渴求成就与物质财富的愿景还不足以成功，他们还需要具有认识问题和解决问题的实践能力，以及一些经历、专长和专业。从实践方面来看，从亨利·福特、约翰·洛克菲勒到松下幸之助、比尔·盖茨、李嘉诚，尽管这些成功的创业家有着不同的文化背景、家庭条件、学历水平和创业方向及经历，但在其创业过程中，个体的认知、人格、能力、知识等因素都起到了举足轻重的作用，如善抓机遇、努力不懈、意志坚定、敢于冒险、胆识兼备和艰苦奋斗等具有强烈个性化色彩的精神、品质在这些创业成功者身上体现出惊人的一致。因此，创业素质在创业者成功的道路上必不可少。根据创业活动需要的胜任要素，一般可以将创业者的素质分为人格特质、创业能力和创业知识三个方面（刘宇璟、陈正悦和焦曼，2013）。

1. 创业者人格特质

人格是创业者素质中较为稳定的部分，它体现了创业者与他人交往方式的特点。虽然创业活动的成功不完全取决于创业者的个人特质与天赋，主流的创业研究也逐步认可创业能力和创业素质的后天培养，但不可否认的是，创业者身上的独特个性能够一定程度上影响创业资源的获取以及创业活动的展开。Rauch 和 Frese（2007a）通过对创业者人格特征的元分析发现，影响创业成功的人格特质主要包括自主性、成就需求、控制点、自我效能感、创新性和冒险性。[①]

（1）自主性。与普通员工相反，创业者必须在没有管理者的情况下做出决策，他们必须独立设定目标和制订行动计划，必须自己控制目标成就。他们想掌握控制权；他们回避已有组织的约束与规则。不过，虽然元分析发现自主性人格差异在创业者身上比非创业者表现得更为明显，但自主性与创业成功之间并不总是一致的。李海垒[②]等认为，自主性可能会有利于企业的生存，因为创业者为了不听命于一个老板，可能会努力维持一个独立的企业。虽然自主性是获得高风险投资的前提之一，但它也可能会妨碍企业的成长，因为自主性高的人可能不太喜欢与人合作。

（2）成就需求。具有高成就需求的企业主偏好具有适度挑战性的任务，而不会选择常规性的或非常难的任务，他们会针对绩效负起自己的责任，会寻找绩效的反馈，会寻找更新、更好的方法改进绩效。元分析研究表明，企业主与其他人群相比具有更高的成就需求；另外，创业者的成就需求与企业成功之间存在积极相关。

（3）控制点。控制点包括内控性和外控性两种类型，内控性表明一个人相信自己能够控制自己的命运和未来的程度，而外控性表明一个人相信自己受到其他人或外部事件（经常是机会）的控制的程度。内控性对于创业者来说是重要的，因为它能够帮助个体增强获得成功的动机。相反，外控性的人可能更消极。如果一个人相

① RAUCH A，FRESE M.Let's put the person back into entrepreneurship research：A meta-analysis on the relationship between business owners' personality traits，business creation，and success [J]. European Journal of Work and Organizational Psychology，2007：16，353 385.

② 李海垒，宫燕明，张文新. 创业人格研究述评 [J]. 心理科学进展，2012（3）：403-411.

信自己不能控制商业结果，那么他就没有理由去积极改变他的环境。元分析表明内控性与成为创业者和创业成功之间都存在积极的联系。不过这两种效应虽然显著，但是很弱，且变异性高，表明可能存在其他因素的影响。

（4）自我效能感。自我效能反映了个体对自己能力的一种信念或自信心，这种能力使创业者在特定情境下为了成功地完成创业活动而调动起必需的动机、认知资源与一系列行动。自我效能会影响人们的选择行为，当创业者觉得自己在创业过程中具有较高自我效能的时候，往往会更努力、干得更起劲，即使遇到了困难甚至遭受了失败，也会卷土重来，迅速重新振作起来。一篇有关企业家的文章得出结论：成功的企业家都具有能感染他人的强烈自信。对失败的担心往往使其他类型的人们感到气馁，但创造者和创新者对自己的想法充满信心，对失败的担心不可能吓倒他们。创业者是一个充满自信的乐观主义者，具有令人敬畏的自尊。他从容不迫地对待所有的灾祸和不幸，不让盛衰沉浮损害自己的眼力或改变自己的目的。元分析的结果表明，自我效能不但能够显著影响创业意愿，对于企业创业的相关性，在所有人格要素里也是最高的。

（5）创新性。创新性既可以是个体层面的，指的是一个人能够识别、界定开放式问题并且想出新的解决办法。这意味着创业者往往也具备较高的创新思维和创造力。创新同时也可能是企业层面的，这意味着当创业项目变为企业时，企业会积极地引入新产品、新服务，开拓新市场。元分析的结果表明创业者的创新性要高于普通人群，创新性不但能够显著预测创业意向，也与企业成功之间存在积极关联。

（6）冒险性。创业活动本身就存在着诸多风险，因此创业者应对模糊性、不确定的态度就显得十分重要了。创业者喜欢迎接挑战，喜欢承担风险，但并不是盲目地冒险。他们乐于接受挑战，并从克服困难中获得无穷乐趣。元分析的结果发现冒险倾向对创业和企业成功具有显著的积极影响。但是与其他人格特征相比，程度比较弱（Rauch & Frese，2007a）。

【创业家语录 1-1】

成功的创业者都具备 7 大特质：第一，天生就要做老大的人；第二，是一个可以站着做孙子的人；第三，一个有大优点，同时有很多缺点的人；第四，是一个思维与众不同的人；第五，能够在失败上站立起来的人；第六，是一个有激情和强烈内驱力的人；第七，一个敢于作决策的人。前两条属于情商，第三、四条属于智商，第五、六、七条属于胆商。

——李善友（酷 6 网创始人）

2. 创业能力

创业能力是创业者拥有的关键技能和隐性知识，是个体拥有的一种智力资本。它作为高层次的特征，其中包含技能和知识，被视为创业者能成功履行职责的整体能力。我国学者唐靖和姜彦福通过实证检验发现，创业能力包含了机会识别与开发能力和运营管理能力两个部分，而机会识别与开发能力又可以细分为机会识别能力、机会开发能力两个维度；运营管理能力又可细分为组织管理能力、战略能力、关系能力和承诺能力四个维度。①

（1）机会识别能力。成功的创业者往往富于直觉，对环境有敏锐的感受力，可以觉察别人未注意的情况和细节。他们能够从杂乱无章的事物中，整理出一套逻辑的构架。对于机会他们往往比较敏感，能有独出心裁的见解，与众不同的方法，勇于弃旧图新。为了推陈出新，创业者需要准确感知和识别到消费者没有被满足的需要，花费大量的时间和精力去寻找可以给消费者带来真正有价值的产品或服务，捕获高质量的商业机会。有的时候，创业者也会先于市场创造需求和机会，引领人们和社会的改变。

（2）机会开发能力。创业者通过创造现实的可销售的产品或服务把创业企业和消费者连接在一起。无论是识别的机会还是创造的机会，创业者必须思考潜在的消费者、销售价格、退出渠道等问题，用以指导企业与消费者的具体交易，从而创造出价值。因此，创业者要擅于开发新创意，擅于开发新产品和服务，发现新的市场区域，开发新的生产、营销和管理方法，为消费者创造价值。

（3）组织管理能力。创业者决定开发创业机会后，就需要建立一个资源平台来实现创业机会。创业者要成功建立资源平台，首先是需要创建一个企业或组织，其次是企业或组织必须聚集资源，再次是企业或组织必须参与获取必要资源的交易过程，最后是整合资源。这样创业者就把创业机会转换成可销售的产品或服务。因此，在机会开发之后，创业者拥有的不再是一个商业概念，而是现实组织。因此，创业者需要领导和激励员工达到目标，合理地将权力与责任委派给有能力的下属，制定合理的规章制度来规范组织的工作，保持组织顺畅地运作。

（4）战略能力。战略是依据企业的长期目标、行动计划和资源配置优先原则设定企业目标的方法。因为战略是为企业获取可持续竞争优势，而对外部环境中的机遇和威胁以及内部的优势和劣势做出的反应，它是对企业竞争领域的确定，所以战略就是企业的生命线，战略也是企业腾飞的起跳板，一个及时、果敢、英明的战略决策是企业由蛹化蝶、由小到大、由平凡到伟大的最初推动之力，错误的战略会葬送一个企业。创业者的战略能力包括及时调整目标和经营思路、快速地重新组合资源以适应环境的变化，以及能够制订适宜的战略目标与计划。

（5）关系能力。交往协调能力、资源整合能力是指能够妥善地处理与公众（政府部门、新闻媒体、客户等）之间的关系，以及能够协调下属各部门成员之间关系的能力。创业者应该做到妥当地处理与外界的关系，尤其要争取政府部门、工商以及税务部门的支持与理解，同时要善于团结一切可以团结的人，团结一切可以团结的力量，求同存异，共同协调地发展，做到不失原则、灵活有度，善于巧妙地将原则性和灵活性结合起来。总之，创业者搞好内外团结，处理好人际关系，才能建立一个有利于自己创业的和谐环境，为成功创业打好基础。

① 唐靖，姜彦福. 创业能力概念的理论构建及实证检验［J］. 科学学与科学技术管理，2008（8）：52-57.

（6）承诺能力。承诺能力与创业者的自我效能多有相关，它表现了创业者们坚持不懈、追求创业收益的决心和信心，不论遇到什么困难都会坚持不懈，永不放弃。即使失败了也还会从头再来，能够为了事业而做出最大的个人牺牲。

3. 创业知识

创业者并不是生而有之的，创业中的受教育水平、工作经验非常关键，是因为这些经历可以帮助创业者获得相关的管理知识、技术知识、研究能力、创造力等创业的关键信息。人们之所以会识别出不同的创业机会，一部分正是在于他们的知识的不对称性，也就是人们都持有不同的知识存量。这些异质性知识通过学习而来。创业知识包含了创业者在使经营事业不断增长的过程中所整合和使用的概念、技巧和智力，它所指的不仅仅是管理职能领域的概念性知识，还包括所从事领域内的专业知识的学习。这些知识一方面是和机会开发有关的，如签订可靠的合同、寻找可信赖的供销商、发现活跃的市场、生产高价值的产品以及获得竞争性资源等。另一部分则是和克服新企业的弱势有关的，如创业者需要了解什么样的商业技能重要，如何构建商业网络、树立商业信誉，如何寻找创业风投、融资和建立合法性、适应变革、接近社会网络与商业网络等。

【调查研究 1-1】

全球创业观察（2015）：中国青年创业活动的分布和特征

青年创业者是指年龄在 18~34 岁之间的创业者。中国青年创业的早期创业活动指数为 18%，中国在全球创业观察的 73 个参与国家和地区中属于活跃的国家。

（一）青年创业的特征

1. 教育的主体程度。中国接受过本科教育的创业者比例较低，全球 18~24 岁的青年中有 53% 的创业者获得本科学历，而中国这一数字仅为 24%。全球 25~34 岁的青年中有 46% 的创业者拥有本科学历，而中国这一数字为 34%。

2. 创业者的创业动机与受教育程度有关。受教育程度越高，机会型创业的比例越高。相对于生存型创业，机会型创业能带来更多的就业、更好的创新、更新的市场和更大的成长潜力。

3. 青年对创业的社会价值观和自我认知优于非青年。更多的青年认为创业是一种好的职业选择，拥有较高的社会地位，以及经常有媒体报道创业故事。另外，更多的青年认为自己发现了好的创业机会，自己具备创业能力以及认识更多的创业者。

4. 青年创业者较有成长潜力。与非青年创业者相比，有新技术且具有一定成长潜力以上程度的青年创业者为 11.2%，非青年创业者为 6.9%。

5. 青年创业者更注重产品新颖性和使用新技术。65% 的青年创业者认为自己的产品具有新颖性，而非青年的这一比例为 57%。同时，12% 的青年创业者使用了新技术，而使用新技术的非青年创业者比例为 7%。

6. 高学历创业者在市场竞争和国际化程度方面更具优势。24% 的本科以上学历创业者认为自己的产品新颖且市场竞争不激烈，而中学及以下学历创业者该比例为17%。同时，30%的大学及以上学历创业者有25%以内的产品面向国际客户，1%的大学及以上学历创业者有75%以上的海外客户，这些数字都显著高于低学历创业者。

（二）国际视野下的青年创业

1. 与其他创新驱动型国家和地区相比，我国青年创业活动非常活跃。

2. 与全球其他地区相比，接受过创业教育的中国青年相对较少。87%的中国青年没有接受过创业教育，而欧洲和美国等发达国家该比例为68%。

3. 与全球其他地区相比，中国青年更难从银行和金融机构获得资金，更多的中国青年使用家庭积蓄开展创业活动。在中国青年创业者的资金来源中，只有9%的资金来自银行或金融机构贷款，欧洲和美国等发达国家有23%的资金来自银行。同时，中国青年的资金来源中，有58%的资金来自家庭积蓄，而欧洲和美国的这一比例仅为14%。

4. 与全球其他地区相比，中国青年创业的行业集中在客户服务类行业，商业服务类创业较少。82%的中国青年创业者选择了在客户服务类行业创业，欧洲和美国等发达国家只有45%的青年创业者在该行业起步。而只有5%的中国创业者在商业服务类行业创业，欧洲和美国等发达国家该比例为29%。

（资料来源：2015年全球创业观察报告）

1.3　创业类型

在创业活动日益活跃的同时，创业活动的类型也日趋多样化，了解并比较不同的创业类型，有助于我们更好地理解创业活动。

1.3.1　基于创业动机的分类

2002年全球创业观察报告（GEM）提出生存型创业与机会型创业的概念，把创业活动分成两类，并进行了全球不同国家与地区的比较，成为目前较为广泛采用的创业动机分类之一。

这种分类认为创业者的动机是由环境被动驱动的，比如，许多人迫于生存的压力谋求自我雇用这项活动，而另一些人则是由于受到市场中某个新机会的驱动开展创业。全球创业观察据此将前者称为生存型创业，后者则被称为机会型创业。

生存型创业（Necessity-push Entrepreneurship）是指创业者出于没有其他更好的选择，把创业作为其不得不做出的选择，是其必须依靠创业为自己的生存和发展谋求出路的创业；为了生存的创业。改革开放初期的创业者以及下岗职工的创业行为便属于这类。机会型创业（Opportunity-pull Entrepreneurship）是指在发现或创造新的市场机会下进行的创业活动。例如，微软公司的比尔·盖茨是一个典型的机会型创业者。他舍弃在哈佛大学法学院的学业毅然决定创业，是因为他在商业实践中发现了软件产业存在巨大的商机。再如政府工作人员“下海”；现有企业的职工辞职创业等也都属于机会型创业。机会型创业看重的市场机会与生存型创业看重的机会不同。前者看重的是创业进入的是新创造出来的市场，而且是大市场和中市场；后者则很少考虑创业是否进入了新市场，即使开创了新市场，也是小的市场。

生存型创业和机会型创业不是创业者的主观选择结果，而是由创业者面临的环境和具有的能力决定的。2015 年度的《全球创业观察中国报告》显示，中国创业活动指数在 2015 年达到了 15.53，高于美国（13.81）、英国（10.66）、德国（5.27）、日本（3.83）等发达国家。创业精神趋于活跃的同时，机会型创业的比重也在增加，我国有 2/3 的创业者创业基于机会，而 10 年前这一比例大概是 50%，这表明我国创业者的创业贡献预期会增加。

这种分类告诉我们，要更好地发挥创业的经济与社会效应，不仅需要有知识和有计划地改善创业环境，还要不断通过创业教育来提升开拓新市场的能力，鼓励创业活动，改变创业活动结构，力争使我国创业活动实现“以机会型创业为主、生存型创业为辅”的发展模式。

1.3.2 基于创业初始条件的分类

芝加哥大学教授阿玛尔·毕海德（Amar V.Bhide）曾在哈佛商学院讲授创业课程，为了整理出清晰的授课计划，他带领学生对 1996 年进入美国 Inc.500（Inc 杂志评选出的成长速度最快的 500 家企业）的企业主进行深入访谈，并于 2000 年出版了专著《新企业的起源与演变》。在该书中，他从不确定性和所需投资两个维度构建了一个所需投资、不确定性与利润的动态模型，并在此基础上对创业活动进行了分类，如图 1-2 所示。

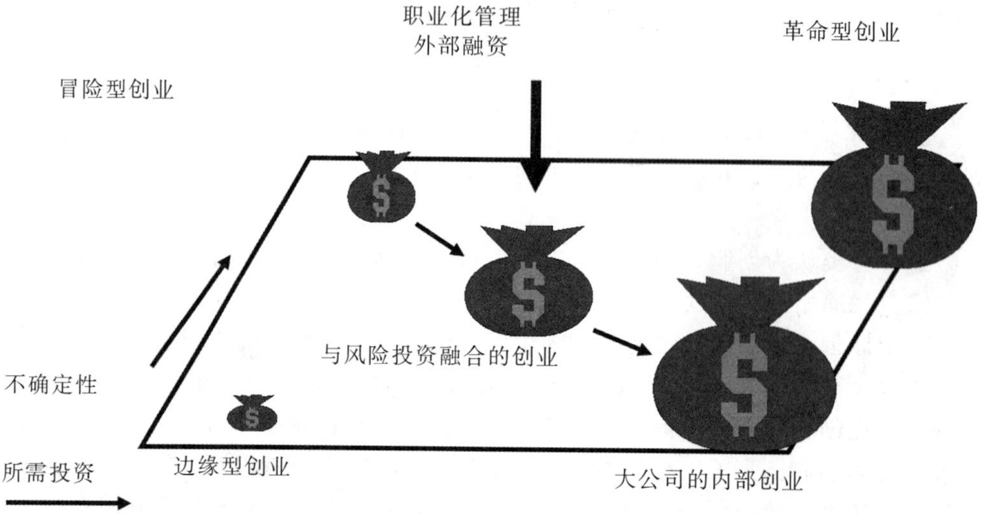

图 1-2 基于创业初始条件的创业类型

毕海德教授强调创业并不单纯指企业家或创业团队创建新的企业，大企业同样有创业行为。在这个模型中，毕海德教授将原创性的创业概括为五种类型，分别是边缘型创业、冒险型创业、与风险投资融合的创业、大公司的内部创业、革命型创业。其中边缘型创业是指充满不确定性的小规模创业，不确定性将有前途的新创企业和边缘型企业明显地区别开来。除边缘型创业外，其他四种创业的成功基本因素都包括创业团队的智慧、计划能力和协调能力，并且革命型创业的成功基本因素还要加上创业领袖的超强能力。四种主要创业类型的比较如表 1-1 所示。

表 1-1　**四种不同创业类型的对比**

因素	冒险型创业	与风险投资融合的创业	大公司的内部创业	革命型创业
创业的有利因素	创业的机会成本低、技术进步等因素使得创业机会增多	有竞争力的管理团队、清晰的创业计划	拥有大量的资金、创新绩效直接影响晋升、市场调研能力强、对R&D的大量投资	无与伦比的创业计划、财富与创业精神集于一身
创业的不利因素	缺乏信用、难以从外部筹措资金、缺乏技术管理和创业经验	经历避免不确定性、追求短期快速回报、市场机会有限、资源的限制	企业的空盒子系统不鼓励创新精神、缺乏对不确定性机会的识别和把握能力	大量的资金需求、大量的前期投资
获取资源	固定成本低、竞争不是很激烈	个人的信誉、股票及个人所得激励措施	良好的信誉和承诺、资源提供者的转移成本低	富有野心的创业计划
吸引顾客的途径	上门销售和服务、了解顾客的真正需求、全力满足顾客需要	目标市场清晰	信誉、广告宣传、关于质量服务等多方面的承诺	集中全力吸引少数大的顾客
成功基本因素	企业家及其团队的智慧、面对面的销售技巧	企业家团队的创业计划和专业化管理能力	组织能力、跨部门的协调及团队精神	创业者的超强能力、确保成功的创业计划
创业的特点	关注不确定性程度高但投资需求少的市场机会	关注不确定性程度低的、广阔而且发展快速的市场和产品或技术	评估有丰厚利润的市场机会，会比不确定性程度大的市场有利	技术生产经营过程方面实现巨大创新、向顾客提供超额价值的产品和服务

1.3.3 基于价值创造的分类

关于创业的类型，还有一种较有代表性的观点。克里斯汀（B.Christian）等人依照创业对市场和个人的影响程度，把创业分为四种基本类型，即复制型创业、模仿型创业、安家型创业和冒险型创业，如图 1-3 所示。

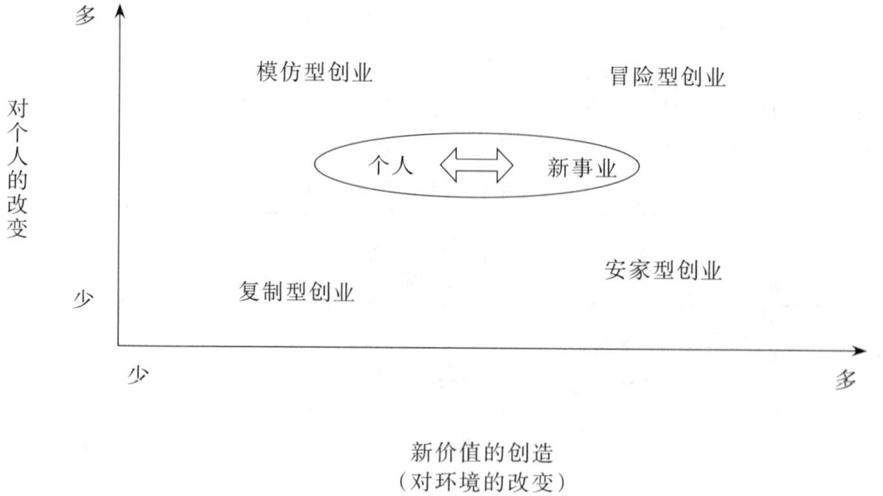

图 1-3　基于价值创造的创业类型

1. 复制型创业

这种创业模式是在现有经营模式基础上的简单复制。例如，某人原先担任某家电公司部门主管，后来他自行离职，创建了一家与原家电公司相似的新家电公司，且新组建公司的经营风格也基本与离职前的那家公司相同。现实中这种复制型企业的例子特别多，且由于前期生产经营经验的积累而使得新组建公司成功的可能性更高。但这种类型的创业模式中，创新贡献较低，也缺乏创业精神的内涵，并不是创业管理研究的主流。

2. 模仿型创业

模仿型创业虽然也很少给顾客带来新创造的价值，创新的成分并不算太高，但对创业者本身命运的改变还是较大的。如某煤矿公司的经理辞职后，模仿别人新组建一家网络公司。相对来说，这种创业具有较大的不确定性，学习过程较长，经营失败的可能性也比较大。不过，如果是那些具备创新精神的创业者，只要能够得到专门化的系统培训，注意把握市场进入契机，创业成功的可能性也比较大。

3. 安家型创业

这种形式的创业，创业者个人命运的改变并不大，所从事的仍旧是原先熟悉的工作，但他的确不断地在为市场创造新的价值，为消费者带来实惠。例如，企业内部的研发小组在开发完成一项新产品后，继续在该公司开发另一种新产品项目。安家型企业所强调的是个人创业精神的最大程度的实现，而并不对原有组织结构进行重新设计和调整。

4. 冒险型创业

冒险型创业有可能会改变个人的命运，从事一项全新的产品经营，个人前途的不确定性也很大，并且由于是创造新价值的活动，失败的可能性也很大。尽管如此，因为这种创业预期的报酬较高，对那些充满创新精神的人来说仍旧极富诱惑力。但是，它需要创业者较强的个人能力、适当的创业时机、合理的创业方案、科学的创业管理，具备这几个条件才有可能获得成功。

1.4　创业过程

创业过程是指创业者发现和评估商机，并将商机转化为企业以及创业者对新创企业进行成长管理的过程。创业过程不仅涵盖的时间比较长，而且涉及的因素也比较复杂，创业者只有对创业过程有清醒的认识，才能更加积极地面对创业过程中可能出现的困难和挑战。

在学者们提出的创业过程模型中，蒂蒙斯模型是最被普遍接受的一个。蒂蒙斯认为成功的创业活动，必须要能将商机、创业团队和资源三要素做出最适当的搭配，并且也要能随着事业发展做出动态的平衡，该模型如图 1-4 所示。

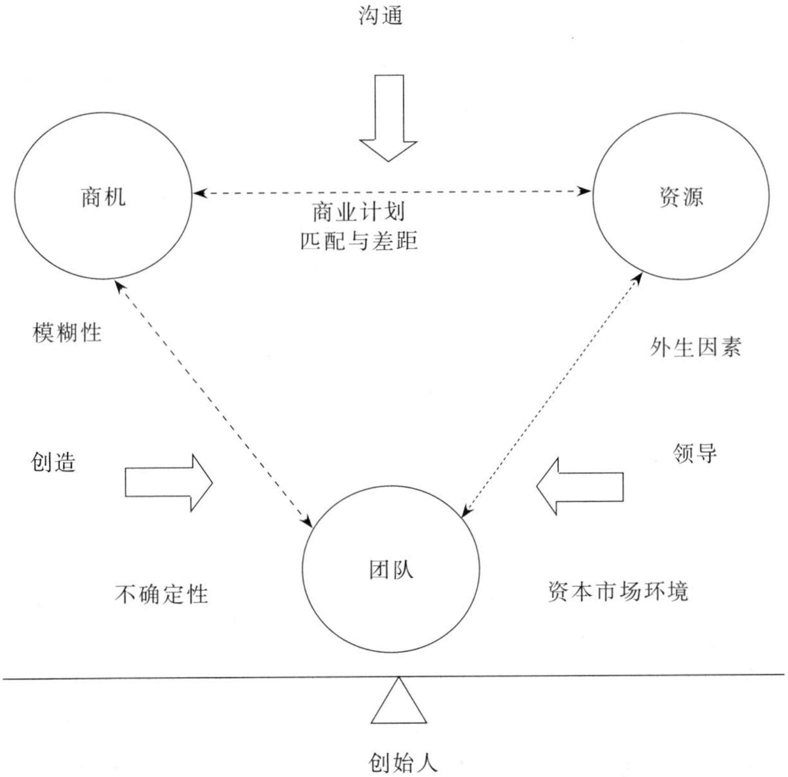

图 1-4　蒂蒙斯创业模型

蒂蒙斯认为，创业过程是由商机驱动的。在大多数情况下，真正的商机要比团队的智慧、才能或可获得的资源重要得多。商业机会是创业过程的核心驱动力，创始人或工作团队是创业过程的主导者，资源是创业成功的必要保证。创始人或工作团队的作用就是利用其自身的创造力在模糊、不确定的环境中发现商机，并利用企业网络和社会资本等外界因素组织和整合资源，主导企业利用搜寻到的商业机会创造价值。商业计划为创业者、商机和资源要素间的匹配和平衡提供语言和规则。创业过程是一个连续不断的寻求动态平衡的行为组合。团队必须做的核心工作是：对商机的理性分析和把握，对风险的认识和规避，对资源的最合理的利用和配置，对工作团队适应性的分析和认识。

1.4.1 创业机会

创业机会就是指创业的商机。蒂蒙斯指出，创业过程的核心问题是商机问题。成功的创业者和投资者都知道，一个好的思路未必是一个好的商机。有资料显示，以商业计划或创业建议等形式传递给投资者的思路中，每 100 个仅有 4 个最后成为投资对象。在这些被否定的思路中，80% 以上是在最初的几个小时就被淘汰了，还有 10%~15% 是在投资者认真审阅之后遭到淘汰的。只有不到 10% 的创业计划会吸引投资者，而且投资者会给予详细的审查。在这中间还要有一些被淘汰掉。可见，寻找并利用合适的创业机会是多么重要。

雷军的名言是“只要站在风口，猪也能飞上天”。这里所谓的风口，其实就是指创业机会。机会来了，挡都挡不住。

创业机会来自于你所处的环境及其变化，如国家的战略变化、技术的发展和创新、行业结构的变化、管理方式的变革，最主要的还是顾客需求的变化。所以，我们要善于发现商机，分析和利用好商机。

识别与评估市场机会是创业过程中具有关键意义的一个阶段。许多很好的商业机会并不是突然出现的，而是对于“一个有准备的头脑”的一种回报，或是当一个识别市场机会的机制建立起来之后才会出现。例如，一个创业者可以在每一个公众活动场合都询问与会者，是否在使用某种产品的时候发现有什么不够令人满意之处；另一个创业者则可能时时关注着孩子们正在玩什么玩具，他们是否对玩具感到满意。

在大多情况下并不存在正式的识别市场机会的机制，但是某些注重分析来源的信息也容易让人识别和发现创业机会。这些来源包括消费者、营销人员、专业协会成员或技术人员等。无论市场机会的设想来源于何处，都需要经过认真细致的评估，对于市场机会的评估或许是整个创业过程的关键步骤。

创业者创办新企业的动力往往是发现了一个新的市场需求或者发现市场需求能力大于市场的供给能力，或者认为新产品能够开启新的市场需求。但是，这样的市场机会并非只有创业者认识到了，其他的竞争者也许同样准备加入这个行列。因此，并不是每个市场机会都需要付出行动去满足它，而是要评估这个机会所能带来的回报和风险，评估这个市场机会所创造的服务周期或产品生命周期，它能否支持企业长期获利，或者能够在适当的时候及时退出。

对于一位目光敏锐的创业者来说，市场机会每时每刻都在出现。但是，并不是所有的市场机会都是通向成功与财富的康庄大道，相反，一个看似前景远大的市场机会背后，往往隐藏着陷阱。毫无经验的创业者，如果仅凭激情行事，匆忙做出决定，就很容易误入歧途，掉进失败的泥沼中无法自拔。因此，在发现市场机会后，对市场机会进行客观的评估，以理性的方式来决定下一步的行动，是一名优秀的创业者所必须具备的能力。

【创新实例 1-2】

孙正义：创业者的机会捕捉与开发

孙正义，韩国人，1957 年出生于日本，1981 年加入日本国籍，从小有不服输的个性，具有不决出胜负、不发挥得淋漓尽致就不能安心的性格。进入重点高中，第一年暑假为学英语去美国加州大学伯克利分校半年，1974 年 2 月，16 岁的他不顾家人反对，退学去美国。

在加州，为了不依赖父母汇款生活，要求自己每天有一个发明，目的是获得专利费。时间为 5 分钟，想好就记下，想不好就过去，1 年后积累了 250 个发明。从中挑选“带声音多国语言翻译机”，就是将电子词典和声音合成器组合在一起，在键盘输入日语，以语音形式输出英语。1977 年，与日本夏普谈判，将专利卖给夏普。1979 年 9 月在加州成立“和音世界”公司，把日本用久的游戏机带到美国，用新软件改造后放到校园中，最多时拥有 350 台游戏机。毕业时赚了 100 万美元。

1980 年，回到日本。为了决定在日本做什么生意，他用时 1 年半，对市场做彻底的调查，对于想到的 40 个项目都做了 10 年的预算损益计算表、预算平衡表、资金周转表及组织结构图。文件加起来十几米高。最后目标集中在计算机软件的批发业。1981 年，以 1 000 万日元创立了“日本软银公司”。

1982 年 1 月末，仅 1 个月孙正义就从近百家软件销售店中收集了相当于 4 500 万日元的软件。自从和新电机及哈德森签订了独家代理合同后，各地的零售店、软件公司打来电话不断，“希望成为软银公司加盟店”。公司业绩成倍增长。

1983 年，查出患肝炎，辞去社长职务保留董事，进行治疗，治疗期间开发了一种新产品“NCC-Box”，这项专利为他赚了 20 亿日元。

病愈回到软银后，孙正义决定在股票市场公开上市。1994 年 7 月上市，孙正义持 70% 股份，被称为“日本的比尔·盖茨”。

上市后发展很快，1994 年 12 月收购 Ziff Davis 展示会部；1995 年 4 月收购界面公司；1995 年 6 月收购 UCA 公司；1996 年收购 Ziff Davis 出版部门；1996 年收购王石公司……

1996 年成为世界计算机行业最大的展示会主办者和最大的出版商。此时，“媒体帝王”鲁伯特·默多克欲在日本开办类似于英国苍穹广播公司的卫星节目，此举可使日本原有的 9 个电视频道一举增至 150 个，并在一定时期内达到 500 个。孙正义抓住良机，与默多克达成协议，双方各出资 100 亿日元成立提供卫星广播的日本苍穹公司。

孙正义向我们展示了一个典型创业者是如何识别和开发创业机会的。

1.4.2 创业资源

创业资源是指新创企业在创造价值的过程中需要的特定资产，包括有形与无形的资产，它是新创企业创立和运营的必要条件，主要表现形式为：创业人才、创业资本、创业技术和创业管理等。

对于创业者来说，拥有多少创业资源在一定程度上体现出创业成功的可能性。重要的是创业者能够如何整合资源。一般而言，创业企业都是资源缺乏的，如人才经验、资金、管理经验不足等等。对于大学生创业来说，不断学习扩充自己的资源，建立自己的核心竞争优势是非常重要的。

当然，一些新兴商业模式的出现，也让我们对开发和利用创业资源有了新的认识，例如，共享经济模式对社会闲置资源的利用。

【创新实例 1-3】

Airbnb 利用闲置资源创造共享经济模式

在全球酒店行业，一直以来的游戏规则就是拼装修。一个好酒店的标准就是占据最高的楼，用最高规格的方式装修。全球最大的几个酒店集团，不管是希尔顿，还是万豪，还是喜达屋，都是这么干的。

但是，近年来，一家互联网公司，几乎没有一家自己开的酒店，也没有“高大上”的装修，订房效率也不是最高的，但却快速成为全球最大的酒店集团。这家酒店就叫 Airbnb，它拥有全球第一的客房数。

Airbnb 是 AirBed and Breakfast 的缩写，中文名为爱彼迎。爱彼迎是一家联系旅游人士和家有空房出租的房主的服务型网站，它可以为用户提供多样的住宿信息。

Airbnb 成立于 2008 年 8 月，总部设在美国加州旧金山市。Airbnb 是一个旅行房屋租赁社区，用户可通过网络或手机应用程序发布、搜索度假房屋租赁信息并完成在线预订程序。据官网显示以及媒体报道，其社区平台在 191 个国家、65 000 个城市为旅行者们提供数以百万计的独特入住选择，不管是公寓、别墅、城堡还是树屋。Airbnb 被《时代》周刊称为“住房中的 ebay”。

如果把 Airbnb 的概念抽象一下的话，那它的逻辑应该是：有空闲的资源就可以出租，就可以提高闲置资源利用率，从而获得最大收益。这个逻辑同样可以应用到其他领域上，很多创业公司就依照这样的逻辑打造出了自己的产品，并且不少项目还获得了投资，如网约车、共享单车等。

1.4.3 创业团队

创业团队是创业企业成功的关键因素。很多投资人认为，投资选项目看重的主要是创业团队和项目的发展潜力。也有人认为，一看创业团队，二看商业模式。杰弗里 · A. 蒂蒙斯指出，创业团队应该由一位非常有能力的创业带头人建立和领导，他的业绩记录不仅向我们展示了成就，也展示了一个团队必须拥有的品质。作为一位领跑者和企业文化的创造者，创业带头人是团队的核心，他既是队员，也是教练。吸引其他关键管理成员，然后建立起团队，这样的能力和技巧，是投资家苦苦寻找的最有价值的东西之一。

【创新实例 1-4】

天使投资人如何选择创业项目

天使投资人何伯权，是创业者出身的风险投资家，他成功地投资了7天连锁店、久久丫连锁店等十几家公司，成功率非常高。何伯权认为，投资选项目要看三个方面：行业趋势、创业团队、商业模式。何伯权认为：

做一件事情，趋势是最重要的。大势把握准了，哪怕是做错一些具体的事情，都没什么关系，假如这个行业整体趋势是往下走的，你再努力也没有用。我觉得做事做人都一样，创业投资也一样，最好选择朝阳产业或者顺应经济大趋势的行业，而且必须要有很大的腾挪空间，万一某个方向不行还可以及时调整，机会比较多。

第二是团队。再好的趋势还是要有团队去做，而且整个创业过程可能会遇到很多变化，不是说事先设定的事情就会坚持到底，团队的应变能力和素质就非常重要。什么样算是好的团队？第一是有激情，最好是很有理性的激情，即这个项目令他激动，能激发出他的潜能。第二是厚道，创业者要有自律性，能让投资人放心。那些让投资者觉得不放心的团队就不要投了，不然的话反而是双方都不开心。第三是团队要有经验，而且最好是有这个行业的经验。

第三，商业模式很重要，因为最终企业的成功还是商业模式的成功，如果他没有钱或者没有向上的趋势，成功的机会就少了；或者是团队能力不够的话，可能最终也找不到一个好的商业模式。最初设计的商业模式跟最后的实践往往有很大的差异，所以创业者必须要有能力去不断地调整模式。

【本章小结】

虽然创新、创造、创业常被相提并论，但三者的本质和内涵却是不同的。创造是一个从无到有的过程，强调原创性；创新主要是对现有事物的更新和改造过程，强调产生经济效益、社会效益；而创业则是开创某种事业的活动，使创造与创新的成果实现产业化、商品化，从而造福社会、造福人民。

创业者是创业活动的发起者和实施者。成功的创业，既需要创业者有积极的创业精神和创业动机，同时还要具备一些基本素质。既有意愿又有能力才是创业者成功创业的前提。

从不同的视角观察创业活动，会有不同类型的创业。基于创业初始条件的不同，毕海德教授将原创性的创业概括为五种类型，分别是边缘型创业、冒险型创业、与风险投资融合的创业、大公司的内部创业、革命型创业。全球创业观察报告（GEM）则基于创业动机的差异，将创业活动分为生存型创业与机会型创业两类。

创业过程是指创业者发现和评估商机，并将商机转化为企业以及创业者对新创企业进行成长管理的过程。蒂蒙斯认为，成功的创业活动必须要能将商机、创业团队和资源三要素做出最适当的搭配，并且也要能随着事业发展做出动态的平衡。

【核心概念】

创造　创新　创业　创业者　创业动机　创业者人格特质　创业能力　创业知识　独立创业　企业内创业　生存型创业　机会型创业　创业过程模型

【课后思考】

1. 简述创造、创新和创业之间的区别和联系。
2. 分析论述创业者是天生的还是后天培养的。
3. 将自己的能力素质与成功创业者的能力素质进行比较分析，制订提升创业能力与素质的计划。
4. 在互联网上收集典型创业案例，并对案例中的创业类型进行分类比较。
5. 结合收集到的创业案例和蒂蒙斯模型分析创业成功的关键要素。

【实践演练】

练习 1　　你是当老板的料吗？

表 1-2　**创业能力测评表**

序号	内容
1	你是否曾经为了某个理想而设下两年以上的长期计划，并且按计划进行直到完成？
2	在学校和家庭生活中，你是否在没有师长和亲友的督促下，就自动完成分派的任务？
3	你是否喜欢独自完成工作，并做得很好？
4	当你与朋友在一起时，你的朋友是否时常寻求你的指导和建议？你是否曾被推举为领导者？
5	在你以往的经历里，有没有赚钱的经验？你喜欢储蓄吗？
6	你是否能够专注地做自己感兴趣的事连续10个小时以上？
7	你是否习惯保存重要资料，并且井井有条地整理，以备需要时可以随意提取查阅？
8	在平时生活中，你是否热衷于社会服务工作？你关心别人的需要吗？
9	你是否喜欢音乐、艺术、体育以及其他各种活动？
10	在此之前，你是否带动其他人员，完成过一项由你领导的大型活动或任务？
11	你喜欢在竞争中生存吗？

续表

序号	内容
12	当你在别人管理下工作时，发现其管理方法不当，你是否会想出适当的管理方法并建议改进？
13	当你需要别人的帮助时，是否能充满自信地提出要求，并且能说服别人来帮助你？
14	在你筹款或者义卖时，是不是充满自信而不害羞？
15	当你要完成一项重要工作时，是否总是给自己留出足够的时间仔细完成，而不让时间虚度，在匆忙中草率完成？
16	你参加重要聚会时，是否会准时赴约？
17	是否有能力安排一个恰当的环境，使你在工作中能不受干扰，有效地专心工作？
18	你交往的朋友中，是否有许多有成就、有智慧、有眼光、有远见、老成稳重型的人？
19	你在学习或团体中，被认为是受欢迎的人吗？
20	你自认是理财高手吗？
21	你是否可以为了赚钱而牺牲自己的娱乐？
22	你是否总是独自挑起责任的担子，彻底了解工作目标并认真地执行工作？
23	在工作中，你是否有足够的信心和耐力？
24	你能否在很短的时间内，结交许多新朋友？

练习 2　　创业访谈

以小组的形式，3~5 人为一个小组，自己通过各种方式，比如校友录、学校网站、老师和同学介绍、网络搜索等，寻找和联系创业者，约定时间进行访谈，并做好访谈录音。访谈结束后，整理出一份访谈报告。

创业访谈提纲

1. 您能告诉我，您在开始创办第一家企业前的个人情况吗？

• 在您还比较小的时候，您认识的人中，有谁开办或拥有一家企业，他们对您的影响如何？您 21 岁后又有谁是这样的？

• 您的父母、亲戚或好朋友是企业家吗？他们是如何成为企业家的？

• 您有榜样吗？

• 您所受的教育/从军经历是怎样的？事后来看，这些经历有用吗？在哪些方面有用？

• 在您年轻时，您有自己的企业或者您是自由职业者吗？特别要问一下，您有销售或市场营销经验吗？对创建您的公司而言，有这些经验或缺乏这些经验有多大影响？

• 在何时、在什么情况下，从谁那里，您开始对创业感兴趣，并学到了一些重要的道理?

2. 请讲一讲您是如何决定创办一家企业而不是寻找一份工作的?

• 您是如何发现商机的? 它是如何呈现出来的?

• 您的目标是什么? 您生活方式的需要或其他人的需要是什么? 您如何把这些结合好?

• 从成功的关键因素来说，您如何评价商机、竞争、市场? 您有想要达到的特定标准吗?

• 您找到或有合伙人吗? 您在这方面的计划是什么样的? 您的融资方式是什么?

• 您有某种形式的创办公司的计划吗? 能否告诉我?

• 您从开始打算办公司到公司成立花了多长时间? 您每天花在这上面的时间有多少小时?

• 您的公司需要多少资本? 它花了多长时间达到正的现金流和盈亏平衡点? 如果当时您没有足够的资金，您可能采取的启动方式（易货方式、贷款等）是什么?

• 能否告诉我，在初期生存阶段您所经受的压力和危机。

• 您获得的外部帮助有哪些? 您有富有经验的顾问、律师、会计师、税务专家、专利专家吗? 您如何建立起这些网络的，花了多长时间?

• 外部顾问是怎样使您的公司有所不同的?

• 当时您的家庭状况如何?

• 您认为您企业的优势、劣势分别是什么?

• 您最得意、最失意的时候分别是什么时候?

• 您喜欢合伙，还是喜欢自己干? 为什么?

3. 一旦您的企业运行起来:

• 当您开始迅速成长时，最难填补的差距是什么? 最难解决的问题是什么?

• 当您寻找合伙人、顾问或经理等关键人物时，您是否会特别注重某些个人品质或态度（因为这些品质符合您的处事风格，并且对成功起重要作用)? 您如何找到这些人?

• 您的合伙人或顾问中有哪些品质是您极力想避免的?

• 事情的可预见性是变得越来越强，还是越来越弱?

• 您现在花在公司里的时间比刚开始的几年更多、一样还是更少?

• 您现在是否感到管理方面的事情更多一些、创业方面的事情更少一些?

• 将来，您是想收获、继续发展还是扩大企业?

• 您希望一年中工作多少天? 请解释为什么?

• 您是否考虑过退休? 您能解释一下原因吗?

• 您的目标改变过吗? 您达到您设定的目标了吗?

• 您的家庭情况有所改变吗?

- 您从成功中或失败中学到了什么？
- 您感到最头疼的矛盾或平衡问题（如：如何在事业和个人爱好/人际关系/孩子之间的平衡）是什么？
- 您能否讲一下当您资金不足时，您感受到的企业方面和家庭方面的压力是什么？您是如何处理的？从中得到了什么教训？
- 您能否讲一讲您的某个未获成功的企业，以及此经历如何使您为下一个企业做好准备？

4. 您对创业的认识：

- 您认为什么是您最有价值的资产——使您最成功的东西？如果您必须全部重新干一次，您是否愿意完全按照原来的方式再干一次？
- 现在回想起来，您感到创办公司并把它发展到今天这样，最重要的观念、技巧、态度和专门知识是什么？接下来的五年中需要的是什么？这些东西在多大程度上可以通过学习获得？
- 有些人说创业者有很多压力。您有过哪些压力？把它们和其他“热门职位”，如一家大公司的领导、一家大型律师事务所或会计师事务所的合伙人所面临的压力相比，您认为如何？
- 作为创业者，令人高兴的事是什么？对创业者个人有回报的事情是什么？回报、风险和代价是什么？
- 什么样的人适合成为创业者？什么样的人不适合？您能说说您的看法吗？
- 您会给一个希望成为创业者的人提出什么建议？您能否告诉我，您得到的3个最重要的教训？我如何能以最少的代价来学到这些教训？
- 您能否向我推荐一些其他企业家，让我向他们请教一些问题？
- 您觉得我还应该问哪些问题，才能得到更有价值的东西？

第2章 创意与创造性思维

创意不只在于与众不同。任何人都可以做出奇怪的东西，那是很简单的。困难的是，像巴赫一样做出简单却精彩的作品，那才是创意。

——查尔斯·明格斯（Charles Mingus）

所谓创造其实只不过是在串联事物。当你问那些有创意的人他们是怎么做到的，他们都会感到些许罪恶感，因为他们并没有凭空创造出什么，只不过是发现了它们而已。

——史蒂夫·乔布斯（Steve Jobs）

【学习目标】

1. 了解创意、创造性与创新之间的异同
2. 了解创意的几种重要来源，认识创意资产对企业的重要性
3. 了解创意资产的形成过程
4. 认识企业创意资产在形成过程中要注意的问题
5. 了解创造性思维的内涵和表现形式
6. 掌握创造性思维的几种主要方法

【引导案例】

如何掀起一场有创意的头脑风暴

不妨听听史蒂夫·乔布斯怎么说：在我们（苹果）的文化里，创意过程被视为神话，它就像是一种感觉，那些极具天赋的人灵光一闪，一下子就出现了。不过从历史上看，许多好的创意都有一套过程，包括头脑风暴、测试验证，以及优化迭代。在苹果工作期间，学会如何产生创意是我学到的最重要的技能之一。事实上，苹果不是变魔术似的开发出一款产品，而是随着时间的推移，不断拓展他们的创意。

创意就是将事物联系起来

其实，你的大脑是一部隐喻的机器，在已知的框架下，通过尝试了解事物让这个世界变得更有意义。大脑里最新计划的部分是大脑皮层，对于人类而言，它的本质其实是一个巨大的模式“识别器”。创意不仅仅是综合已有的存储模式和想法，正如史蒂夫·乔布斯说过的那句名言：“创意就是将事物联系起来。”你可能会觉得乔布斯的这句话让创意过程略显平庸，但是对笔者而言，更多的是把它作为一种提醒，也就是说，我们每个人都有产生宏大创意的能力。

没有所谓的“尤里卡时刻”[①]

笔者曾经有幸参观了西班牙马德里的雷纳索菲亚博物馆（Reina Sofía museum）。在那里，我看到了巴勃罗·毕加索最著名的画作之一《格尔尼卡》。这幅画十分庞大，博物馆设置了专门的房间来展出。实际上，让我感到吃惊的不是作品本身，而是围绕在它周围的东西，比如参展的铅笔、木炭，作品上不同部位的涂料研究，等等。在一个房间的画作里，就有30个不同画风的牛头；在另外一个房间的画作里，又有25个不同画风的士兵胳膊。毕加索画了多次修改的素描之后才开始在画布上绘制，就在绘制时也做了无数次的更改。他说：“一幅画并不事先有定稿，而是在制作时因个人的思潮的改变，画也不断地更改。就算是画成之后，画也随着观者的思想而转变。”

水平（横向）思维的力量

爱德华·德·波诺（Edward de Bono）是知名认知心理学家，对于产生创意和创造力，他有着较为专业的研究。德·波诺将思维方式区分为两种类型：一种是垂直思维；另一种是水平思维。垂直思维是一种逻辑思维——对某个问题进入深层思考，一个环节一个环节来制定决策，后一个环节的决策需要基于前一个环节来制定。水平思维，也就是横向思维，是一种更宽泛的思维方式，更是一种以创造力为基础的思维方式。

实际上，也有一些刺激横向思维的技巧。笔者在苹果的一个团队工作时，经常使用一种名为“随机进入”的思维技巧，让大家想出一些全新的产品功能。值得一提的是，使用这种技巧已经让我拥有了好几项产品专利了。

下面我就来说说这个所谓“随机进入”的水平思维技巧：首先，你需要从一个定义明确的问题描述开始，然后，选择一个随机的单词；如果想好玩儿的话，可以用滚动骰子的方式多次遍历，选择单词来进行思考。接下来，再花三分钟时间，结合问题描述，尽可能多地想出一些与这个单词有关的创意想法。下面要做的，就是和你的团队共同讨论想出的那些创意，激发他们更深层次、更具建设性的讨论。重复上述步骤，这种方式会让你产生大量创意想法，而且在“玩儿”的过程中，你可能甚至都想不到自己已经使用了水平思维技巧。

为了能更好地说明“随机进入”这个水平思维技巧，我们来举个例子，让我们从这个问题描述开始：“视频编辑实在是太难了，它真的该更有趣些。”现在，我们找到了一个单词——“bicycle”（自行车），那么和自行车相关的，能够让视频编辑更简单、更有趣的解决方案有哪些呢？

笔者自己开始尝试“随机进入”练习，可以想到下面几个创意：

在实时直播的流媒体视频里加入叠加iPhone传感器数据。

自动监测自行车骑行的技巧，然后把这些技巧发布到社交媒体上。

使用已知的骑行路线，渲染出一个“按图旅行”的蒙太奇剪辑。

---

① 尤里卡时刻就是指“灵光闪现、突发灵感的时刻”。

创造一个20世纪80年代风格的极限小轮车效果视频，支持iMovie剪辑。

上面这些都是自由联想产生的，当你和同事们一起针对这些创意头脑风暴时，甚至都不要考虑这些想法是否可以实现，也不要考虑是否可行。因为我们还没有走到那一步，所以，当前我们要做的就是把自己的头脑中的创意记录下来即可。

这只是其中一个技巧，实际上，水平思维方法还有很多技巧可用，在此就不一一赘述了。

对你的大脑来说，相比于解决某个问题，创造性思维其实是一种完全不同的过程，所以在你的大脑里，必须要给它腾出空间，然后不断训练自己，而且还需要实践。

伟大的创意不会主动来找你，你也可以随心所欲地产生新的创意想法，只要在思维过程中留有足够的探索空间，就会发现，创新创意能给你带来很多惊喜！

2.1 创意的内涵

创意是一个有着丰富内涵的概念，其首先应是一种创造性的思维方式，这种思维方式是一种创造新事物或新形象的综合性思维，包括对一切旧思维进行革命性的改革和创新。其次，创意的表现形式是一个idea，包含思想、点子、立意、想象等新的思维成果。创意在理论形态上又可分为宏观、个体和应用创意三个层次。宏观创意泛指一切可视的创作现象，这不仅包括文学艺术，而且可以概括地包括日常生活在内的整个的人的生活方式，即人的文化存在的样式。个体创意是指个人的情感、灵感、直觉、想象、才情、智慧等在创意作品中的自由倾泻和创造性的表达。而应用创意是指创意的目的不限于个人欣赏品鉴，而是与产业目的相联系，是使创意走向产业，实现创意本身、创意产品和创意服务的产业化。

目前对创意的定义和理解方式多种多样，一方面是创意自身具有丰富的概念内涵，另一方面是创意密切相关的概念，如创造性、创造性思维和创新等概念之间交叉混用较为突出，所以要清楚界定创意，首先要从概念界定的形式逻辑要求入手，在对比分析中找到“属加种差”（被定义项=种差+邻近的属），同创意密切相关的创造、创造性思维、创新的概念之间的辨析如表2-1所示。

基于表2-1，本书从静态的思维成果和动态的思维活动两方面定义创意，并按照概念内涵的丰富程度，分别给出创意的静态定义和动态定义。

创意的静态定义是其基本的首要的定义。这里按照形式逻辑的定义概念的方式，先确定创意概念的邻近属概念，然后明确创意的种差（即创意与其他主意和思想的本质差别）。

事物分为物质和意识两大类别。创意是创造性思维的观念形态的成果，属于意识的范畴。因此其定义中的邻近属概念应该是意识范畴的概念。物质范畴的因素，不能明确地揭示创意的意识属性，因此不宜作为创意定义中的邻近属概念。意识范畴的概念如主意、想法、观念、构思、设想和思想等，比事物、产物、成果、结果更邻近创意，也更能反映创意作为观念形态的成果属性，但概括性各不相同，有些

表 2-1　**创意、创造性与创新的比较**

概念	概念本质	概念差异性	相同之处	相互关系
创造	产生具有独特性和价值性成果的行为	既包括意识范畴成果，也包括物质范畴（如实物产品）成果	都具有新颖性、价值性和可行性，并且既强调了成果的特性，又强调了实现过程	创造性思维是基础，创造性思维形成和产出就是创造，创造性思维产出结果的商业化就是创新
创造性思维	意识范畴创造性成果	既新颖又追求实用性的思考模式		
创新	付诸了行动的一切新想法	发明（新思想）的商业化过程及结果		

并不是创意的临近属概念。其中，思想最具有概括性，包括了主意、想法、观念、构思和设想等。主意也有一定的概括性。主意和思想都适合作为创意的邻近属概念。但思想往往被理解成深奥的严肃的理性认识，而创意既包括理性认识也包括感性认识。因此，这里选择"主意"作为创意的临近属概念，认为"主意"是指设想、构思、观念、想法、看法、意见的总和。

创意概念的种差已经被较充分地揭示，创意概念的种差包括三方面：新颖性、价值性和可行性。由此，可以给出创意的静态定义。

广义的静态创意即创意是指新颖的主意。这里的"新"是指创意主体（个人或群体）独立想出来的主意，分为两种情况：一是他人没有想到或提出的主意；二是在不知道他人已经想到或提出的情况下自己独立想出来的。首先，学来的主意不是创意。应用学来的知识设想出来的主意，一般情况下也不是创意；应用创造性知识进行创造性思维从而设想出来的主意，往往带有创意的成分。其次，创意是指有价值的新主意。其一，这里的价值是指新价值，是指为社会或个人增添了新知识、新的更好的方法或新形象。用这种创意能够解决未曾解决的问题，带来新益处；或能够提供更有效率的解决问题的方法，增加原有的益处。其二，这里的价值既可以是现实价值，也可以是潜在价值。没有现实价值但有潜在价值的新主意，也是创意。所以创意不一定是一个可行的适用的方案，一个暂时不能发展成一个可行的适用的方案或不能解决当前问题的新主意，如果对未来问题的解决有潜在的贡献，或有利于其他问题的解决，那么也是有价值的。其三，这里的价值包括社会价值或个人价值。社会价值是指这一创意为群体、国家或整个社会贡献了新知识、新方法或新形象。个人价值是指这个创意为创意主体个人增添了新知识、新方法。

狭义的静态创意是指有价值的可行的新主意。狭义的创意包括新颖性、价值性和可行性三个内涵。一般而言，探求创意是为了解决特定的问题，实现特定的目的。可行性指创意在当前条件下是可行的，能够解决当前的特定问题，实现特定目标。这种创意是相对完整的问题解决方案，或构成完整的解决方案的有机组成部分，而不是一个无法实施的主意或想法。

从简化的角度，创意也可以定义为可行的新主意或有效的新主意。“可行的新主意”和“有价值的新主意”是种属关系，后者包括前者。可行的新主意一定是有价值的新主意，是有现实价值的新主意。但有价值的新主意却不一定具备可行性，即不一定能够有效解决当前的问题。因此，可行的新主意已经暗含着价值性这个内涵。但为了使创意的价值性更加明确，这里在狭义的创意概念中将可行性、价值性和新颖性全部表达出来。这一定义明确了创造性思维与创意的关系：创意是创造性思维的成果，是意识范畴的成果。

从动态的角度，本书认为创意是创意思维的简称，创意思维即创造性思维。动态的创意定义是指能够产生（有价值的可行的）新主意的思维。创意是一种十分复杂的社会和个人现象，创意涉及人类社会活动的所有领域。各个领域的创意和创意思维活动的差别往往是巨大的。对创意的多方面本质属性的认识，还有待于不同学科、不同视角的进一步研究。

【阅读材料 2-1】

集思广“议”：当冰箱变成饭盒，你怎么看？

一款 Gourmate 两用饭盒既可以对饭菜进行冷藏保鲜，又可以进行加热，也可外带使用。该设计分为四个部分，每个隔间都可以单独设定温度，饭、菜、甜点、水果，都可以恰到好处地保鲜。除了保鲜，这款两用饭盒还可以通过各个部分温度的控制进行加热，免除了饭菜放到冰箱然后放到微波炉加热的过程。还值得一提的是，这款饭盒还免除了清洁的麻烦，这四个部分的每一个储存器中都是不锈钢容器，可以单独拿出来进行清洗。

产品还设计了五种不同的颜色：白色、黑色、红色、蓝色、灰色。你最喜欢哪一款呢？

2.2 创意的来源

创意有许多来源，有些来自灵光乍现，有些是无意中得来。德鲁克指出，大部分创意是来自刻意、有目标地寻求问题的解答或取悦顾客的机会。本书总结了创意的七个主要来源：新知、倾听顾客的声音、向领先使用者学习、共鸣设计、创新工厂与秘密计划、公开市场创意、心理准备的角色。

（1）新知——创新的重要泉源。激进创新有许多甚至大部分，都是新知的产物。虽然新知所带来的创新往往强而有力，但从新知的开发到将它转变为商业化产品，通常要经过一段漫长的时间。尽管以新知为基础的创新在时间上拖得很长，但报偿却往往很可观。

（2）倾听顾客的声音。如果销售人员、服务人员、研发人员能倾听顾客的意见，并且鼓励顾客说得更多，就会发现顾客是永远的创意来源。此外，顾客也可能是认清未解决问题的最佳来源。大部分企业都了解顾客的重要性，将他们视为新点子的来源，并经常做市场研究以获取他们的意见。

聆听顾客意见时要注意一件事：他们拥有阻挠追求创新的潜力。一个好的生意人会将聆听顾客、取悦顾客奉为圭臬。但是与现有的顾客走得太近，不仅会阻碍创新，还可能迫使公司故步自封，死守没有前途的技术。当顾客无法了解技术的发展性，并且害怕创新会使自己使用的系统落伍时，便会出现这种状况。

有些企业屈服于“服务市场专制”，建立了一套审核制度，扼杀了受现有顾客反对的创意和产品。他们集中所有的资源，为现有获利来源（顾客市场）提供服务。如此一来，几乎可以确定，他们只会针对现有产品与服务推出经少许改善的版本，而且必然会错失下一波扭转竞争环境的变革狂潮。

（3）向领先使用者学习。领先使用者是创意的另一个重要来源。领先使用者是一群需求远远超前市场趋势的人，他们可能是企业或个人，而且不一定是顾客。他们也许是寻求以更好的方式来制作或解读影像的先进放射线专家，也许是已找到方法修正现成设备来大幅提高工作效率的工程师、军事飞行员或职业运动员。他们有一个共同点：为了满足自己独特的需求，往往在制造商尚未能考虑到这些需求时，就驱策自己创新。

领先使用者很少是为了创造商业价值而创新，而是因为现有产品无法满足他们的需求。他们是为达成自己的目标而创新。然而，他们的创新通常能满足更大市场的需求，在未来几个月或几年后获得肯定。

（4）共鸣设计。创新者在判断市场需求时所面临的问题之一，就是目标顾客未必能确认，或清楚地表达未来的需求。由于他们大部分都不知道未来技术发展的可能性，因此往往根据自己熟悉的现有产品与服务来描述自己的需求。

如果想要的创新不只是熟悉事物的改善，就必须找出顾客可能尚未体会到的需求与问题，并且加以解决，而共鸣设计就是为此而生的技巧。共鸣设计是一种激发创意的技巧，创新者可以借此观察人们如何在他们身处的环境中，使用现有的产品与服务。

共鸣设计流程包含五个步骤：

①观察。即派驻企业代表至人们的家庭与工作场所中，观察他们使用产品的情形。此步骤的关键问题在于：应该观察谁，该由谁来观察。

②记录材料。观察员应该记下人们在做什么、为何那么做，以及他们所遭遇的问题等。由于取得的往往是视觉的、无法量化的材料，因此应运用照片、录像、绘图来记录。

③思考与分析。观察员从现场回到公司，与同仁分享他们的经验。他们在思考分析之后，可能还得重返现场，进行更多观察。

④脑力激荡。将观察转化为各种可能的解答，并且以图形描绘出来。

⑤建立解决方案的原型。原型能使新概念变得清晰，并且有利于人们与解决方

案产生互动，以及激发潜在顾客的反应。

（5）创新工厂与秘密计划。许多大型厂商设立正式的研发单位（或可称之为创新工厂）来激发、发展创意。有些企业以两个层级来支持研发：企业整体层级与业务单位层级。一般来说，企业整体层级的研发致力于激进创新，并发展技术供各事业单位使用。反之，业务单位层级的研发重心则在于短期内能使单位直接获利的渐进创新。业务单位经理人负有盈亏责任，他们不是无法就是不愿扛起长期激进创新计划的财务重担，于是指望企业研发做到这一切。从大量对激进创新的总结发现，唯有大部分昂贵、费时的工作都已完成之后，业务单位才会乐于接受企业研发实验室的创新。这个层级的创意激发着重在改善主流事业的绩效，这往往意味着把重心放在渐进创新。

正式的研发计划并非激发创意的唯一架构，有些公司会针对某个特定问题，临时召集观点不同的顶尖人才齐聚一堂，以激发创意。有时这些人会被安置在比较远的地方，以使团队成员专注在执行任务，将组织其他部分的干扰降至最低，或是保守机密。这些焦点计划团队所进行的工作往往被称为秘密计划（Skunk Works）。

（6）公开市场创新。未必一切事物都必须“自创”——创意也可以在公开市场中买卖。公开市场创新运用授权、合资、策略联盟等，使创意的流通也能享受到自由贸易的好处。瑞格比与如克指出，公开市场创新有四项独特的优点：

①买进创意能扩增创新所需的“基础”。

②出售创意是获利及保持创意活力的好方法。

③卖出创意能帮助企业衡量创新的实际价值。

④创意的交易有助于企业厘清自身最拿手的事物。

当然，跨越组织界线的合作会带来风险，其中最关键的一项，在于公开市场中的创意是与他人分享的，因此难以从中得到完整利润。防范这项危险的最佳途径，就是要建立能够保护自身利益的交易架构。

（7）心理准备的角色。许多创意都是由偶然的观察、定期与顾客的接触，甚至无意间出现的实验结果所激发。巴斯德（Louis Pasteur）指出，“机会只青睐已经做好准备的人”。如果做好准备，就比较可能拟出解决问题的构想或认清机会。

从创意的主体来源来看，创意可能来源于顾客、市场（包括竞争者）、具有创新精神的员工、项目组的成员、技术人员的分析、特殊的创新研讨会等。

根据 IBM 商业价值研究员 2006 年的研究报告可知，员工、商业伙伴、顾客这三者是创意的最大来源。除此之外，创意的来源还可以是顾问、竞争者、行业协会、企业内部销售与服务部门、企业内部研发部门、学术界等（见图 2-1）。

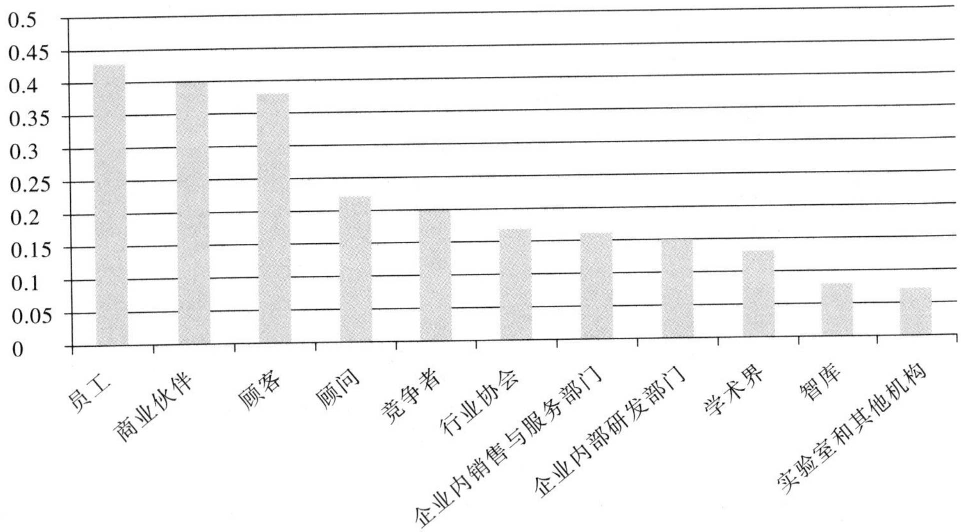

图 2-1 IBM2006 年报告显示的创意来源

2.3 创意资产的形成

创意源于知识和创造性思维，是人力资本的重要体现，因此，创意能够产生经济利益，是能够产生资本的公司重要资产。在全球进入创意经济的时代，如何系统思考基于创意的价值增值体系，是企业获得竞争优势的关键。

2.3.1 鼓励创意

既然创意是公司的重要资产，那么鼓励更多的人提出创意、参与到创意过程中来就是公司重要的价值增值手段。公司可以建立一个创意中心，一方面鼓励员工在每天的工作中发现创意、提出创意，将创意作为每个人的工作责任，而现实中公司通过指派专门人员鼓励、收集和评估创意的做法往往导致创意效率低下。另一方面，公司可以建立“点子银行”，不断鼓励公司各个层次的工作人员贡献创意，将“点子银行”作为一个存储创意的数字智囊。创造力是创意的源头，应该受到组织层面和管理者层面的鼓励。

2.3.2 创意的筛选模式与过程

(1) 创意漏斗。对于一项不具前景的创意，创新企业必须在它耗去大量资源之前尽快加以淘汰。即使创意通过机会确认测试，还是必须再做进一步筛选，找出合格创意中最强、最具前景的。想要进一步了解创意，免不了要投入人力资源、测试、市场研究等成本。因此企业能愈早淘汰无法商业化的创意，就愈能节省成本。愈早做好淘汰工作，就愈能让真正有价值的少数创意享有更多资源。

产品开发者或学者习惯将上一段所提到的议题比喻为创意漏斗（Idea Funnel），

如图 2-2 所示。

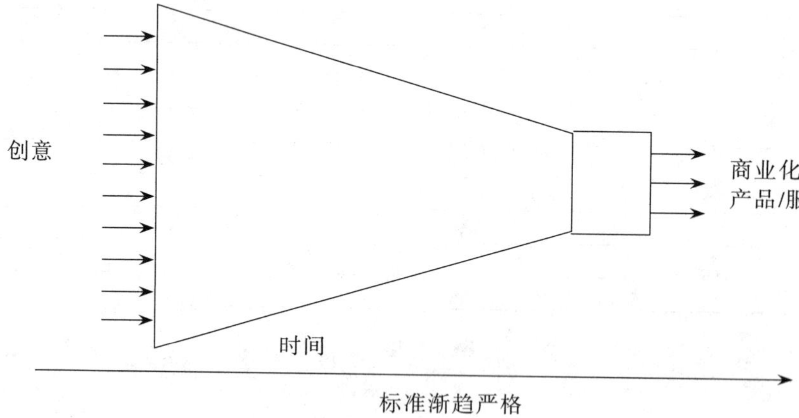

图 2-2 创意漏斗

漏斗开口宽阔，可以倒入许多尚未开发或通过初步筛选的创意。随着开口缩小，留在漏斗内的标准也渐趋严格。漏斗内的筛选过程，包括“修补”、实验市场调查、制作原型。在这个过程当中，有些创意的生命比其他创意长，但仅有少数能彻底通过漏斗，完成商业化。

此外，在同样的条件下，慢工出细活型的企业花在选出通过漏斗的少数创新点子，并且加以商业化的时间也比较长，而这通常会导致负面结果。因为公司内能评估、开发新点子的人有限，花在评估、淘汰创意上的时间愈长，等待处置的创意就愈多，于是延长了整个周期所需花费的时间。反之，速战速决的企业会减少整个开发周期的时间、成本。不过仓促淘汰许多创意，可能会意外扼杀不被人们所了解的好点子。因此，公司必须一面关照好点子的来源，一面留意资金、开发人员、市场调查员等资源。另外，它也必须在如何淘汰与推动创意之间求取可行的平衡。

（2）阶段-关卡系统。每家企业都必须有分辨创意优劣的方法，许多企业会使用一种称为阶段-关卡系统（Stage-gate System）的方法。这个系统是 20 世纪 80 年代末期，由罗伯特·库伯（Robert Cooper）所开发的。这个系统运用一连串交替的发展阶段与评估“关卡”及早淘汰不够好的构想，以便让有潜力的杰出创意尽快上市。从创意的诞生一路发展到商业化的过程中，可以用阶段与关卡控制所有的活动。图 2-3 表示的是这个系统的概念，以下则是它的实际运作方式。

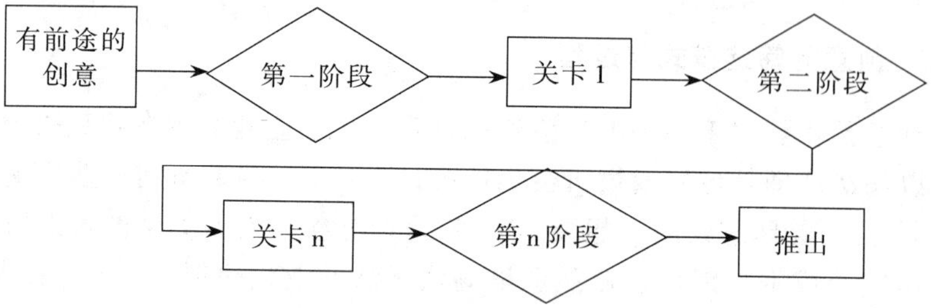

图 2-3 阶段-关卡系统

①阶段：发展作业完成的阶段，例如，一个系统有发展原始构想、技术规格、原型等阶段，而商业化则是最后的阶段。

②关卡：让决策者决定计划是否该淘汰、退回作进一步发展，或晋升至下一个发展阶段的检查站。关卡可以设在许多不同的决策点以决定计划是否合乎策略、是否通过技术与财务障碍、是否准备好进行测试或推出等等。这种系统会比专为特定目的或毫无目标的设置系统要好。对创新者来说，这个系统也比那些必须讨好有权势的主管才能维持、推进计划的制度佳。此外，它对企业也有好处，因为若处置得宜，就能防止价值不明的计划延续，耗尽原本能运用在他处以获得利益的稀少资源。这种计划在许多企业里都有，如果缺乏将计划结束掉的合理制度，计划通常会一直持续下去。阶段-关卡系统有助于改善这种情形。

然而，阶段-关卡系统的效率取决于控制各关卡的决策团队。这些团队应该：第一，对创新和产品开发有丰富的经验；第二，在他们所掌控关卡的领域中（例如营销、财务分析等）足够专业；第三，有权扩增或撤出资金；第四，对公司策略了如指掌；第五，客观且不受政治压力阻碍。或许可以想象得到，在各关卡上安排不当人才，可能对系统造成多大的伤害。所谓“不当”人才，就是那些缺乏专业或经验，运用政治压力，或是与公司策略脱节的人，要防止这些人接近决策团队。

在任何阶段-关卡系统中，第一关卡就是筛选看似有希望的创意。“筛选”是最重要的关卡，因为其他关卡显然都属于新产品开发领域。创意筛选并无固定的公式，不过库伯在一篇文章中建议，筛选者该做到以下事项：第一，在接受与否决之间寻求平衡。避免太过保守，只接受“有把握”的事，也别太过马虎，以致公司必须将有限的开发资金分散在太多计划上，而减少了每项计划所能取得的资金。第二，学会忍受模棱两可与不确定性。在初期阶段，几乎不可能取得可靠材料与量化标准。第三，运用的决策标准要能反映公司目标。此外，也要考虑新产品计划的目标。

（3）辨识机会。创意令人兴奋，和同事一起发掘、讨论创意也十分有趣，但是有趣的构想与真正具有商机的创意之间有天壤之别。辨识机会与拥有创意或开发科学的突破性发明同样重要。即使在辨识出机会之后，比起创新的完整潜力，被辨识出机会的潜力，可能还是被小看了，机会的辨识往往是个逐步发现的过程：最开始找到的，不过是一扇通往其他地方的窗户。

（4）辨识机会的方法。创新机会的发掘通常具有高度不确定性。要判断创新的实际效用，不是得根据很有限的材料，就是只能凭想象。顾客对商业化的创新有何反应，只能用推测的。尽管世界上并没有什么经过证实、可用来辨识机会的公式，或用来找出可能吸引顾客的新点子或产品。金伟灿与莫伯格尼认为，应当将焦点放在创新所带来的效益——改变顾客的生活上。

（5）初步商业评估。假设创意对顾客具有实际的价值。然后，在进入进一步发展、进行正式的市场研究之前，还需要完成一项任务：初步商业评估。初步商业评估是“质”的评估，量化筛选要等到创意变得比较完整成形时才进行。初步商业评估只是用来判断是否该指派人员或团队、花费时间和资源来发展这个创意。

（6）策略考虑。就算有很棒的点子，但如果与公司的策略不符，那么它的开发和商业化，长期下来就可能带来问题，因此，在做策略考虑时，须深思熟虑。好点子几乎毫无疑问地一定对某些人具有潜在利益，但在不利者的手中，它的潜力或许永远也无法实现。另外，为了创新而闯入陌生领域也很冒险。因此，有三种选择：放弃那个点子、将它授权给可能有所作为的人，或者建立独立或合资组织来负责开发。合资企业运作，是结合互补的资源来获利。选择这种方式的创新者，与缺乏资源、能力或市场管道的组织合作，结合两个（或更多）组织之力，以便取得已确认商机的成功机会。

（7）技术能力与商业能力。每家企业都至少具有一项技术能力。想要成功地发展正在评估的那项创意，必须确定公司是否具备必要的技术能力。如果答案是肯定的，就可以继续发展下去；如果不是，则要考虑有没有办法取得那项技术。商业能力包括营销、新产品开发、服务特定顾客族群的能力，以及管理散布于各地的员工与设备等能力。商业能力是将创意转化为创新价值的重要能力，创意与商业能力的结合，一方面可以将创意的商业价值通过符合市场规律的推广与运作手段充分展现出来，另一方面也会从经济激励角度促进更多创意的产生。

【创新实例 2-1】

思科通过外部竞赛为下一个十亿级新业务寻找创意

为了推动公司的创新，思科一直在公司内部组织创新竞赛活动。不过，以往这样的竞赛活动范围比较有限。2007 年秋，思科发起了一场名为“I-Prize”的外部创新竞赛，目标是为思科的下一个十亿美元级的新业务寻找创意。思科对创意提出的基本要求是，必须契合思科的公司战略，并能够利用思科在因特网技术领域的领先优势。

最后，来自 104 个国家的 2 500 多名创新者提交了约 1 200 个独特创意。经过层层筛选和评估，最后获胜的创意是基于感应器的智能电网。这是一个有着长远发展前景的创意，虽然会有很大的挑战性，但它极好地契合了思科的战略和竞争优势。

这次外部创新竞赛，思科新兴技术事业部首席技术官吉多·乔雷特总结说：“要从这样的竞赛中发现真正有潜力的创意，不仅需要投入大量的时间、精力和耐心，还要有想象力。”

他介绍了此次竞赛的 3 个关键方面：

1. 吸引所有创新者

为了吸引全球各地的创新者，让他们能够方便地阐述自己的创意，并相互交流各自的想法，思科选用了 Brightidea 公司的一个创意管理托管平台，人们可以登录这个平台，发布自己的创意，并对别人的创意进行评论和投票。

思科要求参赛者要保证创意是自己的，他们必须先在网站上进行注册，需实名提交创意，然后创建自己的资料。思科还制定了一个合理的法律框架来解决知识产权问题。为了体现竞赛的基本公平，思科提出，竞赛获胜者将把创意的商业开发权转让给思科，获得的报酬是25万美元，但对于没有获胜的其他所有创意，思科不拥有所有权，它们归创新者自己所有。

2. 创意筛选过程

整个创意筛选过程是艰辛而漫长的。思科的目标是从最初的1 200个创意中筛选出40个进入半决赛。思科采用了3种筛选方式：

第一种是由思科的一个6人小组担任评委，对创意进行筛选。这个小组全职工作了3个月，才完成了此次竞赛的筛选工作。第二种是投票，经过注册的参赛者可以用赞同或否定的方式对各种创意进行投票。第三种是评论，参赛者可以对别人的创意发表评论。

思科因此就有了3个创意清单：一个是根据投票得出的“用户青睐的创意”清单；一个是评论最多的“最活跃创意”清单；还有一个是思科评委选出的“最佳创意”清单。通过找出重复出现在这3个清单中的创意，思科最后选出40个创意进入半决赛。

3. 完善创意

为了进一步完善进入半决赛的创意，思科给每个创新者或创新团队指派了一名指导者。思科还拿出公司内部的商业计划模板并给参赛者提供了一个核对列表，内容包括市场、产品定位和目的、产品属性、目标顾客、收入和利润潜力、竞争对手的可能反应等。接着，思科对这40个创意做了再筛选，从中选出10个，然后与创意者进行面谈，最终选出既符合公司战略和优势，又具有发展前景的获奖创意。

最后，吉多·乔雷特指出，举办这样的比赛并不容易。整个过程不仅复杂，而且需要投入大量劳动，但收获是巨大的。思科不但了解了外界对公司的一些看法，还发现了新的潜在商业机会。

2.3.3　获得核心创意资产

不同于依靠机器、资源、体力劳作的制造生产类企业，主要靠人的脑力劳动产出产品的企业，可以称之为创意型企业。这类企业的资产负债表里固定资产非常少，企业设立的门槛相对较低，并且对创意没有统一的评价标准和估值体系，创意本身的好坏还要受到企业目标、市场机遇等要素的影响，当良莠不齐和外在表象充斥市场的时候就容易出现激烈竞争和“过度关注短期目标”的问题。因此，以创意为主要产品的企业，更要注重企业对产生优质创意的核心资产的获取。

创意企业要发展壮大，就是建设自己的“品牌+团队”，这才是企业的长期目标；企业的短期目标（业务、产值、利润等）要为长期目标服务。而能保持企业在品牌和团队上不断前进的关键，却是常常被人忽略的企业动力系统——企业愿景。

（1）品牌虚拟资产

“品牌”一词在英文里最早的字面原意是“烙印”，是古人在动物身上烙上印记以划分所有权的标识，后来不断地延伸开来。一个良好的品牌，比如耐克，一双打了耐克 logo 的球鞋可以比普通球鞋卖出高很多的价格，而且明确地把耐克与其他产品区别开来。

对于创意企业来说，品牌才是第一重要的核心资产，整个企业的发展应该围绕品牌增值进行。树立品牌的意义在于吸引客户，让客户提前了解你，从而区别于简单向客户推销信息和产品的竞争对手。品牌策略把客户看作积极的共建者与参与者，企业品牌就像太阳系的太阳一样，创造一个引力场，把客户拉入了自己的轨道。假如客户在选择一个产品之前，已经认识了你的品牌，那么在用户做决定之前，你已经成功地把产品置入用户选择区间。良好的品牌营销可以直接影响用户最终决策，让用户直接做出对你有利的购买决策。

麦肯锡的 CDJ 消费者决策流程理论解释了品牌这个作用的原理：传统购买决策流程需要从购买考虑入手，经过各种信息的评估对比，最后做出决策购买。而品牌的用户决策流程则可以自成一环，用品牌在消费者购买前的品牌营销以及对品牌口碑的维护，转化为最终的销售或者重复购买。

不仅如此，麦肯锡发现在信息过剩的数字化时代，品牌能主动重塑消费者的决策流程。重塑消费者决策流程的结果就是品牌可以压缩甚至去除消费者的考虑和评估阶段，将用户直接锁定在品牌忠诚环内。这好比压缩恋爱阶段直接进入闪婚。这是因为当我们面临信息过载和选择过剩的时候，情感就会左右我们的选择。南加州大学的神经学教授 Antonia Damasio，通过核磁共振的神经图像显示，研究出当人们评价一个品牌时，依靠情感（情绪和经历）多于信息（品牌信息和特性）。

企业品牌才是创意产业核心资产，然而品牌通常被企业放到一个次要位置，企业领导更被眼前的业绩、产值、利润所吸引，品牌不过是被当作一个企业的附加包装。但是其实品牌价值远大于产品价值。品牌的关键词是：排斥。没有在顾客心目中成为品牌的企业，会被用户在选择的各个环节中排斥，通常只能靠低价格取胜。而低价是没有忠诚度的，客户总是寻找出价最低的人，于是大多数企业不断降价直到被迫出局。而实际上，企业竞争本质不是价格，只有当客户没有看到品牌所提供的产品或服务的价值时，价格才成为问题。

（2）团队资产

人才是团队的核心，打造团队的关键是：第一，找到你能找到的最好的人；第二，组建你能组建的最小的队伍；第三，价值观激励管理。

创意企业是脑力的竞争，脑力的价值差异是特别巨大的，不能用工业时代的工厂标准来衡量，工业时代一个熟练工人比一般工人的生产力多 30%~50%，而脑力劳动者中顶尖的人才，跟普通人比，应该是1万倍、10万倍的价值。当然这样的人才，其薪资肯定不会低，所以在你能付得起的范围内，找最好的人才。乔布斯说，他的成功就是建立在找到行业里最优秀的人才，一旦找到5个第一流的人才，这5个人就只想和第一流的人才一起工作，因此他们也只会招聘第一流的人才，然后公司就会形成一个只吸引第一流人才的良性循环。

Google的人才观——只雇聪明人，更进一步说明了这个问题。为了找到并留住最关键的最棒的5%的人，Google可以开出高于任何其他公司的价码。Google认为如果你雇用1 000个人，可能有700个人是被各种政治斗争、结构、沟通、浪费、钩心斗角耗损了。所以，Google永远是最少、最聪明的一批人。

人才来了，怎么发挥他们的能力？创意企业的产品是源自员工的大脑，你不可能用鞭子强迫他把脑子里的创意挖出来，而是需要用更好的方式把人才激发出全部潜力。创意企业的人才管理是最令人困扰的：不能按照重资产型企业的工厂泰勒制管理，也不能照搬大企业那种完整序列的管理层级方式，也不能选择像梁山好汉的江湖散漫模式，创意企业的团队管理需要价值观激励式管理。

传统管理，核心无非就是“胡萝卜”加“大棒”模式，又被称为独裁者的怀柔政策。“胡萝卜”是利诱，“大棒”是威胁，两者都是在利用人的弱点，即人性中的贪婪和恐惧，去操控员工，这个方式的理论依据是麦格雷戈《企业的人性面》中著名的X-Y理论。

X理论假设人的本性是懒惰的，工作越少越好，因此管理者需要用“大棒”（纪律/考勤/绩效）对他们施加压力，而为了提高劳动积极性，又需要设置“胡萝卜”（奖励/表扬）。重资产型企业中的简单劳动者，尤其是流水线工人，企业会乐于采用这种方式。而这一切都需要在管理中增加各种人力财力的管理成本。

而Y理论却假设大部分人并不抗拒工作，人们希望在工作上获得成就感，获得社会认同感。许多人具有主动的创新能力去解决问题，并把解决问题视为自身的成功。如果你在一个创意企业里，需要高级脑力劳动、面对高创造性要求的工作，你显然会赞同Y理论。但是Y理论也是存在局限的，不可能因为不采用任何纪律和绩效措施，大家就一致地有积极主动性了，人的惰性始终是存在的，完全的无监控难免陷入平庸懒人驱逐优秀员工的平均主义泥潭。

那么对于这些聪明的脑力劳动者该怎么管理呢？Y型员工希望被信任、被放权，才能激发出主动性。此时，价值观激励的意义体现出来了：价值观就是一个共同目标，它可以激励得到信任和放权的员工发挥主动性，让他自己作为发动机主动运转起来。这时候的“大棒”就变成一个可以放到最低的底线（最小纪律最大自由），而“胡萝卜”也只需要和目标挂钩（最高目标和奖励一体）。

（3）企业愿景

企业愿景是企业未来的目标、存在的意义，也是企业之根本所在。它回答的是企业为什么要存在，对社会有何贡献，它未来的发展是个什么样子等根本性的问题。企业愿景推动着企业发展，它是企业真正的发动机。没有坚强的愿景，在面对各种选择关口、各种困难时期，如何确定自己做的是正确的？比如Google的愿景：组织全球的信息，让每个人都能随时、随地获取信息。如果你有了这样的愿景，Google的各种服务，比如G-mail应该收费还是免费的问题就很清晰了。Google的各种新业务，比如早期发射卫星做谷歌地球，现在做机器人、人工智能等发展方向用其企业愿景判断，立刻知晓是否正确。

企业愿景以某种价值观呈现，它吸引社会上有同类信念的人。比如团队人才，企业雇用人才的目的不是雇用以工作换取金钱的人，是雇用那些与你拥有同样信念的人，这时候他们不仅是员工，更是伙伴。企业愿景也能让产品更具有吸引力，不是仅仅出售给那些需要你的产品的人们，目的是销售给那些同你拥有共同信念的人们。这些人也能成为你长期的交易用户，产生品牌忠诚度。

日本松下电器的创始人松下幸之助曾经讲到，员工一旦进入松下，首先告诉他松下是一个有愿景的企业；其次，给这些人以信心；最后，使他们能够根据整个企业未来的发展，制订自己的职业生涯规划，使个人职业生涯规划立足于企业的发展愿景。如果一个企业有愿景，员工就会追随它，而且员工也不会迷失方向。“选择了一个企业，就是选择了一种生活。”如果企业领导者可以树立长远的经营目标，就会赢得员工、伙伴和社会的认可。

一家创意企业的最初的成功，可能更多的时候是抓住了某个机遇。但是在某个机遇的前提下发展，这只是企业道路的第一步，如何在风云变幻莫测的市场中存活下来，躲过一个又一个陷阱，需要企业发展核心资产：自己的“品牌”，自己的“团队”，并用明确的“企业愿景”来引导推动企业前行。

2.4 创造性思维

2.4.1 创造性思维的概念与特征

创造性思维，是一种具有开创意义的思维活动，即开拓人类认识新领域、开创人类认识新成果的思维活动。广义的创造性思维是指思维主体有创见、有意义的思维活动，每个正常人都有这种创造性思维。狭义的创造性思维是指思维主体发明创造、提出新的假说、创见新的理论、形成新的概念等探索未知领域的思维活动，这种创造性思维是少数人才有的。创造性思维不仅可以提示客观事物的本质和规律，而且能在此基础上产生新颖的、独特的、有社会意义的思维成果，开拓人类知识的新领域。一项创造性思维成果的问世，是以感知、记忆、思考、联想、理解等能力为基础，经过长期的探索、刻苦的钻研，甚至多次的挫折方能取得。而创造性思维能力也要经过长期的知识积累、素质磨练才能具备。

创造性思维是在抽象思维和形象思维的基础上和相互作用中发展起来的。抽象思维和形象思维是创造性思维的基本形式。除此之外，还包括发散思维、集中思维、逆向思维、分合思维、联想思维。其中，发散思维是从所给的信息中产生信息，着重点是从同一来源中产生各种各样为数众多的输出，并且很可能发生移转作用。集中思维是从所给的信息中产生逻辑的结论，其着重点是产生独有的或者习惯上所接受的最好的成果。逆向思维是把思维方向逆转过来，用对立的表面看来似乎不可能并有的两条思路同时去寻找解决问题的答案的形式。分合思维是一种把思考对象在思想中加以分解或合并，然后获得一种新的思维产物的思维方式。联想思维是一种把已经掌握的知识与某种思维对象联系起来，从其相关性中发现启发点，从而获取创造性设想的思维形式。创造性思维是创造成果产生的必要前提和条件，而创造则是历史进步的动力，创造性思维能力是个人推动社会前进的必要手段，特别是在知识经济时代，创造性思维的培养训练更显得重要。其途径在于丰富的知识结构、培养联想思维的能力、克服习惯思维对新构思的抗拒性，培养思维的变通性，加强讨论，经常进行思想碰撞。

创造性思维是在创造性活动中，在一般思维的基础上发展起来的多种思维的综合，有如下 4 个特点：

1. 发散思维和集中思维的统一

创造性思维主要是发散思维和集中思维的统一。我们要解决某一创造性问题，首先进行发散思维，设想种种可能的方案；然后进行集中思维，通过比较分析，确定一种最佳方案。发散思维和集中思维都是非常重要的，二者缺一不可。然而，对于创造性思维来说，发散思维更为重要，它是思维的创造性的主要体现。发散思维可以突破思维定式和功能固着的局限，重新组合知识经验，找出许多新的可能的解决问题的方案。它是一种开放性的没有固定的模式、方向和范围的，可以“标新立异”“海阔天空”“异想天开”的思维方式。没有发散思维就不能打破传统的框框，也就不能提出全新的解决问题的方案。

发散思维有 3 个指标：

①流畅性，指发散思维的量。单位时间内发散的量越多，流畅性越好。

②变通性，指思维在发散方向上所表现出的变化和灵活。

③独创性，指思维发散的新颖、新奇、独特的程度。

例如，让学生说出“红砖”都有哪些用途，学生可能回答：盖房子、筑墙、砌台阶、修路、当锤子、当武器、压纸、作画写字、磨红粉当颜料、练功、垫东西、吸水……在有限的时间内，提供的数量越多，说明思维的流畅性越好；能说出不同的用途，说明变通性好；说出的用途是别人没有说出的、新异的、独特的，说明具有独创性。发散思维的这 3 个特点有助于人们消除思维定式和功能固着等消极影响，顺利地解决创造性问题。

集中思维在创造活动中发挥着集大成的作用。当通过发散思维，提出种种假设和解决问题的方案、方法时，并不意味着创造活动的完成，还需从这些方案、方法中挑选出最合理、最接近客观现实的设想，这一任务的完成是靠集中思维来承担的，集中思维具有批判地选择的功能。

2. 多有直觉思维出现

直觉思维是指不经过一步步地分析，而迅速地对问题答案作出合理猜测、设想或突然领悟的思维。它是创造性思维活跃的一种表现，它不仅是创造发明的先导，也是创造活动的动力。直觉思维的结果，是使用逻辑思维所得不到的预见、捷径，或是解决问题的最佳方案的雏形。它往往从整体出发，用猜测、跳跃、压缩思维过程的方式，直觉而迅速地领悟。许多科学家的发明创造都是从直觉思维开始的。例如，达尔文通过观察植物幼苗顶端向阳光弯曲，直觉提出“其中有某种物质跑向背光一面”的设想，以后随科学的发展被证明确有“某种物质”，即“植物生长素”。数学领域中的哥德巴赫猜想、费尔马猜想等都是当初数学大师未经论证而提出的一种直觉判断，但为后人所确信，并为此进行了论证。直觉思维作为创造性思维中的一个重要思维活动，具有三个特点：一是它是从整体上把握对象，而不是拘泥于细枝末节；二是它是对问题的实质的一种洞察，而不是停留于问题的表面现象；三是它是一种跳跃式思维，而不是按部就班地展开思维过程。直觉思维是在知识经验的基础上形成和进行的，丰富的知识经验有助于人们形成深邃的直觉。

3. 创造想象参与

创造性思维有创造想象的参与。因为创造性思维的成果都是前所未有的，而个体在进行思维时借助于想象，特别是创造想象来进行探索。创造性思维只有创造想象参与，才能从最高水平上对现有知识经验进行改造、组合，构筑出最完整、最理想的新形象。例如，牛顿的万有引力定律的提出就是以地球绕太阳运转、月亮绕地球运转、大海潮汐现象、苹果落地等事实为前提，先在头脑中进行创造想象，然后进行推理而产生的。世界著名的物理学家爱因斯坦在高度抽象的理论物理领域中有许多杰出的创造性成果，他大多是运用创造想象来进行研究的。他对想象力的评价是：“想象力比知识更重要，因为知识是有限的，而想象力概括着世界的一切，推动着进步，并且是知识进化的源泉。严格地说，想象力是科学研究的根本因素。”

4. 多有灵感出现

在创造性思维过程中，新的解决问题的思路、方案的产生往往带有突然性，这种突然产生新思路、新方案的状态，称为灵感。它常给人一种豁然开朗、妙思突发的体验，使百思不得其解的问题顿释。对许多科学家的调查表明，他们的发明创造过程中，大多出现过灵感。灵感并不是什么神秘之物，它是思考者长期积累知识经验、勤于思考的结果。研究表明，灵感的出现有一定的规律性。首先，灵感出现的基本条件是个体对所要研究的问题有一个长时间的思考，要反复考虑所要解决问题的一切方面、一切角度及一切可能。这种冥思苦想是灵感产生的前提。其实灵感的出现是对某个问题的一切方面经过深入考虑之后达到的瓜熟蒂落、水到渠成的境界。其次，注意力高度集中在所要解决的问题上，甚至达到痴迷的程度。这样可以全心投入思考，使要解决的问题时时萦绕在心。最后，灵感出现的最佳时机是在长期紧张思考之后的短暂松弛状态下，可能是在散步、洗澡、钓鱼、交谈、舒适地躺在床上的时候或其他比较轻松的时刻。因为紧张后的轻松之时，大脑灵活，感受力强，最易产生联想、触发新意。

2.4.2　创造性思维方法

1. 头脑风暴法

头脑风暴法又称脑力激荡法、智力激励法、BS 法、自由思考法，是由美国创造学家亚历克斯·奥斯本于 1939 年首次提出、1953 年正式发表的一种激发创造性思维的方法，头脑风暴法是快速大量寻求解决问题构想的集体思考方法，目的是通过找到新的和异想天开的解决问题的方法来解决问题。

【小资料 2-1】

头脑风暴法创始人：亚历克斯·奥斯本

Alex Faickney Osborn（1888.05.24—1966.05.04）——创造学和创造工程之父，头脑风暴法之父，BBDO 广告公司创始人。他是美国著名的创意思维大师，创设了美国创造教育基金会，开创了每年一度的创造性解决问题讲习会，并任第一任主席。他的许多创意思维模式已成为家喻户晓的常用方式，所著《创造性想象》的销量曾一度超过《圣经》的销量。20 世纪 40 年代，亚历克斯·奥斯本在其公司发起创新研讨。1953 年和帕内斯教授在纽约州立大学布法罗学院创办了世界上第一个创造学系，开始招收创造学专业的本科生和硕士研究生。1954 年，奥斯本作为布法罗州立大学的董事会成员，促成该校建立“创新教育基金会”。

20 世纪 30 年代的一天，20 岁的穷困潦倒的美国青年奥斯本怀揣一篇论文来到一家广告公司应聘。公司老板一看，论文中用词不当的地方比比皆是，实在看不到熟练的写作技巧。老板把论文给各部门经理传阅，没有一个部门经理愿意聘用奥斯本。但老板还是决定试用奥斯本 3 个月，因为他从论文中看到了许多创造性火花。试用期内，奥斯本每天提出一项革新建议，其中不少在公司中发挥了重大作用。1938 年，奥斯本已是纽约 BBDO 广告公司的副经理，这一年，他首次提出了一种激发创造性思维的方法——头脑风暴法（Brain storming）。头脑风暴法奠定了创新学的基础，奥斯本也被人们尊称为“创新学之父”。1941 年，奥斯本出版《思考的方法》，此书被誉为创新学的奠基之作。1958 年，奥斯本出版《创造性想象》，发行了 1.2 亿册，曾一度超过《圣经》的销量。

在群体决策中，由于群体成员心理相互作用影响，易屈服于权威或大多数人意见，形成所谓的“群体思维”。群体思维削弱了群体的批判精神和创造力，损害了决策的质量（如图 2-4 所示）。为了保证群体决策的创造性，提高决策质量，管理上发展了一系列改善群体决策的方法，头脑风暴法是较为典型的一个。

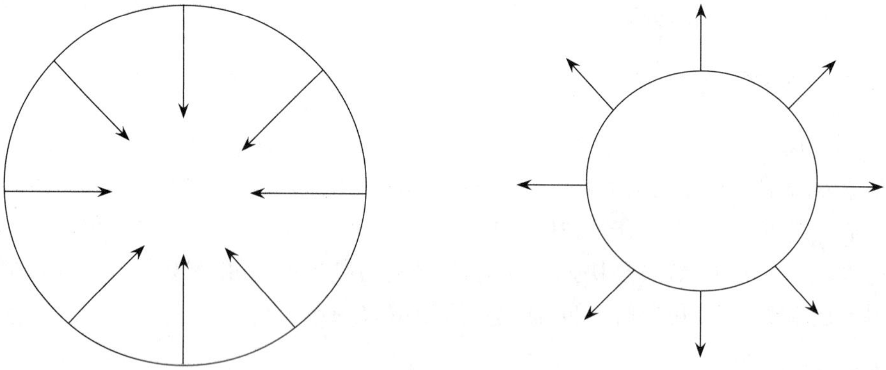

图 2-4 有束缚和无束缚环境下的创造力

【传统讨论会议的缺点】

多数人意见或一致意见的压力；

老板或领导权威的影响；

随意的评判；

部分与会者沉默或不够积极。

运用头脑风暴法组织会议，针对某一主题，营造自由愉快、畅所欲言的气氛，让所有参加者自由提出想法或点子，并以此相互启发、相互激励、引起联想、产生共振和连锁反应，从而可以诱发更多的创意及灵感（如图 2-5 所示）。

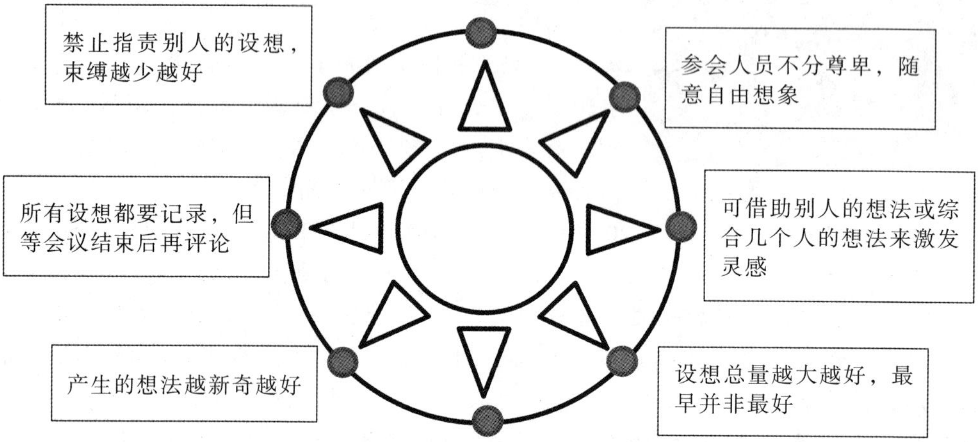

图 2-5 头脑风暴法

资料来源：宁钟. 创新管理——获取持续竞争优势［M］. 北京：机械工业出版社，2012.

实践经验表明，头脑风暴法可以排除折中方案，对所讨论问题通过客观、连续的分析，找到一组切实可行的方案，因而头脑风暴法在军事决策和民用决策中得到了较广泛的应用。大到政治和社会问题的解决、尖端科技的创新，小到家庭或个人琐事、疑难的排除、物品的改良等。例如，美国国防部制定长远科技规划时，曾邀请50名专家采取头脑风暴法开了两周会议。参加者的任务是对事先提出的长远规划提出异议。经过讨论，得到一个使原规划文件变得协调一致的报告，在原规划文件中，只有25%~30%的意见得到保留。由此可以看到头脑风暴法的价值。

【头脑风暴的作用】

为团队工作找出问题和机会；

确定收集哪些材料；

当做出因果图时帮助找出可能的原因；

找出潜在的问题或机会的答案；

找出实现答案的可能障碍；

……

头脑风暴分为结构化的头脑风暴和非结构化的头脑风暴两种（如表2-2所示）。结构化的头脑风暴是指对于团队负责人或会议主持人提出的问题，团队成员一个接一个地提出自己的见解。每人每次只能提一个。当某个成员再也没有新的主意时，可以跳过。所有的主意都应记录在白纸板上。这种方式的一个变种可以用于比较敏感的主题。这种方式要求成员在规定的时间内安静地在小纸片上写出自己的主意。当时间到时，所有的小纸片都交到主持人手上，并粘贴或写到大白板上。非结构化的头脑风暴或称自由滚动式的头脑风暴，为团队成员提供了自由的提出见解和意见的机会，这种方式鼓励成员任意地贡献出尽可能多的主意，直至没有人再有新东西可增加了。

表2-2　**非结构化和结构化的头脑风暴比较**

	优点	缺点
非结构化头脑风暴	• 未经雕琢的见解 • 很自然 • 鼓励创造性 • 易在他人的基础上发挥 • 快节奏	• 难以主持 • 外向型、强势型成员易占主导地位 • 当成员不思考而立刻发表见解时易迷失主方向
结构化头脑风暴	• 不易让某个人主导整个过程 • 强迫性地参与 • 易主持 • 允许成员有时间考虑	• 难以等到一个人的轮次 • 慢节奏 • 不易在他人的基础上再发挥 • 团队能量的某些损失

头脑风暴法有四大原则：

原则一：自由奔放地去思考。要求与会者尽可能解放思想，无拘无束地思考问题并畅所欲言，不必顾虑自己的想法或说法是否离经叛道或荒唐可笑；欢迎自由奔放、异想天开的意见，必须毫无拘束，广泛地想，观念越新奇越好。

【小资料 2-2】

思考问题的方法

5M1E（人、机、料、法、环、测）

5W2H：（what、where、when、who、why、how、how much）

奥斯本检查法（12 法则）：

剔除、正与反、定数与变数、正常与例外、合并与分离、集中与分散、扩大与缩小、附加与削除、调换顺序、平等与直列、共同与差异、代替与满足

原则二：拒绝批评（会后评判）。禁止与会者在会上对他人的设想品头论足，排除评论性的判断，也不允许自谦。至于对设想的评判，则留在会后进行。

【8 项忌讳的语句】

太新奇了；

不实际；

没意义（无聊）；

无法成功；

不符合目的；

成本会增加；

不合道理；

想法陈旧。

原则三：多多益善（以量求质）。鼓励与会者尽可能多地提出设想，以大量的设想来保证质量较高的设想的存在，设想多多益善，不必顾虑构思内容的好坏。

【小资料 2-3】

以量求质的理由与诀窍

（1）以量求质的理由：

由量可以产生质，笨拙的枪手射多了也会击中目标；

需要的是创意；

要求量则没有批评的时间。

（2）以量求质的诀窍：

接连不断地发言；

指名发言方式也有效；

一想到马上开口发言；

1 分钟就出 1 个创意；

累了就休息。

原则四：“搭便车”（见解无专利）。鼓励盗用别人的构思，借题发挥，根据别人的构思联想另一个构思，即利用一个灵感引发另外一个灵感，或者把别人的构思加以修改。例如，电脑显示器的屏幕保护/幻灯播放功能，激发了“电子相框”的

发明；根据飞机尾翼的设计概念，我们设计出了跑车的尾翼；根据砸地锤的原理，我们发明了可以调节速度与力度的按摩器；娃哈哈在德国考察饮料市场时，发现当地有一款去除发酵环节的啤酒，主要消费者是妇女和儿童，回国后立即发明了适合学生族、上班族和开车族的啤儿茶爽。

【搭便车或者借题发挥要求】

珍惜“如此说来……”；

不必因为是某先生的创意，所以客气；

领导的构思一样可以盗用；

变化一下，得到一个更好的创意；

把 2 个创意结合看看，互相配合看看。

最后，使用头脑风暴法有如下的注意事项：

运用头脑风暴法，首先应有主题；

不能同时有两个以上的主题混在一起，主题应单一；

问题太大时，要细分成几个小问题；

创造力强，分析力亦要强，要有幽默感；

头脑风暴要在 45~60 分钟内完成；

构思要写在白板上，字体清晰，让所有人都看得到，以启发其他人的联想；

在头脑风暴后，对创意进行评价（会后评价）；

评价创意时，作分类处理，例如可以分为立即实施的构思、须较长时间加以研究或调查的构思、缺少实用性的构思。

2. 六顶思考帽法

“六顶思考帽“是英国学者爱德华·德·博诺（Edward de Bono）博士开发的一种思维训练模式，或者说是一个全面思考问题的模型。所谓“六顶思考帽”，是指使用六种不同颜色的帽子代表六种不同的思维模式。其中，蓝色负责“管理调控”，白色帮助提供思考的“信息和数据”，红色代表思考的“直觉和感觉”，黄色表示思考问题的“价值和利益”，黑色表示“风险和困难”，绿色代表“创意和新想法”。它提供了“平行思维”的工具，将思考的不同方面分开进行，取代了一次解决所有问题的做法，使人们依次对问题的不同侧面给予足够的重视和充分的考虑，避免将时间浪费在互相争执上。“六顶思考帽”强调的是“能够成为什么”，而非“本身是什么”，是寻求一条向前发展的路，而不是争论谁对谁错。运用“六顶思考帽”，将会使混乱的思考变得更清晰，使团体中无意义的争论变成集思广益的创造，使每个人变得富有创造性。

“六顶思考帽”是一个操作简单、经过反复验证的思维工具，它给人以热情、勇气和创造力，让每一次会议、每一次讨论、每一份报告、每一个决策都充满新意和生命力。这个工具能够帮助人们：提出建设性的观点；聆听别人的观点；从不同角度思考同一个问题，从而创造高效能的解决方案。用“平行思维”取代批判式思维和垂直思维。提高团队成员的集思广益能力和协作能力，让团队的潜能发挥到极致。

任何人都有能力使用以下六种基本思维模式（如图 2-6 所示）：

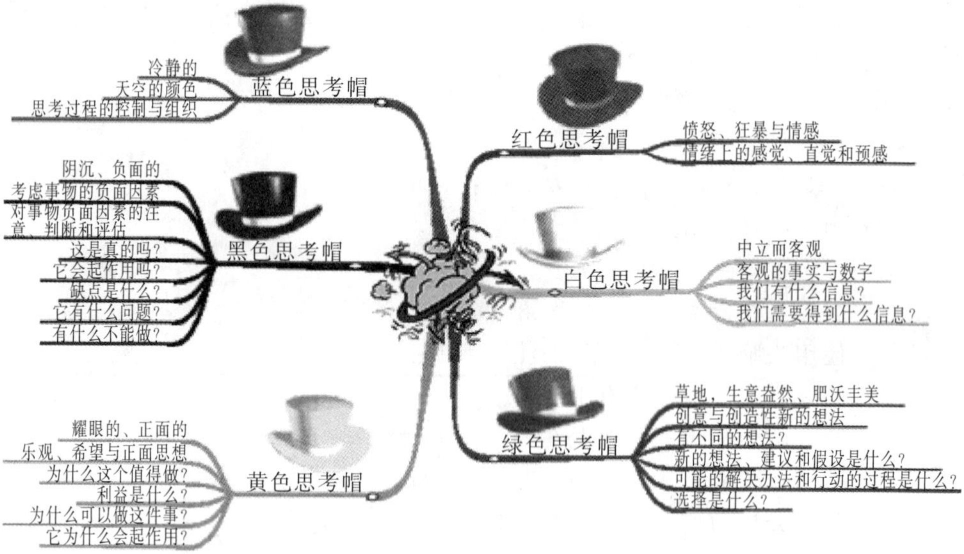

图 2-6　六顶思考帽

洁白的物体有一点痕迹都可以看见，白色表示“信息和数据”。

“巧妇难为无米之炊”，思考问题也需要第一手原料。解决问题和做出决定的前提，离不开探索事实情况。白色思考帽（以下简称“白帽”）就是帮助我们充分搜集数据、信息和探索所有需要了解的情况。它确保我们中立而客观全面地去了解事物，在此基础上才做进一步的思考处理。

在团队探讨问题的时候，所有参与者都要说出自己所掌握的信息和了解的情况。只有在这顶帽子里面，我们可以了解自己不知道而别人知晓的信息，达到信息共享，不至于大家在信息不对称的情况下对一件事情进行讨论。白帽思考使我们获得更有质量的信息。我们做出任何的决策都会依据所掌握的信息，错误的信息则会影响我们的判断，而很多错误的决定都源于对某些信息不了解。

如同阳光和收获的金黄色，表示“价值和利益”。

戴上黄色思考帽（以下简称“黄帽”），让我们把注意力集中到发现价值、好处和利益方面，尤其是在别人不容易寻找出价值的地方。同时，戴上黄帽可以让我们学会使用它寻找到机遇和积极的方面，特别是在遇到问题和困难时，我们更要学会戴上黄帽思考。

例如，遇到这件“倒霉”的事情有什么好处？一开始她无法接受用这种方式去思考，可是黄帽就是让我们花几分钟时间刻意地去思考有没有好处。以丢手机为例，“丢了手机那两天，我比较清闲，没有人打扰；因为丢手机又要买新的，所以我需要节约一点钱，由此我有意识地去关注日常的消费，想到哪些方面完全可以节约；因为这次教训，我以后出门时更加留心保管好随身携带的物品……”，想到这些自然情绪会改善很多。

谨慎的黑色，表示风险、困难和问题。

戴上黑色思考帽（以下简称“黑帽”），只专注缺陷，找到问题所在。“如果公交车的座位都拆除了，有哪些问题？”用黑帽思考，工程师们自然想到“紧急刹车的时候，人们容易摔倒；老人、孕妇和小孩乘车不方便；路远的乘客会很累……”

在企业中，管理者时时面临着选择和决定。在做决定之前，我们不得不对风险和潜在的问题做思考，然而有的风险仅凭直觉很难一眼发现，但只要多努力一点就会找到。这种努力就是黑帽所能做到的，使我们一段时间只专注于对风险和问题的寻找，这样很多问题就相对容易被发现。在团队讨论中，我们还可以发挥团队的力量，让团队的成员一起从不同的接触面去查看问题和风险。

充满生机的绿色，表示“创意和新想法”。

戴上绿色思考帽（以下简称“绿帽”），我们就专注于想点子，寻找解决办法。在一个时间段，对想出来的方案不做评价，任其发展，这一点在团队创意思考时尤其有价值。因为思维的习惯告诉我们，一旦别人提出一个想法的时候，我们会自然地进行判断，考虑这个主意是否可行，又会考虑为什么不行。当别人提出为什么不行的时候，我们就会辩论为什么行。这样一来，很多有价值的观点在萌芽状态就被抹杀了。绿帽要求把所有的点子都排列出来，不进行判断，鼓励把这些已有的点子作为“跳板”而引导到更新的想法上去。所以，绿帽为创新提供了培育的土壤。

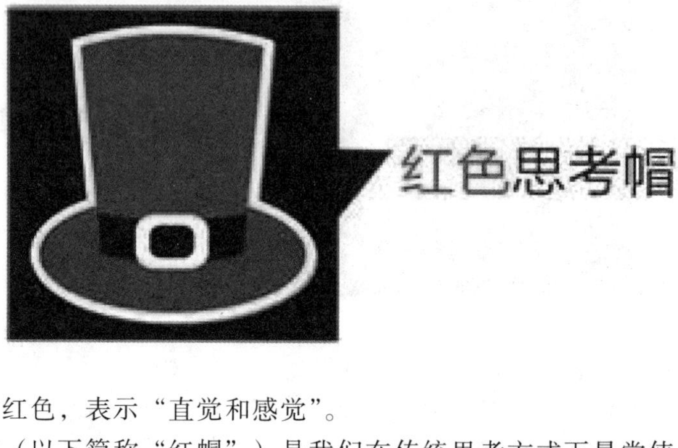

充满热情的红色，表示“直觉和感觉”。

红色思考帽（以下简称“红帽”）是我们在传统思考方式下最常使用的一种思维方式。当我们喜欢一个人的时候，对他的一切都有好感，自然他提出的观点就容易被接受。反之，当我们不喜欢一个人的时候，尽管他提出的观点很好，通常似乎很难有耐心继续听下去。

红帽为情感、感觉、直觉提供了表达的机会，也只有让别人把感觉表达出来，我们才能对事情有所判断和衡量。它就像温度计一样可以测量大家处在什么状态，了解团队对某一观点的支持或反对程度。红帽创造了更多的机会去让团队成员释放情绪和互相了解感受，并让个人意识到如何控制和调节自己的情绪。

广阔的蓝色，表示“管理调控”。

蓝色思考帽（以下简称“蓝帽”）负责调控思考的整个过程。它负责安排思考的先后顺序和分配思考时间，指引思考的方向，就像一个乐队的指挥。当思考一开始，我们要戴上蓝帽，对所思考的问题进行定义，为整个思考的过程确定目标和方向，之后再考虑从哪些方面进行思考，再计划每个方面思考所花费的时间。

在集体讨论的时候，蓝帽就是主持人的角色，确保参与讨论的人按照思考预定流程进行思考。在个人独立思考的时候，我们也需要先戴上蓝帽问一下自己：“我要思考什么？”或“我是否思考超过时间了？”等等。

六顶思考帽的应用：设计一条向前的路。

通过六顶思考帽的训练，人们可以掌握：高度集中于高效会议的方法；在多数人只能发现问题的地方找到机会；发现一个问题的新角度，从而找到商业机会；将问题分解成不同层次的技能；培养团队的协同思维能力；减少沟通中的对抗；创建动态的、积极的环境争取人们参与；有效地提高创造能力；将解决方案贯彻下去；提高执行力。

因此，六顶思考帽的应用非常广泛，可以个人使用、在对话中和团队中使用，提高效率，促进产生有质量和建设性的结论，推动人们探索和设计一条通往前方的道路。

六顶思考帽系统使用过程中有一些简单技巧：

白帽先行：不论是产品投放市场，还是创新，我们可以先用白帽，了解市场的状况、产品的状态、渠道的准备状态，创新所需的资源、时间节点的要求；然后使用黑帽，评估将会遇到的风险和问题；接着用绿帽，针对黑帽提出的问题想出相应的对策；再用白帽，评估对策的可行性，找出最合适的方案；最后用蓝帽，制订执行计划。

黄在黑前：黄帽先思考价值。如果价值和利益很小，其实就不需要黑帽了。此外，每次黄在黑前可以给我们思考的正能量，产生正向的动机。从这个意义上讲，黄黑的评估比优劣势分析法更加专注，产出更多，不必一个优势对应一个劣势，一个黄帽对应一个黑帽，而是在黄帽和黑帽下面充分探索。

黑后有绿：黑帽的存在让我们看到潜在的问题、困难、风险，充分显示探索不足或值得怀疑的地方。如果是重大决策，可以用黑帽审视风险。但是，黑后有绿，是鼓励思考者探索黑帽是否有解决方案。例如，保诚保险的总裁在自己的办公室门口挂了一个绿帽，下面有一句提示：进门的时候戴上绿帽，思考解决方案了吗？所以，光有黑帽，问题就像地雷，到处是潜在的风险。黑帽后面有绿帽，让思考者形成一种解决问题的使命感，不把问题留在那里，无人应对。

此外，我们还应该注意到，第一轮绿帽大多是起始的主意，有的不能作为行动计划马上实施，而应该经过红帽筛选、黄帽黑帽评估、黑帽后绿帽再次改善，从而增强绿帽的生命力和落地的机会。

红帽可以多次使用：红帽表示感觉和直觉，表述的时间短，可以用在投票、了解分类主意的种类、作为决策的一部分探查思考者感受等方面。在众多的黄帽思考后，可以用红帽筛选出哪一个方案最具游说利益相关方的价值。在众多的黑帽里，可以用红帽排序决定哪一个是首先应该解决的问题。在众多的绿帽思考后，可以用红帽决定哪些主意比较好，最终可以用来进行评估和收获。

帽子的使用不是固定的，但有几点通用的原则，那就是一般黄帽要放在黑帽前面思考，红帽的使用时间要限制在 30 秒以内，其他的帽子思考时间一般是 3~5 分钟。

【应用效果 2-1】

日本麦当劳与六顶思考帽

在日本，麦当劳的黄金弓已经让快餐变成黄金了。麦当劳有 3 500 个饭店在运作中，并继续保持快速增长的记录。麦当劳的成功部分原因应该归功于鲜为人知的职员培训。尽管从开始对于饭店职员的培训就非常活跃，但对日本麦当劳 800 名员工的内部系统的培训是在三年前开始的。而且，六顶思考帽已经成为培训的最成功要素之一。销售顾问 Hiroki Nishino，是 dBTS 的日本发行商，与全球交流分享了对六顶思考帽激动人心的介绍和日本麦当劳总部在排名中令人吃惊的快速提高。

在 1999 年初，麦当劳高级经理 Kikuyama 先生和职员训练部门经理 Fukushima 先生参加了由美国国际管理协会组织召开的六顶思考帽的公开演示课。课后他们为麦当劳内部运作寻找六顶思考帽的价值所在，并且他们相信他们已经找到了。麦当劳的日本分部发现了几个关键的集体中出现的问题，而这些问题，六顶思考帽都可以提供解决的办法：

1. 环境的改变，像 IT 发展和在商业系统的快速变化，需要职员具备跨行业工作的能力。

2. 提高生产力，麦当劳高效部门政策认为这是必需的。

3. 激烈的竞争，不仅来源于其他的快餐行业，也来源于高质高价的自助食品商店。这些问题所带来的挑战需要改变人们的观念和工作类型。Kikuyama 和 Fukushima 将六顶思考帽作为推动创造力和改善会议质量和效率的一个方法——这是完成他们集体目标的关键因素。

1999 年 8 月，麦当劳人力资源部门对六顶思考帽课程进行试用。内部课程试用得到的评价是肯定的。两个月后，Fukushima 先生和他的同事 Taoka 参加了六顶思考帽的认证课程。

2000 年 1 月，在麦当劳日本分支机构内部开始引进六顶思考帽，将课程介绍给所有的董事会成员。职员发展计划分为两种课程：内部基础课和内部公共课。六顶思考帽被划分为内部公共课，规定是自愿参加，预计第一年选择参加这个课程的可能会有 120 人，但结果是爆满。

在六顶思考帽的第一个 10 月中，800 名员工中有 700 名参加了这个课程，到了 2001 年 2 月，800 名员工都参加了六顶思考帽的培训。而且，讲授六顶思考帽不到一年的时间，职员已经有以下这些效果：

1. 会议的次数减少到 25%。

2. 因为减少了黑帽思维所占时间的比例，工作的文化氛围更加积极了。

3. 因为每一个员工都能参与到各种类型的思考当中，这种开放的交流加强了。

我们教授过的和使用六顶思考帽的人都知道它们的价值，而且也知道它们有力量产生这些结果。但是让这个集体中刚接触到六顶思考帽的人也有这种认识是另外一回事。麦当劳的日本分支机构能这么容易地认识到这门课程的价值，并对这门课有了出人意料的快速反响的关键问题是什么呢？

除了各个层次人员进行参与管理、向董事会成员提供了公开课程外，Taoka 先生将成功的关键因素概括为以下几点：

1. 实际可行的培训方法：强调简便易行的方法；每个课程中都有许多应用活动；应用活动都是为了适应每一个参与团队的需要而进行的。

2. 有以下措施，有助于在工作场所立即应用六顶思考帽的方法：整个团队签约共同参与这个课程，在学习课程期间团队成员之间互相讨论真正的工作问题；在学习之后，重点是在工作场所立即应用这个方法；在工作场所同其他团队口头分享学习的成果。

3. 后续系统：每一个团队都配有一个讲师进行跟踪查询和监督。

4. 辅助工作：例如六帽卡片、六帽海报、六帽标志，还可以创立一个企业内部的六帽网站为参与的团队提供信息。

5. 完成学习后三个月，对每一个参加培训的人员进行问卷调查。

3. 和田法

和田法是在检核表法和其他技法基础上，提炼总结出来的。它表述简洁，在创造力潜能开发过程中是常见而容易操作的基本方法，而且便于掌握，有助于潜能开发和实际运用。和田法的理念认为我们的大脑经常需要摇晃一下，打乱原来的秩序重新来一个新组合，这样我们的“视界”里才会经常保持一种新意。

和田法的内容简述如下：

（1）加一加。可在这件东西上添加些什么吗？把它加大一些、加高一些、加厚一些行不行？把这件东西和其他东西加在一起，会有什么结果？需要加上更多时间或次数吗？航天飞机实际是火箭、飞机和宇宙飞船的组合。机器与电相结合的工业品和生活用品已屡见不鲜，如程控机床、电脑洗衣机、电子秤、电子照相机等。最近兴起的互联网+也是传统产业通过加一加从而转型升级的一种有效方式。

（2）减一减。能在这件东西上减去什么吗？把它减小一些、降低一些、减轻一些行不行？可以省略取消什么吗？可以降低成本吗？可以减少次数吗？可以减少些时间吗？无线电话、无线电报以及无人售票、无人驾驶飞机等都是减一减的成果。用减一减的办法，将眼镜架去掉，再减小镜片，就发明制造出了隐形眼镜。随着科技的发展，许多产品向着轻、薄、短、小的方向发展。日本夏普公司推出的壁挂式超薄电视机，画面对角线为 24 厘米，厚仅 3 厘米，重仅 1.5 千克。即使是万分之一的次品，对顾客来说也是百分之百的次品，美国兰尼尔公司吃透了顾客心理，推出了“零故障打字机”。

（3）扩一扩。使这件东西放大、扩展会怎样？功能上能扩大吗？宽银幕电影、投影电视、投影教具等可以说是“扩一扩”的结果。一物多用的工具和生活用品越来越多，如多用刀、多用剪、多用起子等，均属功能方面的扩展。美国研制的“指令中心”多用途钟，不仅能用语言报时，还能控制 16 种家用电器的开关，也是功能上扩展的结果。

（4）缩一缩。使这件东西压缩一下会怎样？能否折叠？目前，一些小巧玲珑的产品在竞争中吃香走俏。日本精工公司推出的袖珍彩电，仅两英寸，可放在手掌中。日本市场上出现了一种“迷你型”复印机，它只有笔记本那么大，可以随身携带，可方便地复印报刊文章或资料，给人们的工作和学习带来了极大的方便。

（5）变一变。改变一下形状、颜色、音响、味道、气味会怎样？改变一下次序会怎样？现代化企业管理，要求产品不断更新换代，你无我有、你有我专、你专我变。只有走在别人前头，想别人所未想、干他人尚未干才能永远立于不败之地。在新产品开发中，坚持生产一代，试制一代，研究一代，构思一代。圆珠笔由单色改变结构后，生产出双色、三色圆珠笔。现已生产设计出适应机关办公、学生作业用的多种款式和花色的圆珠笔。瓜子由过去的单一味道，正向奶油味、牛肉味、酱油味、五香味、怪味等多个品种发展。据研究表明，黄光照射胡萝卜加快生长；红光照射黄瓜可提高产量一倍。根据不同作物的需要，可生产不同颜色的农用塑料薄膜，改变单一白色的状态。

（6）改一改。这种东西还存在什么缺点？还有什么不足之处？需要加以改进吗？它在使用时是不是给人带来不便和麻烦？有解决这些问题的办法吗？目前，许多产品向多样化、微型化、简单化、省力化、实用化方向发展。英国雷利公司生产的风头牌自行车设计出 2 500 多种款式，任顾客挑选。日本国民自行车工业公司，以弹性制造法代替批量生产。采用电脑设计出 199 种颜色，万种不同款式，可根据顾客不同需要进行设计。订单到后，从设计到生产，两星期可交出独一无二的产品。

（7）联一联。每件东西或事物的结果，跟它的起因有什么联系？能从中找出解决问题的办法吗？某东西与事物联系起来，能帮我们达到什么目的吗？英国一家图书馆准备搬入新址，负责组织计划的人在考虑如何节省经费问题时，偶尔听到有人谈话中提到“化整为零”，他马上想到图书馆搬家如何化整为零呢？经过思考确定，搬家时取消借书数量限制，敞开借书，并要求还书要到图书馆新址，通过读者还书，将书从图书馆旧址搬到了新址，节省了大量人力、物力。

（8）学一学。有什么事物可以让自己模仿、学习一下吗？模仿它的形和结构会有什么结果？学习它的原理技术又会有什么创新？美国福特汽车公司，为开发新产品，广泛搜集各国名牌车，逐项分析各自优点，组织人员评出400多项优点，有80%体现在金斗座和黑貂车上，创出了自己的名牌。福特看到生产线上装配一辆T型车需12个半小时，他认为太慢了，决心改进，但苦无良策。后来他去参观屠宰场、罐头厂，看看他们运输材料的生产过程。在那里他看到生产线很长，整块猪肉经切碎、蒸煮、装罐，输送过程全用滑轮，不用人力，迅速简便。看了一个多小时，立即回厂，召集技术员设计制造了装配汽车的输送带，装配一辆车的时间降为83分钟，极大地提高了装配速度。

（9）代一代。这件东西有什么东西能够代替？如用别的材料、零件、方法等行不行？比如用纸代布，制成纸衬衣领、纸领带、纸太阳帽、纸内衣、纸结婚礼服等一次性产品，色彩鲜艳，造型别致，价格低廉，在国际市场上甚为走俏。美国哥伦比亚自行车公司用环氧树脂做自行车架，重仅1 027克，用这种车架装配的公路赛车减轻了重量，节省了大量钢材。德国生产的灭火泡沫弹取代了传统的灭火方法，用于机场灭火。当出现火情时，发出信号，在机场范围内，泡沫炮弹在100秒内就可飞临现场，在20~30微秒瞬间，释放大量泡沫，将火扑灭。

（10）搬一搬。把这件东西搬到别的地方，还能有别的用途吗？这个想法、经验、道理、技术搬到别的地方，也能用得上吗？金属电镀使产品闪闪发光，电镀能否搬到塑料上呢？目前已开发出的塑料电镀使塑料制品面目全新。过去超声波技术用于清洗、测量、探伤、熔解、研磨、切割等。近年来，通过对超声波技术进一步开发，使某些传统产品开发出现革命性变化。日本研制出超声波洗衣机，洗衣时，洗衣机把超声波和空气流一起压入水中，从而使衣物中的油脂和污垢脱离纤维，将衣物洗干净。美国研制出了靠高频超声波缝合衣服的缝纫机。当将化纤、混纺衣料片送入缝纫机内时，超声波便在两块衣料缝合处振动，摩擦热以极高的速度将衣料片黏接在一起，比用针线缝制更美观、坚固。日本东京大学研制的超声波洗澡器，启动后，超声波喷射到人体上就会除去全身污垢，并使人神清气爽。国外市场上新近还推出了超声波牙刷，刷牙时，从牙刷毛中喷出一束细小的水柱，并产生气泡和超声波，不仅清洁效率高，而且对牙龈有保健按摩作用。

（11）反一反。如果把一件东西、一个事物的正反、上下、左右、前后、横竖、里外颠倒一下，会有什么结果？正当人们研制当代食品、太空食品时，有些厂家反过来，生产仿古食品，如红楼糕点、清宫食品、西汉古酒等，也同样受到消费者欢迎。法国很长时间都没有推广土豆种植。农家断言土豆会使土地变得贫瘠；医生认为土豆对人体健康有害；宗教界称土豆为“鬼苹果”。农学家安瑞帕尔曼彻在德国当俘虏时，亲自吃过土豆，回到法国后，他决心在法国推广种植土豆，可是在很长时间都未能说服任何人。于是，他耍了一个花招，在国王的许可下，在一块低产田里栽培了土豆。根据他的要求，由一排身穿仪仗队服装，全副武装的国王卫兵看守这块土地。但这些卫兵只是白天看守，到了晚上全部撤掉。人们受到禁物的引诱，每到晚上都来挖土豆，并把它移到自己的菜园里，土豆就这样在法国得到了推广。

（12）定一定。为了解决某一问题或改进某一件东西，为了提高学习、工作效率，防止可能发生的事故或疏漏，需要规定什么？制定一些什么标准、规章、制度？上海市昌邑小学科学小组用“定一定”的方法，发明了“读书姿势红绿灯”。放在桌上离胸部 20~25 厘米的地方，姿势正确见绿灯，趴在桌子上的见红灯，斜坐则见到半红半绿。这样的规定有助于随时矫正读写姿势，保障身体健康，体形健美，视力正常。某单位组织植树，计划下午五点完工。上午大家混着干，只完成计划的二分之一。下午分成三人一组，定任务，挖坑、培土；挑、浇水分工明确，结果全部任务提前一小时完成。同样的工具，由于定了任务，下午的效率比上午提高了一倍多。

【本章小结】

1. 创意是一个有着丰富内涵的概念，其首先应是一种创造性的思维方式，包括对一切旧思维进行革命性的改革和创新。其次，创意的表现形式是一个 idea，包含思想、点子、立意、想象等新的思维成果。

2. 创意概念的种差包括三方面：新颖性、价值性和可行性。

3. 创意是一种十分复杂的社会和个人现象，创意涉及人类社会活动的所有领域。

4. 员工、商业伙伴、顾客这三者是创意的最大来源。

5. 创意源于知识和创造性思维，是人力资本的重要体现，因此创意能够产生经济利益，能够产生资本这一公司重要资产。

6. 创造性思维，是一种具有开创意义的思维活动，即开拓人类认识新领域、开创人类认识新成果的思维活动。

7. 创新性思维的重要诀窍在于多角度、多侧面、多方向地看待和处理事物、问题和过程。

【核心概念】

创意　创意资产　知识产权　创造性思维　头脑风暴法　六顶思考帽法　和田法

【课后思考】

1. 创意的静态和动态概念内涵是什么?
2. 创意、创造性和创新是什么关系?
3. 创意有哪些主要来源?
4. 如何形成和获得创意资产?
5. 创造性思维有哪些主要特征?
6. 创造性思维有哪些主要表现形式?
7. 创造性思维方法有哪些? 其主要内容是什么?

【实践演练】

如何在两小时里用5块钱赚100块?

号称斯坦福史上最颠覆思维的教程:

5块钱如何变成100块钱?

别担心，不是要让你去空手套白狼或是胸口碎大石。为自己增值的办法还有很多种，你需要的只是转换一下思路，来一场不一样的思考。

和斯坦福大学的案例一起来学学：什么叫“创新思维”（think outside the box）吧!

如何在2小时内用5块钱赚到100块钱?

这听起来有些不靠谱。

但在斯坦福大学的课堂上，Tina Seelig教授做了这样一个小测试，虽然不是1美元，但也差不多:

- 她给了班上14个小组各5美元，作为启动基金。
- 学生们有四天的时间去思考如何完成任务
- 当他们打开信封，就代表任务启动。
- 每个队伍需要在两个小时之内，运用这5美元赚到尽量多的钱。
- 然后在周日晚上将他们的成果整理成文档发给教授
- 并在周一早上用3分钟在全班同学面前展示。

虽然斯坦福的学生个个顶尖聪明，但对于涉世未深的学生来说，这仍然是个不小的难题。

为了完成这项任务，同学们必须最大化地利用他们所拥有的资源——也就是这5美元。

如果是你，你会怎么完成这项挑战呢?

当教授在课堂上第一次向同学们提出这个问题的时候，底下传来了这样的回答“拿这5美元去拉斯维加斯赌一把!”“拿这5美元去买彩票”!

这样的答案无疑引来了全班的哄堂大笑。

这样做并不是不可行的，但是他们必须承担极大的风险，也几乎是不可能完成的。

另外，几个比较普遍的答案是先用初始基金5美元去买材料，然后帮别人洗车或者开个果汁摊。

这些点子确实不错，赚点小钱是没问题的。不过有几组想到了打破常规的更好的办法，他们认真地对待这个挑战，考虑不同的可能性，创造尽可能多的价值。

他们是怎么做到的呢？

1. 你最宝贵的资源并不是这5美元

挣到最多钱的几支队伍几乎都没有用上教授给的启动基金——也就是这5美元。

他们意识到：把眼光局限于这5美元会减少很多的可能性。

5美元基本上等于什么都没有，所以他们跳脱到这5美元之外，考虑了各种白手起家的可能性。

他们努力观察身边：人们还有哪些没有被满足的需求。发现这些需求，并尝试去解决，前几名的队伍在两个小时之内赚到了超过600美金，5美元的平均回报率竟然达到了4 000%！

好多队伍甚至都没有用到他们的启动基金，这么看来的话，他们的投资回报率竟然是无限的！

他们是怎么创造这些奇迹的呢？

创造奇迹的办法一：

有一个队伍发现了大学城里的一个常见问题——周六晚上某些热门的餐馆总是大排长队。

这只队伍发现了一个商机，他们向餐馆提前预定了座位，然后在周六临近的时候将每个座位以最高20美元的价格出售给那些不想等待的顾客。（其实就是号贩子）

在那一晚，他们观察到了一些有趣的现象：

（1）团队里的女学生比起男学生卖出了更多的座位，可能是女性更具有亲和力的原因。所以他们调整了方案，男学生负责联系餐馆预订座位，女学生负责去找客人卖出他们的这些座位的使用权。

（2）他们还发现了当餐馆使用电子号码牌排队的时候，他们更容易卖出这家餐馆的座位，因为实物的交换让顾客花钱之后得到了有形的回报，让顾客感觉自己所花的钱物有所值。

创造奇迹的办法二：

另外一支队伍用的方法更加简单。

他们在学生会旁边支了一个小摊，帮经过的同学测量他们的自行车轮胎气压。如果压力不足的话，可以花一美元在他们的摊点充气。

事实证明：这个点子虽然很简单但有可行性，同学们可以很方便地在附近的加油站免费充气，但大部分人都乐于在他们的摊点充气，而且对他们所提供的服务都表示了感谢。

不过，在摊子摆了一个小时之后，这组人调整了他们的赚钱方式，他们不再对充气服务收费，而在充气之后向同学们请求一些捐款。

就这样，收入一下子骤升了！这个团队和前面那个出售预订座位的团队一样，都是在实施的过程中观察客户的反馈，然后优化他们的方案，取得了收入的大幅提升。

这些团队的表现都很不错，班内其他的同学对他们的展示也印象深刻。

不过赚了最多钱的那个团队才是“牛人”，他们真正把“think outside the box”发挥到了极致。

创造奇迹的办法三：

这个团队认为他们最宝贵的资源既不是5美元，也不是两个小时的赚钱时间，而是他们周一课堂上的3分钟展示。

斯坦福大学作为一所世界名校，不仅学生挤破了头想进，公司也挤破了头希望在里面招人。这个团队把课上的3分钟卖给了一个公司，让他们打招聘广告。

就这样简简单单，3分钟赚了650美元。

他们发现：他们手头最有价值的资源既不是去售卖自己的时间，也不是去卖面子，而是售卖他们班上的同学——这些人才才是社会最需要的。

这种思维方式，就是现在人人都在追求的“think outside the box”。

2. 找到最直观的解决方法然后排除它

斯坦福的这组学生所体现出来的最好的“think outside the box”的做法是什么？

下面这个原则将对你非常实用。

“当遇到问题时，先找出看起来最明显的解决方法，然后将它排除掉。好，现在可以开始思考其他的解决方式了。”

这个概念可能听起来有点虚，我来举个例子。

想象你现在是个雄心勃勃的创业者，比如说你想开家餐馆，像下面这个样子。

餐厅是干什么的？提供食物。

但是不行，现在我告诉你——这家餐馆不能提供食物，或者说，食物很一般。

换句话说：你要开一个不以食物吸引人的餐厅。

既然决定不用食物吸引客人，那么取而代之要用什么吸引客人呢？

（1）你可以把重点放在营造与众不同的餐厅氛围上，开一个主题餐厅，比如说这样——一个航空主题的餐厅（把餐厅打造成飞机的样子）。

（2）或者，你邀请一支很棒的乐队或舞团来演出。

（3）你还可以把用餐环境布置成儿童乐园的样子，吸引亲子聚餐。

（4）你甚至还可以把用餐环境移步室外。

还有很多很多其他的方案……

当排除了“食物”的亮点之后，你需要思考的就是打破常规的点子，这就是“think outside the box”。

善于“think outside the box”的人，不仅能发现别人看不见的解决方式，还能识别别人没有意识到的资源，并把它包装出最高的价值。

就是这样，在做任何事情的时候，你都可以尝试不同的解决办法——先排除那个显而易见的，以此为前提去思考：

- 如果解决你手头工作最简单的方案不给力了，你还有什么办法？
- 如果你的老板今天不给你发工资了，你还有什么谋生之道？
- 如果情人节不让送花了，你会给心爱的TA送什么？
- 如果热门旅游景点都不给游客卖票了，你还能去哪玩？
- ……

“你活在盒子里，工作在盒子里，你驾驭这个盒子，最终又被埋葬在盒子里。跳出思维的盒子，当你真的发现这种思维方式的时候，你会发现，其实外面本没有盒子。”

跳出思维的盒子，你的生活也会增加许多可能性。你所得到的，将绝不仅仅是100美元而已！

【课后作业】

你也来设计一个方案，用5块钱启动资金最短时间内赚到100块钱。

第3章　创新与创新战略

距离已经消失，要么创新，要么死亡！

——托马斯·彼得斯《追求卓越》

【学习目标】

1. 了解创新在不同层面上的价值
2. 掌握创新的基本理论和主要类型
3. 了解创新的时代特征，了解创新的基本过程
4. 了解创新的几种主要模式
5. 了解创新与竞争战略的关系
6. 掌握创新战略制定的方法和工具
7. 了解企业创新战略的选择
8. 了解红海战略与蓝海战略的区别
9. 掌握蓝海战略的六条原则

【引导案例】

纽约时报：终于轮到硅谷抄袭中国了

《纽约时报》周二撰文指出，中国此前一直追随着硅谷的足迹，但是在智能手机逐渐普及之后，中国移动技术已处在全球的最前沿。在移动领域，恰恰是美国经常在抄袭中国的技术。

即时通信服务 Snapchat 和 Kik，通过让用户使用智能手机的摄像头拍照，使用条码来连接用户和分享信息；Facebook 正在 Messenger 应用中植入约车和支付功能；Facebook 与 Twitter 都已推出了视频直播服务。所有的上述发展有一个共性：这些技术已率先在中国市场上流行。

微信和支付宝两款应用早已在使用二维码，让用户购买商品和转账。这两款应用也能够在不需要转换到其他应用的情况下，让用户约车或是订购披萨。视频流媒体服务 YY 多年前早已推出了服务，让网红们坐在家中的视频摄像头前摆弄姿势、聊天和唱歌。

长期以来，硅谷一直是全球的技术之都：它曾是社交网络和 iPhone 的诞生之地，并让这些科技产品遍及全球，中国此前一直追随着硅谷的足迹。

不过中国的科技产业，尤其是移动业务，在某些方面已经开始领先于美国。一

些西方科技公司，甚至是科技巨头，也开始向中国公司取经。Kik创始人泰德·利文斯顿（Ted Livingston）表示："我们看到中国已取得进一步的领先。"

这一转变意味着中国在全球科技产业的前景方向上将拥有更大的话语权。使用移动设备来支付账单、订购服务、收看视频或是查询日期的中国用户数量比全球任何一个国家都多。中国的移动支付在去年超越了美国。据估计，来自非正式网络银行的P2P贷款业务同样也做到了这一点。

中国的大型互联网公司，是全球目前唯一能同美国竞争对手在规模上匹敌的公司。滴滴出行在本周一宣布收购优步中国，表明至少在中国国内，中国本土公司能够击败来自美国的全球最大、最复杂的初创公司Uber。

在刘征位于北京市区的面馆里，就能够发现未来的在线支付以及参与情况。现年60岁的刘秀和55岁的邻居张立新通过微信发现了这家面馆。他们通过微信支付了午餐费用，并在餐厅外照了一张自拍照。所有的这一切均通过微信应用完成。

面馆老板刘征说，自动下单和支付，意味着他能够减少服务员的工资支出。"我们未来只需要两名服务员，一名帮助客人安排座位，一名给餐厅帮忙，"刘征说。

产业龙头们指出，中国开创了许多新领域。在约会应用Tinder之前，中国用户早已使用陌陌与周围的单身人士进行聊天。在亚马逊首席执行官杰夫·贝索斯（Jeff Bezos）讨论用无人机运输货物之前，中国媒体就已报道，中国快递公司顺丰快递就已在试验这一构想。微信在Facebook之前就已提供快速的应用内的新闻文章；在WhatsApp之前开发出对讲机功能；并在Snapchat之前开始使用二维码。

在Venmo成为美国千禧一代的转账应用之前，无论是中国的年轻人还是老年人，都已通过基于智能手机的数字钱包转账、支付账单，或是从商店里购买商品。市场调研公司Stratechery创始人本·汤普森（Ben Thompson）说："坦白地讲，中国抄袭美国的技术早已不是事实。在移动领域这种情况刚好相反：是美国经常在抄袭中国。就拿Facebook Messenger应用来说，想要了解这款应用线路图的最佳方式就是看看微信。"截至目前，Facebook及腾讯发言人均对此报道未予置评。

像Facebook和规模更小的竞争对手Kik等公司的高管们，目前都在尝试着复制中国市场出现的局面：占统治地位的在线平台将占据用户更多的时间。这些努力大部分都集中在聊天上。

"聊天正成为用户日常生活的操作系统，这一点非常酷，"利文斯顿说，"走到自动售货机前，订购食品，约车：聊天能够支持这些互动，这就是我们在微信上看到的景象。"

中国在重要领域依然落后于美国。中国最强大、高端的服务器和超级计算机通常仍部分地依赖美国的技术。中国的虚拟现实初创公司仍在追随着外国同行们的脚步，而且谷歌在无人驾驶汽车项目上也遥遥领先于百度。许多的中国产品也缺乏像美国同行产品一样的光泽。

与美国银行和零售商早已控制了消费者不同，中国的国有银行效率不高，零售商向外扩张能力不够，无法服务于快速成长的中产阶级。

许多中国消费者甚至还没有购买过PC，这也意味着对于超6亿中国智能手机用户而言，智能手机可能是他们主要或许也是第一部上网设备。汤普森说："美国是全球最先推出信用卡的国家，每一位美国人都拥有PC。但是在中国，每个人都在一直使用手机。这等于是中国跨越了PC和信用卡时代，直接在移动商务和移动支付上处于领先。"

中国企业对待互联网业务也有着不同的做法。美国科技公司强调的是应用的简捷。但是在中国，三大互联网公司——阿里巴巴集团、百度和腾讯——争相在单一应用中植入更多的功能。

在阿里巴巴集团的淘宝购物应用中，用户可以购买日用品，网络游戏的点卡，扫描优惠券并寻找附近零售店的特惠活动。百度的地图应用让用户能够通过Uber约车，预订餐厅或酒店，订购食品，购买电影票或是寻找附近的商店。

腾讯已向其他公司开放了微信，准许它们在微信内开发应用。以上门保养业务切入汽车后市场的e保养，创办业务之初几乎完全依靠着微信来吸引业务。该公司创始人之一高峰说，e保养目前仍依赖于微信，公司50%的支付和20%的新客户仍来自微信。他说："我们始于微信，因此微信仍然是我们获取客户的主要、原始渠道。"

野村证券预计，通过向服务收取费用以及网络游戏收入，微信已能够通过每名用户每年获得7美元收入。微信目前拥有大约7亿用户，数量超出中国智能手机用户的总和，这部分源自于部分微信用户身处中国市场之外，或者是拥有多个微信账号。

与美国移动应用的营收主要来自于广告业务不同，微信的营收主要来自于游戏以及应用中售出的产品和服务。风险投资公司New Enterprise Associates合伙人卡门·常（Carmen Chang）表示，这些模式可能不能从一个市场直接转移到另一个市场，但市场间可以相互借鉴。"中国有能力开发出大量的创新业务模式。无论硅谷承认与否，这些已经影响到了我们和我们的想法。"

资料来源：明轩．纽约时报：终于轮到硅谷抄袭中国了［EB/OL］．（2016-08-03）.https：//xw.qq.com/tech/20160803022521/TEC201608030225210A.

3.1　创新的基础理论、时代特征与企业竞争力

3.1.1　创新的基础理论

1. 熊彼特创新理论

人们对创新概念的理解最早主要是从技术与经济相结合的角度，探讨技术创新在经济发展过程中的作用，主要代表人物是现代创新理论的提出者约瑟夫·熊彼特。独具特色的创新理论奠定了熊彼特在经济思想发展史研究领域的独特地位，也

成为他经济思想发展史研究的主要成就。熊彼特以“创新理论”解释资本主义的本质特征，解释资本主义发生、发展和趋于灭亡的结局。他在《经济发展理论》一书中提出“创新理论”以后，又相继在《经济周期》和《资本主义、社会主义和民主主义》两书中加以运用和发挥，形成了以“创新理论”为基础的独特的理论体系。“创新理论”的最大特色，就是强调生产技术的革新和生产方法的变革在经济发展过程中至高无上的作用。

熊彼特认为，所谓创新就是要“建立一种新的生产函数”，即“生产要素的重新组合”，就是要把一种从来没有的关于生产要素和生产条件的“新组合”引进生产体系中去，以实现对生产要素或生产条件的“新组合”，熊彼特进一步明确指出“创新”的五种情况：

第一，采用一种新的产品或一种产品的新的特性。

第二，采用一种新的生产方法，以及在商业上处理一种产品的新的方式。

第三，开辟一个新的市场。

第四，获取或控制原材料或半成品的一种新的供应来源。

第五，实现任何一种工业的新的组织。

上述五种创新被概括为产品创新、工艺创新、市场创新、供应链创新和生产组织创新。经济发展就是通过多种创新形式打破旧均衡、推进新方式的“创造性毁灭”过程。

熊彼特严格区分了“发明”与“创新”。认为只有成功实现了商业化的发明，才可以被称之为创新。在上述五种创新中，作为资本主义“灵魂”的“企业家”的职能就是实现“创新”，引进“新组合”。熊彼特重新界定了“企业”和“企业家”，他认为企业的基本职能是创新，执行创新的人便是“企业家”，他们并不只是企业主、资本家或者高级经理人，而是一种具有创新使命感的精神气质。企业家精神广泛分布于社会成员当中，并不拘泥于某个特定的阶层。

创新过程只不过是企业家以“意志与行为”运用了现有的生产要素，创新所创造的利润只能是对企业家创新“意志与行为”的回报。正是在熊彼特学说的影响下，企业家精神才成为一种独立且稀缺的生产要素。利润源自创新，创新又是经济发展的动力，利润与经济发展是共生共灭的。这种“新组合”的目的是获得潜在的利润，即最大限度地获取超额利润。而整个资本主义社会不断地实现这种“新组合”，或者说资本主义的经济发展就是这种不断创新的结果。当经济进步使得创新活动本身降为“例行事物”时，企业家将随着创新职能减弱、投资机会减少而消亡，资本主义不能再存在下去，所以“创新”是资本主义经济增长和发展的动力，没有“创新”就没有资本主义的发展。

此外，熊彼特创新理论突出了金融对创新的支持作用。企业家仅有创新意愿是不够的，还需要有创新行为。但是，创新只有在未来取得商业成功后才有回报，引导生产要素向企业家集中，就必须借助金融手段。在熊彼特看来，所谓资本，就是企业家为了实现“新组合”，用以“把生产指往新方向”“把各项生产要素和资源引向新用途”的一种杠杆和控制手段。资本不是具体商品的总和，是可供企业家随时提用的支付手段，是企业家和商品世界的“桥梁”，资本的职能在于为企业家进行创新提供必要的条件。“资本家”的职能是为企业家实现“新组合”提供信贷支持。信用就是专为以实现创新为目的的企业家而创设的货币资本。银行家通过提供信用，向企业家贷款，正好就把资源放在企业家手中供其运用，这就是银行家所起的杠杆和桥梁作用。所以，没有与企业家创新相匹配的资本市场的建立和良好运转，经济发展将无从谈起。

2. 德鲁克创新理论

1983 年 5 月 23 日，为了纪念熊彼特诞辰 100 周年，德鲁克在《福布斯》杂志撰写了一篇题为《现代预言家：是熊彼特还是凯恩斯?》的文章。文中写道：“在某种方式上，凯恩斯和熊彼特重演了西方历史上最著名哲学家的对抗——才华横溢、精明机智、锋芒毕露的诡辩者巴门尼德，与动作迟缓、面貌丑陋，但却富有智慧的苏格拉底之间的柏拉图式的论辩。在两次世界大战期间，没人比凯恩斯更有才气、更精明，熊彼特则表现得平淡无奇——但他有智慧。聪明赢得一时，而智慧天长地久。”为什么德鲁克对熊彼特有这么高的评价？德鲁克写道：“熊彼特一开始就宣称，经济学的中心问题不是均衡而是结构性变化。熊彼特由此引出了关于创新者是经济学真正主题的著名原理。”熊彼特认为：“创新是创造性地破坏。”他坚信，只有当经济吸收了变化的结果，永远改变了它的结构时，经济才能发展，这种变化破坏旧的均衡，创造新的均衡条件。发展就是在新旧均衡之间发生的事件。

1985 年，德鲁克出版了他的《创新与企业家精神》一书。德鲁克首先描述了一个大趋势，20 世纪七八十年代，美国经济从管理型经济彻底转变为企业家经济，表现为依靠系统化、精细化管理的大型企业在经济中的重要性逐渐降低，财富 500 强企业创造的就业实际上是下降的，中小企业成为创造就业的主力，中型成长型企业的销售和利润的增速为财富 500 强的 3 倍。所以，德鲁克说：创新一定要高科技的观念实际上是错误的，它无法解释市场上发生的现象。高科技企业的常见模式是闪耀登场，快速扩张，突然跌落，直至消失得无影无踪，在创新成功的概率及持久性方面，还不如传统行业。企业家精神就是视变化为常态，总是寻找变化，做出反应，并将它视为机遇而加以利用；企业家必须懂经营会管理，不懂管理的人不可能成为一位成功的企业家。只懂管理而不具备企业家精神的人，有可能变成一个“官僚主义者”。因此，他认为企业家就是创新家，所谓的企业家精神也就是创新精神，而企业家精神不仅是经济和技术的，也是文化的和心理的。

《创新与企业家精神》一书始于企业家经济，而结于企业家社会，创新是微风细雨，创新是革命的替代品，这是本书要表达的核心思想。德鲁克写道：“无论是社会还是经济，公共服务机构还是商业机构，都需要创新与企业家精神。创新与企业家精神能让任何社会、经济、产业、公共服务机构和商业机构保持高度的灵活性与自我更新能力，这首先是因为创新与企业家精神不是对原有的一切‘斩草除根’，而是以循序渐进的方式，这次推出一个新产品，下一次实施一项新政策，再下一次就是改善公共服务。其次，因为它们并没有事先规划，而是专注于每个机会和各种需求。最后，因为它们是试验性的，如果它们没有产生预期的和所需的结果，就会很快消失，换言之，因为它们务实，而不教条；脚踏实地，而不好高骛远。”

德鲁克的创新理论还尤其强调了创新为客户创造价值。德鲁克总结众多企业的实践经验后指出：为客户创造的价值不是价格，价值是客户得到的，而价格是客户付出的。企业推出一项新产品、新服务、新流程，一定是满足客户未被满足的需求或潜在的需求，创造出新的客户满意，这才是创造新客户。如果一家公司只是以同等的价格提供市场上已有的产品、商品和服务，并不是创新，因为他是在瓜分别人已经创造出来的客户群，他并没有创造新客户，这样的企业，必然在市场萎缩的时候被“边缘化”。企业改变资源产出的本质是什么？很多人都会说是“为企业创造财富”，这是资本主义传统观念。德鲁克的现代管理理念把企业改变资源产出的本质界定为开拓了新市场、创造了新顾客。德鲁克认为，创新就是通过改变产品和服务，为客户提供新价值和新的满意度。

熊彼特是从经济发展的角度来研究创新，德鲁克不但从经济的角度，而且还从社会的角度来研究创新。最为重要的是，德鲁克为连续与变革之间的平衡提供了解决方案：创新。唯有创新才能在“动态不均衡中建立社会，只有这样的社会才具有稳定性和凝聚力”。德鲁克在《一个社会生态学家的思考》一文中写道：“经过多年思考，我认识到，变革也是需要管理的。实际上，我逐渐认识到所有机构——无论是政府、大学、企业、工会，还是军队——只有通过在其自身结构中建立系统化、有组织的创新，才能保持连续性。这最终促使我写成《创新与企业家精神》一书（1985 年），尝试把创新这一学科作为系统化的活动来管理。”

2005 年 11 月逝世的德鲁克以 39 本著作和数百篇论文为世界现代企业管理奠定了基础，留下了先进的理念、不朽的智慧、务实的方法、精准的预言、超前的思维……在他去世前的 16 个月里，他邀请伊丽莎白（麦肯锡早期合伙人，是畅销书《麦肯锡传奇》的作者，也是美国国会制定行业关系和制造业政策的专家顾问）合写了《德鲁克的最后忠告》，其醒世意义在于：在 21 世纪变幻莫测的商业世界，企业正处在一个关键时期，传统的商业模式正在消亡，连企业和组织都需要重新定义，面对一场“宁静的革命”，企业必须摒弃过去，迎接新的挑战，否则就会像恐龙一样难逃覆灭的命运。德鲁克在第三章专讲“创新与放弃”，该章内容的核心思想是：创新就是对过去的突破，为创造未来争取更大的自由空间；创新就是系统地寻找机会；创新就是将机会转化为客户的价值；创新就是战略性配备资源；创新就是驱动企业持续成长发展。

3.1.2 创新的时代特征

当今时代，创新从以前少数精英人物思考的科学难题或经济问题，转变为企业经营要经常面对的问题，因此在日益快速和不断变化的市场竞争环境下，创新具有高风险性、协同性以及先发优势和先发劣势的特征。

1. 创新的高风险性

创新有别于其他活动的显著特征就是其高风险性，这主要是由技术前景和市场前景的双重不确定性决定的。这两种不确定性事实上是任何新技术的固有特性。

摩托罗拉的“铱星计划”是一个关于创新风险的著名案例。1991 年，摩托罗拉公司正式决定以 77 颗卫星组成移动通信系统，把整个地球覆盖起来，这个计划以元素周期表上排列第 77 位的“铱”来命名，成立“铱星”公司。计划得到了当时摩托罗拉总裁 Robert Galvin 的青睐。他认为这个项目能够展示摩托罗拉的技术实力，确保其在通信领域的优势和主导地位。然而，在摩托罗拉大举进军太空的同时，诺基亚等厂商却在抓紧推动 GSM 地面移动通信系统并取得了良好的效果。1997 年 5 月，“铱星”系统投入使用，经过 7 年时间的建设，这一系统以耗资 50 多亿美元的代价投入运营，而此时 GSM 网络已经先行一步获得了大量用户，进而大幅降低了使用成本。笨重的卫星手机和昂贵的电话费用使得铱星无力同 GSM 网络争夺客户。在不到 1 年后的 1999 年 8 月，铱星公司宣布破产。到 2000 年年底，澳大利亚的 Quad rant 公司仅以 2 500 万美元的价格就将这个耗资 50 亿美元的“铱星”系统买下，成立“新铱星”公司。

成功的产品似乎都是在失败者的惨痛经历中得以成就。今天我们对于 iPad 这类随身数字设备并不陌生，而第一台商业化的平板电脑是 1989 年 9 月问世的，这款名为 GRiDPad 的设备由三星为 GO 公司制造，配有触摸屏，采用当时正流行的 MS-DOS 系统。直到 4 年后，苹果公司才提出了自己的平板电脑雏形 Newton，它允许用户通过手写在设备上记录下自己的想法、做笔记、添加联系人信息等。大概在 Newton 推出的同期，一家创业公司 Palm 开始在市场上崛起，并通过简化手写辨认系统与缩小设备尺寸取得了成功。除了 Palm 在小众市场取得成功外，其他以个人随身数字设备为目标的产品多以失败而告终。缺乏应用、性能低下、价格昂贵、使用不便是它们共同的缺点。看起来，iPad 似乎是克服了早先所有产品的缺点，因此才取得了成功。但是不要忘记，在推出 iPad 之前，苹果已经在智能手机市场上取得了足够的经验。乔布斯很清楚如何利用反应灵敏的多点电容屏幕、流畅高效的 iOS 系统、成熟的 iTunes 商店、时髦的外观和苹果那惊人的成本控制能力，再加上移动处理器的高速发展，这才让 iPad 水到渠成地开启了一个新时代。

2. 创新具有协同性

创新的协同性是指创新部门和主体之间实现要素互补、知识共享、行动同步和系统匹配。创新的协同性可以分为组织内创新活动的协同和组织间创新活动的协同。对于企业而言，创新不是一个部门的事情，而是所有相关部门的共同事情。例如生产制造部门、研究与发展部门、营销部门等的共同合作带来了创新。创新是综合性的活动，需要各部门的通力协作，否则会大大影响创新的效率。

1980 年 8 月，韩国政府不顾国内反对，允许彩色电视投放市场，这使得韩国国内市场骤然转向。三星电管由于在黑白电视时期就确立了出口导向的彩色阴极射线管批量生产体系，所以相对于其竞争对手能够更迅速地做出应对措施：一是提高质量与生产率。1988 年 11 月，三星在整个集团内开展经营合理化运动，进行 TPI，致力于大幅度提升产品质量和劳动生产率，TPI 是提升设备生产率的重要武器。二是自主品牌的培育，从贴牌出口到以自有品牌的出口，三星花了许多时间和精力，其中三星电管在 1979 年就成功开发了 12 英寸黑白电视，并贴牌出口（直至 1985 年才得以使用自主品牌）。三是着手进行正式的研究与开发工作，三星电子与三星电管于 1980 年、1983 年分别设立了综合研究所，开始进行体系化的研发工作，并取得了丰硕的成果。可以说，三星集团在这一阶段完成了两个任务——培育自主品牌和确立自主生产技术。这恰恰是改良阶段应该完成的任务。通过改良阶段的技术学习，三星的 4 家企业成功完成了电视大型化的研发工作，90 年代以后，几乎与世界其他先进企业同步投入了新概念电视的开发工作：

一是研发工作从产品中心向技术中心的转变，实行综合研究所与事业部研究所的职能分离，从而建成了广泛的企业内部实验室网络。二是新概念电视的开发，1993 年 3 月，三星集团的这 4 家企业签订合同组成“开发力量小组”，4 家企业共同参加从产品概念设计到原材料产品开发的全部过程，开发出画面更大的“名品加一”电视，其规格在当时是世界上独一无二的，同时三星又向“完全平面管电视”发起了冲击，力争打破索尼的垄断。三是数字化电视市场的早期投入，当时的日本企业拘泥于同源高清晰度电视，对数字化电视的开发并不热衷，韩国企业则抢占先机与美国企业共同采用数字化标准，在该领域的海外市场开拓方面取得了领先地位。积极地搜寻有关市场需求和技术动向的知识情报，并据此预见未来技术的变化方向，以调整战略资源的配置。事实证明，三星集团已经具备了这种路径导航能力，这也是革新阶段的特征。四是高端品牌形象的塑造，1993—1994 年，韩国彩色电视的生产量连续两年超过日本，位居世界第一。但在消费者心目中，三星的品牌认知度仍然较低。为了重塑品牌形象，三星将重点逐渐转至品牌形象塑造上来。

组织间的协同创新是指以知识增值为核心，企业、政府、知识生产机构（大学、研究机构）、中介机构和用户等为了实现重大科技创新而开展的大跨度整合的创新组织模式。这种创新组织模式促进企业、大学、研究机构发挥各自的能力优势、整合互补性资源，实现各方的优势互补，加速技术推广应用和产业化，协作开展产业技术创新和科技成果产业化活动，是当今科技创新的新范式。

协同创新已经成为创新型国家和地区提高自主创新能力的全新组织模式。随着技术创新复杂性的增强、速度的加快以及全球化的发展，当代创新模式已突破传统的线性和链式模式，呈现出非线性、多角色、网络化、开放性的特征，并逐步演变为以多元主体协同互动为基础的协同创新模式，受到各国创新理论家和创新政策制定者的高度重视。纵观发达国家创新发展的实践，其中一条最重要的成功经验，就是打破领域、区域和国别的界限，实现地区性及全球性的协同创新，构建起庞大的创新网络，实现创新要素最大限度的整合。美国硅谷成功的关键在于区域内的企业、大学、研究机构、行业协会等形成了扁平化和自治型的“联合创新网络”，使来自全球各地的创新创业者到此能够以较低的创新成本，获取较高的创新价值。韩国在20世纪80年代后期模仿日本的“技术研究组合”的模式，成立了以国家电子通信研究所为牵头单位，由三星电子、LG半导体以及大学、政府机构等组成的共同研究开发组织，主要从事记忆存储芯片及其制造设备和生产材料的研发。经过10年的协同攻关终于获取成功，涌现了三星、LG等世界半导体巨头，在通信、存储芯片、平面显示等技术领域拥有世界领先的核心技术。在欧洲，随着欧洲一体化进程的加快，协同创新网络蓬勃发展，特别是芬兰、爱尔兰、瑞典、瑞士等欧洲小国，技术创新实力虽然不如德国、英国、法国等老牌大国，但通过积极推进协同创新，建立全球性创新网络，创新能力也得到跨越式的发展。芬兰的“信息通信技术联盟”由诺基亚等200多家通信企业、29所大学和金融服务机构以及一批科技中介机构组成，极大地促进了芬兰的通信产业发展，使芬兰从一个林业国家一跃成为世界上的通信强国。

3. 创新的先发优势和先发劣势

要比对手先抓住创新的机会，就要先动。先发优势有三个主要来源：

第一是技术的领先地位。获得这种领先地位一方面通过技术研发获得专利，另一方面利用学习曲线实现规模经济，提升效率。作为市场上第一个创新产品的企业，可以通过获得较陡峭的学习曲线，短期内获得较大的成本空间优势，让后来者望而生畏，从而保持技术上的领先地位。

第二是资产的优先购买权，即对关键稀缺资源的先占。我国的铁矿石进口，就深受资源优先购买权缺失之害。在国际市场上，国际铁矿石巨头拥有绝对的定价权，我国钢企只能被动接受。由此反思我国的稀土行业，对关键稀缺资源的优先占用，除以上提到的投入要素之外，还要考虑地理要素和市场空间。而市场空间本身对企业既是关键的又是稀缺的，你先占了，对手要把你从先占的市场挤走，需要付出巨大的努力。

第三是买方转移成本，通过设置较高的用户转换成本，也可以实现先发优势，中国移动通过飞信业务的推出进一步提高了用户的转移成本，使其他电信运营商提供的服务更加难以替代中国移动提供的服务。腾讯推出的微信不仅成为率先占领移动智能手机的社交工具，还增加了支付功能、认证功能等，使得微信产品深深嵌入了人们的移动生活中，这样使得其他社交工具提供的服务难以同微信竞争，使用其他社交工具和支付工具都会带来与微信用户联系上的诸多不便。

如图3-1所示，在第一阶段中，一些不对称信息的形成使得某个特定的公司在同行中领先起步。先发优势出现可能是因为公司拥有一些独一无二的资源或商业眼光，或者仅仅是因为运气。一旦这种不对称形成了，许多机制将促使公司去开拓自己在市场中的位置。这些机制还将提高先发利润的数量级或持久性，或二者兼有。

先动的途径可以有：技术上的领先地位，包括学习曲线的应用、研发和专利的更多投入；抢占稀缺资源；抢占输入资源；抢占地理位置与产品特性空间（例如洋山深水港的成功因素之一就是其地理位置——港口城市）；对厂房和设备的优先投

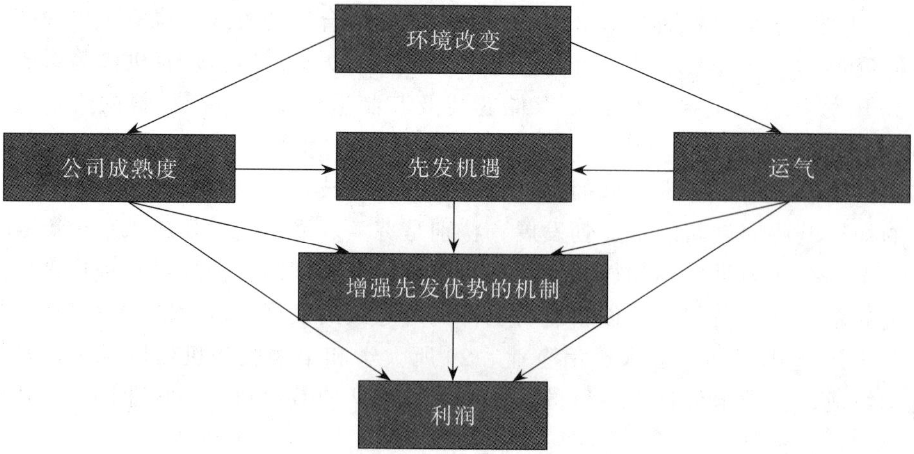

图 3-1 先发优势的内在形成过程

资等；对市场空间的优先占有（例如脑白金首先选择从竞争不激烈的低端市场入手，初战告捷后，再把低端市场上获得的利润用在高一级市场的开拓上，如此逐级拾阶而上，最终完成了“农村包围城市”的战略目标）；在不确定条件下转移成本和买方选择。

先发优势是设法使自己成为一个新开发市场或新产品的先发者，以获取回报的一种战略。这种回报就是持久的、长期的市场控制力，令竞争对手无法或难以仿效，企业因此能够生存、盈利和发展，先发企业的科技创新将为企业提供专有技术，从而为企业确立技术领导的地位，在产品和工艺创新中学习曲线下移可以反映出先发企业拥有更好的竞争优势；资源先取，先发企业可以抢先获取或建立诸如声誉、品牌、企业文化、技术资源、专利以及日积月累的知识和经验等无形资产；成本优势，先发者有利于抢先开发市场，提高市场占有率，降低产品的成本，从而提高企业的经济效益，进一步促进企业开发新的市场，良性循环为企业长期发展带来了更大的竞争优势。

创新的目的是为了获得先发优势，但与此同时也会带来先发劣势，这是一个事物的两个方面。虽然在某些情况下，由于先行者可以创建一个压倒性的优势，在某些情况下产品率先在市场上并不成功，使先行者获益的机制可以通过多方面的劣势加以平衡。这些先发劣势实质上是后发企业享有的优势。后发者可能在如下方面受益：①基于先动者投资的“搭便车”优势；②对于技术和市场不确定性的解决；③技术的不连续性给后来者进入设置了门槛；④不同类型的“在位者惰性”使得已经进入市场的企业很难适应环境的改变。这些现象可以减少，甚至完全消除，市场中的成型企业的优势来自前面提到的机制。

【阅读材料 3-1】

什么是创新最大的敌人？解析夏普衰败之路

什么是创新最大的敌人？

今天说一个公司从最创新到失败的案例。

2016年8月，鸿海集团以3 888亿日元（约合38.4亿美元）的价格收购夏普的2/3股份，从此这家百年日企归入中国人郭台铭麾下。

很多人对夏普也许了解的不是那么多。但是我相信每个人都用过自动铅笔，这个陪伴我们度过漫长读书生涯的工具，正是夏普公司创始人早川德次的发明。

1915年，21岁的早川德次发明了名为Sharp pencil的自动铅笔，而夏普公司的英文名Sharp正是来自于此。

2000年，夏普推出了全球首款附带相机功能的手机。

创办日本最创新的企业

1893年，早川德次出生于日本关东，由于家庭人口多，日常生活难以为继，家人将只有1岁多的早川德次送给人家作养子。

在养父母家，早川德次遭受打骂与种种虐待，常常吃不饱、穿不暖，小学也只念了两年便辍学，当时，有一个盲人尼姑非常同情他，将这个不满10岁的小孩送到一家工厂做工。

当时西方文化开始向日本传播，穿西服的人慢慢多了起来。与西服相配套，皮带开始盛行。当时，皮带的带头穿系时很麻烦。早川德次经过用心琢磨，终于研制出一种穿系十分方便的皮带头，并申请获得专利。

这样的皮带头即使没有洞，也能扣得很紧，方便实用、价格适中，因而相当畅销。

1912年，19岁的早川德次开始了自己的创业生涯。

1915年，他又发明了一种“早川自动铅笔”，投入生产后大获成功，很快便成为青少年学生的基本学习用具，还在美国获得了专利。1917年度，自动铅笔的销售额便高达1万多日元。

然而，1923年9月1日发生的关东大地震，让早川德次自1912年独立创业以来20年的全部心血化为乌有。

当时早川在银行里只有近1万日元的存款，欠下的一家大阪文具公司的订货款却有好几万日元，为了偿还订货款，早川依照对方提出的偿款条件：交出全部银行存款，转让出48项专利权，到大阪去担任该公司的技术主任，为他们生产自动铅笔作技术指导。

在那家文具公司当了半年多的技术主任以后，早川辞去了受聘职务，决定二次创业。同他一起到文具公司工作的原夏普公司的14名职工，也决心跟随。虽然早川告诉他们：自己现在所能付给他们的工资要远远少于文具公司。

他在大阪郊外租借了一块地方，雇用15人自己动手盖起了十分简陋的厂房，凑钱买了一些简单设备。早川咬牙立志，又一次挂出公司招牌，开始生产收音机。

1925年，日本的广播电台诞生了，日本第一台国产收音机也从早川手中生产出来，并开始使用“夏普”作为自己公司的名称和产品的牌名。

1953年夏普生产日本第一台电视机。

早川在日本家电企业方面，创造过许多“第一”的奇迹。日本第一部国产收音机、第一部国产黑白电视机、第一部国产彩色电视机、第一台太阳能电池、第一台高周波烹饪电子烤箱、第一件名片型的超薄电子计算器……

创意先行，成为日本最创新的公司

夏普的经营信条，就是依循早川精神，专心致力于发挥诚意和创意。

创意先行的企业定位，确实让夏普成就出许多日本首创甚至全球第一的发明，它的专利数和排名都在全球占有一席之地。夏普的企业文化是不一味地扩大规模，而是以技术取胜，搭配特有的创意；鼓励年轻员工不怕失败，挑战研发创意。

“我们要做让别人模仿的商品！”这句听起来很霸气的话，是夏普创办人早川德次经常挂在嘴边的话。这句话充分标示出夏普的核心精神。

十年间垮塌，究竟为什么？

2001 年，夏普成功推出彩色液晶电视 AQUOS，该年度全球液晶电视市占率超过八成。2004 年度，夏普的营业额是 2 兆日元，2006 年和 2007 年度都超过 3 兆日圆，这七年之间的成长动力，最主要就是靠液晶产品。

而且，夏普早自 1959 年就着手研究太阳能电池，1976 年推出使用太阳能的电子计算器，也横扫市场。2000 年到 2006 年，夏普的太阳能电池和太阳能发电模块产量都是世界第一，是重要的获利来源。

整体来说，2000 年到 2007 年这段时间，夏普靠液晶与太阳能这两大吸金利器赚的盆满钵满。可惜的是，夏普留恋当年盛况与成绩，未能体察产业变化及时调整。

因为液晶的成功经验，让公司误以为夏普的电视在世界各地都会热卖。但在同一时间，中国、韩国等地企业致力发展液晶技术，竞争力早已提升；2008 年的金融危机，全球消费低迷；夏普投资约四千亿日元兴建的大阪府堺工厂，导致财务状况迅速恶化。

缺少用户思维，创新过度

夏普对于顾客需求，掌握度也不够高。三星、友达等公司会尽量让面板标准化，创造一个可以水平分工的市场，顾客向谁下单都可以。而夏普则致力追求与众不同，为了证明自己的技术能力很强，会制造只有夏普才做得出来的特殊面板，例如四原色液晶电视 Quattron、氧化铟镓锌面板。这种“不标准”的产品越多，就越难卖给外面的顾客。

对一般消费者也是如此，夏普常附加一些抬高成本，但是伪需求的功能。例如四原色电视的色差精细，但是与其他品牌的差距，不一定大到消费者愿意多花钱的地步。又如夏普推出一款机器人自动吸尘器，还附有语音功能，一些单身女性觉得很可爱，但多数人觉得这样的功能只是想抬高售价而已。

在科技创新风起云涌的年代，夏普误判了全球电子行业的主要发展趋势，一失足成千古恨，卖身富士康。

资料来源：金错刀. 曾是日本最创新的企业，却十年时间轰然倒下！[EB/OL].（2016-09-05）.http：//www.licaizhijia.com/article-24031-1.html.

3.1.3 创新与企业竞争力

技术创新是企业提高竞争力的内在要求和决定因素。劳动、资本与技术是企业进行生产的三个基本投入要素。企业生产是在这三个要素的有机结合之下进行的，三个要素缺一不可。在科技突飞猛进和知识经济的今天，世界上几乎所有的工业化国家都在推行技术创新战略，拼全力发展高科技产业、大力促进传统产业的改造升级。科技成果转化、产学研的周期也越来越短。企业在强大的竞争压力面前，技术创新是获取竞争优势的必然选择，也是提高企业竞争力的必然要求。社会需求的不断提升和多样化，要求企业提供一些性能更好、品种多样，能与社会发展和用户需求相适应的新产品。企业必须不断推出满足用户要求的新产品，方能立足于市场，掌握竞争的主动权。创新成为市场竞争的基本手段，也是企业提高竞争力的关键所在。

企业是技术创新的主体，也是发展高科技、实现产业化的重要前提。随着一项技术创新成果在一个企业内部的迅速扩散，成为核心技术，或者成为企业新的核心业务，企业将逐渐形成自己的新的核心竞争力，这样企业能够在一个较长的时期内获得高额垄断利润和规模经济收益。在企业经营中，由技术创新成果构建成的新技术尤其是核心技术在不同产品或产业中的扩散和渗透，使企业技术扩散产生“收益倍放”效应。如佳能公司将微电子、激光、精密仪器等方面的核心技术广泛应用和扩散到照相机、摄像机、计算机、复印机、传真机、激光打印机、图像扫描仪、细胞分析仪等产品中。这样可以使同一技术同时在不同的产品市场上获得巨大的创新收益。当然，通常企业技术扩散过程中的收益放大效应主要源于企业多元化经营、国际化经营与纵向一体化生产体系，其实质在于企业内部资源尤其是企业技术创新能力的优化配置，以构建企业核心竞争力。由技术创新能力构建成的企业核心竞争力可增强企业在相关产品市场上的竞争地位，其意义远远超过单一产品市场上的胜败，对企业的发展具有更为深远的意义，即更关注企业长远发展的需要，追求的不仅是如何在当前的市场做得更好，而是如何获得在未来市场上的竞争优势地位。创新正日益成为企业生存与发展的不竭源泉和动力（如表 3-1 所示）。

表 3-1 企业管理的演进

时间	市场需求	企业管理焦点	主导企业类型	管理特点
20世纪60—70年代	价格	生产效率（降低成本）	效率型企业	福特制（标准化、大批量）
20世纪80年代	价格+质量	效率+质量	质量型企业	全面质量管理
20世纪90年代	价格+质量+多品种+速度	效率+质量+灵活性+市场响应速度	灵活型企业	柔性生产线，JIT
20世纪90年代后期以来	价格+质量+多品种+速度+独特性	效率+质量+灵活性+响应速度+创新性	创新型企业	全面创新管理

著名创新管理专家 Joe Tidd 教授指出，企业通过技术创新可以获取不同的战略优势（如表 3-2 所示）。

表 3-2 **企业通过技术创新可以获取不同的战略优势**

创新类型	战略优势
新颖型创新	提供独一无二的新产品或服务
能力转移型创新	重塑竞争游戏规则
复杂型创新	增高技术学习壁垒，提高技术学习难度
稳健设计型创新	延长现有产品及工艺生命周期，减少总成本
持续渐进型创新	持续降低成本及改进性能

资料来源：蒂德，贝赞特．创新管理——技术、市场与组织变革的集成[M]. 陈劲，龚焱，金珺，等，译．北京：清华大学出版社，2002.

【创新实例 3-1】

创新传奇，业绩迷离：百年施乐的浮沉

创立于 1906 年的施乐，至今已有 110 多年历史。历经百年仍能在国际商务中扮演举足轻重的角色，施乐的成功绝非偶然。创立伊始，施乐就有很强的创新意识。这在当时的年代是相当罕见的。施乐积极强大的创新基因让它从不安于现状，总是在寻找新的技术突破。早在 20 世纪 60 年代后期，它就开始了前瞻性的研发工作，如打造无纸化的电子办公室等。它也很早就看到了计算机技术的广阔前景，并通过收购数家电脑公司，在 1970 年成立了计算机部，开始向此领域拓展，可惜并没有成功。

更值得一提的是，施乐于 1970 年在加州硅谷设立了大名鼎鼎的帕罗奥图研发中心 PARC。这个研发中心是人类高科技历史上的传奇。从 1971 年开始的 5 年间，PARC 的研发成果惊人，一举发明了当代信息产业的几乎所有核心技术，如个人电脑(1973 年)、图形用户交互界面、桌面出版、鼠标、激光打印、电脑网路互联技术(互联网的基础)等。这些改变人类历史的创新导致了一大批高科技帝国的诞生，如微软、苹果、阿杜比系统等。今天如日中天的苹果公司就是从 PARC 开发的个人电脑中得到启发，从而推出了一举奠定其霸主地位的苹果电脑。因为苹果电脑中包含了太多 PARC 的发明，以至于在 1989 年，施乐还曾起诉苹果偷窃它的技术。

施乐帝国的黄金盛世只维系了 10 年。进入 20 世纪 70 年代以后，施乐一边面临着 IBM 及柯达的挑战，同时还陷入若干法律纠纷，包括联邦贸易委员会对它发起的垄断起诉，使其无法专注于研发新产品。柯达不失时机地推出更为先进的复印机，更是有效地打击了施乐的市场地位。20 世纪 70 年代中期，日系复印机企业开始崛起，给施乐带来了真正的威胁。施乐的产品大而复杂，故障率较高，而理光的产品体积小，价格便宜而且可靠，很快占领中低端市场，并开始挑战施乐的高端市

场。从1980年开始，佳能也开始在高端市场加入战团，让施乐更加应对乏力。

造成施乐危机的本质原因，是它不再能够创新并持续推出具有竞争力的新产品。施乐在20世纪60年代的飞速扩张使得它过度关注增长，销售和财务表现成为企业关注的核心。几乎垄断的市场地位让它更加志得意满，故步自封，打造出用户渴望的新产品已不再是重中之重。而且因为官僚主义，其行动变得迟缓笨重。当年施乐积极创新的斗志和精神已如云烟消散。在很长一段时间内，施乐根本没有推出任何有影响力的产品。到1985年，它在普通纸张复印机的全球市场份额已从1974年的85%大幅降至40%。因为施乐表现不济，苹果曾一度想将其收购。只是到了20世纪80年代后期，经过大幅裁员和降低成本，施乐的业绩开始回升，但和当年的辉煌已相差甚远。

施乐的衰落原因是多方面的：偏离产品为核心的理念、官僚主义、管理失误……董事会的失职为内因，激烈的竞争、法律纠纷和技术变革的潮流为外因。而且，一个内外交困的施乐一直没有在以互联网为中心的数字世界中找到自己称雄的战略和空间。因此，进入21世纪后不久，施乐的市值就在不到两年内蒸发了380亿美元之巨，在风雨飘零中走向崩溃。

2009年，俄瑟拉·波恩（Ursula Burns）出任总裁。她斥资64亿美元收购Affiliated Computer Services，将施乐带入IT服务领域。2011年，施乐收购了一家向管理打印服务提供软件工具包的企业NewField IT，继续强化施乐在这个领域的领袖地位。与此同时，施乐还将业务扩展到管理雇员津贴、应收账目、用户关注服务、医院保单处理和汽车违规影像处理等服务领域。这些业务因为竞争对手少、续租率高，给施乐带来了丰厚的回报。目前的施乐已经以服务业务为主（55%），文件技术为辅（45%）。虽然目前其仍处于转型的初期，整体收入仍在下降。但从长远来看，施乐的服务和内容业务一定会继续增长，最终实现由硬到软的转化。

施乐的将来如何，目前还不清晰。但从施乐的百年兴衰，可以清楚地看到无论一家企业多么强大，一旦偏离了为用户提供最优质产品的宗旨，就一定会走向衰落。在高科技行业，最优质的产品所依靠的就是最优质的技术。企业可以以市场和用户为导向，但一定要以技术为纲。这是所有企业尤其是高科技企业安身立命的根本。很多企业取得成功之后，就开始短视地追求销售量和财务表现，忽略了技术的提升。其表现是具有销售背景的高管获得重用，技术团队不再被重视，这样必然就扼杀了企业的创造力。施乐就是这样一个负面案例的典型。

3.2 创新的主要模式

3.2.1 创新的基本过程

创新源于创意，但并非每个创新都会最终创新成功，事实上，创新成功需要在大量的创意淘汰中产生。图3-2的技术隧道模型描述了这个过程。

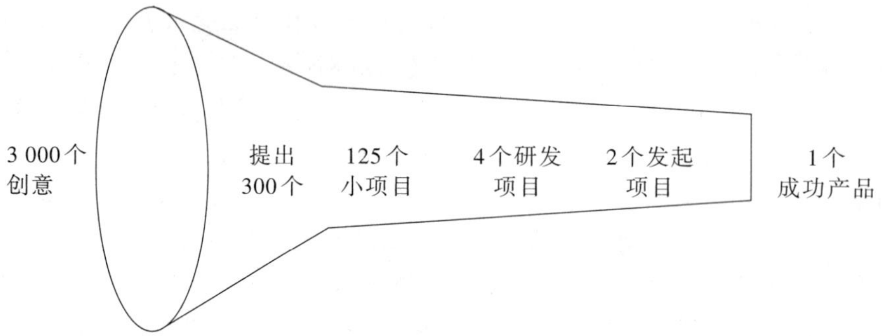

图 3-2 技术隧道模型

创新的成功是技术和需求两种力量共同决定的结果。需求决定创新的报酬，技术决定创新成功的可能性及成本。早期线性的技术推动模式和需求拉动模式都会极大地影响创新的成功率，对创新活动进行有效的管理，要兼顾市场需求和技术的可行性，因此就出现了技术推动-需求拉动的综合作用模式（如图 3-3 所示）。

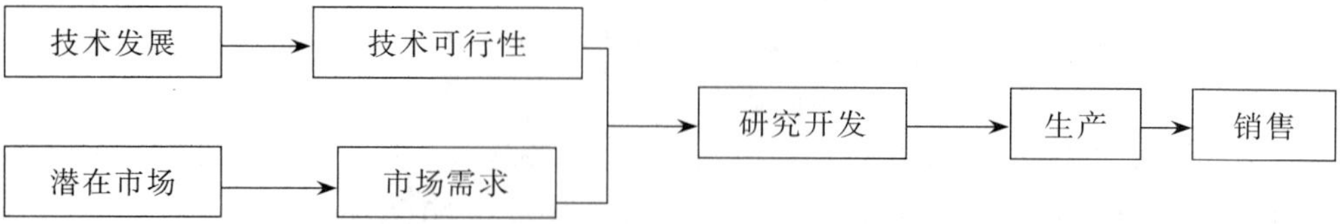

图 3-3 技术推动-需求拉动的综合作用模型

表 3-3 给出了技术推动模式、需求拉动模式和综合作用模式的多维度比较。

表 3-3 **三种模式的比较**

类别 / 名称	技术推动模式	需求拉动模式	综合作用模式
创新诱因	技术发明	市场需求	发明与需求合成
技术需求关系	技术创造需求	需求促进技术发明	双向作用
创新难度	难	较难	较易
创新周期	长	较短	短
创新规律	技术发展规律	经济发展规律	二者合一
关键人物	科学家	企业经营者	技术能力拥有者
成果应用	难	易	易
创新效果	技术体系变化	易于商品化	技术需求相互促进

20 世纪 70 年代末 80 年代初，人们对创新过程的认识进一步强调了技术与市场这两大创新要素的有机结合，技术推动和市场需求拉动在产品生命周期及创新过程的不同阶段有着不同的作用，一种技术推动与市场需求的交互作用模型认为，技术与市场这两大创新要素是交互作用和有机结合的，单纯的技术推动和需求拉动只

是特例（如图 3-4 所示）。

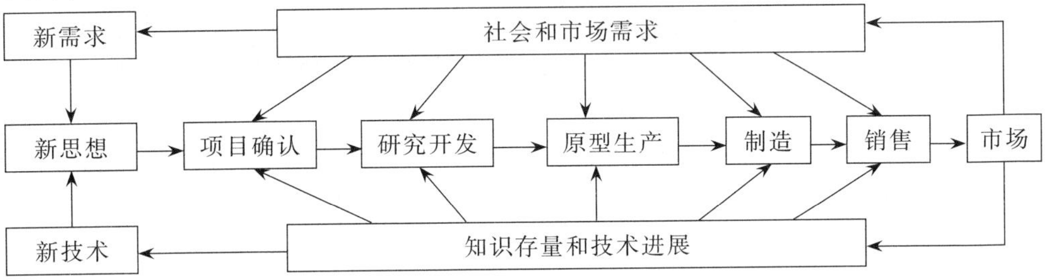

图 3-4　技术推动与需求拉动的交互作用模型

资料来源：Rothwell R. Towards the fifth-generation innovation process [J]. International Marketing Review，1994，11（1）：7-31.

从企业管理的角度，创新就是一种新的思想的产生，从设立项目、研究、发展、原型试制、生产制造到首次商业化进入市场的过程。创新就是发明+发展+商业化。在这一复杂的过程中，任何一个环节的短缺，都会导致不能形成最终的市场价值。任何一个环节的低效率连接，都可能导致创新的滞后。

3.2.2　基于科学技术的创新模式

基于科学技术的创新模式，即以研发为基础的创新，其创新过程是从基础研究、应用研究、试验发展、试制、生产制造直至商业化。早期的创新理论研究与实践都是由发达国家的学者提出的，其适用范围往往也都是针对西方发达国家的。西方发达国家（技术领先国）的创新过程模式具有典型的首次创新特征，即始于研究活动，从发明到商业化的过程。这种创新模式的实现一般需要很强的研发能力和技术能力，需要充足的研发人力资源和物质资源作保障，依靠自身的努力和探索，实现核心技术的突破，并在此基础上依靠自身的技术能力，完成新产品开发并成功地实现商业化。基于科学技术的创新模式，对研究开发活动的依赖性很高，内容研发是企业的战略性资产，很多发达国家实力雄厚的大企业往往以这种创新模式为主（如图 3-5 所示）。

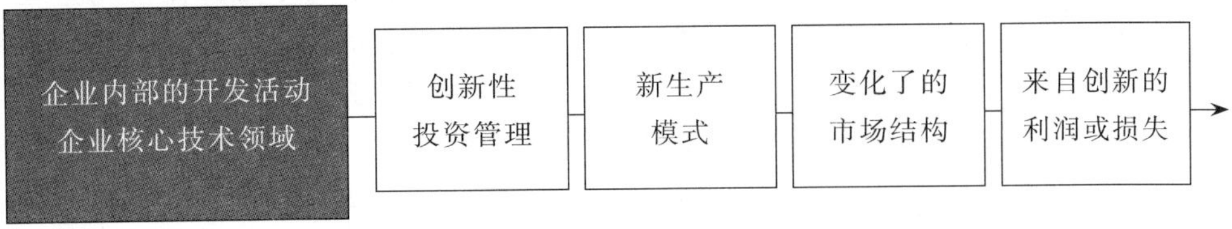

图 3-5　基于科学技术的创新模式

3.2.3　基于实践体验的创新模式

企业家或员工在产品生产过程中（或用户在使用过程中）遇到的问题，在企业现有技术能力的支撑下，通过研发或通过大学和科研机构的共同研发，寻求问题的解决方案，实现技术创新。在寻求问题解决方案的过程中，员工（或用户）增长了技术知识或技术诀窍。这一过程相当复杂，问题的解决需要团队内部成员或不同团队成员的交互影响，从而产生许多新的共享技术经验和技术知识。这种创新模式的实现需要员工和用户具有解决问题的责任心和相应的技术能力，需要普通员工以较高的科学素质为基础。这一创新模式主要依靠在实践中不断改进提高技术的使用效率，经验的积累扮演着关键角色。这一创新模式不是单纯从产品的角度出发，不是在核心技术方面，而是从用户的角度出发。在非核心技术领域有效实施创新，也能较好地提高创新绩效和经济竞争力，是提供技术积累的有效途径（如图 3-6 所示）。

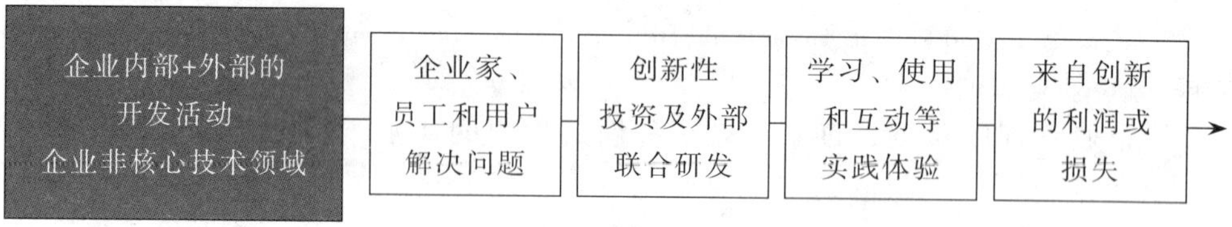

图 3-6 基于实践体验的创新模式

基于科学技术的创新模式需要更多的研发投入、更积极地参与 R&D 活动，但并不意味着可以忽略基于实践体验的创新模式。同样，基于实践体验的创新模式必须以基于科学技术的创新模式为基础和补充。基于科学技术的产业创新需要更大的研发投入，完备的实验设施，专业化、线性的组织形式，科学家、工程师是主要的创新者，这里需要强大的知识产权保护政策，产学研合作需要严格的契约，员工流动应充分限制。而基于实践体验的产业创新需要更大的学习与交流投入，组织应更加开放，内部交流和跨组织知识管理颇有必要。

3.3 企业创新战略

3.3.1 创新与竞争战略

竞争战略（Competitive Strategy）是指企业为了获得竞争优势，在市场上处于有利的竞争地位，争取比竞争对手有较大的市场份额和更好的经济效益，所做的长远性谋划和方略。“竞争战略之父”迈克尔·波特，他的书可以在很多商学院学生、大学教授、公司的首席执行官，甚至国家领导人的书架上找到；他的“竞争和战略”理论已经或者正在被全球大部分的国家和企业深入研究；他的学术成果被美国国内的经济会议以及众多世界性的经济学术论坛列为正式的、重要的讨论议题。正如英国的《经济学人》杂志对他的评价：如果有人能把管理理论变为令人尊敬的学院派原则，这个人就是迈克尔·波特。

企业战略是一个战略体系。在这个战略体系中，有竞争战略、发展战略、技术开发战略、市场营销战略、信息化战略、人才战略，还有其他战略。不要把竞争战略等同于企业战略，竞争战略只是企业战略的一部分。

战略的本义是对战争的谋略。谋略是大计谋，是对整体性、长期性、基本性问题的计谋。竞争战略是对竞争的谋略，发展战略是对发展的谋略，什么战略就是对什么的谋略。谋略的本质特征有四个：整体性、长期性、基本性、计谋性。竞争战略就是对竞争中整体性、长期性、基本性问题的计谋，发展战略就是对发展中整体性、长期性、基本性问题的计谋。

那么，创新如何支撑企业竞争战略的实现呢？企业的资源分为刚性、软性和隐性三种，企业能力是在隐性资源作用下刚性资源和软性资源利用的效果和效率，而企业的能力符合四个属性，即核心价值、稀缺性、难以复制性和不可替代性。核心能力一旦形成，并非一劳永逸，他只能让企业相对于对手拥有暂时的优势，如果一个企业的核心能力三年至五年仍然是核心能力，就说这个企业有了战略竞争力，而判断企业是否拥有战略竞争力有两个标准，其一是三五年后这个企业是否创造了新的优势，其二是三五年来这个企业是否获得了超过行业平均利润率以上的利润。很显然，企业的核心竞争力和战略竞争力均来自以上四个属性，而这四个属性无一不是通过创新才可以获得。所以企业竞争优势的背后是创新，特别是技术创新在起作用。

每个企业都会有许多优点或缺点，任何的优点或缺点都会对相对成本优势和相对差异化产生作用。将成本优势和差异化这两种基本的竞争优势与企业相应的活动相结合，就可导出可让企业获得较好竞争位置的三种一般性战略：总成本领先战略、差异化战略及集中化战略（如图 3-7 所示）。

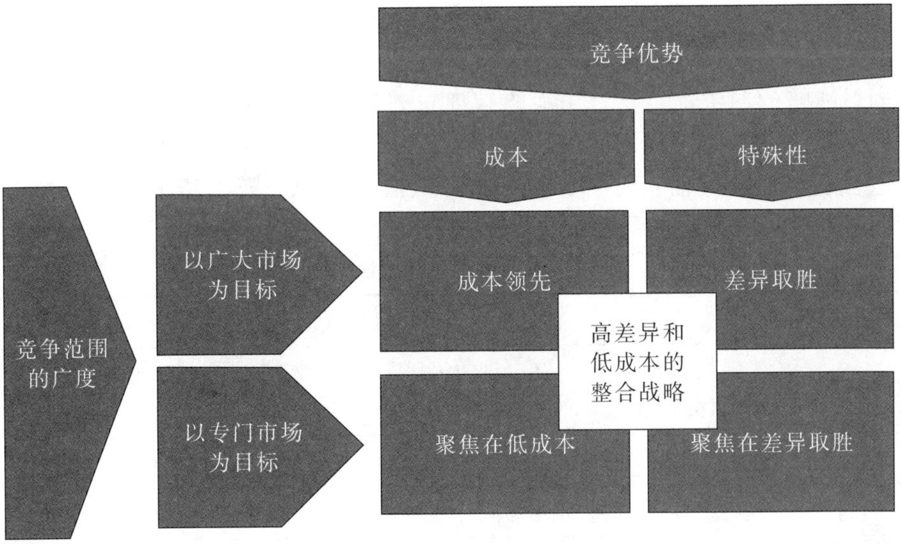

图 3-7　竞争战略的划分

资料来源：项保华，李庆华．企业战略理论综述［J］．经济学动态，2000（7）：70-74.

总成本领先战略要求企业必须建立起高效、规模化的生产设施，全力以赴地降低成本，严格控制成本、管理费用及研发、服务、推销、广告等方面的成本费用。为了达到这些目标，企业需要在管理方面对成本给予高度的重视，确保总成本低于竞争对手。

差异化战略是将公司提供的产品或服务差异化，树立起一些全产业范围中具有独特性的东西。实现差异化战略可以有许多方式，如设计名牌形象，保持技术、性能特点、顾客服务、商业网络及其他方面的独特性，等等。最理想的状况是公司在几个方面都具有差异化的特点。但这一战略与提高市场份额的目标不可兼顾，在建立公司的差异化战略的活动中总是伴随着很高的成本代价，有时即便全产业范围的顾客都了解公司的独特优点，也并不是所有顾客都将愿意或有能力支付公司要求的高价格。

集中化战略是主攻某个特殊的顾客群、某产品线的一个细分区段或某一地区市场。低成本与差异化战略都是要在全产业范围内实现其目标，专一化战略的前提思想是：公司业务的集中化能够以较高的效率、更好的效果为某一狭窄的战略对象服务，从而超过在较广阔范围内竞争的对手。公司或者通过满足特殊对象的需要而实现了差异化，或者在为这一对象服务时实现了低成本，或者二者兼得。这样的公司可以使其赢利的潜力超过产业的平均水平。

无论哪种竞争战略，创新在获得竞争优势中的作用都是必不可少的，采用先进的生产技术可以提高生产效率，或者找到成本更为低廉的新材料，都能够大大降低单位产品的成本，福特制的流水线生产就是典型的技术和管理创新降低成本的例子。而寻求差异化战略更需要企业在产品创新和服务创新上下功夫，更加透彻地认识消费者的需求。而集中化战略则需要对市场有更加敏锐的洞察力，并发现其中尚未被很好满足的潜在需求。

3.3.2 创新战略制定方法与工具

创新战略的制定工具整合了战略管理与创新管理相关的实用分析方法与模型，常见的主要包含 4P 模型、波特五力模型、SWOT 分析、PEST 分析、技术预测、创新扩散分析、风险评估矩阵、标杆分析、核心竞争力分析、能力地图、技术路径图、创新地图等（见表 3-4 和表 3-5）。

表 3-4 **战略来源分析方法**

主要方法与工具	解释与介绍
PEST 分析	政治与法律（politics & law）、经济（economic）、社会（society）、技术（technology）环境要素分析
波特五力模型	行业竞争者、供应商、购买者、潜在进入者、替代者分析
SWOT 分析	优势、劣势、机遇与威胁
核心竞争力分析	价值性，这种能力首先能很好地实现顾客所看重的价值。稀缺性，这种能力必须是稀缺的，只有少数的企业拥有它。不可替代性，竞争对手无法通过其他能力来替代它，它在为顾客创造价值的过程中具有不可替代的作用。难以模仿性，核心竞争力还必须是企业所特有的，并且是竞争对手难以模仿、难以转移或复制的

续表

主要方法与工具	解释与介绍
标杆分析法（benchmarking）	又称战略竞标，即将本企业经营的各方面状况和环节与竞争对手或行业内外一流的企业进行对照分析的过程，是一种评价自身企业和研究其他组织的手段，是将外部企业的持久业绩作为自身企业的内部发展目标并将外界的最佳做法移植到本企业的经营环节中去的一种方法。根据所针对的企业运作不同层面将标杆分析法分为三类，即战略层（本公司的战略和对照公司的战略进行比较）、操作层（成本和竞争性差异）和管理层（人力资源管理、营销规划、管理信息系统等）
能力地图	能力地图是企业知识资源的图谱，其表示引导企业竞争优势的知识领域以及所具备的战略优势，并反映企业竞争优势获取的能力缺陷与瓶颈。通常，能力地图的分析包含如下步骤：①追溯历史，明确企业过去的核心能力与运作领域；②确定企业发展的战略方向与领域；③梳理战略目标引导下企业发展所需的能力与知识集；④根据步骤①和②明晰企业自身的优势与劣势，以及优势劣势对于战略目标的潜在影响；⑤评估能力要素对于绩效的影响，确定能力要素的重要性；⑥确定未来战略发展的核心能力要素及其提升途径；⑦确定提升核心能力要素的实践方案

资料来源：陈劲，郑刚．创新管理：赢得持续竞争优势［M］．北京：北京大学出版社，2016．

表3-5　**创新来源分析方法**

主要方法与工具	解释与介绍
4P	产品（product）、工艺（process）、地理位置（position）和模式（paradigm）
创新扩散分析	依据创新源-信息发布-渠道-信息接收-效果五个环节的基本过程，扩散速度与扩散效果服从“S”形曲线分布规律
风险评估矩阵	对不同创新项目的潜在收益与实施风险进行评估。制作表格，划分象限，两个坐标轴分别代表项目的潜在收益（高或低）与实施风险（高或低）；将公司的创新项目依据潜在收益与实施风险放于评估矩阵中；根据结果对比潜在收益与实施风险，选择创新项目
技术预测	预测某一技术在一定的时间框架内的进展并估计其实现的可能性。它一般是根据以往的趋势和某种限定条件预测某一技术未来特性的定量评价方法。常见预测方法：数学外推、计量经济模型、模拟预测、专家意见、前景预测法
技术路径图	用简洁的图形、表格、文字等形式描述技术变化的步骤或技术相关环节之间的逻辑关系。它能够帮助使用者明确该领域的发展方向和实现目标所需的关键技术，理清产品和技术之间的关系。它包括最终的结果和制定的过程。技术路线图具有高度概括、高度综合和前瞻性的基本特征

续表

主要方法与工具	解释与介绍
创新地图	以企业创新需要的技术能力（利用现有的技术能力或需要新的技术能力）与商业模式（利用现有的商业模式或需要新的商业模式）为标准，形成颠覆性创新（新商业模式与现有技术能力）、结构创新（新商业模式与新技术能力）、常规创新（现有商业模式与现有技术能力）、激进创新（现有商业模式与新技术能力）四种战略

资料来源：陈劲，郑刚．创新管理：赢得持续竞争优势［M］．北京：北京大学出版社，2016．

3.3.3 企业创新战略选择

根据不同的分类方法，企业创新战略有不同的分类结果。按照技术来源分类，企业创新战略可以分为自主开发、合作开发、引进消化吸收、模仿等四种。每种战略类型的有利性、不利性及使用范围如表 3-6 所示。

表 3-6 **按照技术来源分类的四种战略**

战略类型	有利性	不利性	使用范围
自主开发	有利于建立自己的核心能力和优势	开发投资大、风险大、周期长	技术开发能力强、经济实力强或掌握了独特技术的企业
合作开发	减少开发投资，缩短开发周期，分散风险	不能独占技术，合作方优势形成竞争对手	开发难度大、投资大、风险大的技术领域、合作条件好的企业
引进消化吸收	节约开发投资，采用技术所需周期短，风险小	易受技术输出方的制约与控制，不宜得到最先进的技术	与先进技术存在较大“技术势差”的企业
模仿	风险小、周期短、投资少	技术处于被动地位，竞争力弱	与先进技术有差距，技术、经济实力较弱，但有一定的开发能力

资料来源：宁钟．创新管理：获取持续竞争优势［M］．北京：机械工业出版社，2012．

自主开发就是通常意义上的自主创新。自主创新是相对于技术引进、模仿而言的一种创造活动，是指通过拥有自主知识产权的独特的核心技术以及在此基础上实现新产品的价值的过程。对于企业来说，自主创新能力就是自主集成和应用各种技术知识并由此获得竞争优势的能力，包括技术搜索能力、学习能力、研究开发能力等；对于国家来说，自主创新能力就是根据社会经济发展的客观要求，有意识地促进科学技术知识的生产、流动和应用并在此过程中创造财富从而实现价值增值的能力。自主创新重在“自主”，即独立自主地进行技术创新活动，把立足点从过多依赖国外技术逐步转移到主要依靠自主创新；“自主”所寻求的是技术自主，而不是技术自立，是在开放的背景下自主把握技术发展方向和进程，博采众长、为我所用，而不是摒弃外部优秀技术资源，自我封闭；自主创新只是手段而非目标，不是主体的概念，而是方式的概念。从这个意义来看，所谓自主创新就是能够独立控制和把握创新目标、创新方式与创新进程的技术创新，其核心内容主要有二：一是以我为主；二是综合集成。

按照技术竞争态势，企业创新战略可以分为领先战略、跟随模仿战略（如表3-7所示）。

表 3-7　**按照技术竞争态势分类的两种战略**

战略类型	有利性	不利性	使用范围
领先战略	可领先占领市场、取得垄断利润	投资大、风险大	技术开发能力强、经济实力强
跟随模仿战略	风险较小，投资较少，如果实施适当也可超过领先者	处于竞争劣势地位，市场份额一般较领先者少	有较强的消化吸收能力，有一定的开发能力

领先战略是指靠具有非同一般的生产工艺、配方、原料、核心技术，又有长期市场需求的独创产品而取胜的战略。这样的企业必须经常导入新的观念，不懈地追求新的解决方案，并努力缩短新产品开发期，将新产品快速投放市场。它为那些需要艺术性产品和服务的顾客服务，而不在乎价格和不方便所带来的成本。而跟随模仿的企业从不第一个开发过去没有的新产品，而是让竞争对手去开发，但企业一定要高度关注，随时跟踪对手的创新产品开发情况，等对手将市场培育成熟、新产品的障碍清除后，企业后来居上，迅速推出这个产品，从而取而代之。比如苹果公司就是采用创新领先战略，每年都要推出新产品，而微软看上去是领先态势，其实它主要采用的是跟随模仿战略，它的几个划时代的产品，无论是DOS还是Windows系统或是IE浏览器，均不是由微软原创的，但通过跟随模仿战略的实施，微软都成功地超越了对手，成为市场上真正的王者。

按照企业在市场上的地位和行为方式，企业创新战略又可以分为进攻战略、防御战略、填空战略（迂回包抄）和游击战略四种（如表3-8所示）。

进攻战略适用于行业中居于第一方阵的企业，其特点是了解领先者的长处，并在长处中寻找弱点，最后集中优势资源打击弱点。而防御战略就是市场上的领先者发动的，行业的领先者通常不是被对手打倒的，而是被“惰性”打倒的。“惰性”来源于过去的成功，因此只有不断地挑战自己、不断地超越自己，时刻观察对手的行动才可以保住领先地位。比如宝洁在全球日用消费品领域处于龙头地位，宝洁没有给竞争对手机会，而是自己发现自己的不足，如在推出“飘柔”洗发水之后，又在此基础上推出解决头屑问题的“海飞丝”，不断自我超越使得领先企业稳固领先者地位。填空战略又称迂回包抄战略，关键是要找到一个市场空白，找到有需求但

表 3-8　按照市场竞争策略分类的四种战略

战略类型	有利性	不利性	使用范围
进攻战略	处于竞争的主动地位，可能争取新的领地	往往要付出很大的代价，风险大	往往掌握了某种技术优势，具备向已经占领的市场和技术阵地进攻的能力
防御战略	风险小，代价小	往往处于竞争的被动地位	技术、市场地位往往较高而且稳固的企业
填空战略	避开与优势企业的正面冲突，可获得一定竞争地位	机会相对较少，市场规模小	技术能力和竞争能力较弱，但是尚存一定机会
游击战略	往往可以出奇制胜	具有较大的冒险性	技术、市场领域已被占领，后进者机会较少，但又出现了某种机会或者相对优势

资料来源：宁钟. 创新管理：获取持续竞争优势［M］. 北京：机械工业出版社，2012.

尚未被满足的市场，一旦这个空白市场被找到就要集中资源突破这个市场，使之成为主流市场。游击战略是行业中的弱小者，即后发企业发动的竞争战略，这个战略简单地讲就是“打得赢就打，打不赢就跑”，其要点就是找到大企业忽视的缝隙市场，在这个市场中成为顶尖企业，游击战略的企业往往非常低调，只做行业里的“隐形冠军”，也就是你在一个不为大企业所知或者忽略的行业中成为最好的企业。当然，当企业体量足够大时，在市场上的竞争地位就会发生根本性的变化。隐形冠军公司典型的说法是：“我们是这个行业的专家”“我们专注于自己的竞争力，专注再专注”“我们要成为小市场的主宰者，我们要在小市场做出大成绩，而不是在大市场做‘凤尾’”。比如专门生产洗碗机的德国 Winterhalter 公司，大概在 10 年前就把自己公司非常“狭窄”地定位在“给餐厅和宾馆做洗碗机”，绝不搞多元化。其后他们沿此产品路线开发出其他产品，如：净水器和其他服务，并把产品和服务推广到全球。

3.3.4 蓝海战略

1. 蓝海与红海

什么是蓝海？蓝海是相对于红海（市场）来说的，所谓的红海是指一种企业竞争状态：众多企业在一个产业里进行着“零和博弈”，每个企业为实现最大的市场份额而与对手展开残酷竞争，就像军事战场上，交战的双方为了获取胜利，不惜血流成河。“红海”正是比喻这种“血腥”的意思。蓝海，也是一种比喻之意，静谧而博大，给人无尽想象的空间。它指的是企业完全脱离血腥竞争的红海状态，拥有一片崭新的市场空间，意味着未开垦的市场空间、需求的创造以及利润高速增长的机会。

“蓝海战略”是 2005 年由欧洲工商管理学院著名教授、达沃斯世界经济论坛的会员W.钱·金和勒妮·莫博涅所提出的商业战略理论。两位教授历时15年，援引了大量西方企业的案例，植根于西方的商业实践中，基于对跨度达100多年、涉及30多个产业的150个战略行动的研究，提出“蓝海战略”是以创新为中心，扩大需求，靠加大行业的“饼”来开拓新领域。简单地讲，红海战略象征企业在需求增长缓慢甚至萎缩的传统市场空间采取的白热化的竞争行为，是紧盯竞争对手比试血腥的竞争战略；蓝海战略象征企业跳出传统市场空间而开辟新市场和新竞争力的战略思维，是紧盯潜在市场比试创新的竞争战略。红海战略在已有的市场空间中竞争，而蓝海战略是开创无人争抢的市场空间（如表3-9所示）。

表3-9 **红海战略和蓝海战略的比较**

红海战略	蓝海战略
在已经存在的市场内竞争	拓展非竞争性市场空间
参与竞争	规避竞争
争夺现有需求	创造并攫取新需求
遵循价值与成本互替定律	打破价值与成本互替定律
根据差异化或低成本的战略选择，把企业行为整合为一个体系	同时追求差异化和低成本，把企业行为整合为一个体系

由表3-9可见，“蓝海战略”最大的面向群体就是企业家，它给企业家们提供了一个新思路，即可以跨越自己熟悉的业务，以一种更广的视野，以“价值创新”的方式开拓还没人进入的新领域。蓝海战略一举颠覆了传统思维模式的只注意现有客户和进行更加精细的客户细分，反其道而行之，关注潜在客户，而不只着眼于现有客户；致力于大多数客户的共同需求，而不是注重客户的差异化。

2. 构思蓝海战略

如何构思蓝海战略呢？构思蓝海的战略布局需要回答四个问题：

哪些被产业认定为理所当然的元素需要剔除？这个问题剔除产业中企业竞争攀比的元素，这些元素经常被认为理所当然，虽然他们不再具有价值。

哪些元素的含量应该被减少到产业标准之下？这个问题促使企业家作出决定，看看现有产品或服务是否在功能上设计过头、只为竞争攀比和打败竞争对手、企业所给超过顾客所需并徒然增加成本。

哪些元素的含量应该被增加到产业标准之上？这个问题促使企业家去发掘产业中消费者不得不做出的妥协。

哪些产业从未有过的元素需要创造？这个问题帮助发现买方价值的全新源泉，以创造新需求改变产业战略定价标准。

3. 蓝海战略的六个原则

蓝海战略共提出六项原则，其中四项原则是战略制定原则，包括重建市场边界、注重全局而非数字、超越现有需求、遵循合理的战略顺序。两项原则属于战略执行原则，包括克服关键组织障碍和将战略执行建成战略的一部分。

原则一：重建市场边界

从硬碰硬的竞争到开创蓝海，使用六条路径重建市场边界（如表 3-10 所示）。

表 3-10 **重建市场边界的六条路径**

重建市场边界路径	红海思维	蓝海观点	实例
产业：跨越他择产业看市场	人云亦云为产业定界，并一心成为其中最优	一家企业不仅与自身产业对手竞争，而且与替代品或服务的产业对手竞争	日本电信运营商NTT DoCoMo于1999年推出i-mode手机一键上网，将只使用语音服务的顾客变为使用语音和数据服务（音乐、图片、资讯）的顾客
战略集团：跨越产业内不同的战略集团看市场	受制广为接受的战略集团概念，并努力在集团中技压群雄	突破狭窄视野，搞清楚什么因素决定顾客选择，例如高档和低档消费品的选择	曲线美健身俱乐部专为女性服务，剔除奢华设施，小型化社区布点，会员依次使用一组器械，每周三次，每次半小时完成，每月只需30美元
买方群体：重新界定产业的买方群体	只关注单一买方，不关注最终用户	买方是由购买者、使用者和施加影响者共同组成的买方链条	诺和诺德公司是一家胰岛素厂商，将胰岛素和注射笔整合创造出NovoLet注射装置，便于病人随身携带使用
产品或服务范围：跨越互补性产品和服务看市场	雷同方式为产品服务的范围定界	互补性产品或服务蕴含着未经发掘的需求，简单方法是分析顾客在使用产品之前、之中、之后都有哪些需要	北客公司发现市政府并非关注公交车本身价格而是关注维护费用，通过使用玻璃纤维车身，提高车价却降低维护成本，创造了与市政府的双赢
功能情感导向：跨越针对卖方的产业功能与情感导向	接受现有产业固化的功能情感导向	市场调查反馈的往往是产业教育的结果，企业挑战现有功能与情感导向能发现新空间，如果在情感层竞争，可否去除那些元素使之功能化？反之亦然	QB House针对男性，取消按摩、饮料等情感元素，以“气洗”替代“水洗”，专注剪发，使理发时间缩短到10分钟，费用从3 000日元降到1 000日元
时间：跨越时间参与塑造外部潮流	制定战略只关注现阶段的竞争威胁	从商业角度洞悉技术与政策潮流如何改变顾客获取的价值，如何影响商业模式	苹果公司通过iPad和iTunes提供正版音乐下载服务，提高海量音乐库、高音质、单曲下载及低费用（0.99美元/首）

资料来源：金，莫博涅. 蓝海战略［M］. 吉宓，译. 北京：商务印书馆，2005.

原则二：注重全局而非数字

一个企业永远不应将其眼睛外包给别人，伟大的战略洞察力是走入基层、挑战竞争边界的结果。蓝海战略建议绘制战略布局图，将一家企业在市场中现有战略定位以视觉形式表现出来，激发企业组织各类人员的创造性，把视线引向蓝海（如表3-11所示）。

表3-11　**战略视觉化4步骤**

1.视觉唤醒	2.视觉探索	3.视觉战略展览会	4.视觉沟通
（1）绘制现时战略图，将业务项目与对手比较 （2）看看战略需要进行哪些改变	（1）走入基层，实地探索 （2）观察他择产品和服务的优势 （3）需要剔除、创造和改变哪些元素	（1）绘制新的战略布局图 （2）听取顾客（包含对手的顾客）和非顾客的反馈 （3）吸取反馈并修改	（1）将战略转变前后的轮廓印于同一张纸发给员工 （2）支持那些实现新战略的项目和措施

资料来源：金，莫博涅. 蓝海战略［M］. 吉宓，译. 北京：商务印书馆，2005.

原则三：超越现有需求

通常，企业为增加自己的市场份额努力保留和拓展现有顾客，常常导致更精微的市场细分，然而，为使蓝海规模最大化，企业需要反其道而行，不应只把视线集中于顾客，还需要关注非顾客；不要一味通过个性化和细分市场来满足顾客差异，应寻找买方共同点，将非顾客置于顾客之前，将共同点置于差异点之前，将合并细分市场置于多层次细分市场之前。

非顾客可以分为三个层次：

第一层次：徘徊在企业的市场边界，随时准备换船而走的“准非顾客”。

这些“准非顾客”，在找到更好的选择前，只是最低限度地使用现有产品和服务，一旦有更好选择就会换船而走。例如针对上班族无所适从的午餐，英国Prêt A Manger快餐厅关注上班族午餐的共同需求——快速、新鲜、健康，提供新鲜美味的成品三明治，免除餐位，将购买行为缩短为90秒，每年在英国得以售出2 500万只三明治。

第二层次：有意回避市场的“拒绝型非顾客”。

因为市场现有产品或服务不可接受或者超过他们的经济承受能力而不使用。1964年德高广告创造了“街道家具”（Street Furniture）概念，此前户外广告为公路广告牌和运输工具广告，广告呈现时间很短，德高意识到缺乏市中心固定广告放置点是产业不受欢迎的原因，为此，德高通过向市政府免费提供街道家具及其维修保养出售广告空间，获得高达40%的利润率。

第三层次：处于远离市场的“未探知型非顾客”。

产业内的企业通常从未把这些“未探知型非顾客”定为目标顾客，这些人的需求常常被想当然地认为属于其他市场，如果企业知道他们丢弃的此类顾客数量之大肯定大吃一惊。例如牙齿增白从来被认为是牙医的事儿，当最近口腔护理厂商着眼于这种需求时，市场随之爆炸般膨胀。

原则四：遵循合理的战略顺序

遵循合理的战略顺序，建立强劲的商业模式，确保将蓝海创意变为战略执行，从而获得蓝海利润，合理的战略顺序可根据买方效用、价格、成本、接受分为四步骤（如表 3-12 所示）。

表 3-12 **蓝海战略合理顺序**

买方效用	问题	产品和服务是否具有杰出的效用，是否有令人信服的理由促使买方购买？
	方法	测试买方体验周期的六个阶段：购买、配送、使用、补充、维护、处置。评估六个阶段中顾客、生产率、简单性、方便性、风险性、趣味和形象、环保型几个效用杠杆指标。
	实例	福特T型车为大众而非富人建造，用于日常生活而非周末郊游，它坚固耐用且全天候轻松行驶
价格	问题	价格是否能够为买方大众轻松承受？
	方法	列出他择性产品或服务，找出大众价格走廊，在价格走廊内考虑法律、资源保护、模仿程度，确定价格走廊的上中下三段定价
	实例	西南航空不需专利申请，不需独家资产，其定价于价格走廊的下限，比照驾车旅行价格，以吸引客户
成本	问题	成本结构能满足目标成本吗？
	方法	简化运营，寻找合作伙伴和改变产业定价模式
	实例	Swatch表突出时尚，大幅减少了内部机械成本；IKEA与全球1 500家制造商建立伙伴关系；Blockbuster将录像带出售改为出租
接受	问题	创意付诸实施会遇到哪些接受上的障碍？是否从一开始就解决了这些障碍？
	方法	教育雇员、商业伙伴和广大公众，开诚布公讨论为什么采用蓝海战略是必要的。
	实例	摩根斯坦利与雇员公开讨论企业面对互联网挑战所应采取的策略；孟山都（Monsanto）转基因食品没有及时教育公众，导致环保组织攻击，致使欧洲消费者质疑

资料来源：金，莫博涅．蓝海战略［M］．吉宓，译．北京：商务印书馆，2005.

原则五：克服关键组织障碍

企业经理们证明执行蓝海战略的挑战是严峻的，他们面对四重障碍：一是认知障碍，沉迷于现状的组织；二是有限的资源，执行战略需要大量资源；三是动力障碍，缺乏有干劲的员工；四是组织政治障碍，来自强大既得利益者的反对，“在公司中还没有站起来就被人撂倒了”（如表 3-13 所示）。

表 3-13 **克服蓝海战略的四重障碍**

关键点	方法	实例（组约警察局）
冲破认知障碍	依靠视觉而非数字去体验严酷现实，用负面刺激改变态度和行为。	布拉顿让警察局高中级官员搭乘地铁上下班以感受几乎无政府状态的地铁系统。
跨越资源障碍	热点：资源投入少却有效提高业绩；冷点：资源投入高对业绩影响甚微；互通有无：将两个领域的剩余资源互换。	一个警察平均花16个小时把嫌犯带到市中心法院办理手续，布拉顿设置改装成微型警局的拘捕车，缩短时间为1小时，使警察拥有更多的巡逻时间。
冲破动力障碍	保龄球中央瓶：把努力集中于关键影响力的人物；鱼缸管理：将中央瓶人物置于聚光灯之下；任务微型化：让人们相信执行战略是力所能及的。	布拉顿将76位指挥官作为关键人物，在公平过程上每两周一次遇制犯罪评估会，形成强烈的业绩表现文化。
推倒政治障碍	借助你的天使让魔鬼闭嘴。谁是蓝海战略的损失者和受益者？	布拉顿联盟媒体和市长，说服法院受理貌似鸡毛蒜皮的犯罪案例，确保治安环境好转。

资料来源：金，莫博涅．蓝海战略［M］．吉宓，译．北京：商务印书馆，2005.

蓝海战略根据威廉·布拉顿领导的纽约警察局 20 世纪 90 年代的变革，提出了引爆点领导法（Tipping Point Leadership），其理论是在任何组织中，当数量达到临界规模的人们以信心和能量感染了整个组织而行动起来去实现一个创意时，根本性变化就会发生。与组织变革理论转变大众为基点不同，引爆点领导法认为转变大众就要把力量集中于极端，也就是对组织业绩有超凡影响力的人、行为和活动之上。

原则六：将战略执行建成战略的一部分

执行蓝海战略，企业最终需要求助于最根本的行动基础，即组织基层员工的态度和行为，必须创造一种充满信任和忠诚的文化来鼓舞人们认同战略。当人们被要求走出习惯范围改变工作方式时，恐慌情绪便会增长，他们会猜测这种变化背后的真正理由是什么。

员工距离高层越远就越不容易参与战略创建，也就越惴惴不安，不考虑基层思想和感受，将新战略硬塞就会引起反感情绪。要想在基层建立信任与忠诚，鼓舞资源合作，企业需要将战略执行建成战略的一部分，需要借助“公平过程”来制定和执行战略。

“公平过程”来源于社会科学家对心理学的研究，他们研究确认，人们不仅在意结果本身，也在意产生结果的过程公正，当程序公正得以实施，人们对结果的满意度和支持度就上升（如表 3-14 所示）。

表 3-14 **公平过程如何影响人们的态度和行为**

战略制定	邀请参与-解释原委-明确期望
态度	信任与忠诚：“我觉得自己的想法有人听、起作用”
行为	自愿合作——超越本职工作的贡献
战略执行	超出期望、自愿执行

资料来源：金，莫博涅. 蓝海战略［M］. 吉宓，译 . 北京：商务印书馆，2005.

有三个因素为公平过程定义，这就是 3E 原则：邀请参与（Engagement）、解释原委（Explanation）、明确期望（Clarity of Expectation）。邀请参与允许发表意见和反驳，表达管理层的尊重；解释原委让所有的相关人等了解最终的战略决策为何如此制定；明确期望是清晰讲述新的游戏规则，如何评价业绩和惩罚不佳。

实现公平过程的关键不在于新的目标、期望和责任，而在于人们是否清楚地理解了它们。围绕公平过程的原则组织蓝海战略的制定，一开始就将战略执行建成战略创建的一部分，就能够将政治游说和偏袒减少到最低，使人们集中精力执行战略。

【本章小结】

1. 经济危机与创新具有相关性。历史经验表明，全球性经济危机往往催生重大科技创新突破和科技革命。

2. 创新直接推动产业结构升级、体制机制完善，从而全方位推进大国崛起的进程。

3. 技术创新是企业提高竞争力的内在要求和决定因素。

4. 随着一项技术创新成果在一个企业内部的迅速扩散，成为核心技术，或者成为企业新的核心业务，企业将逐渐形成自己的新的核心竞争力，这样企业能够在一个较长的时期内获得高额垄断利润和规模经济收益。

5. 熊彼特认为，所谓创新就是要“建立一种新的生产函数”，即“生产要素的重新组合”，就是要把一种从来没有的关于生产要素和生产条件的“新组合”引进生产体系中去，以实现对生产要素或生产条件的“新组合”。熊彼特还进一步明确指出“创新”的五种情况。

6. 德鲁克认为企业家就是创新家，所谓的企业家精神也就是创新精神，而企业家精神不仅是经济和技术的，也是文化和心理的。

7. 创新是生产过程中内生的，创新是一种“革命性”变化，创新同时意味着毁灭，创新必须能够创造出新的价值，创新是经济发展的本质规定，创新的主体是

“企业家”。

8. 创新具有高风险性、协同性、先发优势和先发劣势的时代特征。

9. 创新源于创意，但并非每个创新都会最终创新成功，事实上创新成功需要在大量的创意淘汰中产生。

10. 将成本优势和差异化这两种基本的竞争优势与企业相应的活动相结合，就可导出可让企业获得较好竞争位置的三种一般性战略：总成本领先战略、差异化战略及集中化战略。

11. 创新战略的制定工具整合了战略管理与创新管理相关的实用分析方法与模型，常见的主要包含4P模型、波特五力模型、SWOT分析、PEST分析、技术预测、创新扩散分析、风险评估矩阵、标杆分析、核心竞争力分析、能力地图、技术路径图、创新地图等。

12. 根据不同的分类方法，企业创新战略有不同的分类结果。按照技术来源分类，企业创新战略可以分为自主开发、合作开发、引进消化吸收、模仿等四种。

13. 蓝海战略一举颠覆了传统思维模式的只注意现有客户和进行更加精细的客户细分。

【核心概念】

企业竞争力　战略优势　熊彼特创新理论　德鲁克创新理论　创新的根本特征　创新的时代特征　产品创新　工艺创新　结构创新　模式创新　全面创新　渐进性创新　破坏性创新　突破性创新　消化吸收创新　模仿创新　集成创新　原始创新　创新战略　蓝海战略

【课后思考】

1. 简述创新的价值从宏观到微观各层面的体现。
2. 简述熊彼特的创新理论内容。
3. 简述德鲁克的创新理论内容。
4. 创新的根本特征是什么？
5. 创新的时代特点是什么？
6. 创新有哪些基本分类？
7. 创新有哪些基本模式？
8. 创新与竞争战略具有怎样的关系？
9. 创新战略制定的方法与工具有哪些？
10. 企业创新战略怎样选择？
11. 蓝海战略与红海战略的区别有哪些？
12. 制定蓝海战略要遵循哪些原则？

【实践演练】

创新的九大规则

1968年12月9日，美国国防部资助的一个研究项目发起了一场革命。这个项目的重心不是冷战对手，而是“增强人类智慧”。幕后推手不是哪位将军，而是一位名叫道格拉斯·恩格尔巴特（Douglas Engelbart）的文质彬彬的工程师。

那天他的演讲非常重要，以至于被称为“演示之母”（The Mother of All Demos）。其中两个出席者鲍勃·泰勒（Bob Taylor）和艾伦·凯（Alan Kay）后来在恩格尔巴特想法的基础上，开发出了阿尔托（Alto），这是第一台真正意义上的个人计算机。后来，史蒂夫·乔布斯汲取阿尔托的众多元素，研制出了麦金托什。

那么，居功至伟的理应是谁呢？是最先提出这个想法的恩格尔巴特？还是根据该想法设计出解决方案的泰勒和凯？还是研制出一款给全世界带来影响的非凡产品的乔布斯？认为每个人居功至伟都有充分理由，认为另外许多人功不可没同样有充分理由。事实上，创新有好多条路，本文介绍其中九条。

规则1：创新从不是单独的事件

亚历山大·弗莱明（Alexander Fleming）在1928年发现了青霉素，可是直到15年后的1943年，这种特效药物才得到广泛应用。1936年，阿兰·图灵（Alan Turing）提出了通用计算机这一想法，但直到1946年，该想法才变成实际产品，直到20世纪90年代，计算机才开始切实影响生产力。

我们往往认为创新源自某一位天才的灵光乍现，而事实上，这是个漫长的过程，需要发现洞察力，需要设计解决方案，随后需要彻底改变某个行业或领域。光凭某个人，甚至某个组织是根本做不到的。

规则2：创新需要结合

弗莱明作为生物学家，缺乏许多必要的技能，这是他未能将青霉素引入市场的主要原因。直到10年后，两个化学家霍华德·弗洛里（Howard Florey）和恩斯特·鲍里斯·钱恩（Ernst Boris Chain）重拾这个问题后，找到了合成青霉素的方法。即便如此，仍需要有人具备发酵和制造方面的专业知识，才能将青霉素变成我们如今所熟知的“特效药”。

这不是特例，而是常态。达尔文的自然选择理论借鉴了经济学家托马斯·马尔萨斯（Thomas Malthus）和地质学家查尔斯·莱尔（Charles Lyell）的想法。沃森和克里克不是仅仅在实验室通宵达旦就发现DNA的，而是结合了生物学、化学和X射线衍射等方面的发现成果，才为模型构建提供了信息依据。

伟大的创新几乎从不只在某一个专业领域里面出现，几乎势必是结合多个领域的产物。

规则3：首先，提出正确的问题

我们常常把创新当作一个整体，好像每个问题都一样，但显然不是这么回事。在实验室、工厂车间、大学、咖啡馆，甚至下班后喝酒聊天，人们都在寻找更好的法子。创造性思维方面毫无垄断一说。

可是这引出了一个问题：我们该如何进行创新？我们应该让身穿白色实验服的研究人员去创新吗？外部合作伙伴？某个领域的专家？还是齐心协力共同创新？我们需要一种清晰的决策框架。

正如我在《哈佛商业评论》中写的，最好的办法就是提出正确的问题：

（1）问题定义得多清晰？

（2）领域定义得多清晰？一旦你提出了那些框架问题，就可以开始定义一种合理的方法，使用创新矩阵来解决问题。

很显然，光靠一种方法还不够。看看任何伟大的创新者，无论是苹果、特斯拉还是谷歌，你都会发现一系列战略。所以，要解决某个难题，第一步是提出问题。想确定你的解决方法需要这么做。用伏尔泰的话来说，如果你要解决一个问题，先要定义你的说话方式。

规则4：创新没有最佳规模可言

大多数人谈论创新时会想到初创公司。当然，像优步、Airbnb和Space X这些新公司可能彻底改变市场。但是IBM、宝洁和3M等其他老牌公司在设法保持几十年的龙头地位，许多竞争对手强势崛起、挑战其地位，但市场形势发生变化后，这些竞争对手又迅速销声匿迹。

灵活的小公司确实能够迅速行动，但是大企业有资格缓慢行动，因为它们拥有忠实的顾客和丰富的资源，它们可以洞悉下一个热门趋势，并长期投入。偶然撞上下一大热门与几十年如一日地培育下一大热门之间存在很大区别。

规则5：利用开放式创新，拓展你的能力

2010年微软发布面向Xbox的Kinect后，Kinect很快成为有史以来最热门的消费类设备，仅仅两个月就卖出800万台。黑客几乎立即开始跟进，做微软从没想过要做的事情。然而，微软并没有要求黑客停手，而是欣然接受，迅速发布了一个软件开发工具包来帮助他们。

与微软一样，如今许多公司拥抱开放式创新，以扩展能力。思科、智胜、朗讯的秘诀并不在于自己开发技术，而在于巧妙地收购初创公司。宝洁凭借“联发”项目大获成功，Innocentive之类的平台让许多公司可以将棘手问题交给众多拥有不同技能的人才去处理。

正如亚历山大·弗莱明和青霉素这个例子一样，大多数公司会发现，想解决他们最重要的问题，需要自身不具备的技能和专长。这就意味着，在某个时候，光靠自身内部的技术和人才远远不够，还需要借助合作伙伴和平台。

规则6：颠覆性创新需要新的商业模式

1938年切斯特·卡尔森（Chester Carlson）试图向20多家公司推销其发明，但无人问津。当时复印机对市场来说过于昂贵。最终在1946年，哈洛伊德（Haloid）公司总裁乔·威尔逊（Joe Wilson）提出了租赁机器，而非直接销售的想法。这个想法大获成功，1948年公司更名为施乐。

颠覆性创新面临的棘手问题是，它们很少适合现有的商业模式，所以它们创造的价值并不是立马显现出来。柯达靠卖胶卷大发其财，所以迟迟没有采用恰恰由这家公司发明的数码相机。雅虎的业务专注于将用户吸引在其网站上，于是错过了收购谷歌的机会。

我们要创新的不仅仅只有产品，还有商业模式。

规则 7：核心业务创新——70/20/10 规则

许多人认为，创新就是弃旧迎新，但是正如贝恩公司的克里斯·祖克（Chris Zook）在《利润来自核心》一书中指出，聪明的公司意识到，自己的利润主要将来自当前的主营业务。

以谷歌为例。没错，它旗下的 Google X 部门是在追求突破性创新，比如自动驾驶汽车，但是不断改进搜索这个核心业务才造就了这家全球最有价值的公司。这就是为什么谷歌以及其他许多创新型企业遵循 70/20/10 规则。

这条规则的前提很简单。将 70% 的资源集中投入于改善现有技术（即搜索），将 20% 的资源投入邻近市场（即 G-mail 和 Google Drive 等），将 10% 的资源投入到全新市场（即自动驾驶汽车）。

规则 8：在数字化时代，我们需要使用平台来访问生态系统

那些将恩格尔巴特在“演示之母”上勾勒的愿景变成现实的人实际上出席了那次活动，而且与恩格尔巴特很熟，这绝非巧合。在那个年代，跨越时间和空间积极地协作可能性很小，至少也很困难。而如今，我们可以使用平台，访问技术、人才和信息组成的生态系统。

以苹果的应用程序商店为例。对苹果的广大客户来说，这当然是一种行之有效的方法，可以在手机上访问各种功能，这也让这家公司得以享用覆盖成千上万开发人员的人才库。很难设想哪一家企业能够获得这种规模，无论它有多高效或多组织有方。

在网络世界，最可靠的成功之路并不是获得或控制资产，而是扩大和加深联系。

规则 9：协作是新的竞争优势

如果我们回顾过去的伟大创新，很难不想象当初会有怎样不一样的结果。如果化学家在几周后而不是几年后注意到弗莱明发现的青霉素，会是怎样？那样可以拯救多少生命？在北卡罗莱纳州之外，果真没有人能帮助恩格尔巴特实现个人计算机愿景吗？

而现在，我们试图解决的问题比前几代要复杂得多，这也是《自然》杂志最近指出，如今平均一篇科学论文的作者数量是 20 世纪 50 年代的 4 倍的一个原因。与此同时，知识已民主化。如今，拥有智能手机的小孩子获取信息的渠道比上一代训练有素的专家还要多。

这就是为什么现在协作本身成为一个竞争优势。

如今有各种各样的重大项目，比如阿尔贡国家实验室能源存储联合研究中心

(JCESR)在开发下一代电池，国家制造业创新网络和安德森癌症中心的应用癌症科学研究所在采用一种更协作的方法。我们日益发现，要想解决真正的难题，我们需要更加努力地汇集各类人才。

视野稍微放开一点，就能清晰地发现，如今的创新绝不仅限于研究实验室、硅谷推介会和大型企业项目。我们都可以做贡献，为世界知识库添砖加瓦，虽然论贡献不及昔日的巨人那么大，但初衷却一样。

【案例分析】

剖析苹果、谷歌、三星三家科技巨头的创新战略与创新要素

三星的创新速度应当引起美国公司的关注。有传闻称，谷歌对三星在Android设备市场的领先地位感到担忧。三星目前在智能手机和平板电脑市场处于领先，而谷歌和苹果则开始将注意力转向可穿戴设备，例如谷歌眼镜和苹果iWatch。

在这样的情况下，我们应当对这几家公司的创新战略进行比较。

三星

三星来自上下级关系严明的文化，并围绕5方面因素建立了自己的创新模式。

-基于创新培训，在公司内部培养具有创造性的精英。

-追随并绕开竞争对手的专利。

-在公司范围内推行一致的、可复制的创新方式。

-依靠外部专家，在基础科学研究方面取得突破。

-以集团方式运营。

苹果

苹果的创新战略改变了我们对“后工业时代”企业的看法。苹果的平台战略可以追溯至最初的iTunes，这一平台在苹果产品中整合了外部内容。随后，苹果将应用开发者社区变为了App Store应用商店，而苹果在两年时间内奇迹般地获得了数十万开发者的支持。

与此同时，苹果的硬件生产进行了全面外包，这向竞争对手展示了应对方式。硬件厂商没有必要生产或发明，只要采购与苹果类似的元件即可。目前，苹果未能复制类似iPhone的巨大成功，而苹果的平台和生态系统模型均面临巨大风险。在发明这一模式仅仅5年之后，苹果就面临了困境，这一情况十分讽刺。

那么，苹果创新模型中的元素包括哪些？这包括：

-对平台进行巨额投资，无缝地整合开发者的应用和内容提供商的内容，帮助用户方便地获取及购买。不过苹果的平台战略和执行仍未获得应有的认可。

-设计。iPhone重新定义了智能手机的用户界面。

-内部竞争。对特定项目，多支团队相互竞争。

-可穿戴设备及分解智能手机，以新的方式探索平台和生态系统。

-供应链管理。

-积极整合相邻业务，例如零售、移动和手表。

-控制全部的用户体验。

谷歌

谷歌通常被认为采用了相对松散的创新模式，因为谷歌工程师可以利用20%的工作时间自由从事感兴趣的工作。但实际上，谷歌对基础设施的创新非常系统。

谷歌对于创新有着这样的表述："我们持续创新，找到更有效的新方式，降低机器的发热和污染。在得到确认之后，我们会公布我们的发现。几年之后，我们的设计开始出现在其他公司的数据中心中。我们浪费的能源通常只占7%~8%。"

谷歌还表示："YouTube被转而使用谷歌技术。如果没有谷歌在网络和分布式计算方面的技术，那么YouTube不会是现在这样。在被谷歌收购时，Android仅仅只是一个创意。谷歌使Android成为现在的模样。"

通过对基础设施的持续改进，谷歌实现了规模更大、更知名的创新，例如无人驾驶汽车。谷歌也逐步开拓邻近业务，例如从搜索和广告发展至企业应用、移动计算和硬件设备。

这样的做法给广告主带来了整体性。不过谷歌很明显需要改进，以减少对广告业务的依赖。例如，谷歌不太可能在电视广告方面取得类似网络广告的成绩，因此无法提供全面的广告营销解决方案。通过Android和应用业务，谷歌复制了苹果的平台和生态系统战略。谷歌已经在搜索和搜索引擎优化方面建立了这样的模式。

那么谷歌的模式是什么？

-谷歌的平台和生态系统基于面向用户的创新模式。

-对基础设施持续的改进。

-邻近的业务得到更好的整合，并期望更多的创新，例如谷歌眼镜和无人驾驶汽车。

-设备创新。这已被证明并不容易，因为谷歌对供应链并无太多经验。

-逐渐向以设计为中心的模式转移。

-空闲时间。目前大部分公司的工程师都没有这样的时间。

这样的模式有可能即将改变。

业内人士认为，未来硬件和软件将进一步整合，而苹果、谷歌和三星均希望自主生产更多产品。在这3家公司中，谷歌可能最脆弱，因为谷歌很难完全把握硬件业务。Nexus系列产品很优秀，同时价格不高，但也无法取得类似苹果产品的利润率。

硅谷最聪明的人才为何要开发利润率如此低的产品？亚马逊这样做有其道理，但谷歌则不然。作为一种创新战略，这令人难以理解，除非这样的硬件对平台战略来说是必需品。但问题仍然存在：为何制定如此低的利润率？

对苹果而言，最大的问题在于，能否在更长时间内采取单一的平台和生态系统战略。在这样的战略中，一切都与应用和内容平台相关。在寻求平台和生态系统发展的过程中，苹果是否会忽略计算机产品？iWatch是否会成为打破产品整合的开始？苹果是否会无视部分用户希望 iPhone 降价的要求？

另外，三星需要建立自己的生态系统，而不是依赖 Android。通过 Tizen 系统，三星更接近这一目标。而通过 Ad Hubs 项目，三星可以通过移动设备、计算机和电视机平台给开发者带来回报。

三星已经意识到，下一个重要领域在于软件。在无法匹敌苹果 App Store 之前，三星不可能宣布赢得了与苹果的竞争，因此可以预计，三星未来将会进一步整合平台内容。

毫无疑问，苹果拥有最好的创新模式，但也渐趋保守，而三星则暴露了苹果的弱点。苹果的平台和生态系统仍然强大，但也对创新造成了不利影响。

第 4 章　创业机会

【学习目标】

1. 掌握机会识别和判断的基本方法
2. 把握判断适合个体创业者的机会特性
3. 了解创业机会评价的目的和方法
4. 熟悉提升机会识别的发现和构建过程
5. 理解信息加工对创业机会构建的意义

【引导案例】

刘强东哈佛论坛讲创业：解决一个问题你就可以成功

解决一个问题，你就可以取得成功

在我 1998 年创业的时候，我去了中关村，带着积攒的 12 000 块钱人民币在中关村租了一个四平方米的柜台。那时候中关村几乎所有的商家做生意都是一个模式，老板对员工的培训基本都是一台笔记本两万五，你怎么用三万五卖出去。由此中关村还有十大“招术”教你如何欺骗顾客。我觉得这注定是不对的，终究有一天这种混乱的情况会改变。

所以在我开柜台第一天，我是在中关村唯一明码标价、所有产品都开发票的商家。在我这个柜台上，我不接受讨价还价，我所有的产品都是正品行货，我所有的商品都可以开具发票。

在那个年代，我的做法与整个市场是格格不入的，因为整个中关村做生意基本都是要想尽一切办法，如何把一块钱的东西两块钱卖出去，三块钱卖成六块钱，甚至通过一种变相欺骗的方式。这就是问题。谁能把这个问题解决，谁就可以取得成功，非常简单。

就这么一做做了六年，从一个小柜台，到 2003 年的时候，我在中国已经拥有了 12 个店面，在北京有 3 个店，而且每个店的营业额都非常好。

在 2003 年非典的时候，我们迫不得已把所有的门店都关掉，所有的人员都在办公室，每天很着急，因为我们各种租金、开销一天都不少，货又不敢进行销售，店面不敢开门。所以我们有同事就提出来，说为什么我们不去做网上销售呢？如果我们网上销售，可能就不用去面对面见客户。所以，我们去搜狐、新浪、163（网易）各种各样的网站发帖，结果发现发了帖就被管理员删了，偶尔没有被删的，也没有人订货，也没人相信，因为我们就在BBS里说我有什么刻录机，什么东西多少钱，底下是汇款账号，如果你想买的话先把钱汇到这儿来。那时候too young too naive.

后来，我们就在专业的测评论坛里发帖。后来论坛总版主看到了我们发的帖，不仅回复了还把我们的帖子置顶，总版主说，京东多媒体，我知道，这是中关村唯一的一个不卖假光盘的厂家。置顶！结果我们一天就接到了10个订单。

正因为我们过去六年的坚持，赢得了别人的信任，从而在最关键的时刻，得到了一个我们从来都不记得他姓名的人一次很简单的帮助，从而使京东成功转型，由线下彻底转到线上，做了电商。

我为什么创业做京东

在2006年、2007年融资的时候，好多人说你们是没法成功的，为什么？他说几乎我所想要买的所有东西，都可以在当当、卓越或者淘宝上购买，还都能找到比你京东更便宜的，所以很多人说你没必要做，注定你没有前途。

但是我们不这么认为，为什么？因为我觉得在那个时候，包括今天网上的销售有很多问题。我想解决这个问题。

你可以想象一下，你去一个平台买手机，一搜搜出来几百几千个，有价格特别便宜的，你点进去，卖家很快就说"亲"，你问"为什么你比别人便宜300块钱？""亲，我们小店薄利多销。"你找了半天，终于被说服了，然后下了订单，他就告诉你"亲，这不包邮哦，亲，我告诉你订单号"，然后货收到了，突然发现包装上面没有中文，按照中国的法律，所有在中国销售的产品必须有中文标识，你去问他，"你不是告诉我这是行货吗，怎么收到的没有中文标识啊？你这是水货啊。"

那边说了，"亲，阿拉是港行"，香港行货。你就想虽然不是正品行货，也能使吧，你就很开心地使用了两三个月，忽然出了问题，你找到卖家，卖家说"亲，是可以保修的，但是我要把你手机寄到香港去，一来一去邮费就要400块，维修是免费的，可是运费你要出"。

你一想400块钱寄到香港修，可能还要等两个月，你去北京找一个维修店去维修吧，人家打电话来告诉你，"先生，你被骗了，你这手机是翻新的二手货"。你去找卖家吧，"啊，你不是香港行货吗，今天我去维修说你这是翻新货"。卖家说"亲，你拿证据啊，你给我开证据出来，叫手机商家开证据"。开不了，你给我退款，你不退款给你差评，你真给了差评，结果第二天你的手机被呼死了，一天打了五百个电话进来，大家知道中国有一个叫"呼死你"的软件，只要你手机开机了就给你打，还有一些卖家给你寄各种各样很恶心的东西、危险的东西。

购物原本应该是一件非常简单的事情

为什么我们做京东商城？刚开始的时候，京东可以说是一无所有，我们没有钱、没有技术、没有货源，我们甚至都不知道什么叫VC。

但我们发现网络购物有很多问题，我想如果京东能够把这些问题解决了，我们就一定可以取得成功，这就是我们的思维。所以为什么京东在2004年刚开始做时，第一个坚持就是所有的商品都是正品行货，你不要发票也给你发票。我们实行低价策略，这个低价不是以翻新、水货、走私、逃税为基础，而是通过规模的优化降低运营成本，将节省的成本让利给消费者所获得的低价。

我们的服务也不断地创新，在2005年我们在中国就推出了“当日达”，今天我接受一个外国媒体采访，他问我说前几年我在哥大上课的时候，是否去亚马逊购物过？我说购物过，他问感觉怎么样，我说很好，但是我实在忍受不了它的物流速度。他说你要是Prime会员两天就可以收到货，那多快啊。我说京东在中国，几乎每个用户都是Prime会员，但你不用花99美金，只要一次购买满79块钱的商品就可以免运费了，而且我们在中国，在北京、上海这些大的城市，都是当日达。

正因为坚持，我们解决了网络购物领域长期存在的大量问题，这就是京东公司得以生存和快速发展的基础。

4.1 创业机会的发现

在很多人眼中，机会识别好像瞬间确定并完成，这并不正确。创意与创业机会是整个创业过程中的重要环节。创意是创业机会的重要来源之一，创业机会又是创业的核心。识别不到创业机会或发现不了创业机会，创业活动就难以进行，也就很难确定创业绩效。此外，当前盲目创业与创业失败的根本原因也是因为抓不到创业机会，因此准确发现创业机会是创业活动的重点。

4.1.1 创意、创新与机会

对机会的识别源自创意的产生。创意是具有创业指向同时具有创新性甚至原创性的想法，是将问题或需求转化成逻辑性的架构，让概念物像化或程序化，而不是单纯的奇思妙想。创意的形成是一个过程，尽管时间可能很短。创意与点子的不同之处在于创意具有创业导向。在创意没有产生之前，机会的存在与否意义并不大。

创业领域的创意虽很难定义绝对的好坏，但有潜力的创意往往具备如下三个特征：一是新奇性。这意味着可能解决新的问题或者差异化的解决途径，同时具有一定程度的领先性，引发别人的兴趣。二是真实性。不是水中望月，具有实现功能，有现实价值，保证具有能开发成新产品或新服务的可能性。三是价值性。这是创意的根本，必须能解决当前的市场不足，需要进行市场测试。

创业者产生创意后，要进一步地把创意发展为可在市场上进行检验的商业概念。商业概念既能体现顾客正在经历的也是创业者要解决的各类问题，此外还要体现出为顾客效益所解决的问题与获取效益的方法。这种效益就是顾客认可并愿意为此支付的价值。需要注意的是，商业概念虽包括各类因素，但核心是产品，产生价值的来源、顾客在与企业互动中碰触到与体验到的，都是公司的产品，无论是万达广场还是淘宝商城、营利性的律师事务所还是非营利性的法律咨询机构，无一例外。当然产品的根本目的是能解决顾客的问题，而不是产品本身。

当创业者形成商业概念时，说明已经具备了创业活动基本前提，正在摸索解决问题的手段。而商业概念是否值得投入则需要进一步论证，随着论证的深入，商业概念可能逐渐发展成商业模式。这里值得注意的是，商业概念不同于商业模式，商业概念应简洁，能吸引人，能帮助创业者整合资源。

产生创意并发展成清晰的商业概念，意味着创业者正在找到解决问题的手段，是启动创业活动所需具备的基本前提。至于发展出的商业概念是否值得投入资源开发，是否能成为有价值的创业机会，还需要认真地论证。随着论证工作的深入，商业概念可能会变得丰富，甚至接近后面介绍的商业模式，电梯间营销是商业概念描述的方式之一。

【创新实例 4-1】

简单创意与创业机会

一些伟大的商业机会最初就是来自很简单的创意。头盖骨游戏公司的创始人理查德·泰特有一次乘飞机从纽约市横跨美国去西雅图，在飞机上，他在一张喝鸡尾酒时用的餐巾纸上勾勒出一个桌游的创意。这个游戏需要玩家动用各种各样的能力完成多种任务，然而不管是谁，都至少擅长其中一种，所以谁都有机会在游戏中大放异彩。这个叫作“头盖骨”的游戏在全世界流行开来，后来公司被孩子宝公司收购。这个了不起的机会最初的创意非常简单，以至于飞机上提供的一张小小餐巾纸都写得下。

4.1.2 机会与创业机会

创业需要机会。机会在创业领域指的是具有时效性的有利情境，即创业者可以通过自身拥有的资源或能力满足未明确的市场需求。创业者需要敏锐地观察情境，发现机会甚至创造机会。目的就是解决当前顾客仍存在的问题（已经意识到或未被意识到的），满足尚未被满足的需求，创造价值。而手段则是价值的途径，机会识别需要有价值的创意与清晰的商业概念才能实现。

创业机会的来源往往取决于四种情境的变化：第一，技术变革，指的是人们去做之前不可能做到的事情，或者采用比之前更高效的方法完成的事情。新技术的产生也能改变行业内企业间竞争的格局，使创业机会变得更高。第二，政治变革，指的是过去可以做的现在不能做或者过去不能做的现在可以做。我国 2013 年之后各类环境保护与治理政策出台，人们的环保意识提高，大量治霾与空气净化设备与仪器出现在市场上。第三，社会与文化变革，指的是通过改变人们的偏好创造新的需求引发的创业机会，通常表现在市场需求的变化，消费习惯、消费理念、消费偏好等都值得关注。第四，原有产业的结构变革，指的是业内为顾客提供关键产品或服务的企业消亡，或企业合并导致行业结构发生变化，促成新的竞争形态，出现的创业机会。创业者应善于观察并思考以上的各类变化，应创造性地利用这些变化，没有变化，创业机会很难出现。

【创新实例 4-2】

大企业的创意源自被教授否定的学期论文

1965 年，一位耶鲁大学的学生在其学期论文中写道，美国需要一条运送包裹的定期航线，而教授们认为："这个构想虽然很具创意，但因为不可行，所以只能给 C 以下的成绩。"1971 年，该学生以少量自由资本和大量贷款创办了联邦快递，开始实现这个"不可行"的构想。他组建了创业团队，开始"一切皆有可能"的创业行程。他们成立了联邦快递，改变了货物运输行业的经营方式。这个过程从开始就精心构思与策划：聘请顶尖专家研究潜在市场，调查行业竞争情况，预算支撑企业运营的业务量。经历了创业前期的煎熬，他们很快就成功了，创造的隔夜送达深入人心，"紫血精神"独放异彩，快速反应和团队协作使他们在创业 5 年后踏上赢利与快速增长之路。如今，联邦快递已经成为商业巨人，而开创这个企业的毕业生叫作 Fred Smith。

4.1.3 创业机会的类型

1. 依据"目的-手段"关系的明确程度

依据"目的-手段"关系的明确程度，创业机会可划分为三种类型：识别型、发现型和创造型（参见表 4-1）。

表 4-1 **依据"目的-手段"关系的创业机会分类**

"目的-手段"关系	目的明确	目的不明确
手段明确	识别型机会	发现型机会
手段不明确	发现型机会	创造型机会

资料来源：张玉利，陈寒松，薛红志，等. 创业管理［M］. 4 版. 北京：机械工业出版社，2016.

识别型机会指的是市场中"目的-手段"关系明显时，创业者通过两者的连接来识别机会。当供需不平衡时，需求不能得到充分满足，或者根本无法实现这一要求时，识别出新的机会。下面介绍的问题型机会多数隶属这种机会类型。

发现型机会指的是"目的"或"手段"两者其中有一个状况并不确定，需要创业者进一步研究去识别机会。例如，一项技术被开发出来，但具体的商业化产品尚未具体出现，需要不断尝试来寻找市场机会。手机技术最早出现在战争中，后期才真正出现在市场为平民所用。

创造型机会是指"目的"与"手段"两者皆不明确时，需要创业者更敏锐地观察判断，创造出有价值的新市场机会。当然，这种状况下对创业者要求非常高，因为建立两者连接关系非常不易，但这种机会一旦被识别并有效开发，伴随的利润也是巨大的。

在真实的市场上，这三种类型的创业机会可能同时存在。通常来讲，发现型机会最为常见，是当前创业者在创业时主要的识别对象。识别型机会更多出现在供需不平衡的市场中，对创业机会的创新程度要求不高，不需要太多的辨识过程，如果拥有更多的资源就可以较快进入市场。而创造型机会的识别相对就困难很多，这种类型的创业机会需要新的“目的–手段”关系，对创业者而言拥有核心专利技术、重要信息与资源规模都不是一件容易的事，除此之外，还需要创业者具有创造性资源整合与敏锐判断能力，更需要一定承担风险的能力。

2. 依据“目的–手段”关系中的目的性质

依据“目的–手段”关系中的目的性质，创业机会可划分为三种类型：问题型、趋势型和组合型。

问题型机会是指当前某市场消费者存在问题尚未被解决产生的机会。这类机会在人们的日常生活中和企业实践中大量存在。如，因顾客不方便所产生的不满或产品存在不足与服务质量不满等，在这个过程中，都存在着价值大与小的创业机会，只要用心观察与思考，就能发现。为什么网约车会大量存在？就是因为在此之前，部分城市出租车高峰时期供应不足及提供的服务难以让顾客满意，而网约车恰好可以弥补这些不足。普通人看到的是问题与不足，创业者则需要发现机会。

趋势型机会是指在变化中识别出并确定未来的发展方向，能判断到以后的潜力与机会。这种机会更多地出现在时代变迁或环境动荡的时期。在这种情况下，各种新的变化持续出现，但很难被多数人认可与接受。如果能够识别并把握，就可能成为未来发展的先行者。这类机会出现在经济变革、人口变化、制度调整与文化习俗变革等多个方面，一旦这种趋势被人们接受，机会所产生的影响往往是长远的，而伴随的利益也是巨大的。

组合型机会是指将现有两项以上的产品、技术、服务等因素进行有机组合，目的是实现全新的价值与用途而得到的创业机会。这类机会好比农业种植领域的嫁接技术，对已存在因素重新组合，而实现的功能却与之前不同，效果倍增。比如日本的动漫产业，将青少年喜欢的卡通人物与简单的社会实践结合，形成新的组合，不仅满足了青少年的需求，更满足了成年人的需求，获得了巨大的成功。

3. 依据“目的–手段”关系中的手段方式

根据“目的–手段”关系中的手段方式，创业机会可划分为三种类型：复制型、改进型、突破型，分别指的是创业机会运用的手段是对当前手段的模仿创新、渐进创新与突破创新。现在市场很多创业活动都是复制行为、模仿他人或异地的成功模式，来满足当地的需求，多发生在生存性企业；“山寨”创业活动多数来自于改进型创业机会，如小天才手表手机；网上购物相对于传统购物、智能手表相对于机械手表等则属于突破型创新。研究表明：如创业者更擅长突破型创新，就会给现存企业带来更大的影响与冲击，因为他们关注某些重大变革所引发的契机而创造出新的产品或经营模式。

当然，这三种创业机会类型还可以反映不同创业者的创新策略，所需要的管理条件和适应的环境也有所不同，具体如表 4–2 所示。

表 4-2 **不同创新策略所适用的管理情境**

管理情境	进攻策略	防御策略	模仿策略	依赖策略	传统策略	投机策略
基础研究	4	2	1	1	1	1
应用研究	5	3	2	1	1	1
试验性开发	5	5	3	2	1	1
设计工程	5	5	4	3	1	1
制造工程、质量控制	4	4	5	5	5	1
技术服务	5	3	2	1	1	1
专利保护	5	4	2	1	1	1
科学技术信息	4	5	5	3	1	5
对顾客、职工的教育	5	4	3	3	1	1
长期预测和产品计划	5	4	3	2	1	5

4.1.4 适合创业的机会

需要注意的是，并不是所有的创意都适合创业。当然，这是不容易判断的，因为创业活动除了要看创意好坏还要考虑外部的环境因素及个人条件。即使创意是有价值的，还要考虑机会的特点。有的机会适合新企业，但有的机会更适合现存企业去开发推广。创建新企业的过程很难逃避的问题之一就是：现存企业也在不断寻找机会获得更多的效益。所以，创业者除了需要识别与开发具有价值的创业机会去开创企业，还要应用创业机会来应对现存企业的竞争挑战。尽管如此，创业者还是能够识别和开发机会，表 4-3 列示了对现存企业和新企业具有积极作用的创业机会。

令人遗憾的是，大部分的机会更有利于现存企业，这是因为现存企业在经营过程中具有学习曲线效应，即从事某项工作时间越久，便具有更多的经验让产品的成本更低，质量却更优，简单地说，就是熟能生巧。调查报告表明：大部分创业机会来自于创业者之前工作中想法的复制或改进。此外，现存企业还可以拿出一定额度的利润专门从事研发工作，有更多的资源推进机会的开发，已经建立的客户关系也能让机会更容易实现。

创业者需要识别并开发那些适合自己与新企业的机会，并且这种优势必须抵消现存企业的优势。例如，创业者应更多地关注缝隙市场，就是现存企业特别是大企业不愿意开发的领域。因为这种领域内的市场容量有限，利润也小，大企业人多成本高，效率也经常会因规模大而降低，开发缝隙市场不仅没有优势还会造成局部亏损，因此创业者可以更多考虑关注缝隙市场的策略。当然，创业者并不仅仅等待大企业留下的创业机会，也可以积极开发那些对自己有利的机会。

表 4-3 创业机会对新企业和现存企业的不同作用

有利于谁	机会的特点	理由	例子
现存企业	非常依赖于信誉	人们更愿意从他们了解和信任的企业那里购买产品	珠宝商店
	具有很强的学习曲线效应	现存企业能够沿着学习曲线移动，更善于生产和销售产品	汽车制造商
	需要大量资本	现存企业可以使用已有现金流来生产新产品或服务	喷气式飞机制造商
	要求规模经济	当规模经济存在时，随着生产数量的增加，生产产品或服务的平均成本下降	钢厂
	在市场营销和分销方面需要互补性资产	满足顾客需求的能力经常要求获得零售分销渠道	跑鞋生产商
	依赖对产品的逐步改进	同复制其产品或服务的新企业相比，现存企业能够更容易和更便宜地对产品进行逐步改进	DVD播放器制造商
新企业	利用能力破坏型创新	现存企业的经验、资产和流程受到威胁	以生物技术为基础的计算机生产商
	不满足现存企业的主流顾客的需求	现存企业关注于服务它们的主流顾客，而不愿意引入不能满足顾客需求的产品或服务	计算机软驱制造商
	建立在独立创新的基础上	新企业能够开发独立创新而不必复制现存企业的整个系统	药品生产商
	存在于人力资本当中	拥有知识的人能够生产出满足顾客需求的产品或服务	厨师

资料来源：张玉利，薛红志，陈寒松，等. 创业管理［M］. 4版. 北京：机械工业出版社，2016.

除此之外，创业者也可以选择那些并非依靠实物资本，通过运用好的人力资本就可以创造的机会。这类机会更多地出现在服务业，早期有很多东北人到海南淘金，其中一位朋友在一家海鲜大排档工作，过程中发现利润丰厚，市场也没有饱和，于是就独自创业，他意识到做餐饮的关键是与供货商建立良好的关系并拥有良好的口碑，于是在创业初期非常关注这方面的人际关系，两年后就积累到一定资金开了一家具有东北特色的饭店，在当地非常有名。学术创业、社会创业中也有很多发挥人力资本挖掘机会而成功创业的案例。

4.2 创业机会的识别

4.2.1 创业机会的影响因素

1. 先前经验

创业者如果在特定的行业中拥有先前的经验与技术可以更容易地识别机会。美国《公司》杂志在1989年对美国inc.500企业创建者调查发现，有43%的企业创建者在为同一行业内企业工作期间获得新的企业创意。在某个行业工作，创业者可能识别到未被充分满足的利基市场。同时，创业经验也至关重要，有过创业经验的创业者更容易发现新的创业机会，这被称为“走廊原理”，指创业者一旦创建企业，他就步入了一段旅程，在旅途中，通向创业机会的“走廊”将变得清晰可见。这个原理告诉创业者：每个人一旦投身于某行业创业，将比那些行业外观察的人更容易发现业内的新机会。实践调查发现：创业者创业前如果单人管理岗位越多样性，那么行业经验的相关性就越强，就会获得更好的企业绩效。相比创新性较低的机会而言，创新性较强的机会更多地被经验多样性高的创业者发现并开发。

2. 认知因素

有观点认为创业者的“警觉”让他们能观察到别人不易识别的机会。很多创业者也认为自己比别人更“敏锐”。敏锐或警觉在一定程度上可以归纳为一种习得性技能；某个拥有领域更多知识的人往往比其他人对该领域内的机会更敏锐或警觉。例如，一位手机软件开发工程师就比一位半导体开发工程师对手机产业内的需求和机会更敏锐和警觉。相关研究发现创业者或机会识别者与未发现机会者之间存在的本质差别在于他们对市场的理解与评价不同，也就是说，创业者可能比其他人更善于对可能出现的创业机会进行市场规模的估计。

3. 社会关系网络

创业个人与团队社会关系网络的深度和广度影响着机会识别，那些拥有大量社会资源与专家联系网络的人比拥有少量资源与网络的人更容易获得创业机会与创意。社会关系网络按照关系的亲疏远近可以分为强关系和弱关系。强关系以频繁的相互作用为特点，形成于亲戚和密友之间；弱关系以不频繁相互作用为特点，形成于同事、同学、同乡和普通朋友之间。相关研究表明：创业者通过弱关系比通过强关系更易于得到新的机会与创意，这是因为强关系主要形成于具有相似观念的个人之间，从而倾向于强化个人已有的知识与理念。此外，因为弱关系中个人之间的观念存在着异质，那么他人的知识与理念会激发他人新的创意，创业机会就会出现。

4. 创造性

创造性是产生新奇或创意的过程。机会识别在一定程度上就是一个创造过程，是不断验证创造性思维的过程。一个人在获得更多奇闻轶事的基础上，会很容易发现创造性包含在许多产品、服务和业务的形成过程中。虽然创造性思维有时很具体，但它却不容易被准确定位，几乎所有创业企业都希望能尝试一些创新，不管是产品的技术创新还是商业模式创新。我们可以观察到，在不同的情境下，那些具有前瞻性思维的创业者更容易具备高效的创造性思维习惯，并且能将培养创造性思维的习惯在不经意间融入企业之中，形成企业文化。

【创新实例 4-3】

中国第一炉超高纯钛

"一根头发有多细？一根头发直径的几万分之一是多少？"2015 年 6 月 30 日，吴景晖的解释，让所有在场者大吃一惊，"我们生产的超高纯钛，就是要变成这么细的导线，用在各种各样的芯片上。"吴景晖所说的芯片，可以是我们日常生活中使用的手机芯片、车载计算机芯片，也可以是航天飞机的芯片，而生产这些芯片的重要原料，就是吴景晖公司生产出来的电子级低氧超高纯钛。

2015 年 6 月 30 日，位于浙江余姚的宁波创润新材料有限公司（以下简称创润公司）"年产 250t 电子级低氧超高纯钛项目"正式投产。据悉，这是我国首创电子级低氧超高纯钛第一炉。至此，中国宣告在这一领域打破美国、日本企业在市场上对中国的限制和垄断，开启超高纯钛大幅度降低生产成本新时代。

"今天是一个有意义的日子，超高纯钛项目，我国从没有到有，且能快速地、大批量生产。"随着第一炉超高纯钛出炉，创润公司总经理、首席技术官吴景晖博士无不自豪地说。吴景晖博士是国际上金属钛提纯领域少数掌握核心技术的华人专家之一。1999 年，赴美国留学后获得材料科学与工程专业博士学位，曾在美国世界 100 强企业美国霍尼韦尔公司担任技术总工程师。基于决心改善中国超高纯钛材料现状的责任心，他毅然离开工作生活多年、条件优越的美国，回到国内发展。

问起为什么回国创业，吴景晖先是苦笑，接着回忆说："在 2005 年，我工作的美国公司接到中国企业一份超高纯钛原材料报价单，美国人一讨论，决定不卖给中国企业。当时我就想，一个中国人在美国公司工作，掌握着核心技术，但这东西竟然他们掌握决策权，说不卖就不卖，说提价就提价，当时我心里特不是滋味，就打定主意，技术成熟后就回国。"

在生产现场，吴景晖博士介绍了项目建设和进展的基本情况。"较之欧美，现在我们能够提纯等次更低的原材料，而且我们的提纯效率也比一般的国际水平要高。"吴景晖博士告诉记者。"这意味着我们从被动转为主动，我们能做出品质更好、成本更低的产品。对外国的下游市场也会产生巨大冲击。我们将会有更多的话语权，掌握更多的市场。"

4.2.2 创业机会的识别过程

1. 创业机会识别的总体框架

图 4-1 阐述了创业机会识别过程的基本框架。机会识别是创业者与外部环境（机会来源）的一个互动过程，从图 4-1 中可见，在这个过程中，创业者根据自己的特征，通过各种渠道与手段获取到外部环境的信息，从而识别出当前顾客仍需要解决的问题，即从当前的产品、服务、原材料和组织方式等方面存在的不足，找到改进或创造“目的-手段”关系的可能性，最终找出带来新产品、新服务、新原材料和新组织方式的创业机会。

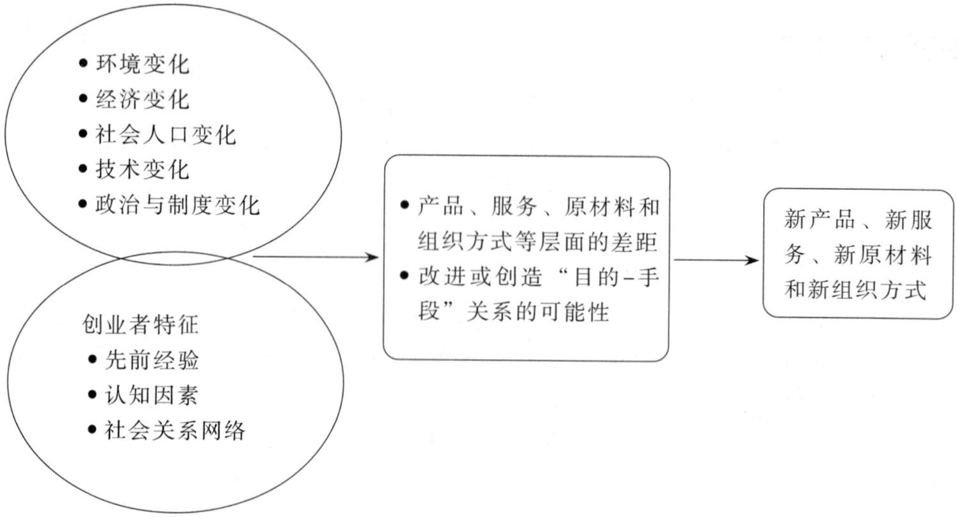

图 4-1 创业者与环境互动的机会识别过程

2. 创业机会识别的阶段

对于创业者个人而言，创业机会识别过程往往分为如下五个阶段：

（1）准备阶段。这是指创业者个体将自身的经验、知识、背景带入创业机会识别过程中。正如运动员在参加正式比赛前需要不断地练习积累才能获得好成绩一样，创业者也需要相当的能力来识别机会。相关研究表明，大多数初始创业往往来自于创业者个人先前的工作经验。

（2）孵化阶段。这个阶段需要创业者个人对创意进行系统思考及对各类问题反复推敲，是识别过程中仔细谋划的时期。孵化阶段很重要，不管创业者个体有没有意识到，相关的行为都会出现。

（3）洞察阶段。这个阶段需要产生创意或是发现可能出现问题的解决方法，是对“灵感”的验证，是创业者识别出机会的时候。有时这种验证会推动过程的发展，有时也需要创业者重新回到准备阶段。例如，创业者虽意识到机会具有某种潜力或价值，但仍存在一些难以克服的难题，那么创业者会认为在实现之前需要更多的准备。

（4）评价阶段。这是机会识别过程中的重要阶段，因为要对创意进行仔细审查并分析其可行性。许多创业者忽视了这个阶段，在没有确定创意是否具有价值以前就去实现。评价是创业机会识别过程中具有挑战性的阶段，因为需要创业者对创业可行性客观看待。

（5）阐述阶段。这个阶段需要将创业的创意转变成最终形式，各类问题的解决方案与详细情节已陈列，创意也变为可行且具有价值的，如新产品、新服务或新模式等。

值得注意的是，如果创业者个人在以上某个阶段停留或者缺少足够信息识别，那么他的最佳选择就是重新回到第一阶段，继续准备以便在继续前进之前获得更多经验与知识。

4.2.3 创业机会识别的方法

创业机会的识别有时来自于创业者个人的经验或启发，有时则较为复杂，需要外部力量的支持，较为常见的方法有以下五种：

1. 创造需求

这种方法在新技术行业中最为常见，通过探索新技术、新知识、新模式或新产品去满足市场需求，进而积极探索商业价值。当然，这种机会获得的难度很大、风险很高，如成功，伴随的回报也很大。这种情况下所产生的创新对人类具有重大的影响，居于压倒性的主导地位。

2. 系统分析

在实际创业过程中，很多机会可以通过系统分析得到识别。创业者个人可以从宏观环境（政治、经济、技术发展、社会现状、国际化趋势、地理特征等）和具体环境（行业情况、消费者、管理集团等）的状况识别机会。通过市场调查，从环境变化中寻找并判断机会，这是创业机会识别的一般规律。

3. 新眼光调查

创业者个人研究某人的发现或出版的著作时，就是进行调查。通过搜索数据，寻找需要信息的报告等都是调查的形式。获取大量信息对发现问题及更快速辨识问题有益。在调查过程中要学会发现问题，最好是带着问题进行调查与研究，同时，通过信息的积累与分析，建立自己的“灵感”，“新眼光”也随之发展，提供多角度看问题的新方法。

4. 问题分析

这种方法需要创业者首先辨识出个人或社会尚未被满足需求或他们亟需被解决的问题，这些需求与问题有时很清楚，有时却很模糊。它们可能被创业者意识到也可能被忽略。问题分析可以尝试去寻找“什么才是最佳的”，一个有效并伴有回报的解决方案对创业者来说是识别机会的基础与关键，否则就毫无意义。分析是建立在了解顾客的需求及满足这些需求手段基础之上的。

5. 顾客建议

有时候，一个新的机会也可能通过顾客识别出来。虽然顾客的建议多样，但某些非正式建议如“是否这样会更好”也可能让创业者识别出新的机会，创造出新的产品或服务。

【创新实例 4-4】

有无制度机会创业呢？

首先，明确一个问题，制度是什么？制度分正式和非正式制度，正式制度是安排的，但非正式制度是管理的，并非安排的，是提出和接受的。谁来提出新制度呢？一定是期望利益的获得者，他怎么有这种资格呢？因为他掌握着可能的索取权，他要预期他所提出的制度可以被市场所接受的程度。用博弈论的思想方法解释，即知道市场能够接受，同时他也会受益，所以才会提出。

具有这种资格的人就是潜在创业者，因为他看到了机会，就是制度提出会给市场带来好处。在兼容机技术已经非常成熟时，戴尔仍能够进入个人电脑市场，在车库里创业并取得卓越成功，戴尔发现了大多数人没有发现的机会，制度创新下的机会，这种创新给顾客带来好处，制度创新一旦让顾客认可，技术是很容易得到的，创业就容易成功。

创业的机会出现可能是因为环境、社会、科技及制度等因素的变化，而其中的制度机会分为：（1）国家安排的制度，深圳一个女孩看到 2002 年《商标法》变化以后，个人可持有商标，她就把外国名著进行了商标注册，再通过网络出售，一周内就获得了 12 万元港币的收益。其实，在加入 APEC 及“一带一路”的政策下，有很多制度的变化都可能带来机会，核心在于创业者能否敏感地关注到并把握利用。（2）提出制度，以惯例让市场接受，利用市场的力量令制度固化，成为标准，这样自己先受益，完成创业。

当前，创业者除了要关注技术创新的机会和创意下的创业机会，也要关注制度的进展和制度创新下的创业机会，这种创新不需要研发，只要关注制度的变化和制度的创新的可能性，可以带来创新和创业的节约。

4.3 创业机会的评价

4.3.1 基于创业者的评价

1. 创业者与创业机会的匹配

当创业者发现创业机会（不管是自己识别的或受他人启发的，还是偶然发现的或市场筛选的），首先要回答如下问题：（1）机会的真伪；（2）我能不能利用机会开发项目；（3）是否应该寻找他人共同开发这个项目。

不同的潜在创业者适合不同的创业机会，一位有经验的管理学教授因参与了一项医疗企业的项目规划，意识到该行业内存在创业机会，但让他进入到医疗行业而放弃教师职业的可能性很低，因为他不具备该行业企业发展的关系网络、技术知识与盈利能力。即使意识到创业机会的价值，创业者也可能因为上述原因放弃创业活动，或者把机会信息传递给更适合的创业者。虽然创业活动并不完全局限于当前的资源约束，可以通过寻找合伙人的方式整合外部资源，但也需要创业者具备资源整合的能力，机会成本较高。

为把握创业机会需要付出包括市场调研、产品测试、员工雇佣、设备与原材料采购等一系列相关成本，还包括创业过程所付出的时间、精力及放弃其他工作机会产生的机会成本。值得注意的是，创业者应识别选择的创业机会有没有足够大的价值潜力填补创业机会产生的成本。现有研究表明：当创业者的创业机会成本越高时，所把握的创业机会的潜在价值就越大，新创企业的发展潜力也越高。

总体而言，创业活动是创业者与创业机会等众因素的有机结合，创业者发现并开发机会，创业机会也会“选择”创业者，创业者与创业机会匹配恰当创业活动才会出现，创业绩效才可能更好。

2. 创业者对创业机会的初始判断

当创业者个人认定创业机会适合自己，还需要进一步对创业机会进行评价。评价来自个人的初始判断，这种判断就是情境假设与简单计算。创业专家蒂蒙斯教授提出有效的创业机会应具有吸引力、持续性与及时性，是具有以下四个“能”特征的构思：能吸引消费者，能在创业者的商业环境中开展，能在现存的机会窗口[①]内推进，创业者能拥有开创企业的资源与能力，或者能找到具有资源与能力的合作伙伴组成团队一同创业。

创业者对创业机会的初始判断有时看似简单，但也时常奏效。虽然对创业机会进行系统辨识很必要，但有时机会会转瞬即逝，如果都要进行周密的市场调查，有时就会错过机会，或者在调研中发现很多难题不易克服，反而失去了创业激情。情境假设加上简单极端只是创业者个人对机会的初始判断，进一步的创业行动仍要依靠详尽的调查与思考，评价创业机会的潜力与价值。

4.3.2　基于系统分析的评价

创业者对创业机会的系统评价与大公司项目投资前的可行性论证分析相似。在评价前，创业者应意识到创业活动具有高不确定性的特点，很难按照框架中的指标对自己的创业机会做出详尽评价，应选择若干指标来判断创业机会的价值，使创业者机会评价表现更为主观而非客观分析。因为环境本身就存在不确定性，因此不能事事都过分关注证据，需要在创业过程中不断检验创业者假设，如过分强调证据，会把困难放大，从而弱化创业者面临风险的勇气。

1. 蒂蒙斯创业机会评价指标体系

蒂蒙斯教授针对创业机会提出了较完善的创业评价指标体系，认为创业者应该从行业与市场、经济因素、收获条件、竞争优势、团队管理、致命缺陷问题、个人

① 这是指将创意市场化的时间。你可能有许多创意，但是如果其他的竞争者也存在类似的创意并已经将其市场化了，机会窗口就关闭了。

因素、理想与现实的战略差异 8 个方面评价创业机会的价值潜力，并围绕这 8 个方面形成了 53 项指标（参见表 4–4）

表 4–4 **蒂蒙斯创业机会评价指标体系**

评价方面	评价指标
行业与市场	1.市场容易识别，可以带来持续收入 2.顾客可以接受产品或服务，愿意为此付费 3.产品的附加价值高 4.产品对市场的影响力高 5.将要开发的产品生命长久 6.项目所在的行业是新兴行业，竞争不完善 7.市场规模大，销售潜力达到 1 000 万~10 亿元 8.市场成长率在 30%~50%，甚至更高 9.现有厂商的生产能力几乎完全饱和 10.在五年内能占据市场的领导地位，达到 20% 以上 11.拥有低成本的供应商，具有成本优势
经济因素	12.达到盈亏平衡点所需要的时间在两年以下 13.盈亏平衡点不会逐渐提高 14.投资回报率在 25% 以上 15.项目对资金的要求不是很大，能够获得融资 16.销售额的年增长率高于 15% 17.有良好的现金流量，能占到销售额的 20% 以上 18.能获得持久的毛利，毛利率要达到 40% 以上 19.能获得持久的税后利润，税后利润率要超过 10% 20.资产集中程度低 21.运营资金不多，需求量是逐渐增加的 22.研究开发工作对资金的要求不高
收获条件	23.项目带来附加价值，具有较高的战略意义 24.存在现有的或可预料的退出方式 25.资本市场环境有利，可以实现资本的流动
竞争优势	26.固定成本和可变成本低 27.对成本、价格和销售的控制较高 28.已经获得或可以获得对专利所有权的保护 29.竞争对手尚未觉醒，竞争较弱 30.拥有专利或具有某种独占性 31.拥有发展良好的网络关系，容易获得合同 32.拥有杰出的关键人员和管理团队

续表

评价方面	评价指标
团队管理	33.创业者团队是一个优秀管理者的组合 34.行业和技术经验达到了本行业内的最高水平 35.管理团队的正直廉洁程度能达到最高水准 36.管理团队知道自己缺乏哪方面的知识
致命缺陷问题	37.不存在任何致命缺陷问题
个人因素	38.个人目标与创业活动相符合 39.创业者可以做到在有限的风险下实现成功 40.创业者能接受薪水减少等损失 41.创业者渴望进行创业这种生活方式，而不只是为了赚大钱 42.创业者可以承受适当的风险 43.创业者在压力下状态依然良好
理想与现实的战略差异	44.理想与现实情况吻合 45.管理团队已经是最好的 46.在客户服务管理方面有很好的服务理念 47.所创办的事业顺应时代潮流 48.所采取的技术具有突破性，不存在许多替代品或竞争对手 49.具备灵活的适应能力，能快速地进行取舍 50.始终在寻找新的机会 51.定价与市场领先者几乎持平 52.能够获得销售渠道，或已经拥有现成的网络 53.能够允许失败

资料来源：蒂蒙斯，斯皮内利. 创业学案例［M］. 周伟民，吕长春，译. 6版.北京：人民邮电出版社，2005.

【创新实例 4-5】

19岁创业，24岁身价过亿

80后的李想高中时就接触了计算机，把自己喜欢的计算机硬件放到网上，通过和发烧友交流，慢慢有了访问量，很快就赚到了创办泡泡网的第一桶金。2000年他注册泡泡网并开始运营，到北京后正式商业运作，泡泡网广告销售每年以100%以上的速度增长，2005年泡泡网收入2 000万元，利润1 000万元，李想身价过亿。

此时，李想没有停止脚步，带领团队从IT产品转向汽车业扩张，创建汽车之家网站。李想回忆说："做泡泡网时我们错过了机会，而中关村在线却抓住了市场转换的时机。时机过了，我们就需要花几倍的努力，我每天工作10个小时……，泡泡网做到了第三，达不到第一。而团队发现了新的机会，做汽车之家，全力以赴就能成为第一。正好我们赶上汽车增长的高发期。此外，汽车网站的对手要比 IT 行业弱一些，我自认为我们是所有汽车行业网站里最会做互联网的，因为现在的汽车网站 99% 都算不上互联网公司，他们根本就没有运用互联网的生产力。”

2008 年 6 月，李想把自己创办的两家公司卖给了澳洲电信，汽车之家作价 7 600 万美元换取 55% 的股份；这固然有当时泡泡网因为资本市场泡沫的断裂而上市难成的原因，更核心的原因是，李想可以凭借这笔资本收入，聚焦资源，把汽车之家迅速提升为行业领头羊。

拿到资金后，李想便带领团队跟随厂商做渠道下沉，在全国 80 多个城市开设办公室，进行实时咨询更新和提供精准信息，迅速把用户和汽车厂家团结在一起，形成了一个以汽车为中心的综合信息服务平台。一年后，汽车之家成为汽车类垂直网站的老大，第三方调研显示，汽车之家流量占所有汽车类网站咨询的 50%。

李想说：“现在我们的渠道价值越来越大，很多 4S 店，我们占到他们销售总额的 15%~20%，对他们而言，我们就是渠道。”汽车之家于 2013 年 12 月于纽交所上次，市值接近 50 亿美元，2015 年 6 月，李想不再担任汽车之家总裁一职，准备进军电动汽车领域，开启一个新的创业征程。

2. 通过市场测试评价创业机会

市场测试不同于市场调研，在一定程度上更类似于实验。市场调研关注的是消费者的真实需求，而市场测试强调获取顾客的需求数据。市场测试往往是面对面和顾客沟通，了解其需求并观察真实的顾客反应与行为，同时可以发现一些意想不到的顾客行为，而不是通过调查问卷提出假设性问题来估计。

市场测试指的是评估顾客对创业的创意与商业概念的反馈。在产品开发的早期阶段需要对创意进行测评，来确定后续存在继续进行探索与开发的必要性。对概念与产品的检测，有助于了解消费者对创业构思和模式的反应，获取相关用户满意度与购买意愿及创意开发可行性的信息。因为市场测试处于产品与服务的早期，所以需要的资源较少，这个阶段关注测试与假设性工作。测试结果需要得到完善产品和服务特性的信息，来明确产品与服务的准确定位，确定开发的经济成本及相关的重要决策信息。

在产品开发领域中，需要对新产品或服务开发设计一套概念生成、检测与选择的流程，目的是为了让资源配置合理与产品选择正确，提供相关数据与信息并推动开发阶段顺利度过“模糊前端”。通过对产品属性、消费者价格敏感程度、购买意愿等相关问题的定量分析，概念测试可降低不确定性，让设计者更好地权衡与优化产品的特性水平。在实践过程中，概念测试的目的是预测并了解顾客对产品与服务的创意的真实反应，这在对产品进行大幅度投资前是非常必要的。

为了快速获得顾客的重要信息，通过迭代型进程推动商业概念及最终商业模式得以实施，创业者要遵循“构建-测试-学习”的程序，稳扎稳打地检测创业机会的愿景。在测试中有两个基础假设需要详细验证：第一是价值假设，新产品或服务能否向顾客传递价值，解决当前的问题；二是成长假设，测试新顾客如何发现一种新产品或服务。

3. 创业机会评价的定性原则

首先，创业者可以通过回答五个基本问题对创业机会进行定性评价：机会的好坏、机会存在的持久性及成长速度；潜在利润与投入资本的比较、时间与机会成本，继而是否能产生令人满意的收益；当前机会是否会产生多样化或总和的商业机会选择；收益是否会在可能出现的障碍影响下保持稳定；以及最重要的一个问题，即产品或服务是否能真正满足真实的需求或解决现存的具体问题。

其次，创业者可以依据五项标准对创业机会进行定性评价：第一，机会产生的产品或服务在市场上有明确的需求，推出的时机恰当；第二，投资项目在市场上能产生持续的竞争优势；第三，投资具有较高的回报；第四，创业者与机会之间适合；第五，机会不存在巨大缺陷。

最后，创业者可以通过如下五个环节对创业机会进行定性评价：第一，判断机会产生新产品或新服务能否满足消费者需求，为其创造价值，判断新产品或服务在使用过程中是否会出现潜在障碍，如果会，如何解决，根据对产品与市场认可度的分析，预判出新产品的潜在需求、早期用户的行为特征、产品产生效益的预期时间。第二，判断产品或服务在目标市场是否存在相关风险（技术、财务、竞争等)，进行机会窗口分析。第三，判断能否实现批量生产与质量保证。第四，判断项目投资额度与融资渠道。第五，更深入地判断是否还存在更多样化的风险种类与风险程度，如何控制与管理这些风险。

4.4　创业机会的构建

4.4.1　创业机会的发现与构建

1. 创业机会的发现

奥地利理论学派认为创业机会是客观存在的，因为市场信息分布具有不平衡的特点，即创业机会的发现观。但在认知心理学视角下，因为创业机会来源存在着差异，所以，创业机会的发现方式也有所不同。

创业实践过程存在两种不同的创业机会的发现模式：一是系统查找，通过有目的的系统查找并经过分析来发现创业潜在机会；二是偶然发现，依靠个人创业前积累的经验、知识来发现创业机会，创业者的个体能力，是机会发现的关键因素。

2. 创业机会的构建

目前，运用信息加工理论来解释创业机会识别问题，已经成为创业机会研究的一种新趋势。创业机会的建构意味着，创业是创业者从赖以生存的环境中获取信息并构建自认为可靠的机会的认知过程，即使机会是被发现的，它们仍需要被感知，在创业机会的建构过程中，创业者的启发式思维和系统思维对认知加工非常重要。在高度复杂不确定的创业情境下，创业者更倾向于采用启发式思维进行创业决策，不过，成功的创业者往往更善于酌情灵活运用这两种思维方式来识别创业机会。

在建构主义视角下，创业机会开发是一个信息加工的过程，创业者应该采用试错或探索模式，通过诠释法来加工信息，并且利用他们从周围环境中捕捉到的信息来建构他们心目中的现实。为了共享信息、创造新知识、实施创新和建构机会，创业者必须证明自己是基于已加工信息形成的信念。因此，信息加工是创新和发现新商机的关键。

4.4.2 创业机会的信息加工

机会的存在是因为科技、行业结构、社会、人口及制度与政治等方面的信息变化，这说明，识别创业机会的关键所在是对信息的获取与处理。例如，有些人最早知道某项技术出现，可能是因为他们参与了这项技术的发明创造。在他人了解这项技术之前先行获得这些信息，可以使人们在提供和销售新产品方面比其他人做出更优的决策。为此，如何获取别人难以接触到的有价值信息并进行有效处理，是构成创业者发现创业机会的前提条件。

1. 获取别人难以接触到的有价值信息

为什么马云等企业家比普通人更善于把握创业机会的变革信息呢？其中，有几个因素非常重要，成功的创业者更善于利用这些因素识别有价值的机会。

第一，成功创业者在社会关系网上能占据有利位置，从而获取他人无法得到的信息。另外，强有力的社会关系让人们选择相信在不确定条件下的信息传送，这就加快了信息的传播速度。对于愿意提供创业机会的那些关键变革的信息来源，拥有强有力的社会关系的创业者就更容易获取他人难以得到的创业信息。

第二，个体的工作与生活圈子让自己更接近于吸取创业机会的变革信息。例如，研究开发工作提供了新的技术信息，而这种信息恰恰为创业者提供了机会；市场营销的工作者能知晓关于顾客购买偏好与习惯方面的信息。在一些特殊情境下，有些具有创业意识的人注意到这些信息，为找到技术方案与市场支持的解决方案而做出的有目的的努力可以为机会提供有价值的信息。

第三，还有些创业者是获取了大家都看到了但没有被触动的信息，这是创业警觉①。奥地利经济学家柯兹纳最早使用这个概念解释创业机会，他认为任何被创业者选择的机会都来源于创业者对环境中有关客体、事件、行为方式等信息的敏感性与关注度。创业警觉既是一种先天禀赋，也是一种实践学习与经验积累下来的认知特质，是一种复合的有机能力。

【创新实例 4-6】

机警是否有助于创业

曾经有过一个实验，在幼儿园，老师将蛋糕放在小朋友们面前，然后让小朋友

① 创业警觉意味着高度敏感性和关注倾向，本质上是一种个体的禀赋，是对信息的敏锐把握和解读能力，它受到个体创造力、先前知识与经验、社会关系网络等因素的影响。

们坐好，老师说："你们坐一会，我出去一下，回来以后我们一起分蛋糕。"然后，老师就走到教室外面观察小朋友的行为。有的小朋友听话，在自己的座位上等着老师回来，有的小朋友跑出来用手抓了一些蛋糕吃。观察的老师故意在外边弄出一些声音，好似老师即将回来一样。部分吃蛋糕的孩子马上回到座位，另外一些吃蛋糕孩子不管声音大小，一直吃下去。30年以后，对这些小孩进行追踪，发现那些听话的孩子，大部分都是中规中矩的白领，而那些只顾吃不管声音的孩子多成了贪官，最为成功的是那些跑过去吃但听见声音后跑回自己座位的孩子，有的成了商业领袖，有的成了政治明星。虽然单一的实验并不一定能说明问题，但这一实验的结果让成长心理学家必须给出一个解释，为什么会出现差异？或者说，什么样的孩子更容易成功？由此提炼出一个概念，叫机警，指的是抓住机会，善于利用机会，但同时又能够时时刻刻警惕危机的出现，避免被危机毁灭的素质。贪官只具有抓住机会的素质，而不具有防范失败的能力。

机警是创业者素质的重要构成因素，他们善于关注并利用机会，但居安思危，时刻想着避免覆灭，他们不是不行动，也不是贸然行动，更不是为得益铤而走险，而是大胆行动，缜密思考，时刻警惕变化的信号，再抓住机会和避免灾难。

2. 具备优越的信息处理能力

发现创业机会的必要条件是获取常人难以遇到或不重视的信息，在这个基础上，创业者还要具备处理信息的能力，识别并发现信息隐藏的商业价值和含义，继而发现创业机会。优越的信息处理能力依赖于良好的智力结构、乐观心态与敏锐洞察力。

【创新实例 4-7】

一支铅笔的用途

纽约里士满区有一所穷人学校，它是贝纳特牧师在经济大萧条时期创办的。1983年，一位名叫普热罗夫的捷克籍法学博士，在做毕业论文时发现，50年来，该校出来的学生在纽约警察局的犯罪记录最低。

普热罗夫得到了市场基金，通过这笔钱展开了漫长的调查活动。只要在该校学习和工作过的人，只要能打听到他们的住址或信箱，他都要给他们寄去一份调查表，问："圣·贝纳特学院教会了你什么？"在将近6年的时间里，他收回3 756份答卷。在这些答卷中，有74%的人回答，他们知道了一支铅笔有多少种用途。

普热罗夫本来的目的，并不是真的想搞清楚这些没有进过监狱的人到底在该校学了些什么，他的真实意图是以此拖延在美国的时间，以便找一份与法学有关的工作。然而，当他看到这份奇怪的答案时，再也顾不了那么多了，决定马上进行研究，哪怕报告出来后被立即赶回捷克。

普热罗夫首先走访了纽约市最大的一家皮货商店的老板，老板说："是的，贝纳特牧师教会了我们一支铅笔有多少种用途。我们入学的第一篇作文就是这个题目。当初，我认为铅笔只有一种用途，那就是写字。谁知铅笔不仅能用来写字，必要时还能用来做尺子画线，还能作为礼品送人表示友爱；能当商品出售获得利润；铅笔的芯磨成粉后可作润滑粉；演出时也可临时用于化妆；削下的木屑可以做成装饰画；一支铅笔按相等的比例锯成若干份，可以做成一副象棋，可以当作玩具的轮子；在野外有险情时，铅笔抽掉芯还能被当作吸管喝石缝中的水；在遇到坏人时，削尖的铅笔还能作为自卫的武器……总之，一支铅笔有无数种用途。贝纳特牧师让我们这些穷人的孩子明白，有着眼睛、鼻子、耳朵、大脑和手脚的人更是有无数种用途，并且任何一种用途都足以使我们生存下去。我原来是个电车司机，后来失业了。现在，你看，我是一位皮货商。”

普热罗夫后来又采访了一些圣·贝纳特学院毕业的学生，发现无论贵贱，他们都有一份职业，并且都生活得非常乐观。而且，他们都能说出一支铅笔至少20种用途。

普热罗夫再也按捺不住这一调查给他带来的兴奋。调查一结束，他就放弃了在美国寻找律师工作的想法，匆匆赶回国内。目前，他是捷克最大的一家网络公司的总裁。

智力结构来自于学习与经验的反复提炼，使人们具有组织和处理信息的能力。创业者个体智力结构可能决定其信息处理能力，并帮助他们识别并发现创业机会。研究显示，无论是对于消费者还是供应商，关于市场的领先知识以及关于如何为这些市场提供产品或服务的领先知识是有助于识别创业机会的智力结构的重要来源。例如，如果你了解餐饮行业中关于顾客问题的知识，那么当你获知一种新发明的食材信息的时候，你就比其他那些熟悉该市场的人更有可能看到创办一家新饭店的机会。

保持乐观的心态能帮助创业者锤炼与提炼信息处理能力，因为它能诱发个体首先关注信息中的机会，而不是风险。因为个体不能确定新的产品或服务是否能被创造出来，顾客是否愿意购买这种产品或服务，或者竞争对手是否会通过模仿创业者的新产品或新服务来争取收益，所以新产品和新服务蕴含的机会具有相当的不确定性。这意味着，识别创业机会要求创业者要愿意看到充满着不确定性的机会中的潜力，而不是因仅看到不确定性和风险而止步。

敏锐的洞察力是提高信息处理能力的催化剂。洞察力，就是透过现象看本质，参杂了分析和判断能力、把握大局和未来发展趋势的能力。当今信息泛滥，创业者并不缺乏信息，而是缺乏对信息的认知和洞察力。拥有洞察力，创业者就可以发现新兴事物及隐藏价值，发现现有事物发展方向，感知事物的发展趋势，预测和把握企业发展的方向。否则，只能尾随他人，难有大的发展。

【本章小结】

1. 机会是没有明确的顾客需求或没有充分使用的资源或能力。

2. 创业机会并不等同于一般的商业机会，是一种独特的商业机会。

3. 变化是机会的重要来源，没有变化，就没有创业机会。先前经验、社会网络、认知因素和创造性等影响着个体识别创业机会的可能性。

4. 创业机会的识别是创业的始点，理性创业就是要对创业机会进行评价，决定是否创业。

5. 创业者可以发现创业机会，也可以建构创业机会。

【核心概念】

商业概念　创业机会　机会窗口　创业机会的发现　创业警觉　机会识别　机会评价　创业机会的构建

【课后思考】

1. 创业机会的识别是一个过程吗？为什么？
2. 哪些因素影响创业机会的识别？
3. 有价值的创业机会的特征包括哪些？
4. 有哪些机会适用于创业？又有哪些机会适用于现存企业？
5. 如何锻炼并提高创业者对创业机会的识别？
6. 如何评价创业机会？
7. 如何理解创业机会的发现和建构？

【实践演练】

练习 1　　产生创业想法

1. 请利用下面的物体，尽可能提出更多的创业想法，填入表中：

物体	创业想法	补充说明
旧图书		
破旧电脑		
矿泉水瓶		
汽车轮胎		
一次性纸杯		

2. 在上述的创业想法中，对你而言，最可能成功的想法是：

3. 用下面的表格评估你这个想法是否是好的商业机会：

评估方面	盈利时间	市场规模	资金需求	毛利率	成本结构	门槛限制	竞争性	缺陷	可控性
评估结果									
您的结论									

练习 2　　机会漫步

1. 环顾四周（教室内或教室外）观察周围的一切，尝试想出尽可能多的相关公司。例如，你看到了桌子，想到家具厂、油漆厂等企业，你有 5 分钟时间，至少想出 20~50 个企业，看谁想的最多。

2. 与同学交流，通过了解想出的公司，进一步激发自己，想出与此相关及提供支持的其他公司，形成你的公司清单。

3. 几人一组组成团队，团队需从清单中选出一家公司，并想出能让该公司发展得更好或与众不同的方法。此时不要受限于创意的可能性，尽力想出理想的方法。5 分钟后，与大家分享团队创意。

4. 选择一个小组吗，针对其创意进行集体讨论：这个创意对潜在顾客的价值是什么？然后回到现实中思考提供这种价值的方法有哪些？这些已经实现的创意是如何改善人们生活的？

5. 对活动进行反思。我们应该注意到：潜在的创意和机会无时无刻不在身边，所以构思从来就不应该成为问题。但是，他们应该将能否真正给顾客和社会带来价值视为决定这些创意能否成为创业机会的第一步。

第5章 创业团队的组建与管理

不管一个人多么有才能，但是集体常常比他更聪明和更有力。

——奥斯特洛夫斯基

【学习目标】

1. 掌握创业团队的主要构成
2. 掌握创业团队的形成和组建的过程
3. 了解创业团队的管理
4. 熟悉个体创业与团队创业的差异

【引导案例】

俞敏洪团队：从北大到新东方的传奇

新东方在美上市，造就了俞敏洪这个新的亿万富翁。有人说他是中国最成功的老师，有人说他是一个纯粹的商人，把这两个角色结合在一起，俞敏洪这条路走得并不轻松。

失意的80年代

俞敏洪的授课风格被学生们总结为“激励型”，他常常用到的一个例子就是自己的经历。1978年，俞敏洪高考失利后回到家里喂猪种地。由于知识基础薄弱等原因，俞敏洪第一次高考失败得很惨，英语才得了33分；第二年又考了一次，英语得了55分，依然是名落孙山。那时的俞敏洪并没有远大的志向，作为一个农民的孩子，离开农村到城市生活就是他的梦想，而高考在当时是离开农村的唯一出路。尽管生活条件比较艰苦，俞敏洪仍在微弱的煤油灯下坚持学习。

1979年，县里办了一个外语补习班，俞敏洪挤了进去，这是他第一次学习外语。功夫不负有心人，1980年，俞敏洪坚持考了三年后，最终考进了北京大学西语系。在北大，俞敏洪是全班唯一从农村来的学生，开始不会讲普通话，结果从A班调到较差的C班。大三的一场肺结核又使俞敏洪休学一年，人也变得更加消瘦。

1985年，俞敏洪毕业留在北大成了一名教师。接下来是两年平淡的生活。中国随后出现的留学热潮，让俞敏洪也萌生了出国的想法。1988年俞敏洪托福考了高分，但就在他全力以赴为出国而奋斗时，美国对中国紧缩留学政策。以后的两年，中国赴美留学人数大减，再加上他在北大学习成绩并不算优秀，赴美留学的梦想在努力了三年半后付诸东流，一起逝去的还有他所有的积蓄。

为了谋生，俞敏洪到北大外面去兼课教书，后来又约几个同学一块儿出去办托福班，挣出国的学费。1990年秋天，俞敏洪的如意算盘被打碎了：因为打着学校的名头私自办学，北京大学在校园广播、有线电视和著名的三角地橱窗里高调宣布了对俞敏洪的处分决定。对此，俞敏洪没有任何思想准备。

被逼下海

1991年，俞敏洪被迫辞去了北京大学英语教师的职务，为了挽救颜面不得不离开北大，生命和前途似乎都到了暗无天日的地步。但正是这些折磨使他找到了新的机会。尽管留学失败，俞敏洪却对出国考试和出国流程了如指掌；尽管没有面子在北大待下去，但反而因此对培训行业越来越熟悉。

离开北大后，俞敏洪开始在一个叫东方大学的民办学校办培训班，学校出牌子，他上交15%的管理费。这一年他29岁，他的目标是挣一笔学费，摆脱生活的窘境，然后像他的同学和朋友一样到美国留学。

卢跃刚在他的《东方马车》一书中生动描述了俞敏洪这段创业经历：他在中关村第二小学租了间平房当教室，外面支一个桌子，放一把椅子，“东方大学英语培训班”正式成立。第一天，来了两个学生，看“东方大学英语培训班”那么大的牌子，只有俞敏洪夫妻俩，破桌子，破椅子，破平房，登记册干干净净，人影都没有，学生满脸狐疑。俞敏洪见状，赶紧推销自己，像是江湖术士，凭着三寸不烂之舌，活说死说，让两个学生留下钱。夫妻俩正高兴着呢，两个学生又回来了。他们心里不踏实，把钱又要回去了……

尽管困难重重，但拼死拼活干了一段时间后，俞敏洪的培训班渐渐有了起色。1993年，在一间10平方米透风漏雨的小平房里，俞敏洪创办了北京新东方学校。

俞敏洪说，最初成立新东方，只是为了使自己能够活下去，为了每天能多挣一点钱。作为一个男人，快到三十而立的年龄，连一本自己喜欢的书都买不起，连为老婆买条像样的裙子都做不到，整个家庭无家可归，连家徒四壁都谈不上，自己都觉得没脸活在世界上。当时他曾对自己说：只要能赚到十万元钱，就一辈子什么也不干了。

到今天，新东方已成为中国最大的私立教育服务机构。俞敏洪说：“新东方走到今天，不在我的意料之中，因为最初只是为了糊口，招几个学生办个小小的补习班而已。新东方到了今天，我们就有了更多的期待，希望能够用自己的行为和思想，为中国学生做更多的事，为中国教育做更多的事，为中国未来做更多的事。”新东方为何能从竞争激烈的英语培训市场脱颖而出，俞敏洪说自己最成功的决策，就是把那帮比他出息的海外朋友请了回来。

三驾马车

在俞敏洪的鼓动下，昔日好友徐小平、王强、包凡一、钱永强陆陆续续从海外赶回加盟了新东方。经过在海外多年的打拼，这些海归身上都积聚了巨大的能量。这批从世界各地汇聚到新东方的个性桀骜不驯的人，把世界先进的理念、先进的文化、先进的教学方法带进了新东方。后来，俞敏洪、徐小平、王强被称为新东方的“三驾马车”。

俞敏洪笑言自己是“一只土鳖带着一群海龟奋斗”。如何将这些有个性的人团结到一起，并让每个人都保持活力和激情，是俞敏洪首先要面对的问题。俞敏洪说：“在新东方，没有任何人把我当领导看，没有任何人会因为我犯了错误而放过我。在无数场合下，我都难堪到了无地自容的地步，我无数次后悔把这些精英人物召集到新东方来，又无数次因为新东方有这么一大批出色的人才而骄傲。因为这些人的到来，我明显地进步了，新东方明显地进步了。没有他们，我到今天可能还是个目光短浅的个体户，没有他们，新东方到今天可能还是一个名不见经传的培训学校。”

新东方精神到底是什么？俞敏洪说，“新东方精神对我而言，是我生命中一连串铭心刻骨的故事：是在被北大处分后无泪的痛苦，是在被美国大学拒收后无尽的绝望，是在被其他培训机构恐吓后浑身的颤抖，是在被医生抢救过来后撕心裂肺的哭喊；新东方精神对我而言，更是在痛苦之后决不回头的努力，在绝望之后坚韧不拔的追求，在颤抖之后不屈不挠的勇气，在哭喊之后重新积聚的力量。”新东方的创业故事告诉我们，创业首先是从选择一个行业开始，但是创业本身是一个复杂的管理过程，不但需要创始人有矢志不渝的决心，也需要科学的团队组建和创业管理过程。

资料来源：根据网络资料整理。

在创业管理主流的创业过程与管理的蒂蒙斯模型中，创业主体是构成创业活动的关键要素之一。正是因为有了创业者，才有可能将创业想法与项目变成现实的事业与活动。在创业的过程中，“天时（创业机会）、地利（资源）、人和（创业领导人和创业团队）”一个都不能缺少。

成功的创业离不开一个优秀的创业者和他的创业团队。现代创业活动已经不是一种纯粹追求个人英雄表现的行为，相反，成功的企业大都与是否能有效发挥团队运作密切相关。对于任何一个有发展后劲的创业企业而言，无论是创业者、创业经理人还是创业企业家，他们的个人才能总是有限的，都需要别人经验和能力的补充。许多调查显示，团队的成功几率要远远高于个人独自创业。一般而言，在创业模型里，个体层面创业的主体包括单个创业者和创业团队两个部分。而更广义地来讲，创业主体还可以是一个组织，进而产生战略创业、企业内创业等活动。本章内容将主要对团队创业进行分析。

5.1　创业团队及其内涵

尽管创业企业的成长离不开一个优秀的创始人和创业团队，不过许多时候，人们过于关注创业者的作用，而对于创业团队的关注不足。很多中小企业的创业者或者企业家在制订创业计划和开始商业运营的时候，并没有意识到管理团队的重要性。往往就是由于这一疏忽使得很多小企业陷入困境，痛定思痛的时候才发现组建一个强有力的管理团队何其重要。因此，创业者与管理团队都非常重要。团队一方面可以提供满足创业项目发展的多样化人才资源；另一方面可以使项目摆脱对于某一灵魂人物的过分依赖，使得创业活动不致因为一个人的退出而崩溃。因此，优秀的创业者仍然需要一个团结一致、忠诚于所从事的事业、能抵抗外部各种侵袭的团队。

5.1.1 个体创业与团队创业的比较

创业学家蒂蒙斯认为，创业可能是一个仅仅为创始人提供一种替代就业方式、为几个家人和几个外人提供就业机会的公司，也可能会形成一个具有较高发展潜力的公司，前者和后者之间的主要不同点之一在于是否存在一支高质量的管理团队。一个喜欢单打独斗的创业者固然可以谋生，然而一个团队的营造者却能够创建出一个组织或公司——能够创造重要价值并有多种收获选择的公司。

一项关于美国“128 号公路 100 强”（是指美国波士顿市郊地区沿着 128 号公路，包括多个成功新创企业在内的众多顶级公司）的调查显示，100 强企业中有 70% 有多名创始人，在 86 家成功企业中有 36 家有 3 位以上创始人，17% 的企业创始人在 4 位以上，9% 的在 5 位以上，还有一家公司是由一个 8 人的团队组建而成的。另一项针对 104 家 20 世纪 60 年代创办的高科技企业的研究报告指出，在年销售额达到 500 万美元以上的高成长企业中，有 83.3% 是由创业团队建立的；而在另外 73 家停止经营的企业中，仅有 53.8% 有数位创始人。这些数据表明，没有团队的企业也许并不注定会失败，但要建立一个没有团队而具有高潜力的企业却极其困难。

5.1.2 创业团队与团队创业

在激烈的竞争和生存的压力下，组建创业团队已经成为多数创业者的首要选择，团队创业已经成为知识经济背景下创业活动的主要形式。目前，人们对创业团队的界定非常多元化（如表 5-1 所示）。虽然人们对创业团队的界定不同，但在一点上的认识是相同的，即创业团队是指在创业初期（包括企业成立前和成立早期），由一群才能互补、责任共担、愿为共同的创业目标而奋斗的人所组成的特殊群体。团队创业是相对于传统单个创业者独自创业类型的一种新的合作创业类型。

创业并不是一个一蹴而就的活动，而是阶段性的过程。一开始是构想阶段，在这个阶段中，个人或团队会决定建立一个什么样的企业以及初期所需要的资源。第二个阶段开始，则着重将前一阶段的决定具体化，包括谁提供资源、采用什么样的激励政策吸引成员加入，如何让团队紧密结合，如何安排团队成员的角色等。创业团队可能在第一阶段也可能是第二阶段：在构想阶段，一是创业者发现市场机会，

表5-1　**创业团队的内涵**

代表人物	创业团队的内涵
卡姆等	两个或两个以上的个体联合起来创建一个他们有着共同财务兴趣或共有所有权的企业
艾森哈特等	一群在企业创立阶段，占据全职管理职位的人
库伯等	创业团队不仅仅是一个群体，因为他们涉及一个对新创企业的共同承诺
科恩等	创业团队首先是一个群体，群体成员共同承担相互依赖的任务和这些任务的结果，并且这个群体也被他们自己以及其他人视为一个社会单位
钱德勒	在研究中就把在企业开办前两年加入的创业者也看作创业团队的重要组成
德鲁克	一个企业家（创业者）或团队必须有创业精神（企业家精神），否则即使他（们）开办了一个新企业也不能称作企业家

可以开创新的事业，这被称为“领导创业者”（Lead Entrepreneur），这时候创业者会用自己的社会关系、网络、个体经验、新闻媒体等去获得信息，决定是否将创业构想付诸行动；如果决定采取行动，紧接着就会在第二阶段组建团队、整合资源。另一种情况则是在构想阶段，就会有两个或两个以上的人知道市场机会，不论谁先有构想，他们会在第一阶段就共同合作创业，此时他们会将合作关系变为创业伙伴，形成团队创业的方式。

【调查研究5-1】

团队创业与个体创业的比较

新企业的成功创建是基于创业者具备大量的知识、技能和信息之上的，对于个体创业者而言完全具备这些资源并非易事。因此，以团队方式进行创业，组建创业团队，可以集聚不同成员的资源、优势互补。此外，创业团队往往能够产生一种集体效能（Collective Efficacy），即一种相信团队比个体更强的信念，从而有利于团队企业家精神的发挥（Shepherd & Krueger，2002）。除了以上优势之外，团队方式创业的一个重要功能是可以化解创业者面临的创业风险。创业机会类型参差不齐，大多数机会并不适合开发利用。Stevnens & Burley（1997）发现大约3 000个机会之中才会产生一个可成功商业化的机会，因此创业者面临机会类型不确定的风险。实现成功创业，要求创业者必须开发那些具有高质量特征的机会。团队创业可化解创业风险，这是因为：创业者通过组建创业团队，利用团队成员的专业知识对要开发的机会进行评估，获取关于机会特征信息，进而判断出机会的类型，并决定创业活动是终止还是延续，从而降低了创业的风险。

诚然，以团队方式进行创业，也有其不利之处。团队成员间的冲突、团队内的权力斗争等是创业团队内部存在的普遍现象。卢俊义、程刚（2009）发现，团队成员个体之间不相容或争端的情感冲突，显示为彼此之间的非难，会对决策和企业绩效带来负面效应；而且，一旦团队内部产生为获取权利而进行的政治斗争，企业内部的信息流动就会大受限制，资源的内部配置效率也会降低。当斗争升级时，管理者将精力过多内耗于内部权力之争，降低了优质的管理能力，这都会严重降低团队决策的有效性，从而影响企业绩效（Shepherd & Krueger，2002）。

此外，采用团队方式进行创业，需要创业者付出防范机会失窃的激励成本。一方面，创业机会往往缺乏知识产权的有效保护（Dushnitsky & Shaver，2009；Eisenhardt & Bourgeois，1988）；另一方面，在创业初期团队成员结构不稳定，团队成员容易退出团队。例如，Boyd & Gumpert（1983）发现创业团队成员中，在创业初期超过三分之二比例的成员会退出团队。因此，团队成员可能选择退出团队并利用其掌握的机会知识而另起炉灶创建成为竞争对手的新企业，即发生团队成员盗窃机会的行为。事实上，Dekoning & Muzyka （2001）的研究发现，创业者普遍对于“机会的分享、讨论可能导致的机会失窃”存在担忧。正如一位创业者所言，“当需要与合作伙伴或其他人员讨论机会，但在不能完全确信对方不会盗窃机会的情况下，将选择终止对机会的讨论分享”（Shane，2001）。因此，一旦决定以团队方式创业，创业者必须考虑到机会可能被团队成员盗窃的风险。为防范团队成员的盗窃机会行为，需要对团队成员进行激励，这需要承担相应的成本。即创业者以团队方式创业，需要其支付防范团队成员盗窃机会的激励成本。

以个体方式进行创业，则具有与团队方式创业互补的优缺点：一方面由于创业者单独创业，不能识别创业机会的具体类型，因此必将承担机会类型不确定的创业风险；另一方面，由于没有与其他成员组成团队共同创业，创业者避免了为防范机会失窃而需承担的防范成本。

综上所述，不同的创业方式均互有利弊，从持有机会的创业者角度而言，选择以何种方式创业将是创业者面临的一项重要而艰难的决策。

资料来源：吴兴海，张玉利，罗国锋. 创业者的创业方式选择：团队创业与个体创业［J］. 产业经济评论，2014（2）.

5.2 组建创业团队

5.2.1 创业团队的组成要素

虽然那些成功成长为大公司的创业团队的态度与理念有所不同，但基本上他们都具有一些共同点，他们往往都是由一群认同并致力于去达成一致目标的人所组成，这一群人相处愉快并乐于工作在一起，共同为达成高品质的结果而努力。和群体相比，团队中成员的作用是互补的，而群体成员之间的工作在很大程度上是互换的。众多研究表明，共同目标、成员的“技能互补”和分担责任对于创业团队十分重要。创业团队往往是少数人的集合，保证相互交流的障碍较少，比较容易达成一致，也比较容易形成凝聚力、忠诚感和互相依赖感。不过，无论人数到底几个，创业团队和核心是要将每个成员不同的“个人专用资产”整合为“整体专用资产”。因此，优秀的创业团队往往具有以下共同点[①]：

（1）凝聚力。团队中的每一个成员都必须认识到他们是拧在一起的，公司成功了，所有人都获益。他们相信任何个人都不可能单独成功，除非所有人都成功了；反之亦然，团队中任何一个人输了，所有的人也都输了。奖励、薪酬与激励依赖于创造公司价值与获得投资回报，不管公司多大多小都是如此。

（2）合作精神。具有高潜力的创业活动最显著的特点就是作为一个团队的整体协同合作能力，而不仅仅是一个培养一两名杰出人物的场所。这些出色的团队注重互相配合以减轻他人的工作负担，从而提高整体的效率，在合伙人和关键成员中树立英雄模范，然后通过庆祝他们的成功来激励员工，通过高绩效来培养、加深感情。

（3）正直。艰难的选择和利弊的权衡应综合考虑客户、公司的利益以及价值的创造，而不能以纯粹的功利主义的无道德论为依据，或是狭隘地从个人需求的角度来衡量。具有在保证工作质量、成员健康或其他相关利益不被侵犯的前提下完成各项任务的信念与承诺。

（4）立足长远目标。一致敬业的团队，其成员会朝着创业的长远目标努力，而不是指望一夜暴富。创业在他们眼里是一场将持续5年、7年甚至是10年以上（而不是速战速决）的令人愉悦的比赛，他们将在其中不断奋斗直至取得最后的胜利。

（5）收获的观念。成功收获是创办企业的目标。这意味着最终获得的资本收益是衡量成功的标准，而非创业时期每个月的薪酬、办公室的地理位置和规模或什么型号的车等等。

（6）致力于价值创造。团队成员都致力于价值创造，努力把蛋糕做到最大，从而使所有人未来都能获利，包括为客户提供更多的价值，帮助供应商也能从团队的成功中分得一杯羹，以及使团队的支持者和持股人获得更大的盈利。

（7）平等中的不平等。在成功的新创企业中，民主主义和盲目的平均主义显然没有什么用武之地，公司所关注的应该是如何选定能胜任关键工作的适当人选及其职责所在。而核心创业者是负责制定基本的行动准则和决定组织环境与组织文化的关键人物。因此，公司股票在创办人和主要经营者之间往往不是平均分配的。

（8）公正性。对关键成员的奖励以及持股计划的设计应与个人在一段时期内的贡献、工作业绩和工作成果相挂钩。由于贡献大小在事前只能做一个大概的估计，而且意外和不公平的情况往往在所难免，因此必须随时做相应的增减调整。

（9）共同分享收获。尽管法律或道德都没有规定创业者在公司收获期要公平公正地分配所有利益，但看起来越来越多的成功创业者都这样做了。将一些盈利留给未来团队中雇佣的员工，将有助于团队吸引高素质的人才。

---

① 蒂蒙斯，斯皮内利．创业学［M］．周伟民，吕长春，译.6版．北京：人民邮电出版社，2005.

综上可以看出，在团队基本特征、功能作用及管理模式三大方面，创业团队与一般团队存在着如表5-2的区别。

表5-2 **一般团队与创业团队的区别**

比较项目	一般团队	创业团队
目的	解决某类或者某个具体问题	开创新企业或者拓展新事业
职位层级	成员并不局限于高层管理者职位	成员处在高层管理者职位
权益分享	并不必然拥有股份	一般情况下在企业中拥有股份
组织依据	基于解决特定问题而临时组建在一起	基于工作原因而经常性地一起共事
影响范围	只是影响局部性的、任务性问题	影响组织决策的各个层面，涉及范围较宽
关注视角	战术性的、执行性的问题	战略性的决策问题
领导方式	受公司最高层的直接领导和指挥	以高管层的自主管理为主
成员对团队的组织承诺	较低	高
成员与团队间的心理契约	心理契约关系不正式，影响力小	心理契约关系特别重要，直接影响到公司决策

资料来源：陈忠卫．创业团队企业家精神的动态性研究［M］．北京：人民出版社，2007：83-85.

5.2.2 创业团队的类型

纵观现有的各种创业团队，资金技术、伙伴关系在团队创建过程中发挥了重要的作用，根据侧重点不同，将创业团队模式分为下面几类：①

（1）资金主导型的创业团队。许多创业者都认为资金问题是困扰其创业的最大问题。风险投资家捂紧钱袋、银行惜贷如金的现实情形让创业者们有点手足无措。没有资金，创业者们空有一腔抱负、一身本领，却陷于"英雄无用武之地"的境地。资金问题一旦解决，他们就如虎添翼，可以展翅高飞。资金主导型的创业团队要克服两种误区：一是仅仅有资金就想创业，这样的出发点是狭隘的，资金只有与较好的创业项目与机会相结合才能取得成功；二是没有资金也想创业，这样势必会因为项目或企业得不到资金支持而走向失败。

（2）技术主导型的创业团队。技术主导型创业是一些创业者凭借技术创业，他们可能掌握了世界最尖端的东西，但是他们往往在市场营销、经营管理等方面考虑不周，例如技术及其产品的实用性和技术转化为产品的成本、周期等。只有克服了

① 陈晓红，吴云迪．创业与中小企业管理［M］．北京：清华大学出版社，2008：113-114.

这些问题，技术主导型创业团队才无后顾之忧。

（3）资本、技术联合型的创业团队。“资金+技术”的团队模式是相对完美的组合，能让资本和技术的作用发挥得淋漓尽致。一个成功的企业，其资本运作和技术运作一定要同样成功，二者不可偏颇。一个企业有充足的资金，却缺乏较好的项目或是技术，就毫无发展前途，早晚会在激烈的竞争中被淘汰。当然有良好的技术，但缺乏充足的资金，企业的发展同样会有阻碍。

（4）平等性创业团队。平等性创业团队的成员各个方面的积累比较均衡，没有明显的差距，他们能够在企业发展过程中寻找到自身的价值并充满自信，各个成员主要是以自身的管理能力或技术背景为依托加入团队。需要注意的是这种团队模式如果缺乏非常好的合作基础和关系，将会形成各种派别，最后分崩离析。

5.2.3 创业团队的人员构成

除了核心创业者，广义的创业团队还包含与创业过程有关的各种利益相关者，以不断完善团队的知识和资源构成。巴林格等认为，创业团队的人员包括以下几个部分①：

（1）初始创业者。如前所述，创业者的知识、技术和经验都是企业所具有的最有价值的资源，这导致人们通过评估企业创建者和最初管理团队来判断企业未来发展的前景。初始创业者的受教育水平、前期创业经验、相关产业经验和社会网络关系都是创业者取得成功的重要保证。

（2）核心员工。一旦决定开始创办新企业，创业者就要开始组建管理团队和招募核心员工。有的时候，创业者个人要先工作一段时间，直到商业计划完成和企业初具雏形后才会招募员工；而另外一些情况下，创业者需要立即招募员工来完成商业计划。无论是在哪个时间点招募员工，创业者都需要广泛地通过人才市场、媒体广告、猎头公司、熟人介绍等渠道来仔细甄选、筛查合适的成员，这并不容易。核心员工应该能够弥补创业或企业建立的重要技能缺口，否则，招募一个意愿很高但不适合某项工作的人对创业活动极为不利。

（3）董事会。当新创企业组建为一家公司时，就要依法成立董事会，它是由股东选举产生以监督企业管理的个人小组。董事会一般由内部董事和外部董事构成，内部董事在企业中任职，而外部董事则不在企业中工作。董事的基本职责是任命核心管理者、公布红利和监督公司重大事件。如果处理得当，公司董事会能够成为新创企业团队的重要组成部分，它可以为企业提供有效的指导和正当性。

（4）专业顾问。专业顾问包括了诸如顾问委员会、投资者和贷款方、咨询师等专业人员。

①顾问委员会是企业经理在经营过程中向其咨询并能得到建议的专家小组。与董事会不同，顾问委员会不对企业承担法律责任，只提供不具约束性的建议。由于

① 巴林格，爱尔兰．创业管理：成功创建新企业［M］．杨俊，薛红志，等，译.3版．北京：机械工业出版社，2010：158-164.

顾问委员会常常分散各地，他们与企业管理者之间可以是多种交流方式，例如网络会议。根据公司的问题和需要，一个公司可以建立多个顾问委员会。

②投资者和贷款方对所投资的公司的利益追求，往往使他们全力以赴地帮助所资助的企业。作为新创企业团队的非员工成员，他们能够为新创企业提供有效的指导和资信。除此之外，他们还会积极帮助企业组建管理团队、监督财务情况。

③其他专业人员和机构。律师、会计师、企业咨询师都可以为新创企业提供很好的建议和意见，他们使得企业的创业活动更为专业。

【创新实例 5-1】

马化腾和他的 5 人创业团队

1998 年的秋天，马化腾与他的同学张志东“合资”注册了深圳腾讯计算机系统有限公司。之后又吸纳了三位股东：曾李青、许晨晔、陈一丹。这 5 个创始人的 QQ 号，据说是从 10001 到 10005。为避免彼此争夺权力，马化腾在创立腾讯之初就和 4 个伙伴约定清楚：各展所长、各管一摊。马化腾是 CEO（首席执行官），张志东是 CTO（首席技术官），曾李青是 COO（首席运营官），许晨晔是 CIO（首席信息官），陈一丹是 CAO（首席行政官）。

直到 2005 年的时候，这 5 人的创始团队还基本保持这样的合作阵形，不离不弃。直到腾讯做到如今的帝国局面，其中 4 个还在公司一线，只有 COO 曾李青挂着终身顾问的虚职而退休。

都说一山不容二虎，尤其是在企业迅速壮大的过程中，要保持创始人团队的稳定合作尤其不容易。在这个背后，工程师出身的马化腾从一开始对于合作框架的理性设计功不可没。

第一，股份设计合理。马化腾创业团队的 5 个人一共凑了 50 万元，其中马化腾出了 23.75 万元，占了 47.5% 的股份；张志东出了 10 万元，占 20%；曾李青出了 6.25 万元，占 12.5% 的股份；其他两人各出 5 万元，各占 10% 的股份。

虽然主要资金都由马所出，他却自愿把所占的股份降到一半以下，47.5%。“要他们的总和比我多一点点，不要形成一种垄断、独裁的局面。”而同时，他自己又一定要出主要的资金，占大股。“如果没有一个主心骨，股份大家平分，到时候也肯定会出问题，同样完蛋。”

第二，保持稳定的另一个关键因素，就在于搭档之间的“合理组合”。《中国互联网史》作者林军回忆说：“马化腾非常聪明，但非常固执，注重用户体验，愿意从普通的用户的角度去看产品。张志东是脑袋非常活跃、对技术很沉迷的一个人。马化腾技术上也非常好，但是他的长处是能够把很多事情简单化，而张志东更多的是把一个事情做得完美化。”

许晨晔和马化腾、张志东同为深圳大学计算机系的同学，他是一个非常随和而有自己的观点，但不轻易表达的人，是有名的“好好先生”。而陈一丹是马化腾在深圳中学时的同学，后来也就读深圳大学，他十分严谨，同时又是一个非常张扬的人，他能在不同的状态下激起大家的激情。

如果说，其他几位合作者都只是“搭档级人物”的话，只有曾李青是腾讯5个创始人中最好玩、最开放、最具激情和感召力的一个，与温和的马化腾、爱好技术的张志东相比，是另一个类型。其大开大合的性格，也比马化腾更具备攻击性，更像拿主意的人。不过或许正是这一点，也导致他最早脱离了团队，单独创业。

后来，马化腾在接受多家媒体的联合采访时承认，他最开始也考虑过和张志东、曾李青3个人均分股份的方法，但最后还是采取了5人创业团队，根据分工占据不同的股份结构的策略。即便是后来有人想加钱、占更大的股份，马化腾也说不行，他曾说：“根据我对你能力的判断，你不适合拿更多的股份。”因为在马化腾看来，未来的潜力要和应有的股份匹配，不匹配就要出问题。如果拿大股的不干事，干事的股份又少，矛盾就会发生。

当然，经过几次稀释，最后他们上市所持有的股份比例只有当初的1/3，但即便是这样，他们每个人的身价都还是达到了数十亿元人民币，是一个皆大欢喜的结局。

5.3　管理创业团队

5.3.1　创业团队成员的甄选

一项针对珠三角地区的109家科技企业创业团队进行的问卷调查表明：当初创业团队成员能够聚集一起共同创业，其缘由是多方面的。在选择“创业团队成员的最重要的聚合因素”一项中，选择“个人志趣具有一致性”、“亲情或朋友之间的友情”以及“能够给企业带来关键资源的个体”，三者加总占据总人数的80%以上，而选择“专业技术与管理能力的互补性”和“具有好和好散机制”只有16.9%。这说明，在初始的创业过程中，创业者基本没有太多地考虑团队结构和制度建设。显然，创业团队先天的缺失为日后的合作和持续发展留下了隐患。这同时也说明，创业团队聚合的过程中所考虑的成员情感因素要远大于人的能力与资源因素。

相应地，这份调查也清楚地描述了创业团队成员散伙或离职的主要原因。70%的人认为散伙是因为“合作不愉快、人际关系难处理”“对公司未来发展前景感到渺茫和不确定”“当初建立的信任基础发生动摇”。而选择“对公司分配机制不满意”“报酬不理想”等原因的只有10%。在调查创业团队成员被解职的原因时，选择“与董事会配合协调不一致”“经营理念偏差、行动不一致”的占据总调查人数的90%以上。由此可见，创业团队之所以解体，最重要的原因在于“团队合作精神”未能持续，合作的信任基础发生了动摇。

因此，选择优秀的创业团队伙伴并建立良好的工作关系是一项复杂的工作，需要诸多努力。由于创业团队中宽泛的知识、技术和经验有利于新企业，因此，在互补性而不是相似性的基础上选择合作创业者通常是一种更有用的策略。[①]虽然人们喜欢与自己相似的人交往，但如果一个团队成员所缺少的东西可以由另一个人或者更多的其他成员提供，那么团队形成的整合效应可以使得整体大于各部分之和。不过，也有结论表明，在动荡的外部环境下，企业家团队的异质性更加有利于新创企业的成长和利润提升。

5.3.2 创业团队中的核心领导力

人们常说："一头绵羊带领一群狮子，敌不过一头狮子带领的一群绵羊。"有效的领导力是团队创业的核心灵魂。德鲁克基金会认为：领导能力是把握组织的使命及动员人们围绕这个使命奋斗的一种能力；领导力是怎样做人的艺术，而不是怎样做事的艺术，最后决定领导者能力的是个人的品质和个性；领导者是通过其所领导的成员的努力而成功的；领导者的基本任务是建立一个高度自觉的、高产出的工作团队；领导者们要建立沟通之桥。因此，领导力不仅仅是运用权力、行使权威，而是要引领他人实现目标。和管理者有区别的是，领导者着重于管理工作中人际交流的部分，鼓舞他人、提供情绪支持，创造远景和制定战略规划。

艾伦·格兰特曾经调查了25位资深风险投资家，试图构建出一个创业领导力的范例。他的研究中得出了3个领域18个要点（如表5-3所示）。格兰特的工作表明成功的企业家不需要凭借正式权力就能向别人施加影响。当创业带头人表现出很强的控制欲，想要向他人展示权力或者总想把伙伴压制在自己之下时，企业往往都会产生麻烦。这些人善于化解冲突，知道什么时候用逻辑说理，什么时候用劝说说服，什么时候做出妥协，什么时候寸步不让。当不同的利益相关者出现目标冲突的时候，创业者要成为一个调停者、磋商者而不是独裁者。成功的创业者会造就英雄、成就企业。

5.3.3 创业团队的股权配置与退出

股权配置是在工作分工之外，对创业利益分配方式的约定，也是维系创业团队凝聚力的基础。早期创业公司的股权分配设计主要牵扯到两个本质问题：一个是如何利用一个合理的股权结构保证创始人对公司的控制力，另一个是通过股权分配帮助公司获取更多资源，包括找到有实力的合伙人和投资人。许多创业公司容易出现的一个问题是，在创业早期大家一起埋头拼搏，不会考虑各自占多少股份和怎么获取这些股权，因为这个时候公司的股权就是一张空头支票。等到公司的前景越来越清晰、公司里可以看到的价值越来越大时，早期的创始成员会越来越关心自己能够获取到的股份比例，而如果在这个时候再去讨论股权怎么分，很容易导致分配方式不能满足所有人的预期，导致团队出现问题，影响公司的发展。因此，股权分配规则在团队组建后应该尽早落地。

① 张玉利，陈寒松，薛红志，等.创业管理［M］.4版.北京：机械工业出版社，2016：94.

表 5-3　**创业领导力范例**

带头的创业者	
自我觉醒	具有现实主义者的态度，而不是无所不能的态度
性情诚实	值得信赖，他/她的话就是承诺
	当不知道时会承认自己不知道
节奏的制造者	表现出高昂的精神状态，以及紧迫感
勇气	能够做出艰难的决策，设置高目标并为之拼搏
沟通技巧	在市场中能与企业团队及其他企业参与者保持有效的对话
团队参与者	精通人员管理与团队建设技巧
企业团队	
组织类型	带头创业者与企业团队在参与性的环境中将他们的技能融合在一起
伦理行为	坚持商业伦理，严格履行
责任感	承诺能够兑现，或者做得更好
关注点	关注与企业的长期发展策略，但是实现的战术是灵活的
绩效/奖赏	产生高水平的绩效，当表现更突出会得到公平、公正的奖赏
适应性	对产品/技术周期的快速变化做出反应
外部环境影响	
委托人的需求	组织的需求要满足，企业服务的其他公众利益也要满足
以往的经验	以往的大量经验可以被有效应用
指导	其他人的特长可以发挥利用
问题解决	新问题能够很快解决或优先处理
价值创造	高度承诺为投资人、客户、雇员以及其他股东创造长期价值
技能重点	市场技能高于技术能力

1. 股权分配机制

一般情况下，参与公司持股的人主要包括公司合伙人（创始人和联合创始人）、员工与外部顾问、投资方。在创业早期进行股权结构设计时，要保证这样的股权结构设计能够方便后期融资、后期人才引进和激励。当有投资机构准备进入后，投资方一般会要求创始人团队在投资进入之前在公司的股权比例中预留出一部分股份作为期权池，为后进入公司的员工和公司的股权激励方案预留，以免后期稀释投资人的股份。这部分作为股权池预留的股份一般由创始人代持。而在投资进来之前，原始的创业股东在分配股权时，也可以先根据一定阶段内公司的融资计划，先预留出一部分股份放入股权池用于后续融资，另外预留一部分股份放入股权池用于持续吸引人才和进行员工激励。原始创业股东按照商定的比例分配剩下的股份，股权池的股份由创始人代持。

一些创业公司在早期进行工商注册时会采取合伙人股权代持的方式，即由部分股东代持其他股东的股份进行工商注册，来减少初创期因核心团队离职而造成的频繁股权变更，等到团队稳定后再给。

2. 股权绑定

创业公司股权真实的价值是所有合伙人与公司长期绑定，通过长期服务公司去赚取股权，也就是说，股权按照创始团队成员在公司工作的年数，逐步兑现。原因在于创业公司是大家做出来的，当到了一个时间点某个成员停止为公司服务时，就不应该继续享受其他合伙人接下来创造的价值。股份绑定期一般是4~5年，许多创业公司都约定个人必须在公司做够起码1年才可持有股份（包括创始人），然后逐年兑现一定比例的股份。

3. 股权退出机制

在创业公司的发展过程中总是会遇到核心人员的波动，特别是已经持有公司股权的合伙人退出团队，如何处理合伙人手里的股份，才能免因合伙人股权问题影响公司正常经营，是一个需要重视的问题。

（1）提前约定退出机制，管理好合伙人预期

提前设定好股权退出机制，约定好在什么阶段合伙人退出公司、要退回的股权和退回形式。创业公司的股权价值是所有合伙人持续长期的服务于公司赚取的，当合伙人退出公司后，其所持的股权应该按照一定的形式退出。一方面对于继续在公司里做事的其他合伙人更公平，另一方面也便于公司的持续稳定发展。

（2）股东中途退出，股权溢价回购

退出的合伙人的股权回购方式只能通过提前约定退出，退出时公司可以按照当时公司的估值对合伙人手里的股权进行回购，回购的价格可以按照当时公司估值的价格适当溢价。

（3）设定违约金条款

为了防止合伙人退出公司但却不同意公司回购股权，可以在股东协议中设定一定的违约金条款。

【创新实例 5-2】

万通六君子：江湖方式进入，商人方式退出

1991年6月，“万通六君子”在海南成立了海南农业高科技投资联合开发总公司（万通前身）。成立之初，王功权是法人代表、总经理，冯仑和刘军是副董事

长，王启富是办公室主任，易小迪则是总经理助理，潘石屹主管财务中心。

在第一次界定合伙人利益关系时，冯仑等人采用的是“水泊梁山”的模式——“座有序，利无别”。大家虽然职务有差别，但利益是平均分配的。在当时，董事长的位置并不重要，大家关注的焦点是法人代表和总经理。大家一致认为，王功权当法人代表和总经理比较合适，于是，法人代表和总经理就由王功权担任。冯仑则担任副董事长（当时董事长职务必须由投资主管单位的人担任），王启富、易小迪和刘军担任副总。1992 年初，潘石屹加入了公司，最初担任总经理助理兼财务部经理，后来也变成副总。

1992 年，通过运作海口“九都别墅”项目，“农高投”赚得了“第一桶金”。完成原始积累后，公司开始招聘新人，这才有了真正意义上的上下级关系。由于王功权、冯仑等人的座次排得很模糊，导致六人权力均等，因而产生了一个问题：下面的员工自觉不自觉地会“站队”，形成各式各样的派系，导致组织运行效率低下。1993 年 1 月 18 日，“农高投”增资扩股，改制为有限责任公司形式的企业集团。在之前，冯仑等人的合伙人关系是虚拟的，没有股权基础。通过这次改制，冯仑等人开始建立了财产基础上的合伙人关系。万通六君子在确定股权时采取了平均分配的办法。由于是平均分配，大家说话的权力是一样的，万通成立了一个常务董事会，重大的决策都是六个人来定。

1993 年 6 月，由万通集团投资并以定向募集方式发起组建了北京万通实业股份有限公司，公司实收资本金 8 亿元人民币，成为北京最早成立的以民营资本为主体的大型股份制企业。此时，六君子产生了不同的经营思想，最大的分歧在于钱往哪儿投。冯仑说，全部是经营思想上的不同，你想往东我想往西，没有利益上的纷争。大家说不到一块去，于是争吵就不可避免。1994 年秋天，“万通六雄”在广西西山开会，这次会议在万通历史上被称为“分裂会议”。在这次会议上，几个人吵了不下十几次。王功权哭了，冯仑也哭了……无关利益，泪为情洒，就好像一场同甘共苦、坦诚相爱的婚姻，终要忍痛分别。

1995 年 3 月，六兄弟进行了第一次分手，王启富、潘石屹和易小迪选择离开；1998 年，刘军选择离开；2003 年，王功权选择离开，至此，万通完成了从六个人到一个人（冯仑）的转变。分手后，万通六君子都实现了各自的精彩。冯仑、潘石屹和易小迪成为地产界的大鳄，王功权成为知名的风险投资家，王启富和刘军也在其他领域开创了一番事业。

资料来源：江远．万通六君子：江湖方式进入，商人方式退出［J］．管理学家，2010（8）．

5.3.4 创业团队冲突的处理

冲突是一种过程，也是一种心理体验，源于一方感觉到另一方将对自己关心的事情产生消极影响[①]。传统观点认为冲突是有害的，管理者应该尽量避免冲突。但

① 鲁森斯，卢坦斯．组织行为学［M］．王垒，姚翔，童佳瑾，等，译．北京：人民邮电出版社，2009．

随着管理实践的发展，人们逐渐意识到冲突是组织无法避免的，有时候也会成为人们工作的积极动力。因此，管理者应该接纳冲突，甚至在一定程度上要鼓励有益的冲突。变化导致冲突，冲突同样也会带来变化。良好的冲突管理并不意味与变化绝缘，也不意味着创业企业总是能表现得最好，或者得到所有想要的结果。但是，有效的冲突管理却能帮助创业团队及新创企业顺应新的发展，并针对新的威胁与挑战创造出适当的应对方案。

冲突往往来自于不一致，对于创业团队而言，完全的一致和无异议并不见得是一件好事。当团队内部过于一致化的时候，此时团队可能存在着团队思维（或群体思维）。这是指当人们处于一个凝聚力很强的团队中时，为达成一致而使动机凌驾于现实评估的备选行动方案之上的一种思维模式。即会对少数派的不同意见持有不客观的评价。此时需要有建设性的意见和声音来加入团队，以使团队维持较好的创新和创造水平。

不过，团队中的冲突也需要分类对待。有一类冲突是属于认知性的，即团队成员对有关企业生产经营管理过程中出现的与问题相关的意见、观点和看法所形成的不一致性。这类冲突一定程度上有助于改善团队决策。另一类冲突则是情感性的，这类冲突往往针对个人，引起的敌意会使一些成员对另一些成员的提议产生抵制心理，即使这些提议是以任务为导向的，也常常会引发不一致性，带来冷嘲热讽、不信任和回避，因此会降低团队绩效。因此，团队冲突的处理主要是针对情感冲突的解决。

1. 正确地看待意见分歧

团队里一定会有意见分歧的时候，甚至出现大家坚守自己想法的情况。如果继续拉锯下去，只会让项目无限拖延。此时可以采用头脑风暴或群体会议法，首先将大家不同的想法列出来，然后看哪些地方可以抽取出来，哪些可以改进，适当地取长补短，才能有助于创业项目运营。既不在想法上完全否定对方，也不盲目赞同，而是通过了解具体情况后再做判断。

2. 培养团队成员的共识

培养共识就是要让团队成员都知道团队的价值观。团队价值观是让大家理解做这事的目的是什么，大家为什么要努力去实现它，每个人的价值在哪，实现后能让大家获得什么。通过成员的承诺和团队文化的建设，以及团队内部规范的制定，可以帮助成员更好地理解团队的意义。

3. 提升团队协作技巧和问题处理方式

在创业团队中，每个成员都有不同的分工和技能，如果能知道如何更好地跟大家协作，完成任务一定会事半功倍。这需要成员之间有较好的合作基础和磨合过程。团队处事方式包括快速判断事情的优先次序并进行有序处理。例如，遇到突发情况，核心领导是否可授权团队成员处理，以及怎样处理等。培训处事技巧可以提升团队成员解决问题的能力，而且帮助成员培养良好的处理事情的习惯，可以大大提升问题的处理效率。

【本章小结】

1. 从创业过程来看，创业是以机遇为导向的，为创业者和创业团队所驱动，需要运用资源最小化且富有创造力的策略，依靠机遇、团队和资源三要素之间的和谐和平衡，因而是一个综合的有机整体，一旦三要素失去平衡，创业活动就会受到影响。

2. 创业者以及创业团队的形成和组建是一个复杂的过程。很多创业者在制定创业计划和开始商业运营的时候，并没有意识到管理团队的重要性。而往往就是由于这一疏忽使得很多创业企业陷入困境，痛定思痛的时候才发现组建一个强有力的管理团队何其重要。

3. 广义的创业团队一般由初始创业者、董事会、核心员工和专家顾问组成。影响创业团队有效性的管理要素主要包括团队成员的甄选、创业团队的核心领导力、股权配置与退出、团队冲突处理等。

【核心概念】

创业团队　团队创业　核心领导力　股权配置　股权退出　认知冲突　情感冲突

【课后思考】

1. 你认为在创业团队组建的过程中，哪些因素最为重要？列举出五个并进行排序，谈谈你的原因。

2. 不同年代的创业者和创业团队身上凝聚了不同时代的环境特点和社会差异，你觉得90后的创业团队与马云等六七十年代的创业者和他们的团队有何不同？

3. 除了本章内容中所提出的创业团队类型，你还能归纳出哪些创业团队的构成模式？

4. 你觉得《西游记》中由唐僧、孙悟空、猪八戒和沙僧组成的团队是否是一个有效的团队？如果从创业的角度来看，他们是否符合创业团队的运营要求？

【实践演练】

练习1　大学生创业团队素质调查与分析

访谈、调查你身边的大学生创业者和团队，设计访谈问卷，观察、追踪他们的创业活动，看看他们都具备哪些素质能力。这些创业素质是否和非大学生创业者有区别？

练习2　创业团队的组建

为你的创业项目选择核心团队成员，并将甄选要点记录下来，为每一位成员安排相应的职责，画出任务分工图或组织结构图。如果你已经有了创业团队或加入了某一个团队，尝试进行股权配置的设计，请老师或专家进行评价。

练习 3　　情景模拟：想到我的企业来工作的亲戚

状况：你的创业企业办得不错。你想雇用一名销售经理，以便你自己脱身出来管理生产。你的一个曾在当地政府部门做过领导的表兄弟知道了你的打算，向你提出要求，要你把这份工作给他。你怎么办？

业主：知道自己的这位亲戚因为在工作中违反纪律已被免职了一段时间。若想用你的亲戚，应怎样回答，提出什么要求；若不想用你的亲戚，你该怎样拒绝他的要求呢？

亲戚：手头非常拮据，需要钱送孩子上重点学校，又非常需要一份工作。但也知道他的表兄弟是个不好打交道的家伙。自己也知道必须努力工作，而且已经准备好了向他表明愿意努力工作的打算。

可以由不同的同学扮演业主和亲戚的角色，进行情景模拟，了解冲突处理的方式。

练习 4　　案例分析

爱多：被创业伙伴拉下马的“标王”

纵观中国改革开放后的商业史，你会发现，很多名噪一时的企业家都是“草根”出身，爱多创始人胡志标和陈天南也不例外——两人都出身贫寒，文化程度也都不高。胡志标是中山市民众镇人。1986 年胡志标去中山市一所职业学校学习电器维修，认识了陈天南。两人住在同一宿舍，很快就成了朝夕相处的好朋友。当时电器维修的生意并不好做，两人决定办一个小型变压器厂。那时他们只有 18 岁。拿现在的话来说，工厂是一个典型的“山寨工厂”。几年后，胡志标和陈天南又改做游戏机和学习机，并将厂名改为“升达电子厂”，由陈天南负责生产，胡志标负责营销。

1994 年，经历了小霸王打假风波的胡志标和陈天南意识到，公司没有属于自己的技术肯定是不行的，于是招揽了电子专家刘强。1995 年 6 月，通过悉心钻研，刘强终于开发出了 VCD 样机，取名为爱多，一款在日后颠覆 VCD 市场的产品由此诞生。同年胡志标和陈天南共同投入 80 万元注册资金，成立了中山市爱多电器公司，两人各占 45% 的股份，另外 10% 股份则由公司所在地东升镇益隆村拥有，爱多正式“起航”。

“快公司”爱多

胡志标并没有受过专业的商业训练，但却对做宣传和做市场有着惊人的天赋。1995 年 11 月，爱多在《羊城晚报》上做了据称是国内第一条悬念广告，迅速打响了知名度。同月，胡志标又投入重金，买下了中央电视台体育新闻前 5 秒的标版，成为首家在央视做广告的 VCD 厂商。有了知名度后，胡志标便派人在各地找经销商，通过“现款现货，款到付货”的方式，拿到了 2 000 万元的预付款。1998 年 8 月，爱多成功登陆上海，完成了全国第一轮推广。1996 年 11 月 8 日，爱多以 8 200 万元争得中央电视台天气预报后的一个 5 秒标版，夺得电子类第一名。1997 年 11 月，在广告上尝到甜头的胡志标又做出了惊人之举，以 2.1 亿元的天价获得中央电视台新闻联播后5秒黄金标版，成为第四届“标王”，从而震惊全国。

同样在11月，亢奋的爱多推出了“阳光行动B计划”，大意是将为广大用户提供增值服务，胡志标忽略了这是一个耗资庞大的工程，已经远远超出了爱多的投资能力。虽然当时“B计划”重重受阻，但胡志标早就“杀”红了眼，发誓要占据行业第一的宝座。爱多主要使用两招：一是大降价；二是进行“买就送”的活动——这是一场不计成本的厮杀。1998年6月，爱多在全国大商场的占有率从1997年的16%增长到23%，与新科共居排行榜首位。爱多似乎打赢了这一仗，但在和新科缠斗的半年中，爱多共耗费了1.5亿元，产品也是“卖一台，亏一台”，导致爱多几乎到了“弹尽粮绝”的地步。

股东之争

在外人看来，爱多一路狂飙，高潮迭起。但实际上，在爱多飞速发展的背后，胡志标和陈天南之间的矛盾犹如暗流一般，在不断地升温、涌动。

1997年5月，中山爱多更名为广东爱多，注册资金增加到2 000万元，法人代表也由陈天南变更为胡志标。据陈天南披露，胡志标认为自己名声在外，为了办事方便，主动提出要变更法人代表。而陈天南认为，只要对爱多的发展有利就行，谁当法人代表都无所谓，便同意了。但没想到，大权独握的胡志标从此开始“目中无人”了。

“标王”事件之后，胡志标让陈天南负责建设爱多工业城。而这也正是陈天南多年的愿望，他便全身心地投入其中。陈天南在益隆管理区征了200多亩地，进行了半年的筹备工作，就在即将开工之际，胡志标突然找到陈天南，要放弃这个项目，原因是爱多资金紧缺，要把这块地作为抵押向银行贷款。陈天南十分气愤，将此事解读为胡志标有意将他支走，不让他再参与爱多的决策。

爱多成为“标王”后，知名度确实更高了，但却并没有带来预期的效应。陈天南认为，这是一种疯狂的、不理智的行为，但他还是阻止不了胡志标。陈天南感到，爱多已经陷入了危机之中，而他又爱莫能助，便找到胡志标，要求退股，股份折价5 000万元。胡志标答应了这一要求，并和陈天南商定，因为爱多资金并不宽裕，5 000万元采取分期付款的方式。当陈天南提出退股后，便不再去爱多上班，和胡志标合作了十几年的情谊就此搁浅。

“击杀”胡志标

1999年4月7日，陈天南在《羊城晚报》上发表了律师声明，声称爱多新办的所有子公司均未经董事会授权和批准，其所有经营行为和债务债权均与“广东爱多电器有限公司”无关。陈天南对媒体表示，胡志标承诺要退还他5 000万元股金，但一直没有兑现。他曾找过胡志标多次。一天，他去爱多办公楼找胡志标，发现在办公楼前聚集着黑压压的一片追债人群。面对此情此景，陈天南马上找到胡志标，要求进行财务审计，但又一次遭到了拒绝，陈天南长期压抑的怒火终于爆发了。在要求审计未果后，便向胡志标发起了致命一击——发表律师声明。

在陈天南和另一股东益隆村的联合下，胡志标被迫让出董事长和总经理的位置。虽然在给陈天南开下“空头支票”后，在部分经销商的支持下，胡志标得以“复辟”，但他已无力回天。1999 年 12 月，中山市中级人民法院依法受理东莞宏强电子公司等申请债务人广东爱多破产还债一案，广东爱多进入破产程序。

1999 年 10 月，常年为爱多服务的广东蓝色火焰广告公司以 2 000 万元债权人的身份获得爱多品牌的使用权，并开始推出新的爱多产品。但没过几个月，一家新组建的中山爱多公司突然宣布，以 1 000 万元的价格从广东爱多公司受让到了爱多商标。为此，“蓝色火焰”将中山爱多告上法庭。

2000 年 4 月 18 日，胡志标在中山一家酒店度假时被汕头警方拘留。2003 年 6 月，中山市中级人民法院一审判决，以票据诈骗罪、挪用资金罪、虚报注册资本罪判处胡志标有期徒刑 20 年，并罚款 65 万元。2004 年 11 月，广东省高级人民法院对胡志标的票据诈骗罪不予认定，二审改判为有期徒刑 8 年，罚款 25 万元。

后记：“标王”复出

2006 年 1 月 20 日，由于在狱中表现良好，胡志标提前获得假释。据称，在狱中，胡志标喜欢上了篮球，并一直在捧读历史和管理方面的书籍。2009 年，胡志标成立了以自己名字命名的咨询公司，主要开展三项业务：咨询、培训和投资。胡志标称，他想帮助中小企业成长：“我不想他们走弯路，我的目的就是提醒他们，帮助他们。这个国家要和谐，靠什么？靠的就是一千多万的中小企业，如果中小企业都健康持续发展，这个国家就会和谐。”

讨论题：

（1）你如何看待爱多公司两位创始人的“分手”？

（2）从团队关系的角度，你是否赞同胡志标的做法，是否有更好的方式处理与合伙人的冲突？

第6章　商业模式

现代企业之间的竞争不再是产品之间的竞争，而是商业模式之间的竞争。

——德鲁克

【学习目标】

1. 理解商业模式的概念内涵
2. 认知商业模式的构成要素
3. 掌握商业模式的设计方法
4. 熟悉商业模式的常见式样

【引导案例】

商业模式的魔力①

相信不少人都有过搭乘飞机的经验，通常下了飞机以后还要再搭乘另一种交通工具才能到达目的地。在中国的四川成都机场有个很特别的景象，当你下了飞机以后，你会看到机场外停了百辆休旅车，后面写着"免费接送"。

如果你想前往市区，平均要花150元人民币的车费去搭出租车，但是如果你选择搭乘这种黄色的休旅车，只要一辆车坐满了，司机就会发车带乘客去市区的任何一个地点，完全免费！你若是乘客，你要不要搭？

居然有这样的好事呀？请先略读下面这则新闻：

"四川航空公司一次性从风行汽车订购150辆风行菱智MPV。四川航空公司此次采购风行菱智MPV主要是为了延伸服务空间，挑选高品质的商务车作为旅客航空服务班车来提高在陆地上航空服务的水平。为此，川航还制定了完整的选车流程。作为航空服务班车除了要具备可靠的品质和服务外，车型的外观、动力、内饰、节能环保、操控性和舒适性等方面都要能够达到服务航空客户的基本要求。"

四川航空，这家航空公司，向风行汽车买了150辆休旅车，这么大一笔订单当然是为了提供上述免费的接送服务。四川航空一方面提供的机票是五折优惠，一方面又给乘客提供免费接送服务，这一举措为四川航空带来上亿元的利润。我们不禁要问：免费的车怎么也能给它创造这么高的利润？这就是商业模式的魔力！

---

① 陈小拉．商业模式是利益相关者的交易结构——访北大汇丰商学院副院长、商业模式专家魏炜教授［J］．世界经理人，2012（11）．

原价一辆 14.8 万元人民币的休旅车，四川航空要求以 9 万元的价格购买 150 辆，提供给风行汽车的条件是，四川航空令司机于载客的途中提供乘客关于这台车的详细介绍，简单地说，就是司机在车上帮车商做广告，销售汽车。在乘客的乘坐体验中顺道带出车的优点和车商的服务。每一辆车可以载 7 名乘客，以每天 3 趟计算，150 辆车，带来的广告受众人数是：7×6×365×150，超过 200 万的受众群体，并且宣传效果也非同一般。

司机哪里找？想象一下在四川有很多找不到工作的人，其中有部分很想要当出租车司机，据说从事这行要先缴一笔和轿车差不多费用的保证金，而且他们只有车子的使用权，不具有所有权。因此四川航空征召了这些人，以一辆休旅车 17.8 万元的价钱出售给这些准司机，告诉他们只要每载一名乘客，四川航空就会付给司机 25 元人民币！

四川航空立即进账了 1 320 万元人民币：（17.8−9）×150。你或许会疑问：不对，司机为什么要用更贵的价钱买车？因为对司机而言，比起一般出租车要在路上到处晃呀晃地找客人，四川航空提供了一条客源稳定的路线！这样的诱因当然能吸引司机来应征！这 17.8 万元里包含了稳定的客户源、特许经营费用、管理费用。

接下来，四川航空推出了只要购买五折票价以上的机票，就送免费市区接送的活动！基本上整个资源整合的商业模式已经形成了。

对这一模式继续分析，对乘客而言，不仅省下了 150 元的车费，也省下了解决机场到市区之间交通的问题，划算！对风行汽车而言，虽然以低价出售车子，不过该公司却多出了 150 名业务员帮他卖车子，以及省下了一笔广告预算，换得一个稳定的广告通路，划算！对司机而言，与其把钱投资在自行开出租车营业上，不如成为四川航空的专线司机，获得稳定的收入来源，划算！至于对四川航空而言呢，这 150 辆印有“免费接送”字样的车每天在市区到处跑来跑去，让这个优惠信息传遍大街小巷。还不够，与车商签约在期限过了之后就可以开始酌情收取广告费（包含出租车体广告）；最后，四川航空最大的获利，别忘了还有那 1 320 万元，当这个商业模式形成后，根据统计，四川航空平均每天多卖了 10 000 张机票！回想一下，四川航空付出的成本只有多少？到这里，大家一定发现了资源整合的惊人效益！

6.1 商业模式内涵

【创新实例 6-1】

模式思维应用于企业

AlphaGo 相信大家也是比较熟悉的了。这并不是一个陌生的名字。2016 年 3 月，举世瞩目的围棋“人机世界大战”在韩国首尔上演，比赛一方是围棋世界冠军、韩国名将李世乭，九段，另一方，就是谷歌公司研制的人工智能程序AlphaGo。最终，人工智能以4∶1大比分赢取了最终的胜利。

AlphaGo有四个思考用的“大脑”，也就是DeepMind团队训练出来的四个神经网络，可以形象地称为“快速走子网络”“专家训练网络”“自我提升网络”“价值判断网络”。前三个神经网络都以当前围棋对弈局面为输入，经过计算后输出可能的走子选择和对应的概率，概率越大的点意味着神经网络更倾向于在那一点走子，这个概率是针对输入局面下所有可能的走子方法而计算的，也就是每个可能的落子点都有一个概率，当然会有不少的点概率为0。第四个神经网络是进行价值判断的，输入一个对弈局面，它会计算得出这个局面下黑棋和白棋的胜率。

训练好这四个神经网络之后，AlphaGo就可以开始与人对弈了。在对弈过程中，AlphaGo的“思考”是通过蒙特卡洛博弈树搜索和模拟来实现的。至于蒙卡搜索模拟到什么时候，取决于给AlphaGo多长的时间走一步棋，时间快到的时候，AlphaGo就停止搜索模拟，并以根节点下搜索途经次数最多的节点（因为每次都是选最佳节点搜索模拟，所以搜索结束后就以途经次数最多作为标准了）作为自己本步的着法。其实AlphaGo思考的全过程和人类很类似，有思考下一步着法的“大脑”，有判断局面价值的“大脑”，然后再向后推断若干步，确定自己的“走法”。

跟AlphaGo下棋是一种什么样的体验？

在AlphaGo取得46连胜之后，聂卫平撰文点评AlphaGo的棋路，说这一招“直接点角很奇怪，明显不符棋理，但意外成立”；那一招“左上角撞实黑棋的下法难以苟同，然而它就这么下了，还能赢”……认为AlphaGo颠覆了围棋传统，“没有它不敢下的棋，棋盘上也没有它不能落子的地方，将围棋的自由无垠展现得淋漓尽致”。

这个观感意味着什么？人类高手的落子，别的高手谈不上看不懂。AlphaGo的一些落子，看似无理却能赢，居然一众人类高手直呼“看不懂”。这意味着AlphaGo的棋力远胜人类高手。

棋力的本质是算力与算法。

这是一种相当绝望的感受：你之前的所有经验都没法在AlphaGo上应用，你没法理解AlphaGo是怎么想的，你的每一个技巧AlphaGo都有应对手段，你也没法理解AlphaGo怎么可以下出那么臭的招数，但最后却能碾压你。

国际象棋AI用了不到10年时间完成的战绩，围棋AI只用了不到10个月。AlphaGo的获胜为每一位高级经理人和投资者都打开了一扇通往未来的窗户。无须多想，我们就能意识到，一种将来我们都能用来制定商业战略和投资战略的重要工具已初露端倪。

我们相信，任何一家公司，如果它能够像AlphaGo的研究小组一样为模式研究投资的话——这种投资主要是方向上的（而非成本上的），包括管理层的团队合作、系统的模式开发和不断的学习——它都能产生非常有新意的战略，并能获得可持续的长期投资回报。

对模式的投资能够协助企业的经营者在企业竞争中获胜。需要指出的是，企业竞争是永无止境的，这是与围棋的不同之处。但是企业竞争的核心仍然是模式认知之争，包括：竞争如何发展到今天，目前竞争状况如何，以及竞争将向什么方向发展等。

掌握了商业模式识别的人习惯于从新手们看上去是混沌的状态开始。在他们眼中并没有混沌，他们所看到的是按照一定的复杂性展开的战略图景，他们发现了隐藏于其中的模式。他们“掌握了模式”。

“掌握模式”极为重要。这好像是在满天乌云、漆黑一片的夜晚戴上了一副红外夜视镜，不仅能帮助你看清三步之内的危险，还能让你看清通向机会的道路，并发现哪些行动将使竞争的形势向着有利于你的方向转化。

“不能掌握模式”则将产生相反的结果。看不清危险，看不清机会，在竞争中疲于奔命，穷于应付，无力创新。

这就是为什么那些认识到商业模式识别威力的人如此勤奋实践、如此努力学习的原因。那些“掌握模式”的人利用他们的经验提高战略技巧，将竞争带入新的层次。而那些没有“掌握模式”的人则在竞争中败北，差距越来越大。

资料来源：根据相关新闻编写．

思考：什么是商业模式?

6.1.1 概念

商业模式是什么呢?

商业模式是一个多构面、多层次的概念，不同学者研究的视角不同，对于商业模式的理解也不同。其中，有的从系统的角度，将商业模式定义为一个有机系统，也有的从经济角度，认为商业模式是一个技术向经济转化的工具，还有从商业模式的本质属性出发，突出商业模式在价值主张、价值创造、价值网络和价值维护中的作用，还有从综合视角来研究的（见表 6-1）。由于研究者选取的研究视角和方法不同，造成目前商业模式的定义差别较大。

到目前为止，在学术界和企业界中还没有一个能被大家普遍接受的商业模式定义和分类。商业模式的内涵和外延还在不断变化，其概念定义也没有达成共识。一方面，商业模式是从全新的角度来考察企业，是一个正在形成和发展中的理论框架和操作体系，很多概念和内容尚未明晰；另一方面，商业模式涵盖了企业全部的活动内容，从资源获取、生产组织、产品营销、售后服务到研究开发、合作伙伴、客户关系、收入方式等。

本书认为，商业模式是以价值创造为核心的关于企业生存与发展的基础逻辑。这里提到的价值不仅仅是创造利润，还包括为客户、员工、合作伙伴、股东提供的价值，以及在此基础上形成的企业竞争力与持续发展力。也可以说，它是

表 6-1 **商业模式定义**[①]

视角	代表学者	商业模式定义
系统	Paul Timmers（1998）	采用系统方法定义商业模式，将其视为由产品、服务和信息构成的有机系统
	Amit和Zott（2001）	商业模式是一种事务组成要素的体系结构配置，这种体系结构说明了公司、供应商、候补者和客户所组成的网络运作事务的方式
	Osterwalder（2005）	商业模式描述了企业为各细分目标市场提供的客户价值，以及在价值提供过程中该企业与其伙伴网络为了创造、推广和传递价值所形成的体系结构，以获取收入实现盈利
价值	Afuah和Tucci（2001）	商业模式是公司运作的秩序以及公司为自己、供应商、合作伙伴及客户创造价值的决定性来源，公司依据它来使用其资源、超越竞争对手和向客户提供更大的价值
	Linder和Cantrell（2000）	商业模式是组织价值创造与传递的核心逻辑
	Chesbrough（2002，2003，2009）	商业模式是将商业理念和技术相结合，以获取经济产出的一个分析框架，主要描述了价值创造与传递如何在企业经营中实现
	Dubosson等（2002）	商业模式是企业在进行价值创造、价值提供时，为了实现价值增值，形成的企业内外网络关系和结构，并在满足客户需求的基础上实现持续盈利
经济	Stewart和Zhao（2000）	商业模式是描述一个企业如何赚钱及如何长久维持其利润流的叙述
	Rappa（2001）	商业模式是指做生意的方法，是一个公司赖以生存的方式，一种能够为企业带来收益的模式，规定了公司在价值链中的位置
整合	Applegate（2001）	商业模式是复杂公司的描述，通过商业模式能够研究公司的结构和各结构要素间的关系，以及公司如何响应现实世界
	Magretta（2002）	商业模式解释了企业如何运作，各个部门间的组织关系
	Morris等（2005）	商业模式的概念划分为三个层面：经济层面、运营层面和战略层面，基于这三个层面可以建立一个商业模式的动态分析框架
	Demil，B.和Lecocq，X.（2010）	从企业投入产出的角度来看，商业模式就是企业在其实施过程中使其产出大于投入而获得利润的系统

企业整个投入产出营运过程的基础性逻辑，是企业系统组织经营活动的依据和蓝本。

① 刘卫星.商业模式对企业绩效影响的实证研究[D].大连理工大学,2013：12.

【引申阅读 6-1】

理想的商业模式

理想中的商业模式，又该是什么样的？我觉得主要有三个特征：

（1）轻：这里的轻，是真正的轻，是能够建立网络协同效应的轻，也就是说，在资产规模几乎不变动的前提下，市场规模能够支撑起内生性的指数级增长。从这一点来看，我一直认为 Uber 的估值相比 Airbnb，是不理性的。城市、区际之间，交通网络并不具有网络协同效应，但 Airbnb 显然有。

（2）敏捷：这里所说的敏捷，一定是基于轻的前提。如果和当今 500 强的资产规模一样，那敏捷永远也只能是口号。一个企业都应该像它的股价一样，从决策、管理、创新等方面，能够实时做出反应。敏捷意味着你可以随时调整策略，包括砍掉体量尚大，但已夕阳的业务线；意味着你可以灵活授权，每个层级有一定的自主权，不用层层审批；意味着减少中间环节，一个企业应该直接和市场、消费者连接，而不需要层层中间商……

（3）基于授权和标准：在轻和敏捷的前提下，一个难以替代的商业模式，绝对不是某种实体的产品或服务，而最好是一套基于授权的标准。就像 ARM 从不自己生产硬件一样，未来不应该是某一家饭店或 KTV 成功，而是一套饭店或 KTV 的标准和规范流程能成功。授权和标准从某种意义上来说，不仅仅只局限在技术标准上，而更偏重于管理。每个企业都有管理，但实际上因为自成一套，管理带来的代理成本，实际上是有很大的损耗的。从长期来看，一套提供标准和授权的管理要素，是具备了巨大的商业价值的，回到这一点来看，无论是平台为王的口号，还是这两年大热的云计算，无外乎如此。

资料来源：子不语．商业模式，以西施为美的时代已经过去[EB/OL].[2018-03-09].https：//zhuanlan.zhihu.com/p/21723772.

6.1.2 内涵

1. 商业模式是企业价值的产生机制

企业的价值创造是企业进行一切经营活动的核心主题，同时也是企业组织存在的理由。企业价值的来源主要有以下几种：（1）企业拥有自身的价值网络；（2）企业自身的技术变革；（3）企业自身的价值体系，也称价值链。

商业模式从企业内部运营的角度来看，它直接决定了企业的价值创造。企业业务流程与企业组织结构的信息系统息息相关，它由商业模式直接决定。企业商业模式直接决定了企业对于产品开发的投入以及企业获取价值的多少。企业在产品研发方面投入资金的多少，将直接影响企业获取多大的收益，所以说商业模式是技术开发与企业价值创造的转化机制。

随着信息技术和电子商务技术的快速发展，企业面临的外部经营环境每时每刻都在发生变化，与此同时行业界限的模糊也大大增加了企业通过网络进行交易和合作的可能性，与以往相比企业通过网络进行商品和服务的交易更快捷也更方便。

企业商业模式对于交易活动的组合方式进行设计，它对企业经营活动的影响将直接决定企业是否能够在交易活动中取得自身的利益以及价值的大小。

2. 商业模式的目的就是获取利益

企业从事一切经营活动的目的只有一个，那就是在这一过程中获得属于自身的利润，利润是企业维持自身发展以及生存的根本所在。正是基于此，许多研究者认为企业的商业模式其实就是企业维持自身生存，从而获得利润的过程。商业模式的成功与否直接关系着企业的生死存亡，所以说商业模式的成功与否对企业尤为重要。

3. 商业模式是由很多个构成要素组成的

通过以上对商业模式的研究，可以发现对商业模式研究的方式、方法以及角度虽然有很大的不同，但是在对商业模式构成要素进行的研究中，商业模式由多种要素构成是所有研究成果都承认的。这些要素包括企业自身拥有的技术、企业各个组织机构的协调与配合、企业所具有的诸如资源类的核心竞争力、企业的经营范围、企业的合作者以及顾客的价值观念、企业在经营活动中担任的角色等。

【概念比较 6-1】

商业模式与盈利模式

1. 商业模式与盈利模式的概念定义

商业模式和盈利模式是两个不同的概念，描述两个不同的对象，其所解决的问题也各不相同。

（1）商业模式是指商业操作中你整合了什么资源，对资源如何整合的逻辑设计，是解决如何创造社会价值的逻辑结构设计；

（2）盈利模式是在商业模式设计中，你自己是如何获取价值的问题，是解决自己在整个商业模式价值链中如何获利的逻辑结构设计。

2. 商业模式和盈利模式的必要性

（1）为什么需要商业模式的设计，商业模式在描述什么？

商业模式的设计重在解决你是如何创造价值的问题，是对如何创造价值的模型、逻辑结构的设计，是对资源的编码组合整合方式，回答你的模式本身都创造了什么价值，你都做了些什么，你是怎么做到的这样一些问题。

具体来讲，商业模式设计回答包括以下若干子问题：

①你涉足了什么领域和行业？

②你都整合了什么资源？

③你是如何设计这些资源的关联的，即你是如何整合这些资源的？

④在整个整合过程中，你都创造了什么价值？

⑤在整个价值链中，都涉及哪些关键环节，都有哪些利益攸关者？

⑥你在这样一个商业模式中，在整个价值链中你处于什么位置，你是如何去掌

控、驱动、整合整个价值链的？

（2）为什么需要盈利模式的设计，盈利模式在描述什么？

盈利模式的设计重在解决如何让自己获利的问题，你是怎么赚钱的？是向谁收费，怎么收费，收多少的问题，回答了在整个价值链中为获取价值，你都做了些什么，你是怎么做的问题。

具体来讲，盈利模式设计回答包括以下若干子问题：

①你向谁收钱（客户是谁的问题）？

②你拿什么去向别人收钱，你为客户创造了什么价值（产品服务设计的问题）？

③你能收多少钱（市场有多大的问题）？

④你收钱能收多久（市场生命周期的问题）？

⑤你的成本是多少（投资成本核算问题）？

⑥去除成本你的利润是多少（投资回报问题）？

3. 商业模式与盈利模式的关系

商业模式是从大的方面，从整个价值链角度，从整个社会角度来描述一个商业操作的内在逻辑结构的，而盈利模式则是在商业模式这样一个大的逻辑结构设计中从运作者的个体角度来描述一个商业操作的内在逻辑结构的，二者是对一个商业操作的不同层面、不同角度的逻辑架构。

商业模式是起点，先有了商业模式的设计，才有盈利模式的设计，其内在的逻辑是：我们要获取价值，总要先去创造出价值然后再去分享价值，商业模式重在创造出价值，盈利模式重在分享（分抢）价值，在这个逻辑链中，商业模式是前提条件。

无论是商业模式还是盈利模式最终都为了解决一个核心问题——获取商业价值，而商业模式和盈利模式的设计不过是解决同一个问题的两个关键性的逻辑链条而已，二者存在着承启的关系，一步步地实现获取商业价值的最终目标。

资料来源：佚名. 商业模式与盈利模式[EB/OL].[2018-03-09].http：//blog.sina.com.cn/s/blog_55893a0a0100gszp.html.

6.2 商业模式要素

6.2.1 构成要素

由于不同的企业各构成要素不同，整合形式不同，也就决定了不同的企业有着千差万别的商业模式。有一万家企业就有一万种商业模式。事实上，谁也不能否认，无论偏僻山村的杂货店，还是繁华都市的巨型企业，无论传统的手工企业，还是现代化的IT公司，从最原始、最简单的组织，到最庞大、最复杂的机构，无一例外，都拥有自己的商业模式。商业模式的构成要素见表6-2。

表 6-2　**商业模式构成要素**[①]

要素数量	构成要素	研究学者
3	产况/服务/信息流结构（业务参与者及角色）、参与者利益、收入来源	Timmers（1998）
	概念（市场机遇、产品/服务、市场定位、收入）、能力（运营模式、组织文化、核心资源）、价值（客户价值、财务绩效、各利益相关者绩效）	Applegate（2001）
4	核心战略、战略资源、价值网络、顾客界面	Hamel（2000）
	业务（价值主张、市场定位、价值网络）、财务（成本结构）、技术（所需功能）、组织（利润潜力）	Bouwman（2003）
	价值对象、价值内容、价值提升、价值实现、价值获取	翁君奕（2004）
	产品/服务（价值主张）、客户关系（目标客户、分销渠道、关系）、基础设施（价值配置、核心能力、伙伴网络）、财务（成本结构、收入模式、盈利模式）	Osterwalder（2005）
	价值主张、价值评定、价值支撑、价值维护	项国鹏（2008）
5	产品/服务/信息、收入来源、价值链配置、合作网络、客户关系	Lambert（2003）
6	价值主张、目标市场、内部价值链结构、成本结构与利润来源、价值网络、竞争战略	Chesbrough（2002）
	采购要素、市场要素、运营能力要素、竞争要素、财务和融资渠道要素	Michael Morris（2003）
	外部市场、客户关系、产品/服务、财务要素、核心资源、业务流程	叶乃沂（2004）
	企业战略、组织形式与结构、作业流程、价值链、核心能力、财务结构	程愚（2004）
	定位、业务系统、关键资源能力、盈利模式、现金结构与企业价值	魏谓（2009）
7	定价模式、收入模式、渠道模式、业务流程模式、支持网络的业务系统、组织形式、价值主张	Linder（2001）
	价值模式（产况/服务/体验）、资源模式、生产模式、客户关系模式（渠道/营销/服务）、收入模式、资本模式、市场模式	Petrovic（2001）
8	顾客价值、业务范围、价格、收入、相关活动、互补性、能力、可持续性	Afuah（2001）
	价值主张、核心战略、资源配置、组织结构、价值网络、产品服务、运营机制、盈利能力	罗珉（2009）

① 刘卫星．商业模式对企业绩效影响的实证研究[D]. 大连：大连理工大学．2013：14.

由表 6-2 可知，不同学者对商业模式的构成要素的解释差异较大，从要素数量上来看，多的划分为 8 个构成要素，少的有 3 个构成要素；从要素构成来看，包括了各种业务单元（生产、供应、销售等）、价值流程（价值主张、价值创造、价值网络和价值维护）、投入产出（产品、服务、收入、成本、利润等）。

6.2.2 模式画布

Alexander Osterwalder 等（2005）在对众多概念进行比较研究的基础上指出，商业模式应该回答以下 4 个方面的问题：第一，企业应如何确定目标顾客群，以及为这一特定群体提供何种产品或服务；第二，如何获取为了创造或生产这一产品或服务所需要的能力与资源；第三，如何将产品或服务传递给目标顾客，以及如何通过顾客收集对产品或服务的意见与建议；第四，如何确定提供产品或服务的成本及收益。

为了更贴近企业运作的状况，商业模式四要素可以再延伸成九宫格架构（如图 6-1 所示），具体包括：价值主张、客户细分、关键业务、分销渠道、客户关系、核心资源、合作伙伴、成本结构和收入来源九要素。九要素模型由于完整地反映了企业的战略定位、运营过程和利润来源，且具有一定的操作性而得到了学者们的广泛认同。

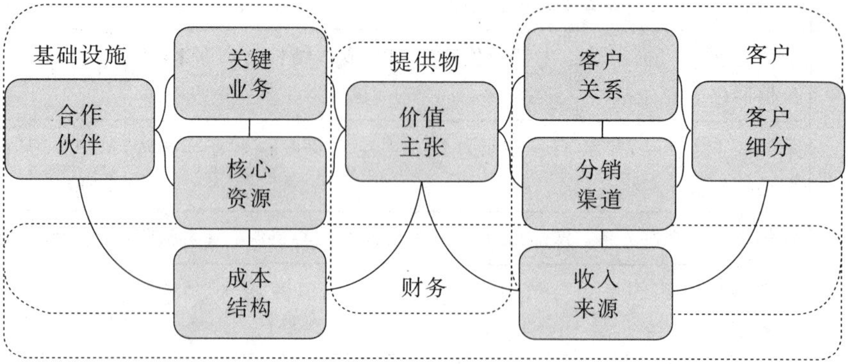

图 6-1 商业模式画布

1. 价值主张

价值主张就是客户需要的产品或服务，商业上所谓的痛点（问题），价值主张告诉消费者为什么选择你而不是选择你的竞争对手，并一开始就把你的产品或者服务清晰明了地传达给消费者。

例如，共享单车的出现，就是由于城市的拥堵而呼吁的生态环保且健身强体的出行方式，自行车到目前为止还是最佳的选择，在不能让人到达的每一个城市都带上自行车等问题存在的情况下，共享单车是不能否认的好主张。

核心卖点是你能提供给客户的一个特别的好处。这往往也是打动客户接受你而不是别人的关键点。它一定不是产品本身，甚至也不是产品的功能，而是产品背后的那个价值。

【引申阅读 6-2】

宝来车的客户

老张和他的三个朋友都买了宝来车，但他们买宝来车的原因却各不相同。老张买宝来车是因为在同档次车里宝来车的市场保有量最大，这样宝来车以后的维修和保养费用将会较低。

老张的朋友小刘有个 3 岁的女儿，小刘买宝来车的原因是看中了宝来车的安全性。

而小王曾经留学德国 4 年，非常喜欢德国车，对德国车情有独钟，所以在众多车中选中了出自德国大众的宝来。

小李本来不太喜欢宝来车，认为宝来车的内部空间较小，他本来想买丰田的花冠，但花冠没有现车，需要两个月后才能提车，而小李急需用车，后来发现宝来可以随时提车，于是就买了一辆。

对他们四个人而言，宝来车的最重要的价值主张是不一样的，见表 6-3：

表 6-3　**宝来车对于四人的不同价值主张**

客户	卖点	基本卖点还是附加卖点
老张	将来维修保养费用低	基本卖点
小刘	安全性	基本卖点
小王	德国车的文化底蕴	附加卖点
小李	有现车，可以随时提车	附加卖点

一个产品可能有多个价值主张，采用哪个卖点，要视客户的需求而定。要反复确认，这个卖点是不是客户的兴奋点，他是不是很在意，如果不是，你就需要重新界定客户或修订卖点。值得注意的是，卖点越深入到功能层次，你的定位就越清晰；越深入到心理层次，越不容易被复制。

2. 客户细分

上面说到了价值主张，然后我们就要知道我们为谁创造价值，谁是我们的重要用户，这就是你的目标用户群体，它可以是一个或多个群体的集合。

例如，当前的各类电商品牌，都是在充分重视对自己产品对应的客户进行细分后，发现了产品（服务）的发展方向，因为全盘通吃有可能什么都吃不到。

大学生创业者在被问到产品（服务）的客户是哪些人（群）时，回答总是很笼统，有些直接说：所有人。所有人就等于没有客户细分，目标不明确将直接导致项目无法执行。

【引申阅读 6-3】

客户细分

一般来说，细分可以根据三个方面的考虑来进行：

1. 外在属性

如客户的地域分布，客户的产品拥有，客户的组织归属——企业用户、个人用户、政府用户等。通常，这种分层最简单、直观，数据也很容易得到。但这种分类比较粗放，我们依然不知道在每一个客户层面，谁是“好”客户，谁是“差”客户。我们能知道的只是某一类客户（如大企业客户）较之另一类客户（如政府客户）可能消费能力更强。

2. 内在属性

内在属性是客户的内在因素所决定的属性，比如性别、年龄、信仰、爱好、收入、家庭成员数、信用度、性格、价值取向等。

3. 消费行为分类

不少行业对消费行为的分析主要从三个方面考虑，即所谓 RFM：最近消费、消费频率与消费额。这些指标都需要在账务系统中得到。但并不是每个行业都能适用。如在通信行业，对客户分类主要依据这样一些变量：话费量、使用行为特征、付款记录、信用记录、维护行为、注册行为等。

按照消费行为来分类通常只能适用于现有客户，对于潜在客户，由于消费行为还没有开始，当然分层也无从谈起。即使对于现有客户，消费行为分类也只能满足企业客户分层的特定目的，如奖励贡献多的客户。至于找出客户中的特点为市场营销活动找到确定对策，则要做更多的数据分析工作。

3. 关键业务

关键业务能存活下去，一旦错误理解和分拆，将导致创业项目无法执行，这也是各类创新创业大赛中评委十分看重的要素之一。

例如，腾讯的关键业务是社交、阿里的关键业务是电商、百度的关键业务是搜索。

4. 分销渠道

分销渠道就是组织机构（企业）沟通和交付给目标客户价值的不同方式。它能唤醒潜在客户对产品的了解，并促成买卖，保证售后满意度。

在传统的买卖行为中，我们随处可见重视渠道沟通而诞生的项目或行业，比如物流行业就是典型，极大地方便了企业和客户之间的沟通渠道，让客户也能快速地获得需求。再如各个城市的外卖企业以各种方式在需求客户集中区派发传单，这就很好地推广了他们的产品，让目标客户最好最快地获得熟知产品的渠道。也由此在互联网+的背景下，各类外卖平台迅速诞生，这也是很多企业争相上线各种产品宣传和推广平台的重点。

常见的渠道通道有面谈或电话沟通、店内营销沟通、实物交付、社交平台沟通等。

5. 客户关系

说到客户关系，很多大学生在写计划书的时候，都不能很好地将客户关系放入其中，客户关系就是企业与客户建立和保持的不同关系。会随着目标客户的不同变化而发生变化，既有时效性又不缺个性。所有的企业都需要不断加强与客户交流，不断了解客户需求，并不断对产品及服务进行改进和提高以满足客户需求。企业必须基于自身明确定义客户侧重的关系类型，尤其是在当前的互联网+背景下，创业者稍有不慎，会适得其反。

生活中常见的例子（如各类会员卡，会员制）就是一种较好的客户关系。再如互联网+背景下的粉丝经济，就是名人明星大咖们与粉丝间的客户关系。罗永浩想做锤子手机之前，由于他的个人魅力，有了大量的粉丝，也就是他已经与客户建立联系，推出锤子手机后，很大一部分粉丝就变成了他的客户。

6. 核心资源

核心资源，就是企业（项目）能够正常投入市场所需要的能力和资源，包括人力资源、实体资产、知识产权、金融资产等。不同的商业模式对资源的要求是不一样的，该部分在大学生进行商业计划书的设计时要重视，不然会很容易暴露企业（项目）的短板，甚至会影响企业（项目）的成败。具体来说，很多APP投入市场前需要很多钱，才能稳定地进入市场，如某品牌购物平台是在持续多年的投入后，才有盈利。再如阿里当初就是在免费注册商铺积累大量的商家后才吸引到了如今如此庞大的客户。再如微信如果只是个独立的社交平台，没有QQ关系链这个资源，一定不会有今天的疯狂。

7. 合作伙伴

只要需要借助外界力量来完成的事情都需要合作伙伴，除非该企业（项目）创业团队都具备，现实是，任何一个企业（项目）都不可能拥有所有的资源，而企业（项目）团队的任何人之间本就是合作伙伴呀，可见，谁是企业（项目）的重要伙伴？创业者在项目灵感出来后第一时间想到的是如何组建团队。说白了：有钱的人不一定有想法、有想法的人不一定有技术、有技术的人不一定有渠道……太辩证了，这一点其实不用举太多例子，因为快递公司没有车怎么办？饭店买不到菜怎么办？种菜的人不知道怎么销售怎么办？

8. 成本结构

成本，是再熟悉不过的词了，所有人都懂得它的内容。一句话，企业（项目）需要花钱的地方都是成本，只是我们需要掌握自己企业（项目）的成本结构模式，因为每一个（类）企业的成本结构模式都是有区别的，同样是社交平台，有技术团队和没技术团队的成本结构是不一样的，比如常见的固定成本包括场地成本、人力成本、营销成本、仓储成本、物流成本、进货成本等。

9. 收入来源

如果创业者不知道收入来源，该项目将会夭折。不管哪个老板，如果项目不赚钱，肯定不会干。所有的企业（项目）必须清晰了解：哪些客户愿意为哪些价值服务付钱，他们最喜欢的付钱方式是什么，收入占总收入的比例等。各类支付平台就是在互联网+的背景下产生的。收入来源常见的方式有两种：一次性收费和持续性收费。具体包括：一次性售出、租赁费、服务或使用费、订购费、注册费、中介费等。

6.3 商业模式设计

6.3.1 原则流程

1. 设计原则

企业的能力和竞争力并非是一成不变的，而是在“干中学”过程中知识积累形成的，因而企业商业模式本身是动态的，要对其不断地进行调整、修正、创新，应对企业内外部环境的变化，使企业得以持久、健康和快速发展。

企业商业模式的设计是指结合对企业商业模式本质的认识，在对商业模式演进划分的基础上，对商业模式的体系结构进行设计，对商业模式进行维度界定并形成结构体系的过程。通过对设计要素和设计维度的分析，为新创商业模式或既有商业模式的转型提供工具。

商业模式的设计要围绕价值进行，要遵循以下原则：

（1）商业模式设计以价值创新为灵魂。

商业模式的灵魂在于价值创新。企业必须借助商业模式进行价值创造、价值维护和价值提供，从而实现企业价值最大化。增强企业创新能力要注重三点，即注重企业软实力、构造企业价值网和为广义的客户创造价值。

（2）商业模式设计以占领客户为中心。

商业模式设计必须以客户为中心，由企业本位转向客户本位，由占领市场转向占领客户，为客户创造价值。认真考虑客户所期望获得的利益，把竞争的视角深入到为客户创造价值的层面中，从而进入到游刃有余的竞争空间。实施以客户为中心的主张，要注重三个要点，即精心研究客户需求、实施客户互动管理和创造新的附加值。

（3）商业模式设计以经济联盟为载体。

据统计，目前企业创造的价值曲线，1/3 源于企业内部，2/3 源于企业之间。新的商业模式不再是企业孤军奋战，必须以联盟为载体，发展联盟经济。通过合作，聚合彼此价值链上的核心能力，创造更大的价值和形成更强的群体竞争力。发展联盟经济，主要应做到三点，即强化供应链管理、打造企业核心竞争力和外包非核心业务。

（4）商业模式设计以应变能力为关键。

如果说商业模式决定了企业的成败，那么应变能力则是商业模式成败的关键。应变能力是企业面对复杂多变的市场的适应能力和应变策略，是竞争力的基础。企业增强应变能力，要注重三点，即注重时间观念、JIT 随需而变和个性化定制。

（5）商业模式设计以信息网络为平台。

新的商业模式必须重视信息网络的力量，在信息经济时代，脱离信息网络平台，企业将无竞争力可言。以信息网络为平台，要注重三个方面，即构造虚拟经济的竞争力、加快企业商务电子化和推动流程再造。

2. 设计流程

作为企业最为重要的创新活动，商业模式的形成必须要通过五个基本阶段：

一是创意产生，这是模式产生的基础，一个有创新精神的企业是模式创意产生的温床；

二是结构设计，把创意描述成一个有完整的经营理念、组织内外部结构和流程以及各部分如何进行配合的结构性蓝图；

三是模式运行，模式在利用内部资源和外部环境的基础上，对外部环境进行适应，同时为企业、顾客及其他利益相关者创造价值；

四是评估和修正，这是对商业模式的进一步完善，除根据商业模式运行的绩效来证明模式的可行性外，还需要证明模式是否具有持续的盈利能力和价值潜力；

五是模式的规范化，企业将经过结构验证和完善的模式发展成为企业经营的总的模式和依托。

商业模式的设计流程如图 6-2 所示。

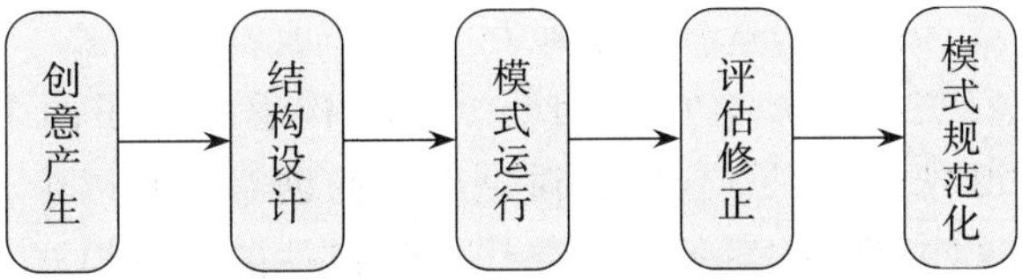

图 6-2　商业模式的设计流程

6.3.2　设计方法[①]

1. 客户观点

企业在市场研究上投入了大量的精力，然而在设计产品、服务和商业模式上却往往忽略了客户的观点。良好的商业模式设计应该避免这个错误，需要依靠对客户的深入理解，包括环境、日常事务、客户关心的焦点及愿望。

正如汽车制造商先驱亨利·福特曾经说过的那样："如果我问我的客户们想要什么，他们会告诉我'一匹更快的马'。"

另一个挑战在于要知道该听取哪些客户和忽略哪些客户的意见。有时，未来的增长领域就在现金牛的附近。因此商业模式创新者应该避免过于聚焦于现有客户细分群体，而应该盯着新的和未满足的客户细分群体。许多商业模式创新的成功，正是因为它们满足了新客户未得到满足的需求。

【名家语录 6-1】

创新既是理性的又是感性的。成功的创新者左右大脑并用：他们既观察数字，又观察人的行为。他们先分析出要满足某个机遇所必需的创新，然后，他们走进人群，观察顾客和用户，了解他们的期望、价值观和需求。创新既是理性的又是感性

① 奥斯特瓦德，等．商业模式新生代［M］．严威，译．北京：机械工业出版社，2016.

的。因此，创新第二项要做的事情就是走出去多看、多问、多听。这种做法值得再三强调。

——德鲁克

2. 创意构思

复制或者描绘一个已经存在的商业模式是容易的，但是设计一个全新的商业模式是非常困难的。设计新的商业模式需要创意构思，也就是需要设计者搜集生成大量商业模式创意，并从中筛选出最好的创意，这是一个富有创造性的过程。

当设计新的商业模式时，我们所面对的一个挑战是忽略现状和暂停关注运营问题，这样我们才能得到真正的全新创意。

商业模式创新不会往回看，因为对未来商业模式而言，过去的经验参考价值极为有限。商业模式创新也不是参照竞争对手就能完成的，因为商业模式创新不是复制或标杆对比的事情，而是要设计全新的机制，来创造价值并获取收入的事情。更确切地说，商业模式创新是挑战正统，设计全新的模式，来满足未被满足的、新的或潜在的客户需求。

为了找到更新、更好的选择，必须尽可能多地发掘创意，然后再把它们缩减到一个可能实现选择方案的短名单。因此，创意构思就有了两个主要阶段：创意生成，这个阶段重视数量；创意合成，讨论所有的创意，加以组合，并缩减到少量可行的可选方案。这些可选方案不一定要代表颠覆性的商业模式，也许只是把现有的商业模式略作扩展，以增强竞争力的创新。

3. 可视思考

所谓的可视思考，是指使用诸如图片、草图、图表和便利贴等视觉化工具来构建和讨论事情。因为商业模式是由各种构造块及其相互关系所组成的复杂概念，不把它描绘出来将很难真正理解一个模式。

事实上，通过可视化地描绘商业模式，人们可以把其中的隐形假设转变为明确的信息，这使得商业模式明确而有形，并且讨论和改变起来也更清晰。

在画布模式中，可以使用便利贴，或者结合商业模式画布略图进行描绘。

4. 原型制作

对于开发创新的全新商业模式来说，原型制作与可视思考一样，可以让概念变得更形象具体，并能促进新创意的探索。把原型看成未来潜在的商业模式实例（原型作为用于达到讨论、调查或者验证概念目标的工具）。商业模式原型可以用商业模式画布简单素描成完全经过深思熟虑的概念形式，也可以表现为模拟了新业务财务运作的电子表格形式。

不必把商业模式原型看成是某个真正商业模式草图。相反，原型是一个思维工具，可以帮助我们探索不同的方向——那些商业模式应该尝试选择的方向。如果增加另一个客户细分群体会对商业模式意味着什么？消除高成本资源将是怎样的结果？如果免费赠送一些产品或服务，并且用一些更具创新性的产品或服务替代现在的收入来源又将意味着什么？

商业模式的原型既可以是画在餐桌上的草图，也可以是具体到细节的商业模式画布，还可以是一种能够实地测试的成型商业模式。原型制作不仅与勾绘商业模式的想法有关，也与真正实现这个构想有关。原型制作通过添加和移除每个模式的相关元素，来探索新的可能是荒谬的甚至不可能的构想。你还可以用不同层次的原型做试验。

5. 故事讲述

讲故事可以介绍新事物，可以让创意不再抽象。形容一个全新的、未经考验的商业模式就如同只用单薄的文字去描述一幅画作。但是讲一个故事告诉我们这个商业模式是如何创造价值的，就如同用色彩来装饰画布。

讲故事的目的，是要把一种新的商业模式以形象具体的方式呈现出来。故事的内容一定要简单易懂，主人公也只需要一位。结合观众的实际情况，你可以从不同的视角塑造一位不同的主人公。

当面向投资者时，故事要讲得清晰、易懂。讲一个故事来描述你的商业模式是如何为客户解决问题的，可以清楚明白地把你的整个想法介绍给听众。故事为下一步详细地介绍你的商业模式提供了很好的支持和认同。比起逻辑，人类更容易被故事所打动和吸引。将你的模式所包含的逻辑融入有趣的故事叙述中，能更容易地将听众引入新的未知领域。

6. 情景推测

在新商业模式的设计和原有模式的创新上，情景推测把抽象的概念变成具体的模式。它的主要作用就是通过细化设计环境，帮助我们熟悉商业模式设计流程。通常使用以下两种类型的情景推测：第一种描述的是不同的客户背景：客户是如何使用产品和服务的，什么类型的客户在使用它们，客户的顾虑、愿望和目的分别是什么；第二种描述的是新商业模式可能会参与竞争的未来场景。

作为一种思维工具，情景推测帮助我们反思未来的商业模式。在具体的商业环境中，结合一系列的情景推测进行商业模式的头脑风暴，是一种有效的尝试。情景推测有助于激发出一些打破常规的想法。

6.4　典型商业模式

6.4.1　免费

互联网行业从来不打价格战，它们一上来就免费。传统企业向互联网转型，必须要深刻理解这个“免费”背后的商业逻辑的精髓到底是什么。

——小米科技董事长雷军

在21世纪，免费已经成为一种全新的商业模式，这种新型的“免费”是以数字经济为基础的，而非过去建立在实物基础上的。这是因为“互联网+”时代是一个“信息过剩”的时代，也是一个“注意力稀缺”的时代，怎样在“无限的信息中”获取“有限的注意力”，便成为“互联网+”时代的核心命题。注意力稀缺导致众多互联网创业者们开始想尽办法去争夺注意力资源，而互联网产品最重要的就是流量，有了流量才能够以此为基础构建自己的商业模式，所以说互联网经济就是以吸引大众注意力为基础，去创造价值，然后转化成盈利。

很多互联网企业都是以免费、好的产品吸引到很多的用户，然后通过新的产品或服务留住不同的用户，在此基础上再构建商业模式。比如 360 安全卫士、QQ 用户等。互联网颠覆传统企业的常用打法就是在传统企业用来赚钱的领域免费，从而彻底把传统企业的客户群带走，继而转化成流量，然后再利用延伸价值链或增值服务来实现盈利。

1. 定义

免费，是指商家为了打消客户的某些顾虑，为客户提供的无需支付任何费用就可以使用商品的一种活动。

克里斯·安德森在《长尾理论》中提出，免费是指将免费商品的成本进行转移（转移到另一种商品，或者后续服务上）；或者将免费商品的成本极大地降低，低到趋近于零。在实体市场中，边际成本趋近于零是很难实现的，所以免费商业模式的应用是将免费商品的成本转移到另一种商品或服务上。

一般而言，有两种商业模式可以做到真正的免费而且盈利：一是生产者不花生产成本，全免费不吃亏，部分免费盈利，如麦当劳；另一种是通过资源整合创造价值，免费用新价值支付，只要新价值足够大，全部免费也能盈利，如吉列剃须刀。

实体经济中的免费大多是商家的障眼法，而虚拟经济中的免费模式却是实实在在的免费午餐。

免费现象的根本问题在于真正的免费如何盈利，只有当免费的过程本身创造价值，并且免费过程的所有参与者都能分享到这份新价值时，这样的免费模式才是可行的、盈利的。

2. 模式

基于核心服务完全免费的商业模式可以有四种形式：

第一，直接交叉补贴。直接交叉补贴是一种流传已久的营销战略，指企业和商家等卖方为了在一种产品上盈利，而降低另一种产品的价格或免费进行销售的行为，从而以高获利产品补贴亏损产品。

第二，三方市场。三方市场是最常见的免费商业模式，在这种免费模式中，第三方付费参与前两方之间的免费商品交换，这几乎是一切媒体的运营基础，例如电视、报纸、杂志。这种免费营销，最常见的方式是向特定的消费者群体提供免费的商品、服务或体验，并吸引对这部分消费者感兴趣的相关品牌来投放广告，所得收入部分作为成本再投入，部分作为盈利。

第三，免费加收费。免费加收费能够以多种形式出现，内容从免费的到昂贵收费的各种不同等级。传统市场的商家免费赠送少量商品，目的就是刺激销售。而在数字经济下，免费和付费的比例颠倒过来了，一般是5%的付费用户才是所有收入的来源。

第四，非货币市场。人们选择免费赠送的、没有寄希望于别人付钱的任何东西。这种类型也会有几种不同的表现形式：

礼品经济。不管你是否有意为之，零成本的信息传播已经使得这种传播成为了一种产业。从以金钱来衡量的经济角度看，这种信息传播似乎都是免费的，而忽视了真正创造的价值。

劳动交换。在使用某项服务的时候又创造了富有价值的成果，或者是提高了某个网站的服务，或者是创造了对别人有用的信息。不论你留意与否，其实你在得到某项免费服务的时候也在和别人进行劳动交换。

盗版。最能体现盗版猖獗的当属在线音乐了。因为数字化音乐的复制便捷和朋友间的分享，使得传播音乐的成本几乎变成了零。在这种情况下，不管有没有商业模式，仅仅出于省钱的因素考虑，在无限制的传播手段下，音乐产品变成了免费的。

【创新实例 6-2】

吉列剃须刀

1903年，吉列的一次性刀片式剃须刀问世，当年仅卖出51把剃须刀和168块刀片。为了广开销路，在接下来的20年里，吉列尝试了各种营销技巧。某次，他用很低的折扣，把几百万把剃须刀卖给了军队，希望士兵们在战时养成剃须的习惯，并能够延续到战后的和平时期。同时，他还把大批剃须刀卖给银行，银行可以把它们送给新开户的客户（这就是“存钱送剃刀”活动）。他的剃须刀和很多热门产品进行过捆绑式销售，包括箭牌口香糖、咖啡、茶叶、调料，以及棉花糖。

一次性刀片式剃须刀成为银行开户与热门产品的“免费赠品”，帮助吉列打开了市场，而这种销售策略，成为吉列往后发展中最常用的商业模式。通常，他以低利润率向银行等商业伙伴出售剃须刀，这些商业伙伴往往在开展自己的业务时，把剃须刀免费送出，如此一来，便创造了对一次性刀片的巨大市场需求，而吉列真正的盈利点，来自高利润的刀片业务。至今，它已经成功售出了不下几十亿块剃须刀片。

6.4.2　长尾

1. 定义

长尾概念由克里斯·安德森提出，这个概念描述了媒体行业从面向大量用户销售少数拳头产品，到销售庞大数量的利基产品的转变，虽然每种利基产品相对而言只产生小额销售量。但利基产品销售总额可以与传统面向大量用户销售少数拳头产品的销售模式媲美。

如图 6-3 所示，收益或销售量较低的部分构成产品销售的长尾，在传统市场上，由于存储、销售成本较高，销售量达不到一定量的产品将得不到销售，如果由于成本和效率的因素，当商品储存流通展示的场地和渠道足够宽广，商品生产成本急剧下降以至于个人都可以进行生产，并且商品的销售成本急剧降低时，那些需求低的产品将依旧大卖，并且利润相当可观。

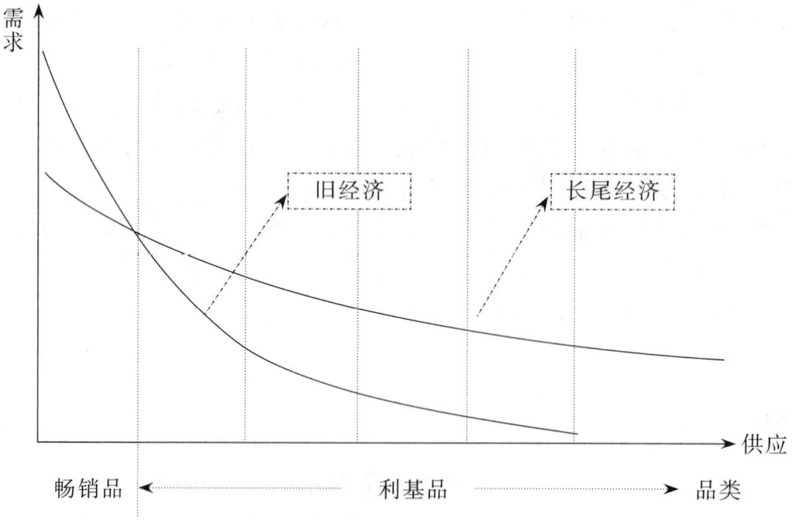

图 6-3　长尾模式

在长尾模式实现的过程中，有三个要点，即推动长尾的三种力量：制造它，传播它，帮助我找到它。最典型的是音乐，多样化的乐器，各种软件及发达的社交平台使得其制造和传播变得异常容易，此外，由于以搜索引擎为代表的过滤器的迅速发展，人们对于不同种类音乐的诉求也可以很快得到满足。

2. 特征

“长尾市场”主要有以下三个特征：

（1）非热卖品，即在这个市场上经营的产品都属于非热卖品，它不是以满足大众为目的，而是以满足个性为目的。

（2）单一特征的商品市场窄。在这个市场上，任何单一商品的市场都很窄，因为它只用来满足某种个性化偏好的小部分消费者，但许多不同单一特征的商品却汇聚成一个大市场。

（3）品种繁多，即处于“富足经济”状态，各种特征的商品数量繁多。

3. 开发

在过去，企业都是集中全部资源开发“大头市场”，那是因为过去行业供给未达到饱和。但是随着技术的发展，企业的生产能力开始过剩，于是在这个“大头市场”上开始出现了过度竞争，“大头市场”价值潜力渐失，相反，“长尾市场”在新的商业运营环境中的潜力日益明显，因此开发“长尾市场”是互联网商业运营模式的必然。

“长尾”的开发可从以下三方面着手：

（1）为消费者提供一个“信息过滤器”。当社会进入“富足经济”时代时，可能发生的情况之一是各种广告信息过载，消费者感到不堪重负而不做任何选择。安德森将这一现象称为“选择的专制”。因此，在这种情况下必须建立一个性能良好的信息过滤器，它的必要性主要体现在两方面：一是信息过滤器和用户推荐使个人能够进行充分的沟通，从而加强营销。二是随着需求曲线的尾端聚集了越来越多的商品，就需要更多强有力的信息过滤器对准备出售给个人的商品进行个性化定制。例如，亚马逊公司利用协同式信息过滤的做法，通过用户的浏览模式和采购模式来引导个体消费者，从而把过去的大众市场转变成“长尾市场”。因此，为消费者提供一个性能良好的“信息过滤器”是充分开发“长尾市场”的前提条件。

（2）重点开发“三个环节”。随着“长尾市场”做大，许多人认为，在这一新型的市场上存在三种广义上的市场机遇。第一种是那些充当聚合器的机遇。例如，Google聚合了小规模的细分市场型广告用户，eBay则聚合了细分市场型产品和一次性商品，它们都是抓住了这一聚合器的机遇而迅速成长的典型。第二种是被其他公司所聚合的细分市场型供应商。第三种是提供信息过滤器的企业，它们能帮助消费者找出所需要的产品或服务信息，减少消费者的“搜寻成本”从而发掘“长尾市场”上的潜在需求，延展“长尾”。

（3）选定曲线“中部”作为突破口。随着“长尾”的延展，需求曲线的“头部”也会发生相应的变化。克里斯·安德森认为，这一部分仍将占据主要份额，但是其影响力会减弱。例如，排名前50位的CD占据离线销售的80%，而仅占到在线销售的20%。而在“大头市场”和“长尾市场”交接的“灰色区域”，即需求曲线的中部，其影响力将首先得到加强，因为该区域是隐藏着巨大利润的市场边缘，位于该区域的现有商品还具有很大的市场潜力。因此，企业在开发“长尾市场”时应选择曲线的“中部”为突破口，然后再向尾部逐渐转移。

4. 创新

基于长尾市场利用的商业模式创新基本有两种情况：第一，从产品品类选择出发的长尾利用，即经营品类繁多但不畅销的产品，满足少量需求；第二，把被现有技术和经济系统排除在外的非消费群体作为目标客户，即关注金字塔底层（Bottom of Pyramid）的群体（例如塔塔汽车）、关注不曾被关注的群体（例如任天堂的Wii游戏机）。基于长尾的商业模式创新的实质就是将潜藏在以往统一而单一市场之下的大量个性化需求通过交易费用的急剧降低而释放出来，使原来不曾经营的商品具有商业价值，使原来不曾服务的客户成为新的客户源。[①]

① ANDERSON. The long tail [J]. Wired magazine, 2004, 12 (10): 170-177.

【创新实例 6-3】

Google 搜索引擎的成功

Google 的商业运营模式与传统的理念相反。以 Google 的 AdSense 为例，它面向的客户是数以百万计的中小型网站和个人，对于普通的媒体和广告商而言，这个群体的价值微小得简直不值一提，对他们所能提供的那点钱更是看不上眼。但是 Google 通过为其提供个性化定制的广告服务，将这些数量众多的群体汇集起来，形成了非常可观的经济利润。目前，Google 的市值已超过 800 亿美元，被认为是"最有价值的媒体公司"，远远超过了那些传统的老牌传媒。

6.4.3 平台

1. 定义

平台商业模式指连接两个（或更多）特定群体，为他们提供互动机制，满足所有群体的需要，并巧妙地从中盈利的商业模式①。比如，物流信息平台连接了货主与车主，电子商务之首——淘宝网则连接了商品卖家与买家，让他们满足彼此的需求。然而一个成功的平台企业并非仅是提供简单的渠道或中介服务。

平台商业模式的核心是打造足够大的平台，产品更为多元化和多样化，更加重视用户体验和产品的闭环设计。百度、阿里巴巴、腾讯三大互联网巨头围绕搜索、电商、社交各自构建了强大的产业生态。未来商业竞争不再只是企业与企业之间的肉搏，而是平台与平台的竞争，甚至是生态圈与生态圈之间的竞争。

2. 价值逻辑

平台模式是一种基于价值创造、价值传递与价值实现的商业逻辑。这种价值逻辑具体体现为：

首先，平台企业为平台的两边，即供应商和终端顾客，提供各种形式的服务的过程，就是平台模式价值创造的过程；

其次，平台企业还担负着为供应商传递产品/服务给终端顾客，这一过程就是价值传递过程，也是平台模式的重要功能；

最后，平台企业对来自终端顾客的货币支付以某种契约形式与供应商进行分成，这一过程就是价值分配与价值实现过程。

以苹果为例来说明平台模式的这种商业价值逻辑。在苹果的平台上，存在着三种类型的角色：作为中介平台的苹果公司，终端顾客（主要包括 iPod 用户、iMac 用户、iPhone 用户及 iPad 用户），以及各种内容提供商（主要包括数字媒体（音频和视频）提供商、手机和电脑应用软件开发商以及为数不多的广告商）。苹果公司为终端顾客提供电子设备和部分软件的过程，就是其创造价值的过程；同时，苹果公司还为软件开发商和广告商提供各种形式的服务，这也是一种创造价值的过程。

---

① 陈威如，余卓轩．平台战略［M］．北京：中信出版社，2013：5-9.

大量数字媒体和通信电子设备的应用软件，通过苹果这一平台向终端顾客传输的过程，就是苹果完成媒体供应商、软件开发商与终端顾客之间价值传递的过程；苹果公司对来自终端顾客的货币支付与媒体供应商、软件开发商之间按照一定比例进行分成（如与软件开发商就顾客的付费下载以3∶7的比例进行分成）的过程，就是价值分配过程，同时也是价值实现过程。

3. 特征

（1）开放。这既是判断一个平台的特征要素，也是生态圈是否具有生命的首要条件。因为只有开放才能承载各种资源，从用户到供应商，从设计、传播到涉及产业链的各相关机构和力量。不开放的生态圈注定死水一潭，开放不仅仅是一种姿态，更是一种打破边界、让资源无障碍流通或整合的理念保障。

（2）平台化。平台是载体，是聚集各种资源的地方，无平台无以承载企业、供应链各个环节与用户的交互。

（3）网络化。网络让天各一方的人与人、人与机构、机构与机构零距离，网络让人、机构与信息的交互、支付零距离。网络重塑了商业规则，消除了不对称感。未来所有的商业规则都将建立在网络化上，无网络化，则无法让开放的平台产生具有爆发力的聚合力量。

（4）交互。平台是交互的场合，交互是开放的初衷和延伸。没有交互的平台是沉闷的平台，没有交互的生态圈是没有生机的生态圈。交互让平台和生态圈更具有生命活力。

（5）共赢。共赢是交互所秉持的最基本原则，是生态圈得以持续的规则保证。

（6）扁平化。无边界是网络化的结果，是零距离的体现，投射到组织管理上就是扁平化，要求打破层次制，是生态圈建设的组织保障。

（7）并联。并联是打破扁平化的组织之间的墙壁的举措，它将原来的研发、制造、营销等流程并联起来而非串联，共同面对用户和市场。并联是建立会呼吸的生态圈的必要之举。

【实践指南6-1】

平台模式建立

如何建立平台模式？一般可以参照以下流程：

1. 定义多边市场：确定不同用户群体以及他们的原始需求

对于平台商业模式来说，每一方都可能同时代表收入与成本，因此平台企业需要同时制定能够纳入多边群体的策略。定义多边市场——定义不同边的用户群，也是设计平台机制的第一步。

2. 激发网络效应：同边网络效应和跨边网络效应

同边网络效应指的是，当某一边市场群体的用户规模增长时，将会影响同一边群体内的其他使用者所得到的效应；跨边网络效应指的是，一边的用户规模增长将影响另一边群体使用该平台所得到的效应。平台企业一旦找到连接供给需求的契机，积压已久的网络效应就会被激发。但是平台的机制设计对网络效应的保持和促进非常重要，甚至同类型的平台，有些如常青树一样，有些却昙花一现的道理正在此。在这方面有很多经典案例，如开心网的转帖、评论、标签、投票的机制设计。

3. 筑起用户过滤机制

建立用户过滤机制的根本原因在于，有些用户的加入会产生负效应。此外，服务商提供的服务质量要有严格的筛选，否则高昂的筛选成本也会令其望而怯步。除了这些安全隐患，我们也需要适当滤掉那些不诚心在平台经营的企业。如果服务商只是在平台挂名，当用户在平台上提出服务请求时，不能及时满足响应、无法提供保质保量的服务，会影响整个生态圈的层次。

经常被使用的机制有用户身份的鉴定（实名认证、绑定手机号）、奖励机制、用户彼此监督（用户彼此评分）等。

4. 设定“付费方”与“被补贴方”

双边模式赋予平台企业在定价方面的弹性，企业可以选择补贴某一边群体，促进其使用者数量的增长，进而吸引另一边群体支付更多的费用。

具体原则见表 6-4：

表 6-4 **补贴模式的五项原则**

原则	被补贴方	付费方
价格弹性反应	高	低
成长时的边际成本	低	高
同边网络效应	正向	负向
多地栖息的可能性	高	低
现金流汇集的方便度	困难	容易

由上述五项原则分析，业主同时具有被补贴方的五项特点，服务提供商虽然同边网络效应正向、多栖息地可能性高，但是社区平台不仅仅是一个销售渠道，更是一个广告促进，正如 Groupon 一样（即便商家给予较低的价格，而且支付 Groupon 费用，仍会提供更高质量的服务）——他们把 Groupon 看作广告促进，相对于其他高额促销途径，这样做反而节省了大量的广告支出。

其实补贴方与被补贴方的选择有灵活性和针对性。具体来说，并不一定要一边的用户补贴另一边，有时同边的用户也可以相互补贴。

5. 赋予用户归属感

一旦平台企业成功唤起用户的归属感，它已经完成了两项重要任务：第一，用户粘性在无形中大幅提升，而且效果优于强制捆绑；第二，这些拥有强大归属感的用户，很有可能自发地表达自己对平台的钟爱之情，为生态圈带来更多新用户。

6. 找到利润点和平台端口的建设

双方需求引力之间的关键环节——平台所连接的双边群体之间的“核心需

求”，有效挖掘用户的行为数据。首先是盈利核心：找到关键环节——获利关卡（为彼此带来满足前的那一个关键环节），然后在距离关键环节最近的一步收费。当然作为健康的有生命力的社区平台，利润点要多元，在错综复杂的环境中，无论在行业中多么强势，只有一个利润点都是极其危险的，会同时面临竞争者针对利润点攻击的威胁、行业变革覆盖的威胁。

平台端口的建设注重其升级和延展性，换句话说，就是开放式策略或管制式策略。如社区平台O2O，鉴于其不同于点评类或其他平台，我们偏向于采用低度开放策略。低度开放有利于保持优良的质量，在用户中建立良好的社区生态圈。

资料来源：陈威如，余卓轩. 平台战略：正在席卷全球的商业模式革命［M］. 北京：中信出版社，2013.

6.4.4 众包

1. 定义

众包是指把传统上由指定代理人（通常是雇员）完成的任务以公开选拔的形式外包给大量不特定的个人（顾客、消费者、客户、业余爱好者、赞助商及市民等）去做的行为，企业以众包方式解决技术、创意、设计等原来完全由内部流程和资源完成的活动（Howe，2006）。[①]例如，iStockphoto为业余摄影爱好者提供销售摄影作品的平台。

众包公司有一系列业务模式，其商业模式基本上均包括发包方、接包方和中介机构这三个角色和业务流程。

（1）发包方。

发包方通常是企业或者拥有工作任务需要解决的个人。对于发包方来说，其发布任务的方式有两种：一种是在公司网站上直接发布，以悬赏的方式吸引众多的网民来参与问题解决，我们称其为“解决者”，这种方式避开了中介机构，因而其问题解决的成本更低。另外一种方式就是通过中介机构，通常是网站社区协会等，发包方与新型网络签订合约，合约中包括需要解决的问题、价格和售后服务条款等。

（2）接包方。

接包方就是数量众多的互联网用户，他既可以是专业的人士，也可以是非专业的兴趣爱好者。全球范围有兴趣和能力研究该难题的人或团队通过在中介机构注册、认可有关优胜解决方案的选择、悬赏兑现以及知识产权处理办法等协议，成为“解决者”，实施解题活动，借助互联网递交解决方案。

（3）中介机构。

中介机构是沟通发包方和接包方的桥梁。如网络零售巨头亚马逊推出了提供众包服务的平台Mechanical Turk（Beta版），企业用户针对的是那些需要以数美分起

① HOWE. The rise of crowd sourcing［J］.Wired Magazine，2006，14（6）：1-4.

价外包简单计算任务的公司，而个人用户将通过完成某项工作获得小额的报酬。

【概念比较 6-2】

众包与外包

1. 众包与外包的共同点

众包与外包都利用了外部资源，两者都从外部获取资源。企业将某些原本应由企业自身完成的工作交由外部特定的专业公司就是外包，交由外部不特定的大众，更为广泛地利用外部资源就是众包。众包与外包都是为了降低成本、提高效益，无论是外包还是众包，最主要的动因都是企业希望降低运营成本，因为利用外部资源的成本远远小于企业内部从事相应活动的成本，因此减少成本的效果是显著的。

2. 众包与外包的差异点

外包是企业把不具核心竞争力的业务转移给外部供应商，众包则是通过引入外部资源加强企业核心竞争力。

外包是一对一的关系，企业通过特定业务的外包与接包方形成一对一的密切合作关系；众包则是一对多的关系，众包的接包方可能有成千上万方。

外包是组织与组织之间的关系，企业把业务外包给另一家企业；而众包是组织与公众之间的关系，企业将某个任务通过互联网交由社会大众，通过网络寻求解决方案，而不是交由某个特定或指定的单位。

从本质上讲，外包与众包的关系是接包方 N=1 还是 N>1 的问题。当企业把业务交由一家特定的企业完成，即 N=1 时即为外包；而当企业把业务交由非特定的网络大众完成，即 N>1 时即为众包。外包与众包既有联系又有区别，外包模式已日益成熟，而众包则受益于社会差异化、多样化带来的创新潜力，是更加个体的行为，作为一种新的商业模式，众包刚刚萌芽兴起，将迎来重要的发展机遇期。

2. 特征[①]

（1）开放式。众包是集社会资源来解决特定问题、完成特定工作任务的一种生产模式，它将全球资源纳入互联网虚拟空间中，通过虚拟方式来实现对实体资源的优化配置。在这个空间里，每一种资源对外都是开放的；它通过和其他资源联盟，或者帮助其他资源实现某种价值而实现和扩大自身的价值。

众包不但是资源的开放式配置，而且是人的开放式成长。众包为人的价值提供了广阔的增值空间。业余时间的有效利用，延续了人们朝九晚五的价值创造；在虚拟社区里，人的价值延伸没有地域的限制，价值发挥的范围可以达到人类社会的任何角落。而且在价值网络里，人们以相互学习的方式共同成长，充分体现了知识经济的特征；以兴趣和爱好形成的虚拟组织是真正的学习型组织，每个人都以自己的兴趣和爱好选择不同的社区组织。

① 祁芸．众包商业模式及其经济学分析［J］．商业时代，2012（34）：35-37.

（2）民主性。企业通过行政指令来配置资源，市场通过价格指令来配置资源，而众包对于资源的配置，完全依靠资源主体的意愿，不受行政指令的支配，也并不完全通过价格指令来配置。比如，加入 Linux 的开发者，完全是靠个人的兴趣和爱好，基本上没有受任何价格指令的支配。

众包是基于互联网运行的，在遵守互联网规则和各项法律、法规的条件下，各参与主体在互联网虚拟空间中享有平等权利，这包括发布信息的权利、参与投票的权利、成为会员的权利、享有收益的权利以及维护个人信息安全、保护个人隐私的权利等。开放性使得任何一个众包的客体都受到广泛关注，不同的人会从不同角度对其提出解决方案，同样，也会有很多人对各种方案进行比较、审视，并提出改进建议，最终形成的方案将是得到大多数人支持和赞成的。例如，Threadless 利用众包设计出的 T 恤，广受消费者的欢迎，它是民主化甄选机制的一个典型。

（3）无边界。互联网是众包运营的坚实基础，在互联网创造的虚拟空间里，资源实现了可以 24 小时无间断地进行配置；借助虚拟运作，众包资源突破了地域的局限，分布于世界各地的资源可以很方便地以众包模式进行整合。例如，通过众包模式，可以花费较低成本、甚至是免费就可以获得反映世界各地风貌的图片。不难想象，靠传统的做法，其成本和难度是足以吓退任何机构或个人来进行这项工作的。

受人、财、物等的局限，任何一个组织的运作能力在一定的时期内都有一个界限，这个界限形成了组织发展的瓶颈。然而，众包是将全世界的资源纳入考虑范围之内的，这样就极大提高了资源的丰富程度。在任一时刻，要完成某项工作，都有一个相对可以无限供应的资源可以利用，无限可利用的资源必然会形成无边界的运作能力。

3. 构建原则①

构建众包商业模式时应遵循以下原则：

（1）认真分析业务流程，构建正确的商业模式。

众包的基本特征就是依赖大众的某种贡献。它可以概括为以下四种模式：戴尔“点子汇”的集体智慧模式、电视台用户生成内容的大众创造模式、Digg.can 新闻推荐的大众投票模式、Kiva 的小额贷款大众集资模式。如基于互联网及 IT 管理技术的翻译业务的传神翻译公司，通过互联网，将接到的翻译任务分割成小块传输给在网站上注册的不同地域的兼职译员们，经由译员的翻译后，再辅以传神翻译的质量管理系统及流程控制系统将分散的条块组合，这种通过互联网分发及完成任务的方法，日均处理的翻译字数能达到 50 万~2 000 万字，而传统的翻译公司日处理字数范围只有 2 万~30 万字。

（2）选择合适的大众。

全球互联网网民有 10 亿，但并不是每个网民都适合为你服务。因此一个公司

---

① 魏拴成. 众包的理念以及我国企业众包商业模式设计［J］. 技术经济与管理研究，2010（1）：36-39

必须明确自身的定位，选择自己所需要的大众。例如，在 YouTube 等新型社交网络中，只有 1% 的用户是活跃的内容创造者，另有 10% 的用户和内容互动并且做出改变，89% 的用户都是被动的观察者。

（3）提供恰当的激励。

一个成功的众包项目最重要的部分，就是有一个活跃而忠诚的社区。众包并不是免费的午餐，大众可能不那么看重金钱，但是要给予他们应有的尊重，以诚相待，使他们不至于产生受欺骗、被利用的感觉。Cambrian House 是迈克尔·西科尔斯基创建的一家软件公司，完全依靠众包运行。每个贡献创意的人都将收到专利权的点数，享有产品中的权益，最终获得兑现。价值中国网（www.chinavalue.net）自 2005 年起，将该网站 50% 的股份赠送给网站全体注册用户，用户按照发表文章数量、访问量等“论功行权”，动态分配。2008 年，各位股东根据所持价值中国网的股票获得了分红。

（4）大众需要引导。

对众包的误解之一是，大众是分开工作的。事实上最成功的众包都是由大众和指导他们的某几个人合作完成的，这些人在开源软件中称做“仁慈的独裁者”。如果你不把自己的意图说明，大众永远不会按照你的意思去做。大众可以为你做很多事情，但并不意味着做所有的事情。因为一个网站的编辑还是很重要的，至少他们可以引导大众形成自己的社区文化，但是这种引导必须是建立在对大众充分尊重的基础上。2007 年 7 月，IBM 公司发起即兴创新的头脑风暴活动，开发员工和客户群体智慧，拓展创新领域。IBM 确定了四大主题，为每一主题提供交互式的背景信息，主持者的作用是使谈话不偏离主题。最终，公司收集了 37 000 个创意，由员工对这些创意进行筛选。有 140 000 人在网上参与了第一阶段的创意，公司的首席执行官彭明盛参与最终的评选，并计划拿出 1 亿美元用在有前景的创意上。

（5）保持简单，将工作分解。

当众包开始时一定要将任务分得尽可能小。众包模式的成功取决于以下两个原则。第一，志愿者完全不用额外分心就能为项目贡献力量，这样的众包形式就是零成本、零门槛。诸如像维基百科那样需要专家维护的众包项目会遇到人力瓶颈。第二，随处存在的，获得这些要素就是典型的“零成本”，因为每个人都可以随时随意地供给。志愿者所需要的工具必须简单，难度必须很小，这样才能轻松地形成规模。

（6）牢记史特金定律。

有许多公司想采纳众包的新型商业模式，但它们容易犯下的错误是，急于建立消费者社区而不去仔细考虑自己到底要什么，以及如何去做。因此“大众”很容易提交一些低水平的方案。聪明的企业要学会把最有潜力解决商业难题的人集中起来。

（7）不要问大众能为你做什么，问问自己能为大众做什么。

当某人或者某个公司给了大众想要的东西，众包的工作才能完成得最好。在最佳状态下，大家会全身心投入工作，发挥其重要的作用，而且几乎分文不取。成功的众包要满足“马斯洛需求层次理论”最高层次的需要。某件事之所以吸引很多人来参与，是因为人们需要满足一些心理、社会或者情感上的需求。如果这些需求没有被满足，他们就不会参与了。

【创新实例 6-4】

无线 T 恤

美国芝加哥的无线（Threadless）T 恤公司利用众包来完成新 T 恤的设计工作，通过打造一个庞大的 T 恤爱好者网络社区，公司网站每星期都会收到上百件来自业余或专业艺术家的设计，设计者利用业余时间设计各式 T 恤，上传到网络社区的论坛上，让用户打分，选出最佳设计，每星期有 4~6 件得分最高的 T 恤设计会进入“准制造”环节，但最终能否量产还要看公司是否收到足够多的预订单，只有当预订单达到一定数量时，T 恤才会正式进入生产制造环节，无线 T 恤每星期会颁给得分最高的设计者奖牌和 2 000 美元奖金。

无线 T 恤的主要业务流程，包括产品创意、设计、筛选、销售、反馈，都交由网络社区群体来完成。这样，在大幅降低企业内部成本的同时，准确把握了用户需求和偏好，并根据用户的主流意见筛选设计方案，确保最终开发出的新产品，会被大多数用户喜欢，让产品的销售变成一件非常容易的事情，降低了企业的财务风险，同时也为企业新产品带来持续的关注和稳定的购买力。

【本章小结】

商业模式是以价值创造为核心的，关于企业生存与发展的基础逻辑。商业模式是由很多个构成要素组成的，企业价值的产生机制，目的就是获取利益。

不同学者对商业模式的构成要素的解释差异较大，为便于操作，本书采用商业模式画布九要素模型，具体包括：价值主张、客户细分、关键业务、分销渠道、客户关系、核心资源、合作伙伴、成本结构和收入来源。

商业模式的设计要遵循以价值创新为灵魂、以占领客户为中心、以经济联盟为载体、以应变能力为关键、以信息网络为平台等原则。商业模式的形成必须要通过创意产生、结构设计、模式运行、评估和修正、模式的规范化等五个基本阶段。商业模式的设计方法包括客户观察、创意构思、可视思考、原型制作、故事讲述、情景推测等。

典型商业模式包括免费、长尾、平台、众包等。

【核心概念】

商业模式　商业模式画布　免费　长尾　平台　众包

【课后思考】

1. 商业模式的内涵是什么？
2. 什么是商业模式画布？它包括哪些要素？
3. 商业模式设计遵循的原则有哪些？
4. 商业模式的设计方法有哪些？
5. 简述免费的四种模式。
6. 长尾模式如何开发？
7. 如何构建平台模式？
8. 众包模式具有哪些特征？

【实践演练】

1. 商业模式分析

高校校园咖啡屋一般作为休闲娱乐、学术交流、文化传播的载体，在校园里扮演着独特的角色。结合校园咖啡屋的特色与作用，设计适合校园咖啡屋运营的免费商业模式。

2. 课堂商业模式路演比赛

学生分组，运用画布模式以及设计方法，对所选项目进行商业模式路演，并各组互评。

3. 购买同学的股权

根据路演情况，小组创业项目商业模式推荐并可购买同学企业的一定比例股权。

第7章　创业融资

不要从创业第一天起就想着融资，在没有盈利之前也不要去想，绝大部分企业在没有盈利之前融资是不正常的。

——马云（阿里巴巴创始人）

【学习目标】

1. 了解创业融资的相关概念
2. 了解融资的过程
3. 掌握创业融资的主要渠道及类型
4. 了解创业融资中的常见问题

【引导案例】

豆瓣网的融资历程

豆瓣网擅长从海量用户的行为中挖掘和创造新的价值，并通过多种方式返还给用户。凭借独特的使用模式、持续的创新和对用户的尊重，豆瓣网被公认为中国极具影响力的Web2.0网站，在这个光亮的背后，豆瓣网是怎么崛起的呢？它的融资历程又是怎样的？

从2004年10月开始，北京朝阳门丰联广场的星巴克咖啡店多了一位常客。一个30多岁、衣着休闲的男子，肯定会在中午背着笔记本上门，然后打开电脑，旁若无人地工作到下午4点左右。店员们早就摸透了他的脾气，直接上一个中杯的今日咖啡就好。此人便是豆瓣网创始人杨勃，网名阿北，豆瓣网几乎就是在北京和上海的几家星巴克写成的。

从驴宗到豆瓣网

2004年7月中旬，回到美国找感觉的杨勃来到华尔街参加面试，接触了很多公司后发现已经因为创业心野了，再也不能回到朝九晚五的上班生活，在回国的飞机上杨勃打定了主意，一定要自己创业、一定要做自己喜欢的事情、一定要做互联网。

回国后不久，一个名叫"驴宗"的网站在杨勃的电脑里成型了。"驴宗"的想法和杨勃的爱好密切相关。当杨勃在美国的时候他就曾靠打工挣的钱在美国、欧洲等地跑了一圈。

不过在某种程度上，"驴宗"只是后来"豆瓣"的试验品。"相对旅游而言，看书、听音乐、看电影是一种更加普遍的需求，也是我的爱好。”2004 年 9 月间，杨勃考虑再三，放弃“驴宗”旅游选择了“豆瓣”，在网上给大家建立一个豆瓣的网站。

天使投资

“我觉得用 20 万元人民币（大约合 2.5 万美元）差不多就可以做出一个雏形来。”不过二次创业的杨勃当时手里连这 20 万元也拿不出来。“我自己的钱都砸在了快步易捷里头了。”开始写豆瓣网站程序后不久，杨勃就想到了天使投资。

在美国呆了将近 10 年的杨勃找起这点钱来也没有费多大劲。“梁文超给我投了 1.5 万美元，他的一个同事也投了 1 万美元。”梁文超是杨勃在清华大学物理系读书时同寝室的同学。

“我们当时约定，1 年后他们可以选择是让我还钱还是转换成公司的股票，而且他们可以把这笔钱按照对自己有利的方式转换成股票。”杨勃解释说，如果一年内有投资人进来，而且投资人给出的估值高于企业的价值，那么梁文超和他的同事就可以按照企业的价值来获得相应的公司股份；反之亦然。这种做法相当于把风险都留在了杨勃这边。1 年后，即 2005 年年底，梁文超和他同事的“借款”如约转换成了豆瓣网的股票。按照约定，对豆瓣网的估值大约是 67 万美元。

没过多久，杨勃又开始了寻找第二轮天使投资的工作。原定的目标是 10 多万美元，杨勃很快就觉得一时花不了那么多钱，最后只要了 6.5 万美元。2006 年春节前后，这笔钱陆续打到了杨勃的个人账户上。豆瓣网的估值也随之涨到了百万美元以上。

从用户到投资人

杨勃原本并不打算过早地给豆瓣网寻找机构投资。但 2005 年以来中国创业投资市场上竞争的加剧却使得杨勃很快就跟 VC 接上了头。

最先找到杨勃的是 IDGVC 的投资经理高强。早在 2000 年，IDGVC 就投资了杨勃参与创建的“快步易捷”。2005 年 6 月，拥有广泛触角的 IDGVC 再次注意到了刚刚起步的豆瓣网。从 IDGVC 开始算起到最终拿到投资，杨勃或被动或半推半就地共见了 15 家左右的创投机构。杨勃最终选择了由本土背景的冯波和 Chris 联手创建的联创策源。

冯波早年在亚信、新浪等企业私募中小企业融资过程当中发挥了关键性的作用。此前，他还曾经出任过 China Vest 中国首席代表，并且参与创办了成为创投。冯波很早就已经是豆瓣网的注册用户，但是上线不到半年，豆瓣网也没有多少用户，冯波很难找到足够的理由来说服自己。经过后来断断续续地接触和讨论，2006 年 6 月，杨勃和冯波正式签署了合约。6 月下旬，联创策源的 200 万美元投资就到了豆瓣网的账上。

2009 年年底，豆瓣网获得挚信资本和联创策源总额近千万美元的第二轮投资。2011 年 9 月 13 日，豆瓣网确认已完成第三轮 5 000 万美元融资，资金已于早些时候全部到账。这次融资投资方分别为挚信资本、红杉资本和贝塔斯曼亚洲投资基金，其中挚信资本亦是豆瓣网第二轮投资方。

路径依赖

“一开始，豆瓣网只需要关注书评、书籍推荐等网友看中的核心价值就可以了。”杨勃觉得自己一个人就可以先把网站做起来。“没有必要一开始就把架子搭得那么大。”杨勃经过与网友的交流互动，逐步添加和完善豆瓣网的功能。在书评的基础上，豆瓣网逐渐增添了“以书会友、价格比较、二手交换”等功能，还增加了电影和音乐等方面的内容。

有了这些功能作基础，通过跟当当、卓越等网上书店的链接而产生的购买行为，豆瓣网开始有了一些分成收入以应付日常的开支。与此同时，豆瓣网最初的一些用户也开始完成了身份的转换。正式上线一周年之际，豆瓣网迎来了自己的第2位正式员工——Brant。Brant是豆瓣网的第212个用户。截至2006年6月30日，连同杨勃在内，豆瓣网一共拥有5名正式员工。

获得中小企业融资后的豆瓣网还将开通旅游板块。杨勃本来担心这将会分散豆瓣网的核心价值，而现在“驴友俱乐部”是豆瓣网最活跃的小组之一，“原来豆瓣网的用户大多数也都是驴友一族”。

资料来源：朗宏文，郝婷，高晶. 企业管理［M］. 北京：科学出版社，2011.

7.1　创业融资概述

7.1.1　创业融资的基本概念

创业融资，是指在创业的过程中，企业依据自身在生产经营管理以及调整资本结构等方面的需求，筹集企业生产经营和投资所需资金的一项财务活动。

资金是创业过程中所必需的“血液”，要想成立企业，就一定要有相应的资金，不然生产经营就无从谈起，融资恰好可以满足企业经营所需的基本条件；企业也可以把融资取得的资金进行对外投资，以此获得一定的收益；另外，通过融资还可以解决企业由于季节性或临时性需求产生的资金问题，企业通过融资还可以更好地适应创业过程中发生的内外部环境变化。总而言之，融资既是企业生产经营活动的前提，也是企业顺利生产的保证，对经济活动有着重大的意义。

1. 创业融资的动机

企业是融资的主体，为了其自身的生存与发展，可以通过各种融资渠道筹集资本。企业在自身的发展过程中，具体的融资活动通常是由特定的融资动机所驱使的，这些动机既有可能是单一的，也有可能是多种结合的，通常归纳为以下几种基本类型：

（1）初创性融资动机。对于一个初创企业来说，筹集到创业项目所需要的资本金是其创业过程中的第一步，用来满足在创业初期的资金需求，从而保证创业过程可以顺利进行。由于初创企业的产品或者服务尚未得到市场的检验，具有很大的不确定性或者说是风险，因此对融资渠道产生一定的限制。在这个阶段的融资渠道有：创业者的个人、家庭或亲友的自有资金，向政府部门申请创业资助资金或者创业优惠贷款，还可以通过创业计划路演的方式争取风险投资。

（2）扩张性融资动机。扩张性融资动机是企业为了扩大自身的生产经营规模、开辟新的经营领域或者增加对外投资产生的融资动机。例如，企业生产的产品在市场上供不应求，因此需要扩大生产规模，企业开发适销对路的新产品，或者是开拓有市场前景的对外投资领域，对一些有优势的投资项目扩大投资规模等，因此这种动机主要在发展前景良好或者处于成长阶段的企业中产生。扩张性融资动机可以使企业的资产规模和资本总额同时增加。

（3）调整性融资动机。调整性融资动机是企业因为要调整自身现有的资本结构而产生的融资动机。不同时期企业的经营环境会发生变化，企业需要调整资本结构来适应这种变化。所谓的资本结构的调整是指对权益资本和债务资本的比例关系进行调整，既有可能使企业资产规模与资本总额增加，也有可能使资产规模和资本总额不产生变化，在一些特殊情况下还有可能引起资本总额的减少。

（4）混合性融资动机。混合性融资动机是企业由于同时扩张规模和资本结构调整而产生的融资动机，这种动机兼容了扩张性融资和调整性融资两种动机。在混合性融资动机的驱使下，企业的融资活动既可以增加资产和资本总额，又可以调整资本结构。

2. 创业融资的原则

企业在融资的过程中，要深入分析可能影响融资的各种因素，争取在经济有效地筹集到所需资金的同时，更好地服务于企业的战略发展，企业在融资时应当遵循以下几项基本原则。

（1）合法性原则。合法性原则作为企业融资过程中必须遵守的首要原则，是指企业在融资活动中必须接受国家在宏观方面的指导和控制，同时要遵守国家相关法律法规，依法履行约定的责任，保障相关各方的合法权益。

（2）效益性原则。所谓的效益性原则是指企业通过融资活动达到的收益与成本的互相权衡。企业在获得一定的效益的前提下要尽可能节约费用，降低资本成本。因此，企业在进行融资时，首先需要仔细地分析投资机会，比较投资收益与资本成本，进而避免盲目融资和投资。其次，由于不同融资方式的资本成本是不同的，企业应该综合地分析各种融资方式和融资渠道，寻求最优的融资组合，进而经济有效地筹集到所需资本。

（3）合理性原则。合理性原则也被称为比例性原则，其含义是企业在融资时要合理地确定所需的融资数额，使得融资数额与投资所需的数额达到平衡。同时还要合理地确定资本结构，主要是指权益资本和债务资本的结构。一方面，企业需要合理安排权益资本和债务资本结构的比例，既要避免负债过多导致财务风险扩大，又要合理地利用财务杠杆，提高资本的收益水平；另一方面，在债务资本中还要考虑长期债务与短期债务所占的比例，安排合理的资本期限结构，来保持适当的偿债能力。

（4）及时性原则。及时性原则是指企业按照投资的时间来安排融资活动，及时地取得资本来源，使融资和投资活动在时间上相互协调。企业的投资活动在时间上都有一定的要求，尤其是证券投资，在时间方面的要求十分严格。因此，融资一定要配合投资的时间，既要避免资本的闲置，又要避免因为融资滞后错过投资时机而给企业带来损失。

7.1.2　创业融资的过程

1. 融资前的准备

在生活中，一些人拥有很好的创意，但却筹集不到资金；还有一些人虽然自己没有资金，但是凭借自身的专业、信息和技术优势以及个人信誉和人脉关系，可以幸运地找到资金实现企业梦想，成就财富人生。机会总是留给有准备的人，创业融资不仅仅是技术层面的问题，更是社会层面的问题。在融资之前做好以下工作，对创业融资的成功有一定的帮助。

（1）建立个人信用。

个人信用也被称为“个人信用的历史记录”或是“个人信用记录”，是指人们在与银行往来的过程中，在贷款和还款行为方面的记录。它是银行决定是否贷款、贷款数量及贷款期限长短的重要依据之一。个人信用记录具体包括以下四个方面：一是个人的身份情况，它包括姓名、婚姻及家庭成员状况、收入状况、职业、学历等；二是商业信用记录，它包括在各类商业银行的个人贷款及偿还记录，个人银行卡使用等相关记录；三是社会公共信息记录，具体包括个人纳税、参加社会保险、交纳水电费、手机费、电话费以及个人财产状况及变动等记录；四是可能会影响个人信用状况的与民事、刑事、行政诉讼和行政处罚等相关的特别记录。所以即使个人从未向银行申请过贷款，银行还是可以根据其个人信用记录中的其他信息来评估个人信用。

为了保证创业融资可以顺利地进行，创业者应当努力地建立起良好的个人信用记录，早贷款、早立信。而建立信用的开端，一般是始于银行贷款，越早贷款，就可以越早地在银行建立起借款记录，从而为建立良好的个人信用打下基础。同时也要注意在日常生活中要按时缴纳各项税费，遵纪守法，建立起良好的个人信用，为日后创业融资奠定信用基础。

（2）积累人脉资源。

在创业融资的过程中，不仅要有较高的智商，还要有良好的人脉关系。在创业融资的过程，也可以视为创业者通过建立人脉关系获得融资资本的过程，众多研究显示，创业者的人脉关系对创业融资和创业绩效有直接的促进作用，这些关系可以为创业过程带来有用的信息、资源。社会网络资源作为创业的生产力，创业者应当合理地利用人脉资源，建立起健康、有益的人脉关系，创造和积累社会资本。从而为创造财富人生、实现自我价值奠定坚实的基础。

2. 测算资本需求量

（1）估算启动资金。

企业开始运营，第一步就是要有启动资金，启动资金是指可以用来购买企业运营所需的资产及支付日常开销的资金。估算启动资金，需要拥有丰富的企业经营经验，要对项目的种类、规模、经营地点、市场基本情况等有足够的了解。

在通常情况下，启动资金包括：公司的注册资金和经营执照申办法律手续等费用，项目自身的费用，在经营过程中所需要的辅助设备和工具的购置或租赁费用，公司办公场所的租赁和装修费用，公司运营所需要的流动资金等。

对于创业启动资金一般只是大致的估算，因为精确数字是比较难确定的，在经营过程中还会出现一些其他的不确定情况。资金并不是越多越好，创业者在对启动资金估算时，要了解需要多少资金，以及什么时候需要这些资金，在保证启动资金可以满足企业运营的需要的同时，还要尽量节省开支，从而减少启动资金的花费。

（2）测算营业收入、营业成本和利润。

对于新创企业而言，制订财务计划和财务报表的第一步就是预估营业收入。所以需要通过对市场、行业营业状况以及试销经验的研究，采用购买动机调查、推销人员意见综合、专家咨询、时间序列分析等多种预测技巧，来估算每年的营业收入。然后，还要对营业成本、营业费用以及一般费用和管理费用等进行估计。因为新创企业在起步阶段在市场上默默无闻，导致市场推广成本相当大，营业收入与推动营业收入增长所付出的成本是不可能成比例增加的。

所以，第一年的全部经营费用按月估计。同时预估第二年及第三年的经营成本时，首先要关注那些长期稳定的支出，如果对第二年和第三年销售量的预估比较明确的话，可以采取营业百分比法，也就是依据预估净营业量按固定百分比计算折旧、库存、租金、保险费、利息等项目的数值。完成以上项目的预估后，就能够按月估算出税前利润、税后利润、净利润以及第一年利润表的内容，之后可以进入预计财务报表阶段。

（3）编制预计财务报表。

新创企业采用营业百分比法预估财务报表，其优点是既可以比较便捷地预测出相关项目在营业额中所占比率，还可以预测出相关项目的资本需求量。但是因为相关项目在营业额中所占的比率会随着市场状况、企业管理等因素发生变化，所以要根据实际情况及时调整相关的比率，不然会给企业经营带来困难。

预计利润表既可以给投资者或贷款机构提供决策依据，还可以使创业者了解创业项目的盈利前景，合理地预测企业未来的现金流量，帮助创业者考核企业经营管理业绩，适时地调整管理举措。在新创企业融资的整个过程中，外部债权人和权益投资者都非常关心企业的未来盈利能力，所以说预计利润表是融资文件中的重要内容。

预计资产负债表是预测外部融资额的一种报表。资产可以反映出企业现有资源的分布状况，负债和所有者权益可以反映出企业不同权利人对这些资源的要求权。提供预计资产负债表，可以有以下的作用：①评价和预测新创企业的短期偿债能力；②评价和预测新创企业的长期偿债能力和资本结构；③评价和预测新创企业的财务弹性；④评价和预测新创企业的绩效，可以帮助创业者做出合理的经营决策。新创企业一般需要预编未来 3 年的资产负债表。

预计现金流量表是可以反映出企业一定时期内现金流入和流出动态状况的报表。新创企业面临的主要问题之一就是现金流量。所以对于新创企业而言，逐月预估现金流量很重要。编制预计财务报表时需要假设各种情境，例如最乐观的估计、最悲观的估计以及现实情况估计。通过这种预测可以帮助潜在投资者更好地评价新创企业未来的现金生成能力、偿还债务能力以及支付投资报酬的能力，还可以帮助创业者应对不同的环境、熟悉经营的各种因素、提高防止企业陷入可能灾难的能力。

（4）结合企业发展规划预测融资需求量。

对以上的财务指标和报表的预估是创业者必须了解的财务知识，虽然企业中有专门的财务人员，创业者还是应该大致掌握这些方法。还要指出的是，确定融资需求量不是一个简单的财务测算问题，而是一个需要将现实与未来综合考虑的决策过程，既需要一定的财务数据，还要全面考察企业的经营环境、市场状况、创业计划以及内外部资源条件等因素。

3. 融资渠道的衡量

在测算完融资的需求量之后，还要确定融资渠道和融资对象。当前的融资类型有很多，比如权益融资与债权融资、内源融资与外源融资、直接融资与间接融资。各个类型都各有利弊，每种融资类型又都存在若干种不同的渠道和方式。所以创业者选择融资渠道时应当重点权衡以下因素。

（1）企业发展的阶段性与获得资金的可能性。

采用何种融资方式，与新创企业的发展阶段密切相关。处于不同的发展阶段，企业会面临着不同的融资背景、融资环境和融资机会。通常情况下，产品从投入市场到最终退出市场要经历产品的种子期、创业期、成长期、成熟期和衰退期五个阶段。产品处于生命周期的不同阶段，其市场占有率、销售额、利润额是不相同的，所以新创企业的融资需求也不相同，融资难问题在前四个阶段很突出。

①种子期。处于种子期的新创企业，因为其技术尚未得到市场的认可，商业模式不明确，创业者的融资希望主要在于利用自有资金，或是取得创业孵化器、天使投资人的权益融资支持。

②创业期。进入创业期的新创企业，因为缺乏经营、信用记录，在缺乏担保的状况下，申请商业银行贷款也相对困难，因此风险投资或设备租赁便成为可行的选择。

③成长期。处于成长期的新创企业，其技术风险已基本消除，但市场风险和管理风险有所加大，因此资金需求有所增加。处于成长阶段企业的融资来源主要包

括：创始人贷款、核心管理层的投资、家人和朋友、天使投资人、风险投资商、资产贷款和银行等。

④成熟期。进入成熟期的新创企业，具备了一定的品牌效应，技术比较成熟。现金流也比较稳定，资信能力有所提高，融资选择也更为丰富。除了采取成长期的各种融资手段，企业还可以通过公开发行债券或股票的方式进行直接融资，来满足增长的资金需求。符合条件的企业还可以考虑在创业板上市。

（2）融资成本。

融资成本是指创业者为了获得和使用资金而付出的代价，它是选择融资渠道的重要依据之一。通常情况下，在债权融资中，短期融资的成本要低于长期融资成本。而对于融资成本特别敏感的创业者而言，应当优先使用自有资金或者内源融资，然后是债权融资，最后才是权益融资。

（3）资金的稳定性。

债权融资具有成本优势，但是调查研究却显示，出于对资金稳定性的考虑，大多数新创企业在起步阶段倾向于吸收权益资金。考虑资金的稳定性，创业者自有资金、内部积累资金或股东入股资金的稳定性相对较好。在有些情况下，企业在相当长时间内难以盈利，或实现现金净流入，权益融资成为企业唯一的融资选择。

（4）企业控制权。

创业在融资过程中是采用债权融资还是采用权益融资，对企业控制权的配置会产生一定的影响。虽然采用权益融资方式不会影响创业者对企业的控制权，但随着股东人数的增加，原有股东的控制权将会被稀释，创业者因此在企业经营方面的控制力将减弱。所以如果希望对企业经营掌握绝对控制权，应当优先考虑债权融资，慎重选择权益融资；如果一定要采用权益融资，一定要谨慎地选择合伙人，尽力寻求志同道合的合作者。

（5）非资金因素。

除了考虑货币因素，新创企业还需要管理和经营方面的帮助。有许多创业者对项目的技术特点和市场前景非常了解，但是在管理企业方面却不大擅长。这时，寻找有经验的战略合作者或风险投资者则可以达到事半功倍的效果。除此之外，还有一些权益投资者，利用自身的资源优势，为企业带来广泛的人脉关系、技术诀窍等。权益融资的一些好处不是一般债权融资所能够替代的。创业者需要依据自身的情况，考虑这些融资中的非资金因素。

4. 融资推介及谈判

新创企业进行融资谈判的必备工具就是创业计划，投资者特别是风险投资者，看到创业计划，才会与创业者谈判。所以创业者要针对风险投资者制订专门的创业商业计划书，用来向风险投资者推销项目，说服风险投资者，使其充分地了解企业各个方面的状况和市场前景。创业者应当注意要把风险投资者最感兴趣的内容醒目明了地写出来，把创业构思清晰地以书面形式表达出来，使风险投资者看到一幅美好的创业蓝图，更加坚定其投资信心。因此创业计划的好坏决定着融资的成败。

在提交创业计划和风险投资者正式讨论前，创业者要有四个方面的心理准备：一是准备应对各种问题以及考察创业项目潜在的收益和风险；二是准备应对风险投资者对企业的查验；三是准备放弃部分业务；四是准备做出妥协。

创业者必须明白，自己的创业目标与风险投资者的目标不可能完全相同。所以在正式谈判前，创业者要做的最重要的决策就是：为了满足风险投资者的要求，自己能有多大的妥协空间。

除此之外，创业者还应该掌握一定的应对技巧。引资谈判一般需要经过若干轮次才能够完成。创业者需要特别关注的是，在谈判中要尽量让风险投资者认识到自己企业的价值。

【阅读材料 7-1】

京东商城的创业融资过程

一、京东商城介绍

京东是中国最大的综合网络零售商，是中国电子商务领域最受消费者欢迎和最具有影响力的电子商务网站之一。京东在 2012 年的中国自营 B2C 市场占据 49% 的份额，凭借全供应链的优势继续扩大在中国电子商务市场的领先优势。2013 年 3 月 30 日 19 点整正式切换了域名，并且更换新的 logo。

二、京东商城融资过程

京东商城无论在访问量、点击率、销售量及行业影响力上，均在国内 B2C 网购平台中首屈一指。飞速发展和广阔前景赢得了国际著名风险投资基金的青睐，资本注入势不可挡。

（1）2007 年 8 月，京东赢得国际著名风险投资基金 1 000 万美元——今日资本的青睐，首批融资千万美金。

（2）2009 年 1 月，京东商城获得来自今日资本、雄牛资本以及亚洲著名投资银行家梁伯韬先生的私人公司共计 2 100 万美元的联合注资。也是 2008 年金融危机爆发以来，中国电子商务企业获得的第一笔融资。

京东商城在 2009 年年初获得 2 100 万美元的融资时，将 70% 的资金投向了物流系统的建设，其中包括建设自有快递公司，把北京、上海、广州三地仓储中心扩容至 9 万平方米，开通 26 个城市配送站等，全面提升了京东商城的物流体系。

（3）2010 年 1 月，京东商城获得老虎环球基金领投的总金额超过 1.5 亿美元的第三轮融资。这是金融危机发生以来中国互联网市场金额最大的一笔融资，国际知名的老虎环球基金注资京东商城，说明投资者对京东商业模式和出色经营业绩的认可。此次融资的成功，对于正在发展的京东商城乃至中国电子商务行业都有着非常积极的意义。"刘强东表示 1.5 亿美元新资金中将有 50% 用于仓储、配送、售后等服务能力的提升。

（4）2011 年 4 月 1 日，刘强东宣布完成 C2 轮融资，投资方为俄罗斯的 DST、老虎基金等六家基金和一些社会知名人士，融资金额总计 15 亿美元，其中 11 亿美元已经到账。

（5）2012 年 10 月，京东完成第六轮融资，融资金额为 3 亿美元，并非外界传说的 4 亿美元。该笔融资由加拿大安大略教师退休基金领投，京东的第三轮投资方老虎基金跟投，两者分别投资 2.5 亿美元和 5 000 万美元。

（6）2013 年 2 月，京东完成新一轮 7 亿美元的融资，投资方包括加拿大安大略教师退休基金和沙特亿万富翁阿尔瓦利德王子控股的王国控股集团以及公司一些主要股东。

自 2004 年年初正式涉足电子商务领域以来，京东商城一直保持高速成长，连续七年增长率均超过 200%。京东商城始终坚持以纯电子商务模式运营，缩减中间环节，为消费者在第一时间提供优质的产品及满意的服务。2010 年，京东商城跃升为中国首家规模超过百亿的网络零售企业。

（资料来源：夕月如柳. 企业融资案例分析——京东商城［EB/OL］.［2013-04-19］. https：//wenku.baidu.com/view/22d588d3ce2f0066f53322e7.html）

7.2 创业融资的渠道与类型

7.2.1 融资渠道

不同的融资渠道各有其特点和适用性，主要分为私人资本融资和机构融资。在创业过程中，企业需要分析不同融资渠道的优缺点，以便在适当的时机通过最为经济有效的融资渠道获得资金。企业的融资渠道主要包括家人和朋友、金融机构、社区发展金融机构、风险投资家、天使投资、保险公司、卖方融资、政府支持的投资公司、农村/农业企业融资、自我融资。

1. 家人和朋友

亲朋好友是创业融资的重要来源。家庭是市场经济的三大主体之一，在创业中起到重要的支持作用。特别是在我国，以家庭为中心，形成了亲缘、地缘、文缘、商缘、神缘为经纬的社会网络关系，对包括创业融资在内的许多创业活动产生重要影响。

在创业初期，创业者往往缺乏正规融资的抵押资产，缺乏社会筹资的信誉和业绩。因此，非正规的金融借贷，即从创业者的家庭成员和亲朋好友处获得创业所需的资金，这已是十分见效、十分常见的融资方法。有调查显示，企业在初创期，75% 以上的资金来源于自身积累和民间借贷，在企业发展阶段，资金主要来源于初创时的自有资金、留存收益以及银行借贷。

虽然从家庭成员和亲朋好友处筹集资金相对比较容易，但也存在许多弊端。在使用家庭成员和亲朋好友的资金时，创业者必须明确所筹集资金的性质是债权性资金还是股权性资金，必须告诉他们存在的风险。对债权性资金，创业者要介绍其利息率和还本付息计划，对股权性资金，如果创业者不能承诺未来支付红利的时间，那么必须要用现代市场经济的游戏规则、契约原则和法律形式来规范借贷或融资行为，保障各方利益，减少不必要的纠纷。当然，创业者还需要在接受投资之前仔细考虑投资对家庭成员或亲朋好友的影响。家庭成员和亲朋好友对新企业的投资应该建立在他们对投资成功的信心之上，而不是因为他们认为有这个义务。除此之外，在选择融资对象时，创业者应先对其私人关系以及企业的资金需求进行评估，尽量确保在获得足够的资金前提下动用最少的亲友，从而避免由于大量小笔资金注入而导致股权分配过于杂乱。

【阅读材料 7-2】

大学生创业融资实例

半客商贸有限公司于 2014 年 11 月成立，主打产品以线上下单，线下自提的 O2O 模式从事净菜销售服务，同时兼具网站开发设计等产品服务。在净菜的开发、生产、物流以及后期推广和附加值综合连锁体系。

“半客商贸”创业团队为湖北省的大学生创业团队，虽然“半客商贸”具有广阔的前景，但也存在不足与威胁，“半客商贸”的团队本身虽然具有创造性和市场的适应性，但缺乏充足的社会经验和社会人脉资本，在政策的了解和前期的探索消耗大量资金。同时，随着市场和产业的技术改革和社会发展的资本趋利性，将会有更多的行业进入其中，“半客商贸”也将承受更多的竞争和压力，容易被资本雄厚的企业通过价格战的方式压垮。针对半客商贸的现状探寻出以下较为合理的融资手段。

（一）亲友融资

亲友融资并不是严格意义上的融资渠道，其属于一种无息、无期限的负债，但是其对创业者的作用还是十分巨大的，多数创业者在融资时首先想到的就是亲友融资，以亲情为铺垫，结合家族长辈的闲暇资金以支持晚辈的创业。或者是建立在友谊之上的友情因素的负债。其存在有其巨大的优势，首先是资金筹集的迅速性，再者对资金无利息，也没有明确的偿还限期，给创业者减少了很大偿债压力。并且更多投资人会认为是对晚辈创业的支持，并非一种借贷。

（二）合伙融资

合伙融资实际上就是创业团队成员共同出资、共同经营、共同管理、共担风险的合作行为。“半客商贸”的初始创业合作便是以团队成员合伙融资，分担股份的方式结合起来的，7 名团队成员共同以资本和人力入股，所占比重为公司总资本的 22%、13.6%、13.6%、13.6%、13.6%、13.6% 和 10%。

（三）当前融资概况

“半客商贸”当预计融资 85.57 万元，首先是合伙融资，董事长投资 12 000 元，其余 5 人各投入 8 000 元，还剩 1 人以人力资本入股，所占股份比例分别为 22%、13.6%、13.6%。13.6%、13.6%、13.6% 和 10%。这种合伙融资方式并不是少数，当下大学生创业企业在团队成员组建过程中，早已达成了潜在的认同，并不希望有“空手套白狼”的事情发生，同时也避免了今后在权力和资本的分配方面发生问题。

资料来源：程念，湖北大学生创业融资案例分析——以半客商贸有限公司为例［J］. 法制与社会，2016（1）。

2. 金融机构

长期以来，我国形成了以中央银行（中国人民银行）为领导，国有商业银行为主体，政策性银行、保险、信托等非银行金融机构，外资金融机构并存和分工协作的金融机构体系。对于创业者而言，从银行或其他金融机构获得贷款非常困难，银行家一般是相对保守的贷款人，他们只有在非常有信心收回资金的情况下才会借出资金。因此，金融机构的融资要求会相对较高，程序相对繁杂。通常，银行家基于如下的“5C”原则开展贷款活动。

（1）抵押品：财产或者其他形式的资产被要求作为贷款的抵押物，这样贷款人在无法收回贷款时可以占有或者出售这些财产或资产。这些财产或资产包括企业的房产、设备、存货、企业主的住宅、存款证明、资金市场账户、股票凭证以及债券等。贷款人只是需要将这些资产作为贷款的抵押物，而实际上他们并不希望拥有这些资产。

（2）特征：一般采取分析小企业所有者个人信用的形式进行评估。信用是一个人借款的能力。金融服务公司向创业者贷款之前，它们希望了解你的信用记录，即一个企业或个人的过去是如何可靠而准时地偿还债务的。贷款人可以从征信机构获取你的信用报告，这些机构收集并分析由银行或其他债权人提供的信息。

（3）能力：企业必须有充足的现金流以定期偿还贷款。创业者必须报告现有的现金流，这样贷款人可以判断你偿还贷款的能力。债务清偿是创业者结清贷款时每期偿还贷款金额的总和。

（4）资金：创业者在新创企业里投入了多少自有资金？包括家人或朋友的投资吗？正如我们前面所提到的，银行希望看到你能用自有资金来承担风险。

（5）形势：贷款及贷款偿还期间的行业状况和经济情况。例如，如果通货膨胀上升，那么当创业者的收入跟不上通货膨胀的速度时，银行可能会对你重点关注，并因此降低对你的偿债能力的评价。

在创业融资渠道中，向银行贷款是我国企业最常见的一种融资方式，创业者也可以通过银行贷款补充创业资金的不足。目前，我国商业银行推出的个人经营类贷款对创业者而言是一个好消息。个人经营类贷款包括个人生产经营贷款、个人创业贷款、个人助业贷款、个人小型设备贷款、个人周转性流动资金贷款、下岗失业人员小额担保贷款以及个人临时贷款等类型。除此以外，为了缓解中小企业融资困难，我国的金融机构推出了许多新的金融产品。创业者应密切关注银行贷款信息和政策的变化，以选择最适合自己的机构贷款。

除了银行金融机构之外，非银行金融机构也是企业融资的重要渠道。非银行金融机构是指除了银行之外的各类金融机构，目前，我国非银行金融机构主要有保险公司、租赁公司、企业集团的财务公司及证券公司等。非银行金融机构相比银行而言资本较少，但是其所提供的服务领域更为广泛，具有良好的发展前景。

近年来，随着经济市场的成熟，通过信用担保体系融资的方式十分常见。信用担保体系是指企业在向银行融资的过程中，根据合同约定，由依法设立的担保机构以保证的方式为债务人提供担保，在债务人不能依约履行偿债义务时，由担保机构承担合同约定的偿还责任，从而保障银行债权实现的一种金融支持制度。信用担保可以为创业企业和经营融资提供便利，分散金融机构的信贷风险，推进银行与企业之间的合作。

对于金融机构融资而言，良好的信用记录至关重要。一般而言，大多数银行不会向那些没有信用记录的企业贷款，因为它并不了解企业实际偿还贷款的能力。因此，借款人为了建立个人信用，必须证明自己有能力按时偿还债务。金融机构贷款人希望创业者签署一份个人承诺书，即承诺如果企业无法偿还贷款时，个人负有偿还贷款的责任。换句话说，一旦企业无法履行责任，贷款人有权占有企业和个人的相关资产。

【阅读材料 7-3】

Super girl 女性紧急防御报警手镯创业项目

Super girl 有限责任公司由五名大学生组成，以研发、设计和生产女性报警手镯为主，拥有专业研发团队、设计团队和产品生产厂房，将定位、求救、防御、电子报警四大功能整合在小小的手镯中，为用户提供简单又实用的紧急防御报警手镯的新创公司。公司属于国家政策鼓励的大学生创业项目公司，公司将设在广东培正学院创业园区，享受自主创业优惠，经税务部门批准，免征企业所得税一年。根据创业项目的财务预算，Super girl 大学生创业项目初期共需资金 300 万元，其中创办人投资 50 万元，长期借款 100 万元，创业投资 150 万元。

Super girl 大学生创业项目的融资渠道如下：

（一）亲情融资

向亲友借钱的筹资速度快，风险小且成本低，不需要任何抵押。Super girl 公司由五名广东培正学院的大学生组成，成员的家庭坏境一般，而且家人和朋友的投资观都比较保守，对于大学生创业不看好。因为向亲友直接贷款容易给亲友带来资金风险，甚至是资金损失，如果创业失败就有可能伤及双方感情，所以所融到的金额不大，最多可以融到的金额为 30 万元。

（二）银行贷款

银行贷款是大学生创业融资的一个非常重要的渠道。对刚毕业的大学生创业而言，考虑最多的是创业贷款。因为创业贷款的利率较低，而且广州大学生在广州地区创业可以按规定申请创业担保贷款，个人贷款的额度是 10 万元，合伙经营项目贷款总额最多 40 万元。银行贷款利率会在贷款基础利率的基础上上浮 3% 以内，由政府财政给予贴息。

（三）创业投资

创业投资机构主要为以高科技为基础的新创公司提供融资。Super girl 公司生产的产品属于高新科技的产品，而且现在国内没有相类似的产品，产品实用美观，市场潜力大，所以公司正积极地在知乎和微博上寻找创业投资家对项目进行投资。至于详细的创业计划书，公司已经拟好了，将以 Email 的方式和创业投资家进行联系。通过创业投资机构融资，预计的融资额为 150 万元，占 Super girl 公司 50% 股权。

资料来源：张艺珊. 大学生创业融资渠道与对策研究——基于 Super girl 女性紧急防御报警手镯创业项目［J］. 职业教育，2016（2）：214-216.

3. 风险投资家

风险投资家（virtual capitalists）是指专门为具有高成长潜力的新创企业提供初始股权融资或风险资本的投资者和投资公司。

风险投资家寻求的是高收益率，一般情况下，他们会选择投资种子期的企业，但是更为常见的是投资一些处于初创期或者发展期，已经有良好的商业发展轨迹并且需要额外融资来扩展的小型企业。风险投资家希望在 5 年左右的时间赚取 6 倍于投资的收益，或者获得 45% 的年投资收益率。专业的风险投资家一般不会轻易投资一家企业，除非企业的创业计划书显示，企业在规定时间内的销售额至少能达到一定标准。

如果创业者的创业计划书能满足风险投资家的要求，那么你的创业可能会吸引风险投资家。风险投资家希望通过投资获得新创企业的股权，他们愿意为获得更高的收益承担更高的风险。因而，风险投资家希望控股新创企业，这样他们在管理决策中就会有最终决定权。

为了给福特汽车公司融资，亨利·福特用 75% 的公司股权换取了急需的 28 000 美元。为此，福特公司经过多年努力后才重新获得公司控股权。尽管如此，许多小企业所有者还是在企业扩张时寻求风险投资家的帮助，因为他们无法获得银行贷款。尽管如此，我们应该意识到风险投资是个高风险、高回报的行业，引入风险投资的新创企业也面临着重大的失败风险，所以要慎重考虑该种筹资方式。

一般而言，风险投资家会采取以下的方式获得其投资收益：

（1）向其他投资者出售其所拥有的公司股权。

（2）等到公司“上市”（在公开市场发售股票）时将投资转化为股票，这样股票就可以在股票市场上交易。

【阅读材料 7-4】

搜狐的海外风险投资家

大家对搜狐可能再熟悉不过了，因为它是互联网方面最有影响的中文网上搜索站点之一。搜狐之所以能够迅速发展壮大，与搜狐的母公司爱特信公司引入大量海外风险投资密切相关。

爱特信公司的创办者张朝阳博士在麻省理工学院（MIT）学习、工作的几年深受硅谷创业文化的熏陶，他很希望能获得硅谷风险投资家的“天使”基金来创办自己的公司。1996年，张朝阳利用回国作美国互联网络商务信息公司（ISI）首席代表的机会了解国内市场状况。他发现1996年中后期，美国的互联网发展得非常快，而中国却几乎是一片空白，只有国联在线、高能所、瀛海威等几家刚起步的小公司。当时，中国网络建设面临许多问题，其中最突出的问题是中文信息严重匮乏，国内真正能提供中文信息内容服务的ISP（Internet服务提供商）寥寥无几，90%以上的ISP只能提供简单的Internet接入服务。

张朝阳看好国内市场的发展前景，并决心在国内创业。他首先遇到的问题是没有资金。他向美国著名风险投资专家爱德华·罗伯特求援，两人共同分析了中国市场，并写了一个简单的商业计划提交给催生Intel的风险投资人——尼葛洛庞蒂，不久即争取到数百万美元的起步投资，由此成立了ITC公司。

公司运营一年后，已走过了谨小慎微运作的初创阶段，于1997年取得Intel公司的技术支持，推出了“SOHOO”网上搜索工具，并独家承揽“169”北京信息港1998年整体内容设计和发展的任务，发展速度很快，甚至比一般的美国风险投资公司的成长速度还要快。ITC又与世界最富盛名的几家风险投资公司接洽，他们踊跃投资，顺利达成了第二期风险融资意向。从1999年开始，ITC已积极筹划申请到纳斯达克上市。

搜狐的例子向我们展示了开展国际融资的一种新途径——引入海外风险投资，它最为重要的意义在于，开辟了一条将海外风险投资运用于国内的新途径。在我国高科技产业资金投入不足的情况下，探寻一条适宜的融资途径，建立一套完善的投资体制是我们寻求的目标。在这一方面，搜狐给我们带来了深深的启迪。

资料来源：佚名. 风险投资案例分析［EB/OL］.［2014-02-12］. http://www.souqian.com/infor/28364.html.

4. 天使投资人

天使投资人又被称为投资天使（Angles），天使投资是权益资本投资的一种形式，指具有一定净财富的个人或者机构，对具有巨大发展潜力的初创企业进行早期的直接投资，属于一种自发而又分散的民间投资方式。在种子期内，创业者需要一定数量的资金来检验自己的创意。如果这个创意或科研项目具有前景，很有可能会吸引天使投资人进行投资。相对其他时期来说，虽然此时期所需的资金并不算多，但是这个时期的投资对创业公司日后的成败却有举足轻重的作用，而且也会给整个公司的运营带来重要影响。Gompers对天使投资和风险投资做了区分，他认为天使投资人使用自己的资金进行投资，而风险投资则是由投资经理替有限合伙人或其他投资者进行选投，因此风险投资在代理人问题方面比天使投资更为复杂。因为天使投资人和风险投资的专长和技能不同，所能给创业者提供的增值服务也不同，所以天使投资人与风险投资的领域存在市场细分。

【阅读材料 7-5】

天使投资的神话——Google

（1）1998 年车库诞生

从 Sun 联合创始人安迪·贝克托斯海姆手中获得 10 万美元的投资后，拉里·佩奇（Larry Page）和赛吉·布林（Sergey Brin）于 1998 年 9 月 7 日在加州郊区的一个车库内创立谷歌。谷歌的第一个数据中心就坐落在这个 56 平方米的房间里。公司除了佩奇和布林之外，就只有一个雇员。

（2）1999 年：融资 2 500 万美元

1999 年 6 月 7 日，绝对是历史性的一天。因为，这一天他们得到确切的结果：硅谷最有名的两家风险投资公司凯鹏华盈（KPCB）和红杉资本（Sequoia Capital）都同意向 Google 一共投资 2 500 万美元（30% 股份）。据说，这两家相互竞争的风险投资公司，以前还从来没有同时投资过同一家公司。

两家公司的两大人物红杉资本的迈克尔·莫里茨（Michael Moritz）和凯鹏华盈公司的约翰·杜尔（John Doerr）同时进驻公司董事会。这两个人物亲手缔造了 Sun、Intuit、Amazon 和 Yahoo 等公司的成功故事。从此，标志着 Google 不再是一家车库公司，而成为互联网大潮中正式的玩家之一。

（3）2004 年 Google 上市

2004 年 1 月，Google 宣布雇用摩根史坦利和高盛管理其 IPO。募集资金额被估计高达 40 亿美元。2004 年 8 月 19 日，谷歌上市，发行价 85 美元，年底攀升至 195 美元。IPO 给了 Google 超过 230 亿美元的市值。

（4）2008 年全面对抗微软

谷歌以 31 亿美元收购 Double Click，后者正是微软 CEO 史蒂夫·鲍尔默（Steve Ballmer）梦寐以求的。谷歌还与雅虎达成了搜索广告合作协议，这也是微软想要的。谷歌推出了 Chrome 浏览器，目标直指 IE。目前微软市值在 2 000 亿美元左右，Google 市值在 1 400 亿美元左右（另：苹果也在 1 400 亿美元左右）。

（5）6 400 倍的回报

贝索斯（亚马逊网的创始人）在 1998 年曾向 Google 投资 25 万美元，每股价格为 4 美分。众所周知，当 Google 在 2004 年首次公开招股时，贝索斯持有大约 300 万股 Google 股票（准确的数字为 330 万股，每股 IPO 价格 85 美元，市值 2.8 亿美元，增值 2 125 倍）。如果贝索斯将投资获得的 Google 股票持有到现在，这些股票的市值将达到惊人的 16 亿美元（增值达 6 400 倍!）

资料来源：佚名. 天使投资的魅力——3 个经典案例分析［EB/OL］.［2017-03-12］. http：//toutiao.manqian.cn/wz_15gU8lmbdZJ.html.

5. 保险公司

企业所有者可以以终身寿险、变额寿险或者万能寿险保单的现金价值作为担保获得保单贷款。从本质上讲，企业所有者就是凭借自己的储蓄获得贷款。对于保险公司而言，其向企业所有者贷款可以使其结余的资本增值，风险分散，同时向外融通其资金。

6. 卖方融资

创业者可以通过与易建立贸易信用的卖方进行融资。通过避免预付现金或者购买时付现，创业者有机会在更长的时间内持有现金或者准备付款。从本质上看，就是卖方为新创企业提供的融资。

应付账款是企业拖欠供应商的资金。创业者需要与供应商提前协商确定最好的付款条款，这样新创企业可以使用时差获取尽可能多的现金，这也是新创企业的一种短期融资方式。如果创业者不能按时付款，那么一定要预先通知债权人，以获得延期许可。当然，创业者绝对不可以逃避应付的款项。

7. 政府支持的投资公司

近年来，各级政府充分意识到创业活动对经济发展的推动作用，尤其是科技含量高的产业或当地优势产业对增强地区竞争力、解决就业问题的重要意义。为此，政府越来越关注新创企业的发展，同时这些处于创业初期的企业在融资方面所面临的迫切要求和融资困难的矛盾，也成为政府致力解决的重要问题。由于经济实力、产业基础、区域文化等有很大的差异，各地政府推出的创业支持政策也不尽相同。

政府支持的投资公司投资是一种鼓励中小企业发展的举措，如果中小企业自身经营不善，政府可以选择扶持或者帮扶。如果中小企业属于高新技术产业，政府可以通过设立专项基金进行支助。除此之外，政府对某些地区和行业推出诸如税收优惠、小额贷款、中小企业信用担保、创业基地建设等地方性优惠政策。

在中国，经国务院批准设立，用于支持科技型中小企业技术创新的政府专项基金，通过拨款资助、贷款贴息和资本金投入等方式，扶持和引导科技型中小企业的技术创新活动。根据中小企业项目的不同特点，创新基金支持方式主要有：

（1）贷款贴息。对已具有一定水平、规模和效益的创新项目，原则上采取贴息方式支持其使用银行贷款，以扩大生产规模，一般按贷款额年利息的50%~100%给予补贴，贴息总金额一般不超过100万元，个别重大项目可不超过200万元；

（2）无偿资助。无偿资助主要用于中小企业技术创新中产品的研究、开发及测试阶段的必要补助、科研人员携带科技成果创办企业进行成果转化的补助，资助额一般不超过100万元。对少数起点高、具有较广创新内涵、较高创新水平并有后续创新潜力、预计投产后有较大市场、有望形成新兴产业的项目，可采取资本金投入方式。

8. 自我融资

自我融资也是一种重要的融资方式，这种融资方式强调寻找具有创造性的方法，利用自有资金获取额外的外部资金。即使在创业者不能获得风险投资或者天使投资的时候，也不要因此而停止前进。许多非常成功的企业都是由一些资产不到

10 000 美元的创业者创建的，这些创业者想出了各种方法，让企业平稳发展。这些方法包括：

（1）尽可能减少员工数量，使用临时性服务机构代替员工工作，以降低保险和税金开支。

（2）首选租赁设备而不是购买设备。

（3）让供应商延长企业的信用期限，从而可以延长还款期。

（4）使用个人储蓄，进行二次抵押，从朋友和亲戚那里获得低息贷款。

（5）利用应付账款时差。

（6）在家办公或者租赁办公室，节省固定成本。

（7）将利润留存在企业里让企业滚动持续发展。

每一个创业者都应该明白，创业是有风险的。当准备创业时，必须放弃原有的优厚待遇，将自己所有精力和智慧都投人到新创企业中，将自有资金的大部分投入到新创企业中。对于创业者来说，创办新企业一方面是捕捉商业机会、实现价值的过程，将尽可能多的自有资金投入其中，在新创企业中持有较多股份，创业成功后，将获得较大的创业回报。另一方面，自我融资是一种有效承诺，它告诉其他投资者，创业者对自己认定的商业机会十分有信心，并且会谨慎地使用新创企业的每一分钱。这种信号会适度缓解信息不对称的负面作用，增加其他投资者对新创企业投资的可能性。

当然，对很多创业者来说，自我筹资虽然是新企业融资的一种途径，但它不是根本性的解决方案。一般来说，创业者个人的资金对于新创企业而言，总是十分有限的，特别是对新创大规模企业来说，几乎是杯水车薪。

7.2.2 融资类型

由于融资范围、资本属性和分类标准的不同，融资可以分为各种不同的类型：按照资本属性分类，可以分为债权融资、股权融资和混合融资；按照资本来源范围分类，可以分为内部融资和外部融资；按照资本使用期限分类，可以分为短期融资和长期融资；按照是否借助金融机构分类，可以分为直接融资和间接融资。

本章将详细介绍按照资本属性分类的融资类型。

债权融资是企业通过借钱的方式进行融资。企业在获得资金后，不仅要承担资金的利息，还要在借款到期后向债权人偿还本金。债权融资可通过长期借款、发行债券及融资租赁等方式进行。

股权融资是企业原股东出让部分企业所有权，通过增资引进新的股东。企业在获得资金后，无须还本付息，但是企业的新老股东将共同分享企业的盈利。股权融资可通过发行股票、吸引直接投资等方式进行。

混合融资，顾名思义，就是兼容了债权融资和股权融资的特点，如发行可转换债券、发行优先股和发行认股权证。

7.2.2.1 债权融资

1. 长期借款融资

长期借款融资是企业向银行或其他金融机构借入的期限超过一年的资金。为了便于债务人预先在财务上作合理的安排和调控，同时使债权人更安全地回收资金，企业的长期借款通常是分期还本付息的。

（1）长期借款的种类

①按照提供贷款的机构不同，长期借款可以分为银行贷款和其他金融机构贷款。

政策性银行贷款是指政策性银行在人民银行确定的年度贷款总规模内，根据申请贷款的项目或企业情况按照相关规定，确定贷款规模。通过国家政策性银行获得的贷款通常是长期贷款。商业银行贷款是指工商企业向商业银行申请的贷款，包括长期贷款和短期借款。企业取得贷款后需要定期还本付息。其他金融机构贷款是指企业向除银行以外的金融机构，如保险公司、证券公司、信托投资公司、财务公司等申请的贷款，这种贷款途径提供的资金具有贷款期限长、利率高、信用要求严格的特点。

②按照有无抵押品作担保不同，长期借款可以分为抵押贷款和信用贷款。

抵押贷款是指借款者以一定的抵押品作为物品保证而向银行取得的贷款。抵押品通常包括有价证券、国债、各种股票、房地产，以及货物的提单等。贷款到期，借款者必须如数归还，否则银行有权处理抵押品，作为一种补偿。信用贷款是指借款人或担保人仅凭信用取得的贷款，由于银行所承担的风险较大，所以通常会收取较高的利息作为风险补偿。

（2）长期借款融资的优缺点

优点：长期借款融资具有程序较简单、融资速度较快、灵活性较大等优点。此外，与股权融资相比，还具备资金成本较低、融资费用较少，能够发挥财务杠杆作用等优点。

缺点：风险较高、限制条件较多和融资数额相对有限等。

2. 债券融资

债券是企业融资的一种重要方式，是企业为筹集资本而发行的、约定在一定的期限内向债权人还本付息的一种有价证券。

债券融资可以有以下分类：

（1）按照有无抵押担保，分为抵押债券和信用债券；

（2）按照债券利息是否变动，分为固定利率债券和浮动利率债券；

（3）按照持券人是否参与收益分配，分为参与债券和非参与债券；

（4）按照是否上市交易，分为上市债券和非上市债券；

（5）按照持券人拥有的特定权益，分为收益债券、可转换债券以及附认股权债券；

（6）按照债券有无记名，分为记名债券和无记名债券，所谓记名，就是记载债券人的姓名和名称；

债券融资的优点：与股权融资相比，债券持有人只收回有限的固定收入，而更多的收益则可用于股利分配和留存公司以扩大投资；债券的利息是在所得税前支付的，有抵税的好处，债券的税后成本低于股票的税后成本；从发行费用来讲，债券一般也低于股票；发行债券进行融资，不会因为融资而削弱原有股东对公司的控制权。

债券融资的缺点：债券筹资有固定的到期日，须定期支付利息，如不能兑现承诺则可能引起公司破产；债券筹资具有一定限度，随着财务杠杆的上升，债券筹资的成本也不断上升，加大财务风险和经营风险，可能导致公司破产和最后清算。

3. 融资租赁

融资租赁是指出租人根据承租人对租赁物件的特定要求和对供货人的选择，出资向供货人购买租赁物件，并租给承租人使用，承租人则分期向出租人支付租金，在租赁期内租赁物件的所有权属于出租人所有，承租人拥有租赁物件的使用权。融资租赁具有融资与融物相结合的特点，出现问题时租赁公司可以回收、处理租赁物件，因而在办理租赁融资时对企业资信和担保的要求不高，所以非常适合中小企业或初创企业。

融资租赁从其本质上看是以融通资金为目的的，它是为解决企业资金不足的问题而产生的。需要添置设备的企业只需付少量资金就能使用到所需设备进行生产，相当于为企业提供了一笔中长期贷款。

融资租赁按照其业务的特点不同，可分为以下三种形式：

（1）直接租赁。直接租赁又称为自营租赁，是融资租赁中比较普遍的一种形式。它由承租人选择需要购买的租赁物件，出租人通过对租赁项目风险评估后出租租赁物件给承租人使用。在整个租赁期间承租人没有所有权但享有使用权。一般周期为 3 年以上，租赁期内各方不得中途解约。

（2）售后租回。售后租回是在企业急需资金时，设备的所有者先将设备按市场价格卖给出租人，然后又以租赁的方式租回原来设备的一种方式。售后租回的优点在于承租人既拥有原来设备的使用权，又能获得一笔资金。

（3）杠杆租赁。杠杆租赁是融资租赁的一种特殊类型，是指在项目投资者的要求和安排下，由杠杆租赁结构中的资产出租人融资购买项目的资产然后租赁给承租人（项目投资者）的一种融资结构。资产出租人和融资贷款银行的收入以及信用保证主要来自结构中的税务好处、租赁费用、项目的资产以及对项目现金流量的控制。基于杠杆租赁的项目融资模式是项目融资在模式上的创新，具有显著的税收优势，通过“以二博八”的杠杆效应，吸收项目中的资产折旧和利息扣减，最充分地享受税收的好处，在出租人（项目发起人）、承租人和贷款人之间实现多赢。

融资租赁的优点：第一，融资速度快、方式灵活，企业可以在最短时间内形成生产经营能力；第二，融资期限长，中小企业通过融资租赁所享有资金的期限可达 3 年，远远高于一般银行贷款期限；第三，在还款方面，企业可根据自身条件选择分期还款，极大地减轻了短期资金压力，防止资金链发生断裂；第四，融资租赁的租金可在税前扣除，具有抵免所得税的作用；第五，设备淘汰风险较小，融资租赁期限一般为设备使用年限的75%。

融资租赁的缺点主要有以下三点：第一，资金成本较高，租金总额通常高于设备的30%，因此成本较大。第二，筹资弹性较小。当租金支付期限和金额固定时，增加企业资金调度的难度。第三，承租人不能享有设备残值。租赁期满，资产的残值归出租人所有。

7.2.2.2　股权融资

股权融资是企业的股东愿意让出部分企业所有权，通过增资的方式引进新的股东的融资方式，总股本同时增加。股权融资所获得的资金，企业无须还本付息，但新股东将与老股东同样分享企业的盈利与增长。对于未在公开交易市场上市的初创企业而言，无法通过发行股票进行融资。因而初创企业常见的股权融资主要是天使投资和风险投资，当企业取得一定的发展后，通常引入私募股权基金作为上市前的主要股权融资方式。

通常说的创业投资一般指天使投资、风险投资和私募股权投资。天使投资常出现在初创公司的种子期，风险投资是在其发展期，而私募股权投资则是在其成熟期。除了时间的先后顺序，三者还在投资来源、资金规模和风险程度上有差异。

1. 天使投资

天使投资（Angle Investment）是指自由投资者或非正式机构出资协助具有专门技术或独特概念的原创项目或小型新创企业进行一次性的前期投资。与其他投资相比，天使投资是最早介入的外部资金，即便还处于创业构思阶段，只要有发展潜力，就能获取资金。一般认为天使投资起源于纽约百老汇的演出，原指富有的个人出资，以帮助那些具有社会意义的文艺演出，后来被指投资于非常年轻的公司以帮助这些公司迅速启动的投资。

天使投资有以下三个特征：一是直接向企业进行权益投资；二是不仅提供现金，还提供专业知识和社会资源方面的支持；三是天使投资的金额一般较小，而且是一次性投入，程序简单，短时期内资金就可到位。天使投资者的类型有以下几种：

（1）公司型天使。公司型天使是指已提前退休或辞职的大公司的高级经理人员。除了可以获得资金外，企业家还可以劝说这些企业后台老板担任某些高级管理职务，比如担任企业发展部门经理。

（2）企业家型天使。这是最多的一种投资者，他们中大多拥有自己的事业和成功地经营过企业。由于这种投资者基本上都有其他收入来源，而且可以从IPO和部分整体收购中取得收益，所以他们愿意冒更大的风险，投资更多的资金。因而，企业家型天使很少投资自己专业领域外的企业，这种投资者几乎总是在董事会占有席位，但却很少尽到管理者的义务。

（3）狂热型天使。这种投资者的年龄较大，他们从自己创建的企业中取得独立财富并且有简单的工作安排。对他们来说投资是一种爱好。他们很少在董事会中任职，也不参与管理。

（4）微观管理型天使。这是一种非常谨慎的投资者。他们大多数曾经创建过企业，所以会把自己的工作策略强加给所投资的公司。虽然，他们并不要求发挥管理者的作用，但他们往往要求成为董事会的成员。如果企业经营效果达不到预期，他们就会要求聘用新的经理人。

（5）专家型天使。这里的“专家”是指投资者的职业，如医生、律师或会计。这种投资者偏爱对那些提供自己熟悉的产品或服务的公司进行投资。他们很少要求成为董事会的成员，但是在企业经营困难时，他们会变得很难相处。

近年来我国的天使投资已有了较快发展，社会对天使投资的关注度也越来越高。由《创业家》杂志发起并主办的“最受尊敬的创业天使”评选活动从2007年起开始举办，活动主要针对创业支持机构及天使投资领域的个人，并采取量化方法对他们进行评价。2010年评出的两位最佳天使投资人，是在业界声望卓著的创业家柳传志和雷军，这充分说明天使投资已经成为国内创业生态中的重要一环。相信随着市场机制的完善、信用制度的建立以及个人财富的积累，天使投资一定会促进我国创业事业的发展，这对于许多有志于创业的年轻人来说，将是值得拥有和期待的融资渠道。

2. 风险投资

从运作方式来看，风险投资（Venture Capital）是指由专业化人才管理下的投资中介向特别具有潜能的高新技术企业投入风险资本的过程，也是协调风险投资家、技术专家、投资者的关系，利益共享，风险共担的一种投资方式。从投资行为的角度来讲，风险投资是把资本投向蕴藏着失败风险的高新技术及其产品的研究开发领域，旨在促使高新技术成果尽快商品化、产业化，以取得高资本收益的一种投资过程。风险投资通常投资给一些处于初创期或者发展期的企业，这些企业已经有良好的商业发展模式并且需要额外融资来扩大规模或占领更多的市场份额。中小企业开发新项目，在技术研发、技术转化、产品试销、扩大生产等各环节都潜藏着风险，银行等金融机构出于安全性的考虑往往不会提供贷款，但是现有股东无法注入额外的权益资本，这个时候就需要引入风险投资，所以风险投资是企业实现其战略的投资。对投资者而言，这一阶段的企业需要的资金量相对比较大，个人投资者投资具有较大的风险，因而投资机构化就成为必然。引入风险投资还能带来额外的好处，即一旦初创公司获得了风险投资，银行也有可能批出更高额度的贷款。因为引入风险投资的创新企业，其信用风险更低。

当创业者去风险投资机构寻求帮助前，他们应当考虑风险投资机构对公司治理结构的影响。例如，大部分风险投资机构希望持有公司的部分股权；风险投资公司可能要求以独立董事的身份进入董事会，以保证投资方的利益。

【阅读材料 7-6】

风险投资与百度的成长

百度公司于1999年年底成立于美国硅谷，它的创建者是在美国硅谷有多年成功经验的李彦宏先生及徐勇先生。2000年1月，百度公司在中国成立了它的全资子公司——百度网络技术有限公司，随后于同年10月成立了深圳分公司，2001年6月又在上海成立了上海办事处。2005年8月5日，百度在美国纳斯达克上市，成为2005年资本市场上最引人注目的上市公司，百度由此进入一个崭新的发展阶段。

第一次融资

1999年中国门户网站使用的搜索引擎，大多是英文搜索的汉化版，以“搜索客”为代表的搜索引擎在李彦宏看来更像是“玩具”，手中握有全球第二代引擎核心技术的专利技术的他，找到了自己的好朋友徐勇，他们制订了100万美元的融资计划，并开始寻找融资目标。很快就有很好的几家VC愿意为他们投资，他们看重三个因素：中国、技术、团队。最终，在2000年2月，Integrity Partners和Peninsula Capital Fund两家VC联手向百度投资，分别以每股0.25美元的价格购买可转换优先股240万股，总投资额为120万美元。

第二次融资

2000年9月，第一轮投资者Integrity Partners和Peninsula Capital Fund拉上美国三大风险投资商之一的DFJ以及IDG入伙，以每股1.04美元购入可转换优先股960万股，融资金额约为1 000万美元。第二次融资之后，DFJ约占总投资的75%，因而成为百度的单一最大股东，但其仍只拥有百度的少数股权。据估算，成立不到一年的百度价值应当在2 500万美元以上。

第三次融资

“Google的加入会有效增加百度的品牌知名度，但百度仍然是独立运作的企业。”李彦宏强调，百度此轮融资为策略性融资，Google只拥有百度极少数股权，不足以影响百度的发展战略。经过第三次融资，李彦宏、徐勇等公司原有股东仍然对公司拥有绝对控制权，德丰杰与Google一起在此轮融资中扮演领投者的角色。

上市

三批私募股共计1 665万股优先股，在IPO前转为同等数量的B类普通股。此外，截至2005年3月底，公司一共发行了1 155万股普通股，已于5月30日转为同等数量的B股普通股。以上共计2 820万股B类股。

2005年8月5日，百度成功登陆美国纳斯达克，创造中国概念股的美国神话，开启全球互联网的“中国时代”。百度IPO后，限售股东出售的83万股B类股自动转为A类股，余下的B类股一共有2 737万股。

资料来源：朱欣民．百度公司从IDEA到IPO的融资历程［EB/OL］．［2018-03-19］．http：//www.docin.com/p-424707238.html.

3. 私募股权

广义的私募股权投资（Private Equity）指涵盖企业首次公开发行前各阶段的权益投资，即对处于种子期、初创期、发展期、扩展期、成熟期和Pre-IPO各个时期企业所进行的投资，前文提到的天使投资人和风险投资都包括在了广义的私募股权范围内。狭义的私募股权投资主要指对已经形成一定规模的，并产生稳定现金流的成熟企业的私募股权投资部分，主要是指创业投资后期的私募股权投资部分，而这其中并购基金和夹层资本在资金规模上占最大的一部分。在中国，PE 主要是指这一类投资。

创新企业进入成熟期后，已经占领了一定的市场份额，并取得了阶段性的成功，所以短期内不再面临生存困境。此时企业的融资目的不尽相同，融资渠道也变得多元化。有的企业是为了扩展业务线，有的是为了进行并购整合，有的则是为了规划上市。为达成这些目的，企业可以通过自身积累和银行贷款解决较小金额的融资需求，也可以通过私募股权投资注入大量资金。创新企业吸引私募融资往往放眼于企业的长期战略和产业整合，因此要求投资方除了投入资金，还要通过自身的资源为创新企业提供价值增值服务，以帮助企业达成目标。

股权融资的优点与缺点：

（1）股权融资的优点：首先，企业财务风险较小。股权资本不用在企业正常运营期内偿还，不存在还本付息的财务风险。其次，股权筹资是企业良好的信誉基础。股权资本作为企业最基本的资本，代表了公司的资本实力，是企业与其他单位组织开展经营业务，进行业务活动的信誉基础。最后，股权筹资是企业稳定的资本基础。股权资本没有固定的到期日，无需偿还，是企业的永久性资本，除非企业清算时才有可能予以偿还。这对于保障企业对资本的最低需求，促进企业长期持续稳定经营具有重要意义。

（2）股权融资的缺点：第一，容易分散企业的控制权。利用股权筹资，由于引进了新的投资者或出售股票，必然会导致企业控制权结构的改变，分散企业的控制权。控制权的频繁迭变，势必要影响企业管理层的人事变动和决策效率，影响企业的正常经营。第二，资本成本负担较重。尽管股权资本的资本成本负担比较灵活，但一般而言，股权融资的资金成本要高于债务融资的资金成本。第三，信息沟通与披露成本较大。投资者或股东作为企业的所有者，有了解企业经营业务、财务状况、经营成果等的权利。企业需要通过各种渠道和方式加强与投资者的关系管理，保障投资者的权益。

【阅读材料 7-7】

私募助力新浪发展壮大

新浪作为一家著名的门户网站，它的发展经历了艰难的过程。从新浪上市前的私募过程，可以看出它是如何从一家初创企业发展壮大、走向成功的。

（一）成立四通利方时的情况

1993 年 12 月 18 日，四通利方在北京正式成立。首先由四通集团旗下香港上市公司——四通电子出资 350 万港元设立利方投资，其中四通电子占 70% 的股权，王志东、严援朝等以技术入股占 30% 的股权；再由四通集团出资 150 万港元和利方投资共同设立四通利方，这样四通共在新公司占有 79% 的股权，王志东等人拥有 21% 的股权。

（二）第一次私募融资（650 万美元）时的情况

1997 年 10 月，在华登集团的牵头下，美国三家风险投资公司：华登集团、美洲银行罗世公司、艾芬豪国际集团对四通利方投资 650 万美元，再加上原有的四通利方被估值 850 万美元，其市值达到 1 500 万美元，是初创期的 23 倍。在 630 万美元中可以查到的数据是每股作价 1.6667 美元，650 万美元折股 3 899 922 股；其中华登集团认股 180 万股，出资额约 300 万美元。

（三）与华渊合并成立新浪时的情况

1998 年，四通利方并购华渊网，成立新浪网，华渊网以 1 股换取利方 0.38 股的方式与其合并。此次并购，四通利方评估作价 3 000 万美元，华渊网评估作价 2 000 万美元，据此分析，以评估值计算，四通利方在新浪网中占 60% 的股权，华渊网在其中占 40% 的股权。

（四）第二次私募融资时的情况

1999 年 4 月，新浪完成第二次国际融资 2 500 万美元，这回的牵头人还是美国华登投资，同时引入新的投资者：软体银行、高盛集团和新加坡经济发展局等。第二次购并和融资完成后，公司总价值达到 8 380 万美元，升值 5.6 倍。

此次融资，每股作价 2.8 美元，2 500 万美元折股约 8 928 571 股，其中华登集团认购 285 万股，出资 800 万美元，两次一共出资 1 100 万美元。

（五）第三次私募融资时的情况

1999 年 11 月 7 日新浪完成一次超过 6 000 万美元的融资。这次融资，由美国戴尔电脑领军，其他的新投资者包括：新加坡电脑多媒体制造商创新科技、台湾著名防毒软件公司趋势科技、日本住友商社等。

此次融资每股作价 8.32 美元，6 000 万美元折股约 7 211 538 股，其中华登认购 60 万股，出资约 500 万美元。新浪网原有的长期投资人，包括日本著名风险投资集团软体银行、高盛集团和新加坡经济发展局以及华登投资集团也都参与了这次增资。

至此，新浪在私募资金的扶持下羽翼渐丰，2000 年新浪在美国纳斯达克上市，在经历了多年的烧钱之后，公司终于宣布将在 2003 年实现年度盈利，完成向成熟企业的转化。同时私募资本也逐步增值，双方形成良性循环。

资料来源：吴瑕. 融资有道——中国中小企业融资经典案例解析［M］. 北京：中国经济出版社，2009.

7.2.2.3　混合融资

1. 发行优先股融资

（1）优先股的特征

优先股介于普通股和债券之间，是一种具有双重性质的混合证券。优先股是一种没有期限的有权凭证，主要具有以下几个特征：

①优先股股东不参加公司的红利分配，无表决权和参与公司经营管理权。

②优先股有固定的股息，不受公司业绩好坏的影响，并可以先于普通股股东领取股息。

③当公司破产进行财产清算时，优先股股东对公司剩余财产有先于普通股股东的要求权。

（2）优先股的分类

①按照股利是否可以累积支付，分为累积优先股和非累积优先股。

②按照是否参与额外剩余股利的分配，分为参与优先股和非参与优先股。

③按照公司是否可以赎回，分为可赎回优先股和不可赎回优先股。

④按照股票是否可以转换为普通股，分为可转换优先股和不可转换优先股。

（3）发行优先股融资的优缺点

①发行优先股融资的优点：第一，优先股筹集的资本属于权益资本，通常没有到期日，即使股息不能到期兑现也不会引发公司破产，因而融资后不会增加财务风险，反而会使融资能力增强，可获得更大的负债额。第二，优先股股东一般没有投票权，不会使普通股股东受到威胁。第三，优先股的股息通常是固定的，在收益上升时期可为现有普通股股东“保存”大部分利润，具有一定的杠杆作用。

②发行优先股融资的缺点：第一，优先股融资的成本比债券高，这是由于股息是在税后支付的，不能冲抵税前利润。第二，有些优先股（累积优先股、参与优先股等）要求分享普通股的剩余所有权，会稀释其每股收益。

【阅读材料 7-8】

广汇能源临阵放弃发行优先股

优先股才刚推出不久就出现了上市公司放弃发行的案例。昨日，首家推出优先股发行方案的广汇能源（600256）公告称，公司决定终止发行优先股，这也是A股市场第一单终止优先股发行的案例。不过，在公司对资金有较大需求的情况下，广汇能源此举多少令市场有些意外，该公司放弃发行优先股是否还有别的原因？

首家推出优先股发行方案的是广汇能源，首家终止优先股发行的也是广汇能源，该公司的做法确实令人费解。不过，广汇能源终止的理由看起来倒是比较在理。今年以来，央行已经二次降息，目前1~5年期的贷款基准利率已经下降至5.5%，5年以上的贷款基准利率为5.65%。而2014年1年期以上的贷款基准利率在6%以上。然而，广汇能源的理由似乎又经不起推敲。一位银行业内人士在接受北京商报记者咨询时表示，“就福建的二三线城市而言，贷款利率下降幅度不大，但按揭类的贷款利率下降还是比较明显的。因为基准利率对银行来说只是一个参考价，银行有很大的上浮空间。再加上今年经济形势不好，银行不良率上升，盈亏平衡点肯定也上升。现在贷款利率一般是7%多，原来一般在8%左右，对于民营企业的贷款都要在基准利率上上浮40%”。

基于此，有分析人士猜测广汇能源也有可能是因为没有找到合适的投资者而不得不放弃发行优先股。因为广汇能源宣布终止优先股发行的时间节点也耐人寻味，正好卡在收到证监会的批复后6个月内的最后一天。而按照广汇能源当时的说法，首次发行的不少于2 500万股优先股应在证监会核准发行之日起6个月内完成。事实上，比广汇能源晚推出优先股发行方案的兴业银行和农业银行都已经完成了部分优先股发行工作。

资料来源：移动中金在线．广汇能源临阵放弃　A股首现优先股发行夭折［EB/OL］．［2015-05-27］．http：//finance.qq.com/a/20150527/008009.htm.

2.发行可转换债券融资

（1）可转换债券的特征

可转换债券是一种以公司债券为载体，允许持有者在规定的时间内按照约定的条件转换为发行公司普通股的金融工具。可转换债券兼有债券和股票的特征，具有以下三个特点：

①债权性。与其他债券一样，可转换债券也有规定的利率和期限，投资者可以选择持有债券到期，收取本息。

②股权性。可转换债券在转换成股票之前是纯粹的债券，但转换成股票之后，原债券持有人就由债权人变成了公司的股东，可参与企业的经营决策和红利分配，这也会在一定程度上影响公司的股本结构。

③可转换性。可转换性是可转换债券的重要标志，债券持有人可以按约定的条件将债券转换成股票。转股权是投资者享有的、一般债券所没有的选择权。如果债券持有人不想转换，则可以继续持有债券，直到偿还期满时收取本金和利息，或者在流通市场出售变现。如果持有人看好发债公司股票的增值潜力，在宽限期之后可以行使转换权，按照预定转换价格将债券转换成股票，发债公司不得拒绝。正因为具有可转换性，可转换债券的利率一般低于普通公司债券利率，企业发行可转换债券可以降低筹资成本。

（2）发行可转换债券融资的优缺点

①发行可转换债券融资的优点主要有：首先，与普通债券相比，可转换债券使得公司能够以较低的利率取得资金。其次，与普通股相比，可转换债券使得公司取得了以高于当前股价出售普通股的可能性。再次，可转换债券具有股权融资和债权融资双重性质，有利于调整资本结构。最后，由于可转换债券一般附有赎回条款，因此有利于公司避免融资损失。

②发行可转换债券融资的缺点主要有：第一，会面临股价上涨及下跌风险。若可转换债券持有者由于股价低迷而放弃转股权利时，企业将会承担偿债压力；若转股时股价高于转换价格，公司就会遭受融资损失。第二，筹资成本高于纯债券。尽管可转换债券的票面利率比纯债券低，但是加入转股成本之后的总筹资成本比纯债券要高。第三，可转换价格的回售条款可能会导致发行公司遭受损失。

3. 发行认股权证融资

认股权证是授予持有人一项权利，即在到期日前（也可能有其他附加条款）以行使价购买公司发行的新股（或者是库藏的股票）。

（1）认股权证的特征

①权证的持有者有权利而无义务，两者都有期权的特征。在资金不足、股市形势不明朗的情况下，投资者可以购买权证而推迟购买股票，减少决策失误而造成的损失。

②风险有限，可控性强。从投资风险看，认股权证的最大损失是权证买入价，其风险锁定，便于投资者控制。

③权证为投资者提供了杠杆效应。投资人可用少量资金购买备兑权证，取得认购一定数量股份的权利，一旦这些股份上市可获得价差，具有以小搏大的特性。

④结构简单、交易方式单一。认股权证是一种个性化的最简单的期权。它的认购机理简单，交易方式与股票相同。大部分衍生产品都是以现金进行交割，而认股权证可以用实券交割，更符合衍生产品发展初期投资者的交易习惯。

⑤权证的发行不涉及发行新股或配股。它的发行是因为发行人已拥有大量已发行的股票，或通过市场吸纳了现有的股票，以备兑权证行使权利，具有套现的目的。发行认股权证并不增加证券的总量，不会摊薄每股收益；而一般认购权证因涉及发行新股或配股，所以在发行时都伴随着股本的扩张，具有集资的目的。

（2）认股权证的合约内容

认股权证的合约一般包括以下内容：

①转换比率，与可转换债券一样，是指每份认股权证可转换的股票数量。

②认购价格，也称换股价，是指持有者行使转换权时的结算价格，相当于一般标准期权的履约价格。

③相关股票，即认股权证可转换的对象，可以是单一股票或一揽子股票。

④有效期限，是指认股权证的权利期限，持有者只能在有效期限内进行转换。

（3）发行认股权证融资的优缺点

①认股权证融资的优点是可以降低公司的融资成本，因为认股权证的票面利率低于纯债券利率。

②认股权证融资的缺点主要体现在：一方面，认股权证执行时间的不确定性可能会导致公司面临资金难题；另一方面，认股权证的执行稀释了每股收益，同时也稀释了原股东对公司的控制权。

7.2.2.4 其他融资类型

1. 赠与和补助

初创企业有着获得“赠与”和“补助”的机会。然而，企业在寻找赠与或补助时应当小心谨慎，因为，赠与可能伴随着附加条件，补助可能有特殊要求。赠与的形式主要包括现金、免费使用设备、朋友和家人的免费劳动以及债务免除或者债务延缓。补助主要用于支持企业的研究和商业化活动，初创企业和低技术企业难以获得这类资金。尽管如此，赠与和补助往往是创业者最渴望获得的资金来源，因为这种获得资金的方式不要求偿还，不会失去所有权，显性融资成本几乎为零。

2. 众筹

沃顿商学院教授伊森·莫里克对众筹给出了定义，“筹资人依托互联网众筹平台为其发起的项目向出资人融资，出资人（投资人）通过投资从筹资人那里获得实物（比如预期产出的产品）或股权回报”。2001 年第一家众筹网站 Artist Share 在美国成立，2012 年 JOBS 法案的出台推动了股权众筹迅速发展，股权众筹成为国外房地产众筹的主要形式之一。

【阅读材料 7-9】

平安好房网与众筹融资

平安好房网（以下简称“好房网”）的成立是继陆金所、平安付、万里通之后，平安集团对互联网金融布局的又一重要举措。平安好房网致力于将金融与互联网融入房地产全产业链之中，推出全新的互联网金融房地产营销模式。房地产众筹是平安好房网的主要创新，众筹项目包括海外房产众筹、国内房产众筹和酒店度假村项目。

好房网的众筹项目以奖励众筹为主，投资者可以得到一定比例的固定收益或相关的服务与优惠。以广州北部万科城众筹项目为例，该众筹项目具体的交易结构是：万合地产在平安好房网发布众筹项目，投资人通过众筹平台了解项目并决定是否投资，一旦投资金额达到众筹资金的要求，则众筹成功。项目启动后，平安集团旗下深圳联新作为委托贷款的委托人，通过贷款人平安银行股份有限公司深圳分行向借款人清远市万合房地产有限公司发放贷款，形成委托贷款资产。万合房地产有限公司为万科集团控股子公司，主要负责广东省北部万科城项目的开发建设。众筹投资者作为受让人，深圳联新作为出让人，受让人通过出资购买委托贷款资产获得基础合同项下借款人到期归还的本息及委托贷款资产项下的其他相关权利（优惠购房）。项目到期后，众筹投资者有权决定是否购房，如果选择购房，要按照其参与众筹的时间依次享有优先选房权；如果投资人最终放弃众筹购房优惠权，参与该众筹项目的本金和按 3% 的预计年化收益率计算的利息会一次性返还到参与者的账户。

对于开发商而言，首先开发商不仅可以利用众筹平台较快地筹集低成本资金，资金成本远低于从银行、信托等间接融资渠道获得资金的成本。其次，开发商与众筹平台通过设计交易结构和项目回报的方式，提前锁定了未来购房者。该模式的回报形式不局限于资金收益而是资金和优惠购房资格的组合，参与项目的投资者的主要动机是获得折扣购房资格。这对于开发商意义重大，通过项目的回报方式提前对接了购房者，在开发项目获得预售许可证后，开发商的资金能迅速回流。更重要的是房地产开发商不需要通过代理商的渠道就能出售房源，即在该众筹模式下，开发商无需承担额外的营销成本和广告费用。开发商只需将节省的成本部分返还给众筹投资者，让投资者能够以较大的折扣购房。最后，这种交易结构对于有购房需求的投资者具有较大的吸引力，这种类型的投资者参与众筹投资的目的主要是低折扣购房。如果投资者放弃优惠购房的资格，只能享受到一年3%的预期年化收益率，该收益水平与商业银行一年期定期存款利率相差不大，而最低能达到以8.7折优惠购房的众筹回报才是真正吸引投资者的所在。

该众筹项目突破了国内已有的房地产众筹模式的范式，具有一定的创新价值。搜房网与万科的众筹拍卖、远洋地产与京东合作的众筹抽奖、团贷网的众筹炒房等一系列的国内房地产众筹模式，只是简单地将众筹模式用于房地产营销，众筹投资者获得的投资回报来源于开发商的让利。国内现存的房地产众筹模式缺乏金融创新，而好房网的模式则通过设计一系列的交易结构和交易安排将众筹与房地产有效地契合起来。

资料来源：雷禹，陈文. 我国房地产众筹模式研究——平安好房网众筹模式分析[J]. 新金融，2015（04）：22-25.

7.3 创业融资中的常见问题

7.3.1 创业者对控制权的要求

创业者对控制权的态度会影响到融资渠道的选择，随着创业公司的发展，越来越多的创业者必须在权利以及利益上做出选择和让步。按照研究初创公司CEO的哈佛大学教授诺姆·沃瑟曼的观点，创业者需要在“富翁”和“国王”之间进行选择：创业者如果选择当“富翁”，引入外来权益投资，则可以让公司更具价值，但会失去CEO的职位和主要决策权；如果选择当“国王”，则可以保留对公司的决策控制权，但往往会造成公司价值较低。创始人通常需要在创业初期便决定好自己是希望当“富翁”还是“国王”（详见表7-1）。

表7-1 **“富翁”和“国王”的比较**

项目	富翁	国王
目标	出售公司或上市	绝对的管理权
挑战	放弃大量股份 分享控股权 允许公司在新总裁的带领下偏离自己设定的方向	筹到较少资金 保持控股权 可以忍受短期收益不够理想的情况

两种选择没有明确的优劣之分，我们不能准确地认定哪一种选择好。创业者通常根据自己的初衷和对控制权的态度，明确自己的定位。一般来讲，选择做“富翁”的创业者为了获得渴望的财富，应该保持开放的心态，引入外部投资甚至需要将公司让位给他人，实现公司的快速扩张，在将饼摊大的同时保证自己拥有一份有

经济价值的部分；选择做“国王”的创业者希望保持对公司的控制权，不愿意与他人共享公司的所有权，自己将饼慢慢摊大，即使速度会慢，但可以确保整个饼属于自己，对这些人来说，债务融资是一个更好的选择。诺姆教授还建议创业者据此判断自己该投身于哪个领域。渴望掌控企业的人应当把目标锁定在自己已掌握技能和业务关系的领域，或者是无须投入大笔资金的领域。而追求财富的人则选择需要投入大量资源的领域。

同时，我们还应该注意，企业在不同的阶段需要不同的 CEO 来完成不同的任务，而创始人通常仅仅适合在企业初期阶段来领导团队。在进入中期阶段后，创始人常常需要面对董事会提出的更换 CEO 的建议。同意建议而从总裁职位退位的创始人，则已经放弃了在权力上对公司的掌控。创始人的不同选择将对后续的融资对象、融资渠道等产生很大的影响。不论创始人做出何种选择，都应明确自己的定位和价值实现方式，这将对创业公司的成功起到促进作用。

【阅读材料 7-10】

京东的双层股权结构模式

北京京东世纪商贸有限公司（简称“京东”）于 2014 年 5 月在美国纳斯达克股票交易所挂牌交易，采用了与我国法律要求的“同股同权”有所不同的双层股权结构，该方法使创始人刘强东团队牢牢把握着公司的控制权。

所谓双层股权结构，是指将公司的股票分为不同的层级：次级股票和优先级股票，两种股票拥有相同的收益权，但被赋予了不同比例的表决权，通常优先级股票拥有一股多份的投票权，并且由创始人团队拥有。以京东为例，公司的招股说明书中约定了 A/B 类股权制度，A 级股票每股只有 1 份投票权，而 B 级每股则拥有 20 份投票权，因此，即使刘强东团队只拥有京东 23.10% 的股权，但其通过拥有 B 级股票，实际控制了 83.70% 的投票权，确保了创始人团队的影响力。实际上，在此之前的融资中，京东就通过发行优先股并控制优先股股东的表决权，来避免股权的稀释。

对于追求控制权的创始人来说，双层股权结构的确是一个有效的方法，这类企业的创始人一般拥有很强的行业影响力，包括谷歌（Google）、脸书（Facebook）、阿里巴巴等著名公司的上市，均采用的是该种方法。双层股权结构的优势在于保护了创始人的控制权，有利于公司战略布局和长远目标的实现，同时也减少了恶意收购的发生，但从另一方面，由于管理层集中了大量的投票权，可能会导致严重的道德风险。

双层股权结构 20 世纪 20 年代在美国兴起，已经过了近百年的发展。初创企业管理层与投资者之间的博弈，决定着公司能否顺利施行双层股权结构。创始人团队希望对公司拥有较高的控制程度，而投资人则会担心其拥有的股权价值会因为处于次级而被低估。在京东的案例中，创始人刘强东对于公司拥有强势的掌控，从一手创立开始就领导着京东的每一步的发展，因此投资者并没有提出强烈的反对，而京东也保持了发展劲头，成为我国首屈一指的电商平台。

资料来源：宋建波，文雯，张海晴. 科技创新型企业的双层股权结构研究——基于京东和阿里巴巴的案例分析［J］. 管理案例研究与评论，2016（4）：339-350.

7.3.2 创业融资的困境

即使创业者或者创业团队对融资中的上述问题做了充分的考虑，创业融资仍是创业者成功创业的一大障碍，成功寻找到外部资金的支持对于刚起步的创业者来说的确困难，而当所在行业并非市场热点时更是如此。创业融资由于自身不确定性较高的特点，不易受到各种融资渠道的青睐。即使创业者所需资金量并不大，但融资困境仍是创业过程中最大的难题之一。

根据一项统计调查结论，企业规模和贷款申请被拒绝次数呈负相关关系；企业经营年限与贷款被拒绝次数的比例也是负相关关系。因此，相对于既有企业，创业企业的规模和经营年限都小，因此在融资中处于劣势。具体而言，创业企业在融资条件上的劣势包括：

首先，创业企业缺少可抵押的资产。创业企业普遍具有较少的自有资产，无法对所贷资金进行抵押。站在金融机构的角度，抵押是其借款的“5C”原则之一，将资金借给缺少抵押品的创业企业，比起借给既有企业将面临更大的风险。

其次，创业企业没有可以参考的经营记录。显而易见，对于一个具有良好过往业绩的企业，人们对其拥有更好的预期，通常更容易从市场上筹措资金。对于既有企业，可以通过分析过往的经营业绩预测未来的盈利能力，并对财务报表分析，可以为资金借出方评价投出资金的安全和收益提供参考。而创业企业仅有一份商业计划书，并没有以往的经营业绩，这将使借出方面临更大的不确定性。

最后，创业企业的融资规模相对较小。考虑到银行在办理一次业务时的成本相差不大，创业企业的单位融资成本远远高于既有企业。创业企业的单次贷款金额远远小于既有企业，对于银行来说一次把100万元贷款给一家大公司，比给10家小企业各贷10万元要划算得多，这又将给创业企业的融资问题增加难度。

【阅读材料7-11】

硅谷传奇华人王维嘉

在美国旧金山南端，一条不足1 500平方英里的狭长谷地上，每年所创造的国民经济总产值可以与韩国持平，在世界所有独立的经济体中名列第11位，它就是美国硅谷——惠普、IBM、英特尔、仙童、苹果、施乐、雅虎、网景、亚马逊书店等一大批企业诞生的地方。

这里也有一个华人的创业人生，有传奇，有惊险，有不可琢磨的戏剧性，但更多的是坚韧、自信和无可救药的创业癖……他就是留学美国并在硅谷创业的中国人王维嘉。

高技术企业的创办和发展，资本是不可或缺的关键一环。在美国有600多家风险投资公司，而其中的一半都在硅谷。“硅谷的成功，首先在于其运行机制：即强大的资本和富有野心的创业者的紧密结合。”王维嘉说，“对于创业者来说，熟悉和了解风险资本家及其运作模式是融资成功的一个关键前提。除此之外，创业者在与风险资本家接触的过程中，还必须有专业化的表现和足够的个性上的坚韧性。”

王维嘉的第一次融资经历就非常富有戏剧性。1993年年底，王维嘉参加了一次风险投资演讲会。会前，他已经有了开发个人移动通信信息终端的创意。临到会议结束时，王维嘉就走上演讲台向演讲的风险资本家谈了自己的创业思路。那个风险资本家听了他的“故事”后，就给了王维嘉一个电话号码，说：“我们找时间再谈。”之后，王维嘉连续三天给那个风险资本家打电话，都没有人接听，但王维嘉每次都耐心地留下语音留言。终于有一天，那个风险资本家给王维嘉回电话并约定了会面的时间、地点。当两人见面时，投资家说：“知道我为什么不接电话吗？这实际上是对你的一个测试。如果你连打电话的困难都不能够克服，我肯定不会找你。因为一个创业者必须有不怕困难的基本素质。”

这样，经过六个月的谈判之后，王维嘉终于在1994年7月份从两家风险投资公司得到了第一笔总额为200万美元的风险投资。王维嘉成为大陆赴美华人中得到风险投资商创业融资的第一人。

资料来源：沈农夫. 王维嘉美国硅谷创业神话［J］. 中小企业科技，2006（11）.

【本章小结】

融资是创业过程中的重要一环，能否获得足够的资金是保证创业成功、企业存续的前提之一。本章主要通过介绍创业融资的概念，创业融资的渠道和类型以及创业融资过程中的常见问题三个部分，帮助读者更好地理解创业融资。

【核心概念】

创业融资　创业融资的动机　创业融资的原则　融资渠道　融资类型

【课后思考】

1. 创业者难以融到资金的原因是什么？
2. 创业者可以从哪里获取所需的资金？
3. 如何确定融资的需求量？
4. 创业融资过程中为什么要准备创业计划书？
5. 创业融资过程中的常见问题有哪些？

【实践演练】

练习1　　蒙牛集团与摩根的对赌协议

蒙牛集团是中国知名乳制品企业，拥有液态奶、冰淇淋、奶品等产品。蒙牛集团成立于1999年1月，集团总部位于内蒙古呼和浩特市和林格尔县。截至2007年年底，蒙牛集团总资产76亿元，员工规模达3万人，市值超过250亿港元。

牛根生是蒙牛集团的创始人、董事长，生于1954年1月。牛根生从事乳业近30年，曾担任伊利集团副总裁，1999年离开伊利后创建蒙牛。牛根生带领蒙牛在“一无工厂、二无奶源、三无市场”的困境下，开拓进取，并成功借力资本市场，创造了中国企业成长第一速度——“蒙牛速度”。

2001年，蒙牛集团销售收入约7.3亿元。为了寻求更快的发展，蒙牛集团需要更多的资金，牛根生开始与国内外投资者接触，欲借力资本市场解决资金短缺问题。2004年6月蒙牛集团上市前，牛根生先后引入两轮投资。

企业在融资过程中，既可以选择战略投资也可以选择财务投资。二者的不同点在于，战略投资者往往是相关产业内的知名公司，其对目标企业的投资出发点，更多的在于自身的战略布局而非单纯的金融利益，比如法国达能对杭州娃哈哈的投资即属于战略投资。而财务投资者更多考虑的是资金投资回报率，所以他们一般不会参与企业的具体经营决策。投资者一方面想获得更大的投资回报，另一方面想最大程度地降低投资风险。

在与投资方的谈判博弈中，牛根生将信心更多地寄托在蒙牛的高速成长上。双方签订了对赌协议，规定2003—2006年，蒙牛业绩复合年增长率不得低于50%。如果达不到该预期，蒙牛管理团队支付投资方7 800万股上市公司股份；反之，投资方奖励蒙牛管理团队相应股份。

蒙牛集团上市前累计引入投资达6 123万美元，这些资金有力地推动了蒙牛集团的高速发展。蒙牛集团2002年收入16.69亿元，2003年则达40.72亿元，收入增幅显著。摩根等投资者除了为蒙牛带来实现高速发展所不可或缺的资金外，还为蒙牛引入更加规范的管理体系。摩根等投资者的全球品牌效应和关系资源，也为蒙牛集团的国际化战略注入更多活力。

投资者与被投资企业之间是一种利益相关，蒙牛借助外来资本实现了自身的高速发展，迅速成为国内乳业巨头，而投资者也因投资蒙牛获得了超额回报。蒙牛上市后，投资者在股票市场公开出售所持有的蒙牛股份，最终退出了对蒙牛的管理。从结果来看，蒙牛集团与摩根等投资方的这一合作，双方都取得了巨大的成功。虽然事后很多分析人士认为摩根等对蒙牛集团的对赌协议设计得过于苛刻。但是，在2002年恶劣的融资环境下，蒙牛集团能够与国际顶级资本达成合作，实属不易，其遭遇也在情理之中。所幸蒙牛集团成功了，这一事件也被认为是中国民营企业与国际资本合作的经典案例。

资料来源：佚名. 蒙牛集团融资案例分析［EB/OL］.［2018-03-20］. http://www.docin.com/p-1535547704.html.

讨论题：

（1）蒙牛集团的融资类型是什么？

（2）从融资风险的角度看，你是否赞同蒙牛集团的做法，是否有更好的融资渠道？

练习2　　盛大网络的海外投资人

2003年3月，盛大网络与软银亚洲签订战略融资4 000万美元的协议。当时盛大与其代理的《传奇》源代码提供商韩国Actoz公司分道扬镳，处于困境中的盛大对于这4 000万美元的用途非常明确：开发自主的角色扮演类游戏。正是由于这笔启动资金，2003年7月，盛大网络自主研发的第一款网络游戏《传奇世界》才得以问世，盛大网络才得以再次创造传奇。而软银亚洲信息基础投资基金（软银亚洲）也因此被国内权威创投评估机构评为2003年度外资创业投资机构20强的第3名，成为2003年中国市场最为风光的创投基金之一。

盛大网络在美国纳斯达克上市之后，从11美元/股的发行价起步，最高曾达到45.40美元/股。以这个价格测算，软银亚洲持有的1 350万股美国存托股票（ADS）对应身价高达6亿美元，这已是初始投资的15倍。

资料来源：曦沐歆艺. 国际投资方式案例［EB/OL］.［2015-12-06］. https://wenku.baidu.com/view/c3532a5faef8941ea76e05fe.html.

讨论题：

（1）盛大网络的融资类型是什么？

（2）根据你的理解，盛大网络融资成功的经验是什么？

第 8 章　创业法律与税务问题

法律就是法律，它是一座雄伟的大厦，庇护着我们大家，它的每一块砖石都垒在另一块砖石上。

——高尔斯华绥

【学习目标】

1. 了解与大学生相关的创业法律政策
2. 熟知创业筹办中的法律实务
3. 熟悉企业经营过程中的法律实务
4. 掌握企业经营过程中的税务管理

【引导案例】

健康饮品的版权之争

1990 年，坚果果汁连锁餐厅创始于加州 San Luis Obispo，主要出售健康饮品。它的起步非常成功，1993 年就新增了两家店面。目前，它总共有数百家餐厅，从夏威夷到波士顿随处可见。事实上，坚果果汁连锁餐厅的成长从获得风险资本那一刻起就变得非同寻常，因为风险资本青睐的是高科技或生物科技企业。毫无疑问，向它投资的基准风险投资公司相信健康饮品是回报丰厚的赌注。

1994 年，史恩和艾伦两位创业者注意到坚果果汁餐厅的成长，便决定亲自创办一家出售健康食品的餐厅，并取名为 Green Planet Juicery 餐厅。两个人都极其推崇坚果果汁餐厅，在若干领域都追随它。例如，坚果果汁餐厅往往在大学校园附近选址，因为在那里健康饮品十分流行，Green Planet Juicery 餐厅的第一家店就开在加州大学附近，效果非常好，几个月后餐厅便开始盈利，第一年的销售额就超过了 50 万美元。

但是在 3 年后，Green Planet Juicery 餐厅却倒闭了，这期间究竟发生了什么？市场没有问题，因为坚果果汁餐厅的成长速度非常快。事实上，摧毁了 Green Planet Juicery 餐厅的是法律和管理上的失误，而具体的原因则如下：

第一，Green Planet Juicery 餐厅的成长速度太快了。坚果果汁餐厅经过了 3 年的努力才开办第二家店，与此不同，Green Planet Juicery 餐厅迅速地扩张自己的市场，在创立不到两年的时间里就新开了 3 家店。在这个过程中，它放弃了在大学校园附近选址的初衷，所有新开的店面都位于萨克拉门托附近。新开的 3 家店中，有

2家店在苦苦挣扎，这是因为这两家店的选址非常糟糕。第一家店位于一所中学附近，但学校却禁止学生在午餐时间出校门。第二家店开在了折扣店旁边。第三家店比较成功，其销售额可以与最初的店面相比。但是为了开这家店，Green Planet Juicery餐厅不得不与投资者将它组建成合伙企业，Green Planet Juicery餐厅只能获得利润中的一部分。

第二，在Green Planet Juicery餐厅艰难成长的同时，坚果果汁餐厅以侵犯版权的名义起诉了它。在坚果果汁餐厅看来，Green Planet Juicery餐厅抄袭了它的菜单和其他文字材料，如关于海藻、豆腐、蜂蜜和啤酒花等食物的营养成分说明。不仅如此，坚果果汁餐厅还声称Green Planet Juicery餐厅抄袭了它的促销口号"吃绿色食品，保持靓丽青春"。最终Green Planet Juicery餐厅承认了这一切，不得不向坚果果汁餐厅进行赔偿。

可惜的是，Green Planet Juicery餐厅再也没能从这些错误中站起来，最终倒闭了。从这个案例中我们可以看到，企业在法律和管理方面的失误可能在企业的生命初期为企业带来致命打击。如果创业者能够在创业前期了解法律知识，就能在很大程度上避免这类问题的发生。

资料来源：CLARK. The Bear Necessities of Business［M］. New York：Wiley，2006；CHOUINARD.Let My People Go Surfing［M］. New York：The Penguin Press，2005.

8.1　依法创业与相关政策

8.1.1　与创业密切相关的法律法规

对于渴望创业的大学生来说，在真正创业之前学习相关的法律知识、掌握基本的法律实务，是重要的准备工作。创业者如果不懂法，最危险的就是触犯法律，甚至导致犯罪。一旦犯了法，就得承担法律责任，想要以自己不懂法为由要求网开一面是行不通的。

对于创业者来说，了解一些与创业相关的法律规定是必不可少的。

1. 关于企业设立、组织和解散的法律

关于企业设立、组织和解散的法律法规包括《公司法》《合伙企业法》《个人独资企业法》《公司登记管理条例》《企业破产法》等。在设立企业前，我们必须了解这些法律法规的有关规定，包括设立企业要符合哪些条件、企业的组织机构应如何设置、规章制度应如何制定等等。

2. 关于企业劳动关系的法律

劳资关系近些年来渐渐成为一个热门话题，了解相关法律，如《劳动法》《劳动合同法》《就业促进法》《社会保险法》《工伤保险条例》《最低工资规定》等，对我们留住企业最宝贵的资源之一——人才，有极大帮助。企业如果想要处理好企业和劳动者之间的关系，使劳动者充分发挥其积极性为企业服务、创造效益，就必须严格按照这些法律法规的规定进行企业经营管理。

3. 关于知识产权的相关法律

在这个越来越强调知识产权的时代，了解相关法律的重要性毋庸置疑。了解这些法律，诸如《专利法》及其实施细则、《商标法》及其实施细则、《信息网络传播权保护条例》、《计算机软件保护条例》等，可以让我们懂得如何保护自己的知识产权，也能懂得如何避免侵犯他人的知识产权。

4. 关于企业市场交易活动的法律

创立企业的目的就是进行市场活动、进行市场交易，相关法律包括《合同法》《担保法》《产品质量法》《反不正当竞争法》《广告法》《反垄断法》《消费者权益保护法》等。这些法律法规主要解决的是合法经营、公平交易等问题。

5. 关于规范国家宏观调控行为的法律

企业是被政府管理的对象，国家制定了譬如《环境保护法》《对外贸易法》《金融法》《投资法》《税法》等法律，但如果企业对政府的行为有异议，也可以通过行政诉讼、复议等途径求得一个合理的解释。

6. 关于创业纠纷解决的相关法律

纠纷在企业成长过程中恐怕无法避免，了解《民事诉讼法》《行政诉讼法》《仲裁法》《劳动争议调解仲裁法》等法律，可以帮助创业者了解纠纷的解决办法，防患于未然。

【企业实例 8-1】

小卢是广东一所知名高校的学生，早在大三的时候，小卢就和同学一起创办了一家数码科技公司，筹建广州首家城市生活指导网站，被媒体誉为“广东大学生IT界创业第一人”，同学们也公认其才华横溢。然而，几年后当他再次引起人们关注时，却是因为在网络上传播淫秽物品牟利而被判刑。原来，为吸引更多客户获利，小卢的公司在2004年开始建立电影网站，开设成人区上传淫秽电影，在短短几个月的时间里，已经有近千名会员注册、浏览其上传的淫秽电影。最终法院对其判处有期徒刑18个月，此时的小卢刚刚过了26的生日。

资料来源：qiwei190. 大学生商事能力培养［EB/OL］.［2011-03-09］. https://wenku.baidu.com/view/6299576b561252d380eb6e77.html.

8.1.2 小微企业发展扶持性政策

大学生在创业初期很难一开始就成立一个大型企业，都是从小微企业起步的。小微企业是小型微型企业的简称，是人员规模、资产规模与经营规模都比较小的经济单位。如对于工业企业来说，从业人员20~300人，且营业收入300万~500万元的为小型企业；从业人员20人以下或营业收入300万元以下的为微型企业。初创企业基本都是小微企业，可以享受小微企业的扶持政策。近些年来，国家出台了许多扶持小微企业发展的政策。

1. 金融政策

小微企业一般是企业成长的起步阶段，融资是一个十分困难的问题。为此，国务院明确要求商业银行对符合国家产业政策和信贷政策的小微企业给予信贷支持，适当提高对小微企业贷款不良率的容忍度。同时加快拓宽融资渠道、发展小金融机构，加强对小微企业的信用担保服务等，以此来缓解小微企业融资难的问题。对于小微企业的融资服务，规范指出，禁止金融机构对小微企业贷款收取承诺费、资金管理费，同时严格限制收取财务顾问费、咨询费用等。

2. 税收优惠和财政支持

国家在税收政策上也对小微企业有倾斜和扶持。国家对小微企业给予减按 20% 的税率征收企业所得税，在对年应缴所得税低于 20 万元（含）的小微企业减按 20% 的税率缴纳企业所得税的基础上，其所得减按 50% 计入应纳税所得额。在全面实施增值税转型改革的基础上，降低增值税小规模纳税人的征收率（自 6% 和 4% 统一降到 3%）。统一并提高了增值税的起征点（提高至 3 万元）。免征金融机构对小微企业贷款的印花税等。

同时还给予小微企业政府财政资金支持、政府采购支持，政府采购项目预算总额不低于 18% 的份额专门面向小微企业采购；减免部分涉企收费并清理、取消各种不合理收费等。

3. 技术创新政策

自 2009 年以来，每年中央预算都会安排 30 亿元资金在技术改造专项投资上。专门支持中小企业的技术改造，接下来将扩大安排用于中小企业技术进步和技术改造的资金规模，重点支持小型企业开发和应用新技术、新工艺、新材料和新装备，提升自主创新能力，促进节能减排，提高产品和服务的质量，改善安全生产与经营条件等。完善企业研究开发费用所得税前加计扣除政策。鼓励小微企业发展现代服务业、战略性新兴产业、现代农业和文化产业，走“专精特新”和与大企业协作配套发展的道路。鼓励科技人员利用科技成果创办小型微型企业，促进科技成果转化。

4. 企业管理提升政策

为了帮助和引导小微企业加强财务、安全、节能、环保、用工等管理方面的问题，国家实施了中小企业管理提升计划。引导小微企业创建自主品牌，加强对小微企业劳动用工的指导与服务，拓宽企业用工渠道。每年为小微企业培养 50 万名经营管理人员和创业者，同时国家也在制定和完善高校毕业生到小微企业就业的政策。

5. 公共服务政策

到 2015 年，国家支持建立和完善了 4 000 个为小微企业服务的公共服务平台，其中有 500 个为重点培育认定的公共服务示范平台，并发挥带头示范作用。平台提供的服务有政策咨询、创业创新、知识产权、投资融资、管理诊断、检验检测、人才培训、市场开拓、财务指导等功能，为小微企业提供质优价惠的服务。

6. 小微企业集聚发展政策

规划建设小企业创业基地、商贸企业集聚区、科技孵化器等，能够为小微企业提供生产经营场地。另外还有对创办三年内，租用经营场地和店铺的小微企业，符合条件的将会基于一定比例给予租金补贴的规定。小微企业集群的发展环境也得以改善。

7. 市场开拓政策

鼓励小微企业运用电子商务、信用销售和信用保险，大力拓展经营领域。改善通关服务，简化加工贸易内销手续，开展集成电路产业链保税监管模式试点。

8.1.3 创业的法律风险防范

法律风险是由于不懂法或者不依法创业而可能遭到法律制裁或权益受到侵害的风险。它是一种可以有效控制的创业风险，创业法律风险的控制效果，往往与创业者的法律素养及法律风险管理能力成正比，即法律素养越高、法律风险管理能力越强，法律风险就越能得到有效的防控；如果创业者法律意识淡薄，则这种风险发生的可能性就会大大增加。

随着法制的不断健全，法律对企业的影响力也越来越大，违反法律的后果也越来越严重。法律风险发生后不仅会给企业带来直接经济损失，而且会严重影响企业的品牌和形象，并且会导致政府部门吊销经营牌照等行政处罚，情况严重时甚至导致犯罪而让企业负责人、高管承担刑事责任。

2013 年国务院法制办公室的一份调查问卷显示，企业面临的十大法律风险依次是合同法律风险、安全事故风险、市场营销风险、海外投资风险、重组并购上市等资本运营风险、知识产权风险、纠纷诉讼风险、人力资源风险、税收风险、环境保护风险。从法律风险可能带来的不利后果进行分析，可以将法律风险分为四大类。

1. 民事责任风险

民事责任风险是创业过程中常见的一种法律风险。它是由于创业者违反民事法律规范，不履行民事业务或侵害他人民事权益等所引致的承担民事法律责任的风险。例如，签订借款合同后未按时支付利息或者归还本金，需要承担逾期付款违约金或者赔偿出借人损失；又如生产销售侵犯他人注册商标的产品，应当停止侵害并赔偿商标权人的损失等。

民事责任风险往往容易被忽视，因为太过常见，后果往往不太严重。但是如果不注意防微杜渐，有时候也可能因为一点小的问题而导致重大不利后果。例如，不少破产企业，起初只是几笔贷款到期利息无法及时支付，但是由于处理不当，导致所有银行宣布贷款提前到期，供应商纷纷要求结算货款，造成资金链断裂，最终兵败如山倒，不得不走向破产。

2. 刑事责任风险

一旦创业者触犯了刑事法律规定，就会面临着刑事处罚的风险。刑事处罚的后果十分严重，往往可以导致企业从此一蹶不振，甚至全盘崩溃。刑事犯罪应该是每一位创业者心中的底线。

来自正义网的资料显示，由北京师范大学中国企业家犯罪预防研究中心2014年1月5日发布的《2013中国企业家犯罪报告》指出，截至2013年12月31日，共搜集到2013年度新发生的企业家犯罪案件463件，涉案企业家共计599位。与上一年度的企业家犯罪报告相比，2013年通过公共媒体搜集的企业家犯罪案例数增加80%，涉案企业家人数增加120%。

企业家是可能涉嫌刑事犯罪的高危职业，在财务管理、贸易、安全生产、产品质量等多个企业生产经营环节，都有可能涉及刑事责任。

3. 行政处罚风险

行政处罚指的是创业者违反了行政法规、地方性法规、规章的强制性规定，而被行政机关处罚时承担的法律责任。企业经营活动的方方面面都会涉及行政法律规范，所以企业面临行政处罚的风险也大于企业面临刑事处罚的风险。

根据《行政处罚法》的规定，行政处罚包括警告、罚款、没收非法财物、暂扣或者吊销许可证等。与刑事处罚相比，行政处罚的力度较轻，但严重的行政处罚可能导致企业的经营资质被吊销，后果也十分严重。

4. 单方权益丧失风险

单方权益丧失风险是指创业者由于自身原因丧失其本应享有的权益，或者无法维护自身权益的风险。如果创业者法律意识不强，缺乏自身权益保护意识或者工作经验不足，在工作中出现了疏忽或者失误，都可能导致单方权益丧失风险。比如本该享有税收优惠政策，却因不懂法一直没有享受等。

【企业实例8-2】

国美电器创始人黄光裕曾为中国首富，他创办的国美电器曾经是中国最大的电器连锁销售商，全国门店1 300多家，员工近30万，年销售额1 000亿元。2008年10月7日“2008胡润百富榜”揭晓，时年39岁的黄光裕以财富430亿元第三次成为中国内地首富。然而一个月后的一天，黄光裕因涉嫌操纵股价突然被北京警方带走调查。2010年5月18日，黄光裕案一审宣判，法院认定黄光裕犯非法经营罪、内幕交易罪、单位行贿罪，三罪并罚，决定执行有期徒刑14年，罚金6亿元，没收财产2亿元。

从4 000元创业起家到身价430亿元的中国首富，黄光裕曾经是许多创业者仰视和膜拜的偶像，然而今天人们谈起黄光裕，更多的是一声叹息。因为无视法律，他不仅付出了自由和金钱的代价，而且他一手创办的国美电器也深受其害。受黄光裕涉案影响，国美电器之后的发展也陷入颓势，被原先紧随其后的家电连锁业老二苏宁电器迅速赶超，家电业霸主地位不再。这就是忽视了法律风险带来的可怕后果。

资料来源：童古. 黄光裕的不归路［BL/OL］.［2008-11-24］. http：//stock.hexun.com/2008-11-24/111569514.html.

8.2 创业筹备的法律实务

创业需要有一个载体，企业就是创业活动的载体。企业作为经营活动的主体，在经营过程中依法享有法律上的权利，也必须承担义务。企业有多种组织形式，我国法律规定，自主创业所采取的组织形式可以是个体工商户、个人独资企业、合伙企业、公司（包括有限责任公司和股份有限公司）等。

8.2.1 大学生创业选择的法律形式

企业既然有那么多种组织形式，那么我们创业时到底该如何选择呢？人们常说，适合自己的才是最好的，创业也一样，在选择组织形式时，应当按照自身的实际情况，作出最明智的决策。

1. 个体工商户、个人独资企业、一人有限责任公司

近几年来，国家出台了许多鼓励大学生从事个体经营的扶持性政策，个体经营比较适合初次创业者，表 8-1 是个体工商户、个人独资企业的优缺点。推荐指数：3/5。

表 8-1 **个体工商户、个人独资企业的优缺点**

优　点	缺　点
1.财产关系简单，企业的财产与创业者自己的财产是一样的，无须与人分利，也无须与人发生矛盾。 2.创业者拥有完全的经营自主权，自己一个人说了算，不受约束。 3.保密性好，利于企业商业秘密的保护，从而增强竞争力。 4.所需资金少，容易设立，优惠政策多，成本较小	1.抗风险性差。整个企业是创业者自己的，创业者的责任特别重大。一个人的力量和能力总是有限的，一方面，一旦创业者决策失误、经营失败、企业资不抵债，创业者需对企业承担无限责任，可能导致创业者个人倾家荡产；另一方面，一旦创业者个人发生意外，将导致企业的终结。 2.发展性差。由于资金较少，规模较小，企业信用等级较低，很难吸引资金、人才和技术，难以发展壮大

一人有限责任公司是一种比较新的企业形式，现在已经成为不少投资者首选的企业组织形式。在 2006 年之前，我国公司法并不允许成立一人有限责任公司。这种新型企业形式一得到法律的认可，就马上蓬勃发展起来。来自北京工商局信息中心的统计数据显示，2007 年上半年，北京市新登记一人有限责任公司 5 688 户，同比增长 79.43%，占新开办企业总数的 1/5。一人有限责任公司成为不少投资者首选的企业组织形式。表 8-2 为一人有限责任公司的优缺点。推

荐指数：3.5/5。

表 8-2　**一人有限责任公司的优缺点**

优　点	缺　点
一人有限责任公司几乎拥有个体工商户、个人独资企业的所有优点，而且还有一个优点是：一人有限责任公司的股东只需对公司承担有限责任，大大降低了创业风险	《公司法》对一人有限责任公司各方面的要求都比较高。例如，一个自然人只能投资设立一个一人有限责任公司，该一人有限责任公司不能设立新的一人有限责任公司；每年都要编制财务会计报告，并经会计师事务所审计；股东还有一个义务就是必须证明公司财产独立于自己的个人财产，否则不再受有限责任保护，要对公司债务承担连带责任

个体工商户、个人独资企业、一人有限责任公司的设立条件如下：

（1）投资人数为一人，个体工商户、个人独资企业的投资人为自然人，一人有限责任公司的股东可以是自然人或者法人。

（2）有合法的企业名称。

（3）依法出资。

（4）有固定的生产经营场所和必要的生产经营条件。

（5）一人有限责任公司还必须制定公司章程。

2. 合伙企业

表 8-3 为合伙企业的优缺点。推荐指数：4/5。

表 8-3　**合伙企业的优缺点**

优　点	缺　点
1. 人多力量大，这不是单纯的人数增加，同时增加的是资金、技术、经验和智慧，企业的实力和管理能力都能得到提升。 2. 机制灵活，能够吸引更多的人参与	1. 人多导致分歧多，保密性差，企业运营效率相对低下，不利于企业长期稳定发展。 2. 普通合伙人对合伙企业的债务依然要承担无限责任。 3. 入伙、退伙需要全体合伙人一致同意，降低了企业的吸引力。 4. 规模依然较小，企业信用等级不高，融资手段有限

合伙企业的设立条件如下：

（1）有两个以上合伙人。合伙人为自然人，应当具有完全民事行为能力。

（2）有书面合伙协议。

（3）有合伙人认缴或者实际交付的出资额（可以劳务形式出资）。

（4）有合伙企业的名称和生产经营场所。

（5）法律、行政法规规定的其他条件。

3. 有限责任公司

有限责任公司是一种非常规范的现代企业组织形式，有很多优势，对于创业者来说是一步到位的选择。有限责任公司的优缺点见表 8-4。推荐指数：5/5。

表 8-4 有限责任公司的优缺点

优　点	缺　点
1.抗风险性较强。一方面，公司财产与股东财产相互独立，公司股东仅承担有限责任，股东的风险大大降低；另一方面，公司具有独立法人资格，公司不因股东的变动而丧失主体地位。 2.适应性非常强，成长性好，适用于一切行业，有很大的发展空间。 3.制度规范，所有权和经营权分离，可以聘任专业管理人员，提升企业的管理水平。 4.企业信用等级高，融资能力较强	1.法律法规的规范要求比较严格，对公司依法经营管理的水平提出更高的要求。 2.相较于股份有限公司，有限责任公司的融资手段有限，缺乏在短时间内大量集资的能力，限制了公司规模的扩张。 3.大股东控制的现象比较普遍，不利于保护小股东权益

有限责任公司的设立条件如下：

（1）股东符合法定人数（2~50 人）。

（2）有股东认缴的出资额（不能以劳务形式出资）。

（3）股东共同制定公司章程。

（4）有公司名称，建立符合有限责任公司要求的组织机构。

（5）有公司住所。

8.2.2 企业创办的登记流程

企业的创办有许多流程，从企业的命名到相关证件审批，每一个步骤都不可缺少。本节的重点在企业名称的登记注册。

1. 企业名称登记注册

《企业名称登记管理实施办法》规定，企业应当依法选择自己的名称，并申请登记注册。企业自成立之日起享有名称权。

（1）企业名称的组成部分。

《企业名称登记管理实施办法》第九条规定：企业名称应当由行政区域、字号、行业、组织形式依次组成，法律、行政法规和本办法另有规定的除外，即：行政区域+字号+行业特点+组织形式

另外《企业名称登记管理实施办法》中还规定，除国务院决定设立的企业外，企业名称不得冠以“中国”“中华”“全国”“国家”“国际”等字样。在企业名称中间使用“中国”“中华”“全国”“国家”“国际”等字样的，该字样应是行业的限定语。使用外国（地区）出资企业字号的外商独资企业、外方控股投资企业，可以在名称中间使用“（中国）”字样。

企业取名还有一些规定，如企业名称中不得有以下内容：有损国家、社会公共利益的字样，可能对公众造成欺骗或者误解的字样，国外的国家（地区）名称、国

际组织名称、政党名称、党政机关名称、群众组织名称、社会团体名称及部队番号、其他法律行政规定禁止的字样。

企业的命名还应当使用我国规范的文字，不得使用汉语拼音字母、阿拉伯数字。

（2）企业名称的其他相关规定。

一个企业只能使用一个名称，而且必须使用独立的企业名称，不得在名称中包含另一个企业名称。这是为了验明正身，避免混淆视听。

企业名称应当使用符合国家规范的汉字，民族自治地区的企业名称可以同时使用本民族自治地区通用的民族文字。企业名称不得含有外国文字、汉语拼音字母、阿拉伯数字（不含汉字数字）。企业名称需译成外文使用的，由企业依据文字翻译原则自行翻译使用，不需报工商行政管理机关核准登记。

企业名称不得含有有损国家利益或社会公共利益、违背社会公共道德、不符合民族和宗教习俗的内容。

由于我国是一个多民族国家，各个民族有着不同的生活习惯和宗教信仰。因此，企业名称不得含有不符合民族和宗教习俗的内容，特别是在少数民族地区设立的企业，申请和核准企业名称时应注意当地各民族的生活习俗和宗教习俗，回避当地民族和宗教的禁忌。

企业名称不得含有违反公平竞争原则、可能对公众造成误认、可能损害他人利益的内容。企业依法享有名称权，但是企业在申请、使用企业名称时，不得侵害其他企业的名称权，特别是不得通过企业名称实施不正当的竞争行为。

企业名称不得含有法律或行政法规禁止的内容，也不得与其他企业变更名称未满 1 年的原名称相同，或者与注销登记或被吊销营业执照未满 3 年的企业名称相同。

（3）企业名称使用的注意事项。

《企业名称登记管理实施办法》规定：预先核准的企业名称在有效期内，不得用于经营活动，不得转让。

该实施办法同时还规定了一些注意事项，如企业应当在住所标明企业的名称；企业的印章、银行账户、信笺所用的企业名称，应当与其营业执照上的企业名称相同；法律文书使用企业名称，应当与该企业营业执照上的企业名称相同；企业使用名称应当遵循诚实守信原则。

2. 企业设立登记流程

企业设立登记一般要经过以下程序：

（1）企业名称预先核准登记；

（2）前置审批（无须前置审批的，则略过本程序）；

（3）设立登记申请，提交企业设立登记材料；

（4）工商机关审查、受理、决定；

（5）领取营业执照。

根据《企业登记程序规定》（2004 年 7 月 1 日起施行）的规定，申请企业设立登记可以采取以下方式提交申请：一是直接到企业登记场所；二是邮寄、传真、电子数据交换、电子邮件等。通过邮寄、传真、电子数据交换、电子邮件等方式提交申请的，应当提供申请人或者其代理人的联络方式及通信地址。工商机关受理后，应当自收到《受理通知书》之日起 15 日内，提交与邮寄、传真、电子数据交换、电子邮件内容一致并符合法定形式的申请材料原件。

随着企业注册进入电子时代，现在还可以通过网络提交设立申请。目前工商部门推行电子营业执照和网上申请、网上受理、网上审核、网上公示、网上发照等全程电子化登记管理，企业名称预核准、企业登记、年度报告公示等均可通过工商机关网站完成。

工商机关收到登记申请后，将对申请材料是否齐全、是否符合法定形式进行审查，并根据审查情况决定是否受理。

（1）申请材料齐全、符合法定形式的，工商机关将予以受理。如果申请材料需要核实的，将同时书面告知你需要核实的事项、理由及时间。

（2）如果申请材料存在一些错误，但可以当场更正的，将要求你当场予以更正，然后再受理。

（3）申请材料不齐全或者不符合法定形式的，将要求补充或改正。

（4）工商机关经审查发现所提交的申请不属于企业登记范畴或者不属于本机关登记管辖范围的事项，将即时决定不予受理，并告知你向有关行政机关申请。

通过邮寄、传真、电子数据交换、电子邮件等方式提交申请的，工商机关将在收到申请之日起 5 日内做出是否受理的决定。工商机关受理登记申请后，将分情况在规定的期限内做出是否准予登记的决定。

（1）到企业登记场所提交申请的，工商机关将当场做出决定。

（2）通过邮寄的方式提交申请的，工商机关将在受理之日起 15 日内做出决定。

（3）通过传真、电子数据交换、电子邮件等方式提交申请后，到企业登记场所提交申请材料原件的，工商机关将当场做出决定；通过邮寄方式提交申请材料原件的，工商机关将在收到材料原件之日起 15 日内做出决定。

（4）需要对申请材料核实的，工商机关将在受理之日起 15 日内做出决定。

工商机关做出准予企业设立登记决定的，将向你出具《准予设立登记通知书》，你可以在决定之日起 10 日内领取营业执照。工商机关做出不予登记决定的，将向你出具《登记驳回通知书》，注明不予登记的理由，并告知你享有依法申请行政复议或者提起行政诉讼的权利。

【风险防范 8-1】

1. 及时、正确地办理变更登记

企业及时地办理登记是企业保障自身合法权益的有效办法。但是对于变更登记，有些企业却疏于办理，甚至不予办理或虚假办理，从而引发了纠纷、造成损失。

2. 防范等级风险

公司在登记时，也会产生一定的风险，如公司不能取得登记（不符合法规条件，或由于其他原因停止登记）、登记过程中有过失（最典型的莫过于虚假出资行为）等。

【创新实例 8-1】

1995 年宁波飞翔集团为了进军吸油烟机市场，放弃了使用十年之久、当时已经颇具知名度和影响力的名字“飞翔”，改名为“方太”。事实证明，这一改名非常成功，凭借产品本身的优点，及借“方太”这个好名字在公众中的良好形象，方太厨具在激烈的市场竞争之中一炮打响。虽然方太在投入广东市场的前两年几乎没有做什么广告，但在广东的销量却一直居全国首位。当时珠三角区域集中了全国 76% 的家电品牌，任何一家家电企业要进入这个市场都很困难，不打广告根本不可能。但方太吸油烟机没花一分钱广告费就占领了这个市场。

中国人非常重视取名字，给企业取名字比取人名要讲究得多，不仅要好听、响亮、容易记，更要符合企业特点，要寓意深远，关键是还要符合法律规定。

资料来源：QQ378623304. 大学生创业法律指南 2-2［EB/OL］.［2011-12-31］. https://wenku.baidu.com/view/c90ca6eee009581b6bd9eb55.html.

8.2.3　企业的章程拟定

企业章程是企业设立的必要法律文件，是企业组织与行为的基本准则，它对于企业的成立及运营具有十分重要的意义。

企业章程是企业设立的最基本条件和最重要的法律文件，没有章程企业就不能获准成立。一旦企业章程经过有关部门批准，就能对外产生法律效力。企业可以按照章程享受各项权利，同时也要承担各项义务，企业章程受到国家法律保护，违反章程要受到干预和制裁。企业章程也是企业实行内部管理和对外进行经济交往的基本法律依据。企业章程向外公开企业宗旨、营业范围等内容，为企业进行经济交往提供条件和资信依据。

1. 准备工作

（1）拟定章程前，首先要了解法律所规定的章程必备的内容，并理解这些内容的具体内涵及其意义。

（2）接下来还应进一步了解，哪些内容是必须如此规定的（强制性条款），哪些内容是可以自行决定如何规定的（非强制性条款）。对于强制性条款，照抄法条就可以了，而非强制性条款则要自行订立，你可以和其他投资者进行充分协商、谈判以确定其内容。

强制性条款，是指该条款的内容由法律和行政法规强制性规定的，章程不得作出变更的条款。如《公司法》第四十三条关于“股东会会议作出修改公司章程、增加或者减少注册资本的决议，以及公司合并、分立、解散或者变更公司形式的决议，必须经代表 2/3 以上表决权的股东通过”的规定就是强制性条款，公司章程在记载该法定事项时只能复述法律，而不能对其作出变更。

非强制性条款，是指在不与法律、法规明文规定相抵触的前提下，章程可以进行自行规定的条款。如《公司法》第十三条规定：公司法定代表人依照公司章程的规定，由董事长、执行董事，或者经理担任；再如《公司法》第四十二条规定：股东会会议由股东按照出资比例行使表决权；但是，公司章程另有规定的除外。根据这一规定，公司法定代表人由谁担任以及股东如何行使表决权就是公司章程可以自行决定的事项，且公司章程的规定可以高于法定，也就是说，如果公司章程没有规定，则公司法定代表人由董事长、执行董事，或者经理担任，股东会会议由股东按照出资比例行使表决权，如果公司章程规定由其他人担任，不按照出资比例而是按照其他办法行使表决权的，则按照公司章程的规定来办。

（3）现在的工作就是，和其他投资者一起就非强制性条款的内容进行协商、谈判、草拟。如股权结构如何设定，法人治理结构如何架构，董事会由几名董事组成，会议如何召开等。必须注意的是，拟定章程水平的高低，往往就体现在这些非强制性条款上面。

【法条 8-1】

《公司法》第二十五条　有限责任公司章程应当载明下列事项：

（一）公司名称和住所；

（二）公司经营范围；

（三）公司注册资本；

（四）股东的姓名或者名称；

（五）股东的出资方式、出资额和出资时间；

（六）公司的机构及其产生办法、职权、议事规则；

（七）公司法定代表人；

（八）股东会会议认为需要规定的其他事项。

《合伙企业法》第十八条　合伙协议应当载明下列事项：

（一）合伙企业的名称和主要经营场所的地点；

（二）合伙目的和合伙经营范围；

（三）合伙人的姓名或者名称、住所；

（四）合伙人的出资方式、数额和缴付期限；

（五）利润分配、亏损分担方式；

（六）合伙事务的执行；

（七）入伙与退伙；

（八）争议解决办法；

（九）合伙企业的解散与清算；

（十）违约责任。

2. 制定企业章程

首先要拟定章程内容，可以在已有范本上进行完善。通常企业登记主管部门都提供公司章程的范本，在拟定时可以在范本上进行修改。在企业章程拟定完成后，股东要在企业章程上盖章、签名，公司章程制作完毕，还需按照规定到工商部门备案。

【风险防范 8-2】

（1）根据公司特点制定。

每个公司都有自己的特点，根据自身情况不同，适合的章程也不同。因此虽然绝大多数公司的章程都是在范本基础上修改的，还需要根据实际情况制定对应的条款，切勿生搬硬套。

（2）章程应明确、具体、可操作。

企业章程的作用之一就是将公司法等法律中规定的内容明确、细化，这样才能提高可操作性，让法律、章程帮助公司正常运转，维护公司利益。

（3）将股东关注的内容写入章程。

股东是公司的重要投资人，将股东关注的内容、与股东相关的内容详细写入章程中，不但可以让股东在公司管理、权力制约和利益分配等问题上达成一致，还可以预测或避免纠纷的产生，建立解决机制。

【企业实例 8-3】

甲、乙、丙三人分别是三家公司的法定代表人。2003 年年底，三人名下的三家公司联合报名参加了某房地产开发项目的国有土地使用权竞买并中标。为共同投资开发该房地产开发项目，三人以个人的名义签订了一份《股东协议书》，约定：（1）三人共同出资成立项目公司，其中甲、乙各占 41.5% 的股份，丙占 17%；（2）项目公司注册资本以及应投入的土地出让金、土地补偿经费、开发资金等，丙合计出资 600 万元，其余应出资金由甲、乙双方垫付，丙承担利息。

2004 年上半年，该地块开发的项目公司注册成立。但在项目公司登记备案的章程中，项目公司的股东却登记为 A、B、C 三家公司，其中 B、C 公司的法人代表分别为乙、丙，A 公司的法人代表则为其他人。根据项目公司章程的约定，公司注册资本为 8 000 万元，首期出资 2 400 万元，A 公司认缴 50% 的出资额，占公司股权的 50%，B 公司认缴 33% 的出资额，占公司股权的 33%，C 公司认缴 17% 的出资额，占公司股权的 17%。章程还特别规定股东应缴纳所认购的出资额，各股东也对剩余注册资本的到位时间做出了承诺。

项目公司注册时，各股东首期出资均按照章程规定正常到位并经验资，其中 C

公司出资408万元。2006年至2007年，A、B两公司认为，无论是根据《公司法》规定还是各方承诺，项目公司剩余注册资本的出资期限均已到期，遂将自己算出的剩余注册资本全部汇入公司验资账户并经会计师事务所验资，同时还多次要求C公司按章程规定，缴纳剩余注册资本。

C公司认为，根据《股东协议书》的约定，剩余出资应由A、B两公司垫付，故拒绝缴纳剩余注册资本。

由于上述争议，项目公司无法办理注册资本到位的登记手续，在工商年检以及公司经营等各方面均受到影响。为此，项目公司及A、B两公司于2007年7月向项目公司所在地的中级人民法院起诉，要求C公司履行出资义务并协助办理工商登记手续。但C公司在接到法院传票后，却突然向项目公司所在地的基层人民法院提起诉讼，以公司僵局为由，要求解散公司，并申请中级人民法院中止了前一案件的审理。

A、B两公司认为，C公司已经没有继续出资的诚意，故又向中级人民法院提起诉讼，要求法院根据C公司在项目公司中的实际到位注册资本408万元，确认C公司在项目公司的股权为5.1%，并要求C公司协助办理工商变更手续、赔偿经济损失等。

由于以上多起诉讼的存在，项目公司的房地产开发工作受到极大影响。这便是由公司章程制定问题所带来的影响。

资料来源：吴家曦. 中小企业创业经营法律风险与防范策略［M］. 北京：法律出版社，2008.

8.2.4 企业的出资与验资

现代公司之所以在社会经济中得到迅速的发展，有限责任制度对现代公司的发展有着重要作用。有限责任制度的建立，使得资本的所有权与经营权可以分离，公司与股东相互隔离，从而保护股东免受债权人的直接追索，刺激了投资者的积极性，促进了经济的发展，并进而对整个社会财富的积累起到了巨大作用。

资本信用是有限责任制度的核心或者基础。因为股东与公司债务之间的联系仅限于如实履行出资义务，股东只是以其出资来对公司债务承担责任。没有了资本信用的保障，股东承担有限责任就变成空话了。所以，我国《公司法》中对出资、验资的相关事项予以强制性规定。

1. 资本确定原则

资本确定原则是指公司必须在章程中对公司的资本总额做出明确规定，并由股东全部认缴。我国《公司法》第二十六条规定：“有限责任公司的注册资本为在公司登记机关登记的全体股东认缴的出资额。”第二十九条规定：“股东缴纳出资额后，必须经依法设立的验资机构验资并出具证明。”

公司资本确定原则又被称为资本法定原则，其根本目的是保证公司资本的真实可靠，维护交易安全。因为失去了真实可靠的资本，有限责任制度就失去了可供信赖的基础。我国原《公司法》曾实行最严格的资本确定原则，即要求公司在设立时必须缴足注册资本；新《公司法》对此做出了修正，允许认缴出资额后分期缴纳。新《公司法》同时也对分期缴纳的比例、时间、责任等做出了强制性的规定，以保证资本确定原则的实施。

2. 资本维持原则

资本维持原则是指公司在其存续过程中，应当保持与其资本额相当的财产。资本维持原则又称资本充实原则。

公司在经营过程中，财产上发生了变化，使得公司的实际财产与其资本额相脱节。当公司实际财产的价值高于资本额时，公司偿债能力增强，对社会交易安全有利；而当公司实际财产的价值低于资本额时，就会对交易安全和债权人利益构成威胁。

为保证公司资本维持，我国《公司法》规定了如下内容：

（1）禁止股东退股。

公司成立之后，无论以任何理由，股东都不能抽回出资。我国《公司法》第三十六条、第九十二条分别对有限责任公司、股份有限公司做出了规定。

（2）公司股票发行价格不得低于股票面值。

我国《公司法》第一百二十八条规定："股票发行价格可以为票面金额，也可以超过票面金额，但不得低于票面金额。"

（3）亏损或无利润，不得向股东分配股利。

公司的盈利首先得用于弥补亏损，只有在弥补亏损并提取公积金等之后，仍有盈利的情况下，方能分配股利。否则，等于公司以其注册资本向股东分配股利，公司资本将不复维持。

（4）禁止公司回购股份或接受以本公司股份提供的担保。

公司收购自己的股份，与股东退股的后果是相同的，都将导致资本虚假。所以，除某些法定情形外，公司不得回购自己的股份。为此我国《公司法》第一百四十三条规定："公司不得收购本公司股份。"同样，接受以本公司股份提供的担保，则可能导致公司最终不得不回购股份，所以，我国《公司法》第一百四十三条还规定："公司不得接受本公司的股票作为质押权的标的。"

3. 资本不变原则

资本不变原则是指公司资本总额一经确定，非依法定程序，不得随意变动，即公司资本不得随意变动。对于注册资本的变动，我国《公司法》设置了严格的程序，尤其是公司减少注册资本，还规定了特别的债权人保护程序，即在公司减资时，债权人有权要求公司清偿债务或提供担保。

【风险防范 8-3】

1. 依法出资

股东在公司成立时，必须依据章程和法律的规定，及时出资。在股东未依规定出资而存在瑕疵时，股东将可能承担以下法律责任：

（1）对其他股东的违约责任。

我国《公司法》第二十八条规定："股东不按照前款规定缴纳出资额的，除应当向公司足额缴纳外，还应当向已按期足额缴纳出资的股东承担违约责任。"

（2）对公司的资本填补以及对公司债务的民事连带责任。

我国《公司法》第三十一条规定："有限责任公司成立后，发现作为设立公司出资的非货币财产的实际价额显著低于公司章程所定价额的，应当由交付该出资的股东补足其差额；公司设立时的其他股东承担连带责任。"

同时，最高人民法院也在相关司法解释中，就股东出资不实的相关民事责任，做出了具体的规定，包括在出资不实的范围内对公司债务承担连带责任，以及当公司因出资不实而被否认法人资格时，股东应对公司债务承担无限连带责任等。

（3）行政处罚以及情节严重时的刑事责任。

虚假出资、抽逃注册资本是公司股东的大忌。根据我国《公司法》以及《刑法》的相关规定，公司登记机关在发现虚假出资、抽逃注册资本后，可以对公司予以行政处罚，情节严重构成犯罪的，还将依法追究刑事责任。

2. 及时办理验资与登记手续

股东出资后，如未及时办理验资与登记手续，则其出资将不能得到法律的认可与保护，其股东权利将受到限制甚至被剥夺。

8.3 企业经营的法律实务

8.3.1 知识产权

知识产权又称为智力成果权，是由英文"Intellectual Property"翻译而来的，指人们对于自己的智力活动创造的成果和经营管理活动中的标记、信誉依法享有的权利，包括版权与工业产权。版权是指自然人、法人或者其他组织对文学、艺术和科学作品依法享有的财产权利和精神权利的总称。工业产权是指工业、商业、农业、林业和其他产业中具有实用经济意义的一种无形产权，包括专利权和商标权。另外，计算机软件、生物工程技术、遗传基因技术、植物品种等也是知识产权的保护对象。知识产权是一种无形财产权，它与房屋、汽车等有形资产一样，都受到国家法律的保护，都具有价值和使用价值。有些重大专利、驰名商标或作品的价值要远远高于房屋、汽车等有形资产。

1. 企业名称的知识产权

企业名称是作为法人的公司或企业的名称，属于一种法人人身权，不能转让，随法人存在而存在，随法人消亡而消亡。在《企业名称登记管理规定》中对企业名称的登记有详细的规定。《保护工业产权巴黎公约》中将名称与专利、商标并列为工业产权的保护范围。

2. 企业商标的知识产权

商标注册是指商标使用人将其使用的商标依照法律规定的条件和程序，向国家商标主管机关提出注册申请，经国家商标主管机关依法审查，准予注册登记的法律事实。

我国商标法遵循自愿注册和强制注册相结合、全面审查和申请在先、保护注册商标专用权等基本原则。注册商标的有效期为10年，注册商标有效期满后需要继续使用的，应当在期满前的6个月内申请续展注册。在此期间未能提出申请的有6个月的宽限期。宽限期内仍未提出申请的，期满后商标局将予以注销。注册商标可以通过相关法律程序进行转让。

3. 企业专利的知识产权。

专利权是指专利权人对发明创造享有的专利权，国家依法在一定时期内授予发明创造者或者其权利继受者独占地使用其发明创造的权利。

专利法的基本原则规定，对同一个发明只能授予一个专利权，当出现两个以上的人就同一发明分别提出专利申请的情况时，我国采用先申请原则。对于发明，我国要求发明具有新颖性、先进性和工业实用性。新颖性指提出专利申请之日或优先权日，该项发明是现代技术中所未有的，未被公知公用的。先进性也称创造性，指发明在申请专利时比现有技术先进，其程度对所属技术领域的普通专业人员不是显而易见的。工业实用性指发明能够在产业上制造和使用。

我国《专利法》规定，发明专利权的期限为20年，使用新型和外观设计专利权的期限为10年，自申请日起算。

4. 企业著作权的知识产权

著作权即版权，指作者对自己创作的文学、艺术和自然科学、社会科学、工程技术等产品，依照法律规定享有的某些特殊权利，即人身权和财产权。

人身权包括发表权、署名权、修改权和保护作品完整权。发表权指决定作品是否公之于众的权利，以及决定以何种形式发表和在何时何地发表的权利。署名权即表明作者身份，在作品上署名的权利。修改权是指作者有权对其作者进行修改或者授权他人进行修改。保护作品完整权是指作者保护其作品的内容、观点、形式等不受歪曲或篡改的权利。

财产权指能够给著作权人带来经济利益的权利，包括复制权、发行权、出租权、展览权、表演权、放映权、广播权、信息网络传播权、摄制权、改编权、翻译权、汇编权以及应当由著作权人享有的其他权利。著作权人可以部分或全部转让并获得报酬。

公民的作品、合作作品、电影作品和以类似摄制电影的方式创作的作品与摄影作品的保护期限为作者的终生及其死亡后50年，截至作者死亡后第50年的12月31日。

法人或者其他组织的作品，及其著作权（署名权除外）由法人或其他组织享有的职务作品，其发表权和著作权的保护期限为50年，一般从作品首次发表时开始计算，截至作品首次发表后第 50 年的 12 月 31 日。

【风险防范 8-4】

企业应注意知识产权的管理，因为知识产权在商业中越来越重要。

1. 防御战略

为了防止其他企业侵权与勒索，企业要制定好防御战略，维护企业的知识产权。例如有些小企业抢先注册知名企业的网络域名，进而勒索知名企业“回购域名”。所以创业企业一定要有自身的知识产权防御战略。

2. 针对市场和竞争者的战略

企业一方面要保护好自己的知识产权，也要积极率先将自己的研发成果申请知识产权，为自己未来的市场和商业获取利润，对它们进行“进攻性的保护”。

3. 减少侵权

随着法律意识的增强，侵权可能会给企业带来重大经济和名誉的损失。在知识产权制度日益完善和严格的今天，创业企业一定要避免发生侵犯他人知识产权的问题。

【企业实例 8-4】

郎科科技创造了以专利费为主要利润来源的商业模式。2006—2009 年，朗科科技通过专利授权许可的收入占主营业务收入的比例分别为 3.79%、9.37%、16.50%、10.18%，2009 年该业务毛利率高达 99.85%。与此相比较，占公司营业收入 65% 的闪存应用产品 2009 年的毛利率只有 18.54%，同比下降 5.34%。

朗科于 1999 年进入移动存储领域，拥有闪存盘的核心技术，被视为国内最有机会分享行业成长“蛋糕”的企业之一。上市前 3 年，朗科业绩相当稳定，2007—2009 年，净利润一直接近 4 000 万元。然而公司在 2010 年 1 月上市后，第一季度净利润大幅下滑 29.74%，上半年净利润只有 957 万元，同比大幅减少 33.49%。

比利润下滑更严重的是商业模式。上市前，朗科一直以自己依赖专利授权收入的盈利模式为荣，正是这种专利授权许可的商业模式，在上半年仅收入 613.56 万元，同比下滑了 45.70%，相反，业务成本却增长了 428%。朗科中报披露，“专利授权许可收入下滑、产品毛利下滑以及费用增加”，导致上半年业绩下滑，与业内的竞争对手金士顿等厂商相比，朗科在销量上有很大差距，更多地是依靠专利授权许可收入来支撑业绩。

这都是由于朗科过分依赖专利费收入所致的恶果。2010 年 4 月，国家工商行政管理总局商标评审委员会裁定，朗科科技使用多年的“优盘”商标为商品通用名称，予以撤销注册。如果公司产品不能占据市场主动，单纯依靠专利授权收入，这种商业模式将难以为继。而从全球来看，还没有哪一家公司可以完全依靠专利生存，专利大户 IBM 和高通公司也不曾如此。

创新是无止境的，一个企业有了专利，其他企业可能也会通过回避设计，形成自己更好的专利，这是专利法所鼓励的。因此，企业即使拥有了基础发明专利，也不意味着它就一定拥有竞争优势。

资料来源：孤独求财．朗科创始人内讧始末［EB/OL］．［2012-08-01］．http：//tech.sina.com.cn.

8.3.2 合同管理

合同是经济活动中重要的组成部分。在经济活动中常见的合同包括买卖合同，赠与合同、借款合同、租赁合同、承揽合同、建设工程合同、运输合同、技术合同、保管合同、仓储合同、委托合同、行纪合同、居间合同等。

合同管理是在企业内部通过建立一系列合同管理制度，对企业经营活动中各种合同的订立、变更、解除、审查、监督和履行进行规范，是合同依法订立并全面履行的一系列活动。

合同管理主要可以从以下几个方面入手：合同签约管理、合同履行管理、合同纠纷管理以及合同档案管理。

【核心概念 8-1】

合同是平等主体的自然人、法人、其他组织之间设立、变更、终止民事权利义务关系的协议，是连接各经济主体、处理各种经济关系的重要法律依据和经济纽带。

1. 订立合同时的注意事项

（1）签约前对当事人的主体资格、信用情况、履行能力等进行严格审查。

（2）采取书面形式订立合同。合同可以分为书面形式、口头形式和其他形式。采用书面合同形式可以避免日后发生纠纷争议时无据可查。

（3）认真审查合同内容。

在《合同法》中对合同的内容有所规定："合同的内容由当事人约定，一般包括以下条款：（一）当事人的名称或者姓名和住所；（二）标的；（三）数量；（四）质量；（五）价款或者报酬；（六）履行期限、地点和方式；（七）违约责任；（八）解决争议的方法。当事人可以参照各类合同的示范文本订立合同。"

在审查时，应注意内容是否真实、描述是否清晰、语义是否含糊不清，是否有不平等条约等。

（4）尽量要求对方提供合同担保，以降低风险，保障权利。

【法条 8-2】

《合同法》规定，当事人订立合同，应采取要约、承诺方式。

要约是希望和他人订立合同的意愿，又称发盘、出价。要约是订立合同的关键一步，要约人是发出要约的人，受要约人为接受要约的人。要约到达受要约人时生效，可撤回与撤销。

承诺是受要约人同意要约的表示。承诺到达要约人时生效，承诺生效时合同成立，承诺生效的地点为合同成立的地点。

2. 履行合同的注意事项

（1）履行合同。

在合同法中，对合同的履行也做了相关规定，要求当事人不但要按照约定履行义务，还要诚实守信。

《合同法》第六十条规定：当事人应当按照约定全面履行自己的义务。当事人应当遵循诚实信用原则，根据合同的性质、目的和交易习惯履行通知、协助、保密等义务。

（2）用权利保护自己。

①履行抗辩权。

抗辩权是指对抗请求的权利。抗辩权包括同时履行抗辩权、不安抗辩权和先履行抗辩权。

《合同法》第六十六条：同时履行抗辩权：当事人互负债务，没有先后履行顺序的，应当同时履行。一方在对方履行之前有权拒绝其履行要求。一方在对方履行债务不符合约定时，有权拒绝其相应的履行要求。

《合同法》第六十七条：先履行抗辩权：当事人互负债务，有先后履行顺序，先履行一方未履行的，后履行一方有权拒绝其履行要求。先履行一方履行债务不符合约定的，后履行一方有权拒绝其相应的履行要求。（先履行一方延迟履行的，构成违约，后履行一方可以做相应的顺延，而并不构成违约，区别于《合同法》一百二十条所规定的双方违约）。

《合同法》第六十八条：（不安抗辩权的事由）应当先履行债务的当事人，有确切证据证明对方有下列情形之一的，可以中止履行：（一）经营状况严重恶化；（二）转移财产、抽逃资金，以逃避债务；（三）丧失商业信誉；（四）有丧失或者可能丧失履行债务能力的其他情形。当事人没有确切证据中止履行的，应当承担违约责任。

《合同法》第六十九条：（不安抗辩权的行使程序）当事人依照本法第六十八条的规定中止履行的，应当及时通知对方。对方提供适当担保时，应当恢复履行。中止履行后，对方在合理期限内未恢复履行能力并且未提供适当担保的，中止履行的一方可以解除合同。

②代位权。

因债务人怠于行使其到期债权，对债权人造成损害的，债权人可以向人民法院请求以自己的名义代位行使债务人的债权。

③撤销权。

因债务人放弃到期债权或无偿转让财产或以明显不合理的低价转让财产，对债权人造成损害的，债权人可以请求人民法院撤销债务人的行为。

④解除权。

在合同履行的过程中，当出现法定情形时，当事人可以解除合同。在订立合同的时候，当事人也可以约定解除条件，解除条件成立时，解除权人可以解除合同。

（3）追究违约责任。

对于履行合同中出现的违约现象，应及时处理追究，一般来说追究责任程序如下：

协商，指双方争取达成解决问题的一致意见，并以书面形式确定，并保留下来。

催告，如果协商失败，可向对方正式发函，提出处理意见和要求，催促对方限期履行约定。

诉讼或仲裁，如果催告效果不佳，可提起诉讼或仲裁，通过法律途径追究其违约责任。

【法条 8-3】

在履行合同时，可能出现一些情况导致合同解除。《合同法》中对解除合同进行了相关规定。

第九十四条：有下列情形之一的，当事人可以解除合同：

（一）因不可抗力致使不能实现合同目的；

（二）在履行期限届满之前，当事人一方明确表示或者以自己的行为表明不履行主要债务；

（三）当事人一方迟延履行主要债务，经催告后在合理期限内仍未履行；

（四）当事人一方迟延履行债务或者有其他违约行为致使不能实现合同目的；

（五）法律规定的其他情形。

8.4　企业经营的税务管理

8.4.1　主要税种

税收是国家为实现国家职能，凭借政治权力，按照法律规定的标准，无偿取得财政收入的一种特定分配方式。它体现了国家与纳税人在征税、纳税的利益分配上的一种特殊关系，是一定社会制度下的一种特殊分配关系。

税收是政府收入的最重要来源，是人类社会经济发展到一定历史阶段的产物，是随着国家的产生而产生的。社会剩余产品和国家的存在是税收产生的基本前提。

1. 增值税

增值税是以商品（含应税服务或劳务）在流转过程中产生的增值额作为计税依据而征收的一种流转税。从计税原理上说，增值税是对销售货物或者提供加工、修理修配劳务以及进口货物的单位和个人就其实现的增值额征收的一个税种。

（1）征税范围：主要包括境内销售货物行为；境内提供加工、修理修配等应税劳务的行为；货物进口行为。

（2）纳税人：

①一般纳税人：

A. 生产货物或者提供应税劳务的纳税人，以及以生产货物或者提供应税劳务为主（即纳税人的货物生产或者提供应税劳务的年销售额占应税销售额的比重在50% 以上）并兼营货物批发或者零售的纳税人，年应税销售额超过 50 万元的。

B. 从事货物批发或者零售经营，年应税销售额超过 80 万元的。

②小规模纳税人：

A. 从事货物生产或者提供应税劳务的纳税人，以及以生产货物或者提供应税劳务为主（即纳税人的货物生产或者提供应税劳务的年销售额占年应税销售额的比重在 50% 以上），并兼营货物批发或者零售的纳税人，年应征增值税销售额（简称应税销售额）在 50 万元以下（含本数）的。

B. 除上述规定以外的纳税人，年应税销售额在 80 万元以下（含本数）的。

可以说对于工业企业，年销售额以 50 万元为界限，对于商业企业，年销售额以 80 万元为界限。一般纳税人需经过税务机关认定。

（3）税率：

销售或进口一般货物和应税劳务、租赁有形动产等适用 17% 税率。

粮食、食用植物油、自来水、暖气、冷气、热水、煤气、石油液化气、天然气、沼气、居民用煤炭制品、图书、报纸、杂志、饲料、化肥、农药、农机、农膜等适用 13% 的低税率。

根据 2011 年 11 月 16 日财政部、国家税务总局印发的《营业税改征增值税试点方案》，从 2012 年 1 月 1 日起，在上海交通运输业、部分现代服务业等生产性服务业开始试点营业税改增值税。截至 2013 年 8 月 1 日，“营改增”范围推广到全国试行。在现行增值税 17% 标准税率和 13% 低税率基础上，取消 13% 的税率，新增 11% 和 6% 两档低税率。租赁有形动产等适用 17% 税率，交通运输业、建筑业适用 11% 税率，其他部分现代服务业适用 6% 税率。

小规模纳税人增值税征收率为 3%。

出口货物适用零税率。

（4）增值税起征点

对于个人：销售货物的，为月销售额 5 000~20 000 元；销售应税劳务的，为月销售额 5 000~20 000 元；按次纳税的，为每次（日）销售额 300~500 元。

2. 个人所得税

个人所得税是调整征税机关与自然人（居民、非居民人）之间在个人所得税的征纳与管理过程中所发生的社会关系的法律规范的总称。个体工商户、个人独资企业投资人、合伙企业合伙人的生产经营所得按照税法缴纳个人所得税。

个人所得税的应缴税额计算公式如下：

应纳税额=（每一纳税年度收入总额−成本−费用−损失）×适用税率

其中个人所得税税率见表8-5：

表8-5　个人所得税税率

全年应纳税所得额	税率（%）	速算扣除数（元）
不超过15 000元的部分	5	0
超过15 000元，不超过30 000元的部分	10	750
超过30 000元，不超过60 000元的部分	20	3 750
超过60 000元，不超过100 000元的部分	30	9 750
超过100 000元的部分	35	14 750

此表个体工商户的生产、经营所得和对企事业单位的承包经营、承租经营所得适用。

3. 企业所得税

企业所得税是国家对企业和其他组织获取的生产经营所得和其他所得开征的一种税。

（1）征税对象：企业所得税的征税对象是纳税人取得的所得，包括销售货物所得、提供劳务所得、转让财产所得、股息红利所得、利息所得、租金所得、特许权使用费所得、接受捐赠所得和其他所得。

（2）纳税人：居民企业与非居民企业。

（3）计税依据：应纳税所得额=收入总额-准予扣除的项目。

收入总额包括销售货物收入、转让财产收入、提供劳动收入、权益性投资收益、利息收入、租金收入、特许权使用收入、接受捐赠收入、其他收入。

准予扣除的项目包括不征税收入、免税收入、各项扣除以及允许弥补的以前年度亏损等。

（4）应纳税额：

企业所得税的税率为25%的比例税率。

非居民企业在中国境内未设立机构、场所的，或者虽设立机构、场所但取得的所得与其所设机构、场所没有实际联系的，应当就其来源于中国境内的所得缴纳企业所得税。适用税率为20%，现在减按10%的税率征税。

符合条件的小微企业，减按20%的税率征收企业所得税。

国家需要重点扶持的高新技术企业，减按15%的税率征收企业所得税。

计算公式为：企业应纳所得税额=应纳税所得额×适用税率-准予减免和抵扣的税额

8.4.2　依法纳税

税收是国家为实现其职能的需要，凭借政治权力，并依照相关法律的规定，与国民收入分配和再分配相结合的一种强制、无偿地征收财政收入的分配形式。

依法纳税是每个公民应尽的义务，也是企业的法定义务。企业在纳税过程中应遵循以下程序：

（1）企业应当自设立之日起30日内办理开业税务登记。

（2）企业应当依法设立账簿，按照合法有效的凭证记账，并将企业财务会计制度报送税务机关备案。

（3）企业在生产经营过程中应当依法开具、使用、取得、保管发票。

（4）企业应当依法进行纳税申报。

（5）纳税人依法缴纳税款、扣缴义务人依法代扣代缴税款。

（6）企业应当配合和接受税务机关的税务检查。

（7）税务登记事项发生变化时，企业应当及时办理变更、注销税务等登记手续。

违反税法可能面临罚款、吊销营业执照等各项行政处罚，情节严重时还可能构成犯罪，依法追究刑事责任。我国《刑法》中专门规定了危害税收征管罪，对偷税、抗税、逃避追缴欠税、虚开增值税专用发票等在内的涉税犯罪行为予以严重惩罚。

生产经营规模小，达不到《个体工商户建账管理暂行办法》规定设置账簿标准的个体工商户可以申请定期定额纳税，即由税务机关对其在一定经营地点、一定经营时期、一定经营范围内的应纳税经营额（包括经营数量）或所得额进行核定，并以此为计税依据，确定其应纳税额。

【风险防范 8-5】

1. 正确理解、全面把握

对于税收政策，创业者要全面把握政策的特点，切勿只抓一点，不计其他。税收政策是一个综合性的体系，一部法律的实施需要有具体的细则，还需要有大量的配套规定，这是税收政策的一个显著特点。全面把握政策是规避税收风险的关键。

2. 关注变化、及时更新

密切关注税收法规政策的变化，树立法治观念，企业一定要熟悉税收法规的相关规定，掌握与自身生产经营密切相关的内容。及时系统地学习税收政策，准确理解和把握税收政策的内涵。由于我国正处于经济变革时期，为了适应经济发展的需要，为了能够及时调节经济，体现国家的产业政策，税收政策总是在不断变化之中。税收政策的变化比较频繁，不够稳定，如果企业不能及时了解、及时调节，可能会发生不合法行为。

3. 请教专业人士

由于税法的复杂性、专业性，必要时创业者可以去咨询专业人士。

【企业实例 8-5】

张某于 2010 年 7 月领取了个体经营营业执照，经营商品零售，同时依法办理了税务登记证。2012 年 6 月，因在外地工作的女儿生病需照顾，她申请停业 3 个月，但 3 个月期满，李某未办理复业登记，也未申请延期停业，虽然正式恢复了营业，而且对停业前剩余的商品仍在销售。张某的销售行为是否应补缴应纳税款？

答案是肯定的。李某的行为应视为已经恢复经营，应依法办理税务的复业登记，接受税务机关的正常管理，对已有的销售行为进行纳税申报，补缴应纳税款。李某的行为表现出他对税收行为的疏忽，对税法、政策的不了解，严重时可能给创业者和创业行为带来“致命打击”。

资料来源：陈玉菁. 小企业税务实务［M］. 上海：立信会计出版社，2006.

8.4.3 税收筹划

税收筹划是指企业在遵守国家税法、不损害国家利益的前提下，充分利用税法所规定的包括减免税在内的一切优惠政策，从而达到少纳税或者递延纳税，降低税收成本，使税收成本最小化的经营管理活动。税收筹划是一种合法合理的节税行为，与偷税、漏税有着本质上的区别。需要注意的是，税务筹划必须建立在依法纳税的前提下，而税收法律法规又具有一定的复杂性，因此创业者应多咨询税务机关或税务师。

例如，大学生创业，如果是科技型企业可以争取认定为高新技术企业，争取得到税法规定的税收优惠。从事兼营业务的企业可以对不同业务分开记账，分别纳税，来降低税率。

【法条 8-4】

《增值税暂行条例》

第三条 纳税人兼营不同税率的货物或者应税劳务，应当分别核算不同税率货物或者应税劳务的销售额；未分别核算销售额的，从高适用税率。

【风险防范 8-6】

1. 正确认识税收筹划

在合法性的前提下树立正确的纳税筹划风险意识，在依法纳税的前提下开展各项纳税筹划。让企业纳税筹划人员参加业务培训，不仅要关注税收政策的实体性问题，也要关注程序性问题。纳税筹划的空间并不大，要充分注意法律的“红线”。

2. 查找问题并及时纠正

评估纳税筹划风险，定期进行纳税健康检查。企业对具体经营行为涉及的纳税风险进行识别，并采用合法的技术手段消除或者控制隐藏在经济活动中的税务风险，发现问题，立即纠正，这是企业纳税筹划风险管理的核心内容和本质所在。

3. 坚持成本效益原则，追求整体性的综合利益

纳税筹划可以达到减少税负的目的，使企业获得一定的收益，但是无论是由企业内部设立专门部门进行纳税筹划，还是由企业聘请外部专门从事纳税筹划工作的人员，都要耗费一定的人力、物力和财力。所以纳税筹划与其他管理决策一样，必须遵循成本效益原则。另外，企业面临的是国家的整个税收体系，纳税筹划必须统筹安排，整体考虑企业的综合利益，使合理的税后利益最大化和持续化。之后当纳

税筹划方法的收益大于支出时，即整体利益大于局部利益，长远利益大于眼前利益，税收筹划才是成功的。

【企业实例 8-6】

轰动全国的山西宇晋钢铁有限公司及17名被告人涉嫌偷税罪、虚开用于抵扣税款发票罪，经临汾市中级人民法院公开开庭审理，近日法院一审判决结果：判处被告单位宇晋公司犯虚开用于抵扣税款发票罪，判处罚金300万元；犯偷税罪，判处罚金18 210.2064万元，数罪并罚，决定执行罚金18 510.2064万元（其中，税务机关罚款12 366.6782万元予以折抵）。

判处王明山、王文灿、侯林哲等11名被告人有期徒刑11年至2年不等，并处100万元至5万元不等的罚金。

判处王海印、杨荫东、王建军等6名被告人缓刑，并处罚金。

该案曾为国家税务总局曝光的9起涉税违法案件之一，涉案金额之巨实属山西省罕见。

法院审理认为，被告单位宇晋公司以偷逃税款牟取非法利益为目的，在没有实际发生废钢铁供销业务的情况下，接受或让他人为自己虚开废旧物资销售发票，其行为已构成虚开用于抵扣税款发票罪，且虚开的税额巨大，情节特别严重。在生产经营过程中，采取预收货款的方式销售货物，货物发出后不确认收入以及设置账外账（“B”账户），采取账外结算、隐匿销售收入等手段少缴应纳税款，偷税182 102 064.01万元，其行为已构成偷税罪，公诉机关指控罪名成立。

资料来源：佚名．宇晋公司偷税大案一审有果［EB/OL］．［2018-01-25］．http://www.sxrb.com/sxfzb/yiban/2079836.shtml.

8.4.4 创业税收优惠政策

根据《关于全面推开营业税改征增值税试点的通知》（财税〔2016〕36号）规定，自2016年5月1日起，在全国范围内全面推开营业税改征增值税试点，建筑业、房地产业、金融业、生活服务业等全部营业税纳税人，纳入试点范围，由缴纳营业税改为缴纳增值税。“营改增”试点自全面推行以来，财政部、国家税务总局对于营业税种原有的大部分税收优惠政策采取“平移模式”，基本上延续了原营业税优惠政策，其中包括若干涉及民生的税收优惠政策。

根据《关于全面推开营业税改征增值税试点的通知》（财税〔2016〕36号）附件3《营业税改征增值税试点过渡政策的规定》的规定，从事个体经营的随军家属，自办理税务登记事项之日起，其提供的应税服务3年内免征增值税。如果试点纳税人在纳入“营改增”试点之日前已经按照有关政策规定享受了营业税税收优惠，在剩余税收优惠政策期限内，按照本规定享受有关增值税优惠。国家政策对于特殊群体，比如随军家属、就业失业登记人员、退役士兵、转业干部、高校毕业生等创业、就业的优惠政策都延续了，纳税人只要符合政策，都可以到国税局申请备案，继续享受优惠。

近几年来，国家一直在大力倡导大学生创业，如同国家在法律方面对大学生创业的政策倾斜一样，在税收层面也给予了大学生创业优惠政策。

国家对创新创业的大力支持，体现在各个方面，税收优惠政策就是其中之一。以下是国家近几年发布的对创业税收优惠的通知。

（1）国办发〔2014〕第22号《关于进一步做好普通高等学校毕业生就业创业工作的通知》（2014年5月13日）

（2）国发〔2015〕第23号《国务院关于进一步做好新形势下就业创业工作的意见》（2015年4月27日）

（3）国办函〔2015〕第47号《国务院办公厅关于印发进一步做好新形势下就业创业工作重点任务分工方案的通知》（2015年6月18日）

而现行有效的税收优惠政策有：

（1）财税〔2014〕第34号《关于支持和促进重点群体创业就业有关税收政策具体实施问题的公告》（2014年4月8日国家税务总局、财政部、人力资源和社会保障部、教育部）

（2）财税〔2014〕第39号《关于继续实施支持和促进业重点群体创业就业有关税收政策的通知》（2014年4月29日财政部、国家税务总局、人力资源和社会保障部）

（3）财税〔2015〕第18号《财政部 国家税务总局 人力资源和社会保障部 教育部关于支持和促进重点群体创业就业税收政策有关问题的补充通知》（2015年1月27日）

（4）国家税务总局 财政部 人力资源和社会保障部 教育部 民政部公告2015年第12号《关于支持和促进重点群体创业就业有关税收政策具体实施问题的补充公告》（2015年2月13日发布）

下面我们就国家出台的政策中一些与创新创业重点相关的部分进行解读：

（1）《国务院办公厅关于做好2014年全国普通高等学校毕业生就业创业工作的通知》（国办发〔2014〕第22号）指出，要高度重视高校毕业生就业创业工作，鼓励高校毕业生到城乡基层就业，鼓励小型微型企业吸纳高校毕业生就业，实施大学生创业引领计划，深入实施离校未就业高校毕业生就业促进计划，加强就业指导、就业服务和就业援助，进一步创造公平的就业环境，推动创新高校人才培养机制。

（2）国发〔2015〕第23号《国务院关于进一步做好新形势下就业创业工作的意见》，其中文件的第三部分指出要统筹推进高校毕业生等重点群体就业、鼓励高校毕业生多渠道就业，将高校毕业生就业摆在就业首位、鼓励高校毕业生就业充实基层；对基层单位吸纳就业给予工资待遇倾斜，如按规定学费补偿和国家助学贷款代偿、推进基层政府购买服务力度；增加公共管理和社会服务岗位，优先吸纳高校毕业生就业、小微企业吸纳毕业年度高校毕业生优惠；签1年以上合同并缴纳社会保险的，给予1年社会保险补贴，发展高校毕业生就业创业基金，鼓励多渠道就业。

(3) 财税〔2015〕第18号提出取消《高校毕业生自主创业证》，毕业年度内高校毕业生从事个体经营的，持《就业创业证》(注明“毕业年度内自主创业税收政策”) 享受税收优惠政策。

毕业年度内高校毕业生在校期间凭学生证向公共就业服务机构按规定申领《就业创业证》，或委托所在高校就业指导中心向公共就业服务机构按规定代其申领《就业创业证》；毕业年度内高校毕业生离校后直接向公共就业服务机构按规定申领《就业创业证》。

其中对自主创业人员的税收扶持政策规定：对持有人力资源和社会保障部门发放的《就业失业登记证》从事个体经营的人员，在3年内按每户每年8 000元的限额，依次扣减其当年应缴纳的增值税、城市维护建设税、教育费附加，地方教育附加和个人所得税。限额标准最高可上浮20%，即各省可根据本地区情况，上浮本地区的具体限额标准。辽宁省减免限额为9 600元。

失业人员为在公共就业服务机构登记失业半年以上的人员；毕业年度内高校毕业生；零就业家庭、享受最低生活保障家庭劳动年龄内的登记失业人员。

政策还规定：在新增加的岗位中，当年新招用在人力资源和社会保障部门公共就业服务机构登记失业一年以上且持《就业失业登记证》人员，与其签订1年以上期限劳动合同并依法缴纳社会保险费的企业，在3年内按实际招用人数，按照每人每年4 000元标准，定额依次扣减增值税、城市维护建设税、教育费附加、地方教育附加和企业所得税。各省可根据本地区实际情况，按最高30%上浮。辽宁省定额标准为每人每年5 200元。适用的企业范围为商贸企业、服务型企业、劳动就业服务企业中的加工型企业和街道社区具有加工性质的小型企业实体。适用的人员范围为在人力资源社会保障部门公共就业服务机构登记失业一年以上且持《就业失业登记证》的人员。

原就业创业税收政策是财税〔2010〕第25、84号，已废止。

(4) 关于财税〔2015〕第18号和公告2015年第12号的解读。

①出台背景。

为了更加方便纳税人享受创业税收政策，财政部、国家税务总局、人力资源和社会保障部、教育部印发了《关于支持和促进重点群体创业就业税收政策有关问题的补充通知》(财税〔2015〕第18号)，对纳税人享受创业税收政策的条件进行了简化。公告2015年第12号对《就业创业证》的管理和使用进一步细化。

②新政策与原政策的变化。

主要内容：简化了纳税人享受创业就业税收政策的条件和程序：一是将《就业失业登记证》更名为《就业创业证》，已发放的《就业失业登记证》继续有效；二是取消了高校毕业生从事个体经营享受税收政策需申领《高校毕业生自主创业证》这一前提条件；三是简化了高校毕业生申领《就业创业证》的程序，规定毕业年度内高校毕业生在校期间创业享受税收政策的，可凭学生证到公共就业服务机构按规定申领《就业创业证》，或委托所在高校就业指导中心向公共就业服务机构代其申领《就业创业证》，证上注明："毕业年度内自主创新税收优惠"。

各相关具体规定：

a. 大学生创业举办的企业从事技术转让、技术开发和与之相关的技术咨询、技术服务业务取得的收入免征增值税；居民企业在一个纳税年度内技术转让所得不超过500万元的部分，免征企业所得税，超过500万元的部分，减半征收企业所得税。

b. 大学生创业举办的企业经省高新技术企业认定管理机构按高新技术企业认定办法认定的高新技术企业，减按15%的税率征收企业所得税。

c. 大学生创业举办的境内新办软件生产企业经认定后，自获利年度起，第一年和第二年免征企业所得税，第三年至第五年减半征收企业所得税。软件生产企业的职工培训费用，可按实际发生额在计算应纳税所得额时扣除。国家规划布局内的重点软件生产企业，如当年未享受免税优惠的，减按10%的税率征收企业所得税。集成电路设计企业视同软件企业，享受软件企业的有关企业所得税政策。

d. 大学生创业举办的从事动漫的企业自主开发、生产动漫产品涉及增值税应税劳务的（除广告业、娱乐业外），暂减按3%的税率征税。

e. 大学生举办的非营利性医疗机构按照国家规定的价格取得的医疗服务收入，免征各项税费。大学生举办的营利性医疗机构取得的收入，直接用于改善医疗卫生条件的，自其取得执业登记之日起，3年内给予下列优惠：对其取得的医疗服务收入免征增值税；对其自产自用的制剂免征增值税；对营利性医疗机构自用的房产、土地免征房产税、城镇土地使用税。

f. 大学生从事的婚姻介绍企业，免征增值税。

g. 大学生转让著作权，免征增值税；取得的稿酬所得，按税法规定予以减征应纳税额的30%。

h. 大学生创业举办的企业从事下列行业之一的，免征企业所得税：蔬菜、谷物、薯类、油料、豆类、棉花、麻类、糖料、水果、坚果的种植；农作物新品种的选育；中药材的种植；林木的培育和种植；牲畜、家禽的饲养；林产品的采集；灌溉、农产品初加工、兽医、农技推广、农机作业和维修等农、林、牧、渔服务业项目；远洋捕捞。

i. 大学生创业举办的企业从事花卉、茶以及其他饮料作物和香料作物的种植；海水养殖、内陆养殖减半征收企业所得税；农业机耕、排灌、病虫害防治、植物保护、农牧保险以及相关技术培训业务，家禽、牲畜、水生动物的配种和疾病防治项目免征增值税。

j. 大学生创业举办的企业从事符合条件的环境保护、节能节水项目的所得，自项目取得第一笔生产经营收入所属纳税年度起，第一年至第三年免征企业所得税，第四年至第六年减半征收企业所得税。

k. 大学生举办的创业投资企业采取股权投资方式投资于未上市的中小高新技术企业2年以上的，可以按照其投资额的70%在股权持有满2年的当年抵扣该创业投资企业的应纳税所得额；当年不足抵扣的，可以在以后纳税年度结转抵扣。

l. 大学生创业举办的企业符合小微企业条件的，即工业企业，年度应纳税所得额不超过 30 万元，从业人数不超过 100 人，资产总额不超过 3 000 万元；其他企业，年度应纳税所得额不超过 30 万元，从业人数不超过 80 人，资产总额不超过 1 000 万元的小微企业，减按 20% 的税率征收企业所得税。

m. 大学生个人或者创业举办个体工商业户专营种植业、养殖业、饲养业、捕捞业且经营项目属于农业税、牧业税征税范围的，其取得的上述四项所得暂不征收个人所得税。

n. 大学生属于海外留学人员且从事高新技术开发、研究、领办高新技术企业取得的工薪收入，经有权税务机关审批，可视同境外人员收入，在计算个人应纳税所得额时，除减除规定费用外，并暂适用附加减除费用的规定。

o. 对高校毕业生从事个体经营（限制行业除外），并按规定提供相关证明材料的，根据有关文件规定免收税务登记证工本费。

总体来说，大学生创业可以利用的税收优惠政策不少。不过需要提醒的是，选择免税项目的前提是创业者对该行业有兴趣、有技能，且进行了充分的市场调查。毕竟税收优惠是阶段性的，经营却是长期的，到底要进入哪个行业，大学生创业者还需谨慎选择。

【本章小结】

本章介绍了与创业相关的法律政策，包括扶持政策、发展扶持政策。

本章也详细介绍了创业筹备过程中的法律实务，包括企业法律形式选择、创办登记流程、章程拟定、出资与验资等。

本章还对企业经营的法律实务进行了介绍，如人力资源管理、知识产权管理、合同管理。

本章对企业经营的税务管理问题进行了详解，包括主要税种、依法纳税、税收筹划，并介绍了企业的税收优惠政策。

本章对每一个法律问题可能出现的风险，均给出了风险防范对策。

【核心概念】

技术创新　知识产权　合同　税收筹划

【课后思考】

1. 企业的法律形式有哪几种？
2. 大学生创业如何选择企业组织形式？
3. 企业创办的登记流程是什么？
4. 企业的章程拟定有哪些注意事项？
5. 如何对企业的出资与验资进行风险防范？

6. 企业经营过程中的人力资源管理主要包括哪些方面？
7. 企业知识产权保护的对象有哪些？
8. 与企业经营相关的主要税种有哪些？

【实践演练】

（一）了解你所在地区的创业优惠政策，以小组形式汇报展示给你的同学们。

（二）以小组为单位，分角色模拟进行一次企业创办登记，亲身感受企业创办的登记流程。

（三）以小组为单位，虚拟一个创业企业，为该企业拟定一份企业章程。

（四）创业游戏：

1. 保护你的合法权益

创业者应懂得如何通过法律手段保护自己的财产及工作权益。申请版权或商标就是获得法律保护最有效的方法。这里我们给出了版权和商标的定义，请将名称填入定义前的横线中，版权填 C，商标填 T。在之后的 a~j 各种类型中，如果属于版权保护的内容，请在标号前填 C；如果属于商标保护的内容，请在标号前填 T。答案附在习题后。

（1）________代表公司产品的一个与众不同的名称、标志、符号。

（2）________对文学艺术作品特有的保护。

________a. 畅销小说

________b.LOGO

________c. 公司名称缩写（如 IBM）

________d. 动画片

________e. 词语（如可口可乐）

________f. 计算机程序

________g. 音乐剧

________h. 标语

________i. 舞台剧

________j. 符号

答案：（1）T；（2）C；

a.C；b.T；c.T；d.C；e.T；f.C；g.C；h.T；i.C；j.T。

2. 合理匹配

本章介绍了企业的三种组织形式的优点与缺点。请将独资企业（S）、合伙企业（P）、有限公司（C）的简写字母填入各选项后的横线上，如属于独资企业相关的则填 S，以此类推。可多选。答案附在习题后。

优点	缺点
承担有限的责任________________	有限连带责任________________
独享企业的利润________________	政府监管________________

企业可无限期发展__________ 缺乏持续性__________

成立手续简便__________ 双重纳税__________

灵活性__________ 较难获得大量投资__________

所有权转移__________ 成立费用较高__________

对政府管制拥有更大自主权 __________ 相对有限的视角和经验__________

便于能力和知识的增长__________ 活动限制__________

答案：

优点：1.C；2.S；3.C；4.S；5.S，P；6.C；7.S，P；8.C。

缺点：1.S，P；2.C；3.S，P；4.C；5.S，P；6.C；7.S；8.C。

第 9 章　创业风险

风险来自于你不知道你在做什么，海水退潮后才觉得自己是光着身子。

——巴菲特

【学习目标】

1. 理解创业风险的概念
2. 了解创业风险的类型
3. 理解创业风险的基本方法
4. 熟悉创业风险的基本步骤
5. 掌握创业各阶段的风险与防范

【引导案例】

史玉柱的两次创业

一、史玉柱与巨人集团

1989 年，史玉柱研究生毕业后“下海”，在深圳研究开发 M6401 桌面中文电脑软件，获得成功。1992 年，史玉柱率 100 多名员工，落户珠海。珠海给了史玉柱的巨人集团很多照顾，使得巨人集团发展很快。1993 年，巨人仅中文手写电脑和软件的当年销售额即达到 3.6 亿元。位居四通之后，成为中国第二大民营高科技企业。1993 年也是巨人集团出现大转折的一年。由于集团发展一帆风顺，史玉柱的头脑开始发热，他下令全方位出击，向房地产和生物工程领域进军。他的计划是到 2000 年，让巨人集团的资产发展到 100 亿元。市场经济的竞争是无情的，往往会出现“一着不慎满盘皆输”的结局。史玉柱连着下了两着致命的“臭棋”，为“巨人”的倒下埋下了伏笔。

史玉柱的第一着“臭棋”是建一座号称全国最高的“巨人大厦”，采用世界最流行的“智能型”概念。然而，这座大厦的建设后来也演变为冒进方式，从当初自用改为房地产开发，楼层从原来的 38 层改为 64 层，后又增为 70 层，预算投资飙升至 12 亿元。尽管这已超过了他的资金实力十几倍，史玉柱仍然决定不用银行贷款，靠自己的力量来解决资金问题，其后果直接导致了 1996 年的资金危机。

史玉柱的第二着“臭棋”是做出了“涉足房地产、保健品、药品，走多元化发展道路”的决定，驱使巨人集团转入生物工程领域。1995 年 2 月，巨人集团发动促销电脑、保健品和药品的三大战役。史玉柱在春节上班后第一天下达了总动员令，以轰炸方式一次性推出电脑、保健品和药品三大系列 30 个产品，耗巨资大作宣传广告，巨人“脑黄金”“巨不肥”等保健品顿时成为全国人民耳熟能详的名词。

1995 年，史玉柱亲眼目睹了巨人事业从辉煌的顶峰走向了大溃败：从这年的下半年开始，巨人集团的计算机产品和楼花的销售形势出现逆转，生物工程全面亏损，财务状况吃紧，又加之工程由于下雨延期，首期合同未能按时交付，债主纷纷要求退赔，巨人集团就此陷入深深的危机。史玉柱坚持着“挺”了将近 1 年。1997 年年初巨人大厦未按期完工，国内购楼花者天天上门要求退款。媒体“地毯式”报道巨人财务危机。得知巨人现金流断了之后，“巨人 3 个多亿的应收款收不回，全部烂在了外面。”不久，只建至地面三层的巨人大厦停工。巨人集团名存实亡，史玉柱成为“全国最穷的人”。

二、史玉柱与“脑白金”

“脑白金”于 1998 年 5 月份问世，由于巨人的倒下，一文不名的史玉柱个人向朋友借了 50 万元，带领着十几名忠实的追随者转战江浙、东北，开始再度创业。

史玉柱试探性地先花了 10 万元广告费在江阴打市场，很快产生了热烈的市场效应，影响到了无锡。于是，他们用赚到的钱接着在无锡打市场，然后无锡也有了很好的市场反应。史玉柱开始重新树立起信心。接着他们的市场发展到了南京，带动整个江苏，同时在吉林启动，很快，常熟、宁波、杭州都做开了市场。

就这样，在 1999 年 3 月，史玉柱终于在上海注册成立了一家新的公司——上海健特生物制品有限责任公司。当年，新公司的主营产品“脑白金”销售额就达 2.3 亿元。

对于史玉柱和他的团队来说，“巨人危机”或许是他们最大的财富，因为史玉柱从中得到的教训和对于自身的深刻认知，让他们在以后的创业中受益无穷。

三、史玉柱与征途网络

2004 年 11 月，上海征途网络科技有限公司正式成立。三四年前史玉柱就曾想过投资做网游。在进入网游领域之前，史玉柱曾经找来专家咨询，也曾专门拜会一些行业的主管领导。结论是，至少在 8 年或者更长的时间里，网络游戏的增长速度会保持在 30% 以上。而在史玉柱看来，国人对娱乐的需要日益增长，中国游戏玩家的比例相对也较低，增长潜力巨大。因此，史玉柱断言：现在的网游市场肯定是一个朝阳产业。

史玉柱始终认为，网络游戏的成功靠的就是两个因素：钱和人。史玉柱不缺钱，多年保健品业务积累和投资收益给史玉柱带来了巨大的资金积累。在几年前，史玉柱就曾经对网络游戏动心过，但是那时他没有游戏团队，新浪的汪延曾经告诉他，新浪之所以没做成网游也是因为缺人。

2004 年，放弃大型网络游戏研发的上海盛大的一个团队准备离开盛大并希望找一个合适的投资伙伴，并在和一个台湾的投资方接触。史玉柱听说此事之后，立刻找到这个团队见面，会谈之后，史玉柱投资 IT 的热情再度被点燃起来，决定投资。

初做网游的史玉柱，无法全面同对手竞争，因此制定了一个“聚焦、聚焦、再聚焦”的策略。征途网络只做一款产品，只选择MMORPG类中的2D领域，史玉柱声称要做“2D游戏的关门之作”。从现在的结果来看，史玉柱的聚焦策略取得了一定程度上的成功，征途的在线人数已经领先于直接竞争对手。

为了网络游戏项目，史玉柱预先估计到最高可能会亏损两个亿，因此就在账上准备了两亿元人民币。但是，前期4 000万人民币投下去之后，很快征途就已经进入良性发展，在公测阶段便已经开始盈利。由此，史玉柱也就正式进入改变网游格局的征途。

资料来源：根据相关资料整理.

9.1　创业风险概述

9.1.1　创业风险的概念

一提起风险，很多人马上将其和失败、亏损等联系在一起。其实，这是不全面甚至是错误的看法。对于风险的理解，一般有两个角度：一个角度强调了风险表现为结果的不确定性，另一个角度则强调风险表现为损失的不确定性。前者属于广义上的风险，说明未来利润多寡的不确定性，可能是获利（正利润）、损失（负利润）或者无损失也无获利（零利润）；后者属于狭义上的风险，只能表现为损失，没有获利的可能性。

对创业风险的界定，目前学术界还没有统一的观点，大多数国内外学者都只针对自己所研究的领域或角度来界定，而并没有将其一般的概念提炼出来。本书认为：创业风险是指企业在创业过程中存在的各种风险，它是指由于创业环境的不确定性、创业机会与创业企业的复杂性，创业者、创业团队与创业投资者的能力和实力的有限性，导致创业活动偏离预期目标的可能性及其后果①。

由此可知，创业风险主要具有如下几个特点：

（1）客观存在性。创业本身就是一个识别风险和应对风险的过程，风险的出现是不以人的意志为转移的，所以创业风险的存在是客观的。客观性要求我们采用积极的态度承认、正视和处理创业风险。

（2）不确定性。由于创业所依赖的影响因素具有不确定性，这些因素是不断变化、不断发展的，甚至是难以预知的，因此造成了创业风险的不确定性。

（3）损益双重性。创业的结果具有成功或失败两种可能性，因此创业风险具有盈利或亏损的双重性。

（4）可变性。当创业的内部与外部条件发生变化时，必然会引起创业风险的变化，创业风险的可变性包括创业过程中风险性质的变化、风险后果的变化以及出现

① 刘国新，王光杰. 创业风险管理［M］. 武汉：武汉理工大学出版社，2004：77.

新的创业风险这三方面。

（5）可识别性。根据创业风险的不同特征和性质，创业风险是可以被识别和划分的。

（6）相关性。创业者面临的风险与其创业行为及决策是紧密相连的。同一风险事件对不同的创业者会产生不同的风险，同一创业者由于其决策或采取的策略不同，会面临不同的风险结果。

9.1.2 创业风险的来源

从上述创业风险的定义可知，创业环境的不确定性，创业机会与创业企业的复杂性，创业者、创业团队与创业投资者的能力与实力的有限性，是创业风险的根本来源。研究表明，由于创业的过程往往是将某一构想或技术转化为具体的产品或服务的过程，在这一过程中，存在着几个基本的、相互联系的缺口，也就是说，创业风险往往就直接来源于这些缺口①。

（1）融资缺口。融资缺口是指研究基金和投资基金之间存在的断层。其中，研究基金通常来自个人、政府机构或公司研究机构，它既支持概念的创建，还支持概念可行性的最初证实；投资基金则将概念转化为有市场的产品原型（这种产品原型有令人满意的性能，对其生产成本有足够的了解并且能够识别其是否有足够的市场）。创业者可以证明其构想的可行性，但往往没有足够的资金将其实现商品化，从而给创业带来一定的风险。

（2）研究缺口。研究缺口主要存在于仅凭个人兴趣所做的研究判断和基于市场潜力的商业判断之间。当一个创业者最初证明一个特定的科学突破或技术突破可能成为商业产品基础时，他仅仅停留在自己满意的论证程度上。然而，这种程度的论证后来不可行了，在将预想的产品真正转化为商业化产品，即具备有效的性能、低廉的成本和高质量的产品时，需要大量复杂而且可能耗资巨大的研究工作（有时需要几年时间），从而形成创业风险。

（3）信息和信任缺口。信息和信任缺口存在于技术专家和管理者（投资者）之间。技术专家知道哪些内容在科学上是有趣的，哪些内容在技术上是可行的，哪些内容根本就是无法实现的。管理者（投资者）通常比较了解将新产品引进市场的程序，但当涉及具体项目的技术部分时，他们不得不相信技术专家，可以说管理者（投资者）是在拿别人的钱冒险。如果技术专家和管理者（投资者）不能相互信任，那么这一缺口将会变得越来越深，带来更大的风险。

（4）资源缺口。资源与创业者之间的关系就如同画笔与艺术家之间的关系。没有了画笔，艺术家即使有了构思也无从实现，创业也是如此。没有所需的资源，创业者将一筹莫展，创业也就无从谈起。在大多数情况下，创业者不一定也不可能拥有所需的全部资源，这就形成了资源缺口。如果创业者没有能力弥补相应的资源缺

① 刘国新，王光杰. 创业风险管理［M］. 武汉：武汉理工大学出版社，2004：78-79.

口，要么创业无法起步，要么在创业中受制于人。

（5）管理缺口。管理缺口是指创业者并不一定是出色的企业家，不一定具备出色的管理才能。进行创业活动主要有两种：一是创业者利用某一新技术进行创业，他可能是技术方面的专业人才，但却不一定具备专业的管理才能，从而形成管理缺口；二是创业者往往产生某种灵感，可能形成新的商业机会，但不擅长处理企业具体事务的能力，从而形成管理缺口。

9.1.3　创业风险的类型

9.1.3.1　创业管理风险

创业管理风险是指在创业过程中因管理不善而导致创业失败所带来的风险。其大小主要由以下因素决定：

（1）创业者素质。

一个优秀的创业家，可以不具备精深的技术知识，但必须具备这样一些素质：具有强烈的创新精神与创业意识，不墨守成规，不人云亦云；具有追求成就的强烈欲望，富于冒险精神、献身精神和忍耐力；具有敏锐的机会意识和高超的决策水平，善于发现机会，把握机会并利用机会；具有强烈的责任感和自信心，敢于在困境中奋斗，在低谷中崛起。如果创业者素质较差，就会忽视市场、管理等方面的危险，导致企业风险加大。

（2）决策风险。

决策风险是指在创业过程中因决策失败而带来的风险。决策一旦失误，往往会造成不可估量的损失，从而导致创业的失败。管理者决策水平的高低对创业企业的成败影响极大，据美国兰德公司估计，世界上破产倒闭的大企业，85% 是因为企业家决策失误造成的，中国的企业更是如此。

对于创业者而言，绝不可以根据个人的喜怒哀乐或不切合实际的个人偏好而做出决策；或不经过科学分析，仅凭个人经验或运气进行决策，这些方式都有可能导致创业的失败。例如，20 世纪 80 年代初，当 IBM 率先提出走计算机兼容道路时，其他一些计算机公司纷纷响应，然而苹果计算机公司的决策者却固执己见，提出绝不走兼容化的发展道路，正是因为这一决策失误，导致了苹果计算机公司后来经营状况每况愈下，几乎到了破产的地步。

（3）组织和人力资源风险。

组织和人力资源风险是指由于创业企业的组织结构不合理、用人不当所带来的风险。创业企业的迅速发展如果不伴随着组织结构、用人机制的相应调整，往往会成为创业企业潜在危机的根源。对于新创企业，创业者从一开始就应该注意组织结构的设计、调整，人力资源的甄选、考评，薪酬的设计等，建立健全各项规章制度。

（4）关键员工离职风险。

关键员工一般是指那些拥有专门技术、掌握核心业务、控制关键资源、具有特殊经营才能、对企业的经营与发展会产生深远影响的职工。

关键员工一般熟悉企业的主营业务，了解企业的客户资源，掌握核心技术和商业机密，这些员工离职会使企业的有形资产和无形资产遭受损失，削弱企业的核心竞争力。此外，关键员工离职将会导致企业关键岗位的空缺，而新员工也需要一段时间适应工作环境，这会影响到企业的正常运转和可持续发展。

9.1.3.2 创业市场风险

创业市场风险主要是指在创业的市场实现环节，由于市场的不确定性而导致创业失败的可能性。

（1）市场需求量的不确定性。

企业在推出新产品时，往往会根据调查的数据进行主观推理，结果可能过大地估计市场的需求量。如果一项产品的前期投入巨大，而产品的市场容量较小或者短期内不能被市场所接受，那么产品的市场价值就无法实现，投资就无法收回，从而造成创业夭折。

（2）市场接受时间的不确定性。

一个全新的产品，打开市场需要一定的时间，若创业企业缺乏雄厚的财力投入到营销中去，产品被市场接受的过程就会延长，因而不可避免地出现产品销售不畅，前期投入难以收回，从而给创业企业资金周转带来极大的困难。

（3）市场价格的不确定性。

产品价格超出了市场的承受力，就很难被市场所接受，技术产品的商业化、产业化就无法实现，投资也就无法收回。当某种新产品逐渐被市场所接受和吸纳时，其高额的利润会吸引众多的竞争者，可能造成供大于求的局面，导致价格下跌，从而影响技术产品创新的投资回报。

（4）市场战略的不确定性。

一项好的产品，如果没有好的市场战略规划，在价格定位、用户选择、上市时机、市场区域划分等方面出现严重失误，就会给产品的市场开拓造成困难，甚至功亏一篑。

（5）市场竞争能力的不确定性。

对于一项产品，尤其是高新技术产品，创业者很难确定它的未来市场竞争力。因为产品的市场竞争力是产品价格、产品服务和产品功能等多方面综合考虑的结果。

9.1.3.3 创业资金风险

创业资金风险是指因资金不能适时供应而导致创业失败的可能性。俗话说：不是有钱就有了一切，但是，没有钱什么事也做不成。因此，要想创业，除了具备创业家的素质和选择合适的项目外，还需要具有一定的资金。否则，一切都只是空谈。

对于新创企业，资金缺乏是最为普遍的问题，如果创业者不能及时解决，非常容易造成创业夭折。对于高技术创业活动，由于资金不能及时供应，导致高技术迟迟不能产业化，其技术价值随着时间的推移不断贬值，甚至很快被后来的竞争对手超过，而使初始投入付之东流。

9.1.3.4 创业技术风险

创业技术风险是指由于技术的不确定性而导致创业失败的可能性。创业的活动常常表现为将某一创新技术应用到实践，将其转化为产品或服务的过程。其中技术是否可行，在预期与实际之间是否出现偏差，这其中存在巨大的风险。

（1）技术上成功的不确定性。

从研究开发到实现产品化、产业化的过程中，任何一个环节的技术障碍，都将使产品创新前功尽弃，归于失败。很多创业企业，在技术产业化实施过程中，屡试屡败，其中的原因是多方面的。当用血汗赚来的资金或以家产抵押来的创业资金将要耗尽时，却还没有生产出合格的产品，则风险极大。

（2）技术前景的不确定性。

新技术在诞生之初都是不完善的、粗糙的，对于在现有技术知识条件下，能否很快使其完善起来，创业企业的管理者都是没有把握的。如果赖以创业的技术创新不能实现工业化，将会造成创业的夭折。

（3）技术寿命的不确定性。

随着科学技术的迅猛发展，产品的生命周期越来越短，更新换代的速度日益加快，特别是高新技术产品。如果不能在高新技术生命周期内迅速实现产业化，收回初始投资并取得利润，必将遭受巨大的损失。

（4）技术效果的不确定性。

一项高新技术产品即使能成功地开发和生产，但若达不到创业前所预期的效果，结果也会造成巨大的损失甚至创业夭折。

9.1.3.5 其他创业风险

除了上述几种风险因素外，创业活动还经常伴随着其他风险，如环境风险、机会成本风险、知识产权风险等。

环境风险是指由于所处的社会、政治、政策、法律环境变化或意外灾害而造成创业失败的可能性。

机会成本风险主要是指创业者选择创业也就放弃了自己原先所从事的职业，丧失了其他选择，这就是所谓的机会成本风险。

知识产权风险是指在创业过程中涉及知识产权的风险，主要包括侵权风险和泄密风险。

9.2 创业风险的识别

9.2.1 风险识别的基本概念

既然创业风险是在创业过程中不可避免的现象，那么直面风险并进行化解，是创业过程中的关键任务之一。

风险识别是应对一切风险的基础，只有识别了风险才可能有化解的机会。同时风险也是一种机会，应该开拓、提高其积极的作用。

创业风险识别是创业者依据企业活动，对创业企业面临的现实以及潜在的风险运用各种方法加以判断、归类并鉴定风险性质的过程。创业者必须掌握风险识别的能力，并不断提高这种能力。

9.2.2 风险识别的基本途径

创业风险的识别途径，重点从风险的来源入手，主要包括以下两方面：

（1）自然因素。自然环境是最基本的风险来源，如地震、台风和火灾等都会引起损失，这与企业的选址、项目的特点有着密切关系。又如对于许多行业来说，必须注意与原材料供应相关的矿产、能源以及交通等问题。

（2）人为因素。人为因素主要包括一个国家或者地区的政治经济制度、法律政策、民情民俗以及企业自身的营运环境等。

一般来讲，对于传统的、常见的风险，创业者凭借经验和简单的风险知识便可识别。但是由于企业的经济环境不断变化，识别一些新的、潜在的风险难度较高，必须在较短的时间范围内，运用一定的方法加以识别。通常情况下，创业风险识别有两条途径：一是借助创业企业外部力量，利用外界的信息、资料识别风险；二是依靠创业企业自身力量，利用内部信息及数据识别风险。

9.2.3 风险识别的基本方法

现在使用的风险识别方法，可以分为宏观领域中的决策分析和微观领域的具体分析，主要包括以下几种方法：

（1）情景分析法。从战略角度看，使创业者能够评估不同的偶然事件对自身利润及现金流量的潜在影响。它通过使用多维的预测方法，帮助创业企业对其长期的关键薄弱环节做出评价。

（2）风险专家调查列举法。由风险管理人员对该企业可能面临的风险逐一列出，并根据不同的标准进行分类。专家所涉及的知识领域应尽可能广泛些，有一定的代表性。

（3）资产财务状况分析法。按照企业的资产负债表及利润表、财产目录等的财务资料，风险管理人员经过实际调查研究，对企业财务状况进行分析，发现其潜在风险。

（4）环境扫描法。环境扫描法通过搜集和整理企业内部和外部各种事件、趋势的信息，了解和掌握创业所处的内外部环境的变化，从而辨别企业所面临的创业风险和机遇。

（5）失误树分析法。失误树分析法是指以图解表示的方法来调查损失发生前种种失误事件的情况，或对各种引起事故的原因进行分析，具体判断哪些失误最可能导致损失风险发生。

风险识别还有很多其他方法，如流程图法、分解分析法、SWOT分析法等。企业在识别风险时，可交互使用各种方法。

9.2.4 风险识别的基本步骤

创业风险的辨识过程包括对所有可能的风险事件来源进行实地调查和访问，通过严格地对创业风险进行分类，进而如实地评价其严重程度。创业风险的识别步骤可以通过以下几个方面来进行[①]：

（1）建立创业风险因素清单。通过调查、问询、实地考察等途径，明确列出客观存在的和潜在的各种风险，包括影响企业生产、经营和经济效益的各种因素。

（2）确定重要的风险事件并对其可能的结果进行测算。根据清单中各种重要的风险来源，分析和推测各种可能情况，结合相关方法和手段测算出对创业的影响程度。

（3）进行创业风险因素分类。对创业风险进行分类的目的是更加深入地了解创业风险的性质、特征和构成，在此基础上制定更好的管理决策。

（4）进行风险排序。根据风险分类和各种可能的影响结果，对可能存在的风险进行排序。

（5）拟定计划。按照轻重缓急，提出处理风险的方法和行动方案。

9.3 创业各阶段风险与防范

一个新兴企业从创建到成熟通常需要经历3个阶段，即创业前期、创业中期和创业后期。创业前期是指打算创业到创业初期的这个阶段，创业者拥有一个好点子或好创意，并进行产品或服务的开发；创业中期是指创业者已有开发完成的产品或服务，且产品或服务已推向市场，企业尚未盈利或已有少许利润；创业后期是指创业者把创业构想变成现实，企业占领了相当的市场份额并开始盈利或具备较好的盈利前景。

风险贯穿于整个创业过程，各个阶段的创业风险既有共同的特征，也有自身的特征。创业风险在各个阶段的表现形式各不相同，因此防范和应对风险的手段也不相同。有的风险虽然始终存在，但是随着时间、环境的变化，化解之道也随之而变化，需要对症下药。

9.3.1 创业前期的主要风险与防范

9.3.1.1 临渊羡鱼

在今天的中国，短时间内盈利数十万元甚至上百万元的故事到处都在上演。不

① 刘国新，王光杰. 创业风险管理［M］. 武汉：武汉理工大学出版社，2004：100-102.

过，对于那些没有大额资金当作本钱的人来说，这一切似乎十分遥远。

没有大额的资金当本钱就难以致富了吗？答案显然是否定的。马云的创业经历告诉我们，没有资本，只要你有方法，并且有尝试的勇气，靠着好点子一样可以创出一番伟大的事业。更何况生下来就拥有财富的人毕竟是少数，与其临渊羡鱼，不如退而结网，放弃一夜致富这不切实际的幻想，脚踏实地地掘好人生第一桶金才是正道。事实上，即使是如今做大生意的老板，他们往往也是从小生意开始做起的。所以说，能不能拥有一个敏锐的商业头脑才是成败的关键。

【企业实例 9-1】

农民工返乡创业

32 岁的江西人胡永利在桐乡打工已有 4 年了，由于老婆孩子都在老家，他不仅思念家乡，还有着在桐乡学点实用技术后回家创业的梦想。胡永利说，“这两年，水果种植效益特别好，像葡萄亩产效益都超过 1 万元了，可以赶上老家一家人一年的收入”。他跟着梧桐街道一位葡萄种植能手学种葡萄，从品种选育、大棚栽种到防虫疏土、品牌营销，胡永利足足记了两大本农业笔记。他认为老家气候土壤和桐乡相似，但有足够的土地资源可以利用。这次打算回去后先在自家地里试种 3 亩葡萄，效益好的话，带动村里人一起种，共同致富。

临渊羡鱼，不如退而结网，已经成为许多农民工的共识。将淘得的农业技能带回家成了很多农民工的选择。“在外积累了一定的技术经验和创业资本，学到了从商和经营知识，掌握了一定的技能，拓宽了信息渠道，而我们对家乡的资源、市场、商机相对熟悉，返乡创业成功的机会会大很多。”四川的张林如是说。

9.3.1.2　盲目跟风

很多创业者在当前创业话题火热的环境中，容易被影响，希望能够通过创业一举成名，成为下一个扎克伯格、下一个马云。但是，在中国注册一个公司很容易，但真的要把一个想法变成一个产品，并且把这个产品让很多人去用，这对很多创业者来说是个非常大的挑战。

凡是别人已经做成功的事，成功者比你更有实力，很难实现颠覆。只有和别人不一样的，才有可能实现突破。因此，在创办企业时，创业者要从自身优势出发，选择有限而明确的项目，形成自己的核心竞争力，以减少创业风险。

【企业实例 9-2】

“闪聚”走向灭亡

2011 年 8 月，互联网著名人士刘兴亮宣称以“拿起一块名叫闪聚的板砖，狠狠地敲开了移动互联网的大门”，高调宣布其移动互联网创业项目“闪聚”，同年 11 月，iOS 公测版上线，其为一款 LBS 移动交友应用，通过共同感兴趣的约会帮助近距离陌生人结识相聚，主打陌生人交友。刘兴亮此前曾表示创业资金来源于一位老友，足够维持一年的运营开支，后被传融资约 500 万元人民币。然而在一年过后，据内部人士透露，“闪聚”早在数月前关闭，其在苹果App Store中国商店也已经下架，尚存于Android商店的App也被爆有闪退、无法注册等多处严重BUG。据知情人士透露，闪聚发布iPhone1.2版本后，便再无消息传出，不久后团队宣告解散，创业历程不足1年。闪聚官网已经无法打开，联系电话显示为空号。

作为知名的互联网人士，刘兴亮不乏广泛的人脉；作为公司高管，他不乏管理经验；作为互联网评论员，他不乏对业界和发展趋势的认识。但是尽管有这么多的优势来创业，却依旧避免不了创业失败。而闪聚的失败原因却是我们经常谈论的一个原因：同质化。

2011年，LBS移动交友的确是一个非常热门的项目，接二连三地出现了众多产品。这些产品不乏大公司的大制作，也不乏创业公司开发的小产品。但是它们面临着两个巨大的隐患，腾讯和同质化。微信的崛起以迅雷不及掩耳之势打败了同类的产品，独霸天下。如果不能在腾讯的淫威下寻找差异化，那么只能可耻地选择失败。其中，只有陌陌以“约炮神器”为特色活了下来，也活得那么艰难，何况闪聚乎？刘兴亮在日前发布文章感叹到：移动互联网并非草根创业的乐土，似乎为自己失败的“闪聚”来辩解。

9.3.1.3　无米之炊

创业需要资源，这是常识。企业应该着重于积累创业资源，包括人才、资金、市场等。

人才支持是创业必须面对的重要问题，必须有得力的人才来进行规划管理，企业才能得到良性的发展。

错误估计市场会使很多初创企业面临巨大的风险，如果一个企业的主打产品没有足够的市场，其失败几乎是必然的。

缺少资金也会使很多创业者遭受挫折，事实上，只有企业在经营到一定程度后，才会有资金的回流。所以创业者必须充分估计到资金的需求量，而且一定要有相当的资金余地。

9.3.1.4　自暴自弃

卡尔·马克思曾经说过，“自暴自弃，这是一条永远腐蚀和啃噬着心灵的毒蛇，它吸走心灵的新鲜血液，并在其中注入厌世和绝望的毒汁”。可以说自暴自弃是创业成功的天敌之一。

其实大部分创业者在创业过程中都难免遇到大大小小的挫折，真正一帆风顺的创业者微乎其微。在失败和挫折面前，积极的态度还是消极的态度将直接决定创业者未来的命运。向挫折和失败投降的人，永远失去了成功的可能性；而乐观的态度对于创业者来说是至关重要的，跌倒了，可以重新站起来。

【企业实例 9-3】

屡败屡战的孙剑波

稀饭网CEO孙剑波创业的头两年，曾经和好友做过出版、广告、媒体代理等多个行当，但很少有人知道他刚出校门的第一个项目其实是设计一种“卫比斯心情T恤”，幻想能用可怜的资金打造一个个性T恤的品牌。其实，这并非是一个很差的创意，个性T恤在美国流行文化的带动下确实开创了很大的市场，而两个年轻小伙子也确实具备打造一个品牌的创意能力和设计能力。但是，圈内人都知道，中国的任何事情都有自己的特殊国情，他们忽略了国内消费者的成熟程度和服饰市场渠道的复杂局面，更关键的是，忽略了盗版服装这一吞噬人的力量。起步的时候，未能看透形势，这就注定了，从创业第一天起，这个项目就无法避免失败的命运。

雪上加霜的消息来了：从2003年5月份开始，非典袭击北京城，孙剑波和他的伙伴不得不从小小的办公间搬到家里办公。口罩盛行，北京城的街道人影寥落，开店卖T恤的打算彻底黄了。他们只得先开一个电子商务网站来贩售T恤。祸兮，福之所藏，客观上，正是这样的无奈让他们节约了部分资金，而不至于让这第一跤跌得很惨。

这一段短短的创业历程，几乎成为接下来两年他们转而从事出版和广告等行当的缩影，用孙剑波的话来说，就是一个挫折接着一个挫折，一个失败接着一个失败。创业者犯过的错误，他们都犯过了；创业者可能遇到的艰辛险阻，他们也都遇过；创业者传奇中的好故事，他们倒是一件都没碰上。短短两年，他们以极大的密度经受了别人在其他环境下十年才能经受的磨难，用最短的时间从学校人变为了社会人。

“我创业3年多，从来不知道什么叫一帆风顺。”孙剑波说，“挫折和磨难甚至曾让我丧失尊严和自信，但而今回头去看，全是财富。”

9.3.1.5 战略不明

机遇从来都是垂青有明确目标的人，同样地，失败之神也很少放过那些没有明确目标的人。创业的道路上充满着荆棘和艰辛，不能光凭满腔热情和雄心壮志，还需要有明确的目标和实现这些目标的周详安排。

战略不明，意味着行动是盲目的。如果一个盲目的人成功了，那么只能说是歪打正着，是一种偶然的幸运，而绝不能作为成功的经验尊奉。战略是创业过程中指导性、方向性的东西，战略如果是错误的，或者是不明确的，那么失败几乎是不可避免的。

9.3.1.6 好高骛远

创业者创业值得鼓励，需要扶持，但作为创业者，一定要结合自身实际，因地制宜，因人而异。很多创业者不屑于从小本买卖起家，上来就不切合实际地热衷于做“大买卖”，花了不少人力、物力和财力，结果生意要么没谈成，要么亏大本。相反，那些不嫌弃做小生意赚小钱的人，却赢得了成功。

对于手中没有什么资金，又无经营经验的创业者，务实的态度是创业的基础，要脚踏实地，从小做起，学会小中见大。好大喜功、好高骛远者最后只能落得“竹篮打水一场空”。

【企业实例 9-4】

“蚂蚁商人”的一分钱利润

义乌的小商品能够走出国门，遍布世界各地，源于根深蒂固的“薄利多销”的营商之道。义乌国际商贸城三区，叶小姐专营纽扣批发，每个纽扣售价 0.05 元，每个纽扣净利润 3 厘（1 分等于 10 厘）。据她介绍，高峰时每天销售 100 万个纽扣，净利润 2 000 元。一个姓王的商贩，每天批发牙签 10 吨，按 100 根赚 1 分钱计算，他每天销售约 1 亿根牙签，稳稳当当进账 1 万元。还有个摊位卖的是缝衣针，粗的、细的、长的、短的，一应俱全，平均 1 分钱两枚，这个小商贩一年卖针也能挣到 80 万元。

这些单件商品利润不到 1 分钱的老板，被称为“蚂蚁商人”，用“只赚 1 分钱”的真诚，打败了许多竞争对手。其盈利之道非常简单：每件商品能挣钱就卖。攻微小而成大器，培育出义乌众多百万富翁和千万富翁。在全球金融危机的风潮下，义乌的销售额仍迅速增长，就是因为全世界的人都需要“蚂蚁商人”销售的关乎人们衣食住行的每件商品。

9.3.2　创业中期的主要风险与防范

9.3.2.1　朝三暮四

创业中期，一定要坚持不懈，绝不可朝三暮四、见异思迁。比如，做大还是做强，这是每一个创业者都会遇到的两难问题。在创业阶段，要使企业发展，要把生意做大，必须安心做好一件事情。每一个行业都有强劲的对手，都面临着严峻的竞争。如果不抓住自己的主业，盲目涉足一个自己不熟悉的领域，势必分散精力、资金，不但新的行业难有所建树，恐怕连自己的老本也都要赔光。

资源永远有限，对于创业者来说尤为如此。打算创业的人在开始时就应该耐得住寂寞，守得住目标。企业发展最重要的是企业自我定位的问题。在创业的道路上，往往有很多诱惑。只有专注，才能集中所有资源做一件事情，才能把这件事情做到极致；也只有极致，才能从内心深处打动客户，形成良好的口碑传播效应，最终走向成功。

9.3.2.2　急于求成

每一个创业者都想做一个成功的人、优秀的人，只不过在众多诱惑之下，失去了忍耐的性子。成功是要讲究储备的。仓库里的东西越充足，成功的机会就越大，才可能走得更远。成功的路是那样的遥远与艰辛，路边每一具“尸体”都曾是一个在起点上充满信心、跃跃欲试的年轻人，对这条路的尽头有无限的憧憬。

人生的成功之路更像一场马拉松赛跑而不是百米冲刺，前 100 米领先者不一定就能成为全程的优秀者，甚至都有可能跑不完全程。在这遥远的创业征途上，创业者不要急于求成，心急吃不了热豆腐，要稳重，遇到问题不要慌，不要把得失看得太重。如果你自觉先天不足而又已然踏上征程，那就更要格外注意随时给自己补充营养。

9.3.2.3 单打独斗

俗话说得好：一个好汉三个帮，众人拾柴火焰高。在过去，凭一个人的努力也能创基立业，但在竞争日趋激烈的今天，靠一个人的力量创业恐怕是力不从心了，因为人与人之间的联系越来越紧密，一个创业者需要和客户打交道，和政府部门打交道，和合作伙伴打交道。就算你无所不能，你也需要同伴们来集思广益，避免愚蠢的举动。

在家靠父母，出外靠朋友，这说明了一个硬道理：善于合作的人才能生存下来，在创业的过程中尤为如此。当你有多个合作伙伴时，彼此信念上的支撑就好比捆成一捆的箭。每个人都暗暗给自己打气："我绝不能让我的朋友们失望。"这是一个人最强大的动力之一，而单一的创业者则缺少了这一动力。另外，合作可以弥补个人的缺陷，使弱小企业迅速站稳市场，如果创业者不顾实际地选择单打独斗，就有可能延误企业的发展。

【企业实例 9-5】

"独门"的老板

张大年是某知名企业的高层管理者，在 2003 年春"非典"之时，他看到了其中的商机，投资创办了一家生产消毒液的企业。刚开办时公司的业务根本不用愁，面临的问题是市场需求过大与企业生产能力不足的烦恼。面对这种情况，扩大生产成为一种必然。这时，有人提议找"外援"，以合资方式弥补资金缺口和化解投资风险。但张大年担心无法控制合作伙伴，同时认为有那些找伙伴、谈合作的工夫，不如利用过去在企业的关系去银行融资，一样可以扩大生产，因而将寻找合作伙伴的建议束之高阁。

突然出现的"非典"在几个月后得到了控制，被"非典"极具放大的消毒液市场也迅速出现反弹性萎缩，市场需求量急剧下降，这位"独门"的老板立马吃到了苦头，单靠自己的力量已经无法维持企业的竞争力，这时也找不到肯入股的合作者了，进退维谷的张大年不但将"非典"期间赚到的钱全部赔了进去，而且还背上了沉重的银行贷款负担。

9.3.2.4 团队内讧

创业伙伴之间发生内讧是比较普遍的，但是如果创业者能够更加谨慎地选择创业伙伴，那么大多数的争吵都是可以避免的。多数的争吵并不是因事而起，而是因人而起。大多数因为争吵而一怒离开的创始人，可能从一开始就信心不足，只不过被掩饰起来而已。不要掩饰你的疑虑，一个初创公司，最重要的因素就是人，不要在这上面有什么将就。

如何选择你的合作伙伴，是每个创业者必须要面对的问题。每个创业者都是独特的，有着自己的特殊需求，只有适合自己的合作者才是完美的合作伙伴，可以从以下几点出发选择合作伙伴：人品良好是必要条件，优势互补是合作动力，志同道合是坚实基础，善于沟通是重要前提。

【企业实例 9-6】

“红孩子”之死

徐沛欣、李阳、杨涛和马建阳几个好兄弟一起创办了“红孩子”，形成了CEO+3的管理格局，四人性格互补。徐、李、杨、马四人组成的“红孩子”核心团队的协同作战能力，也成为风险投资商相信“红孩子”的一个重要条件。在引入多轮融资之后，从2006年开始，“红孩子”创始人之间的矛盾开始发芽。

在获得风险投资后，徐沛欣的话语权逐步加大。此时，李阳、徐沛欣的战略分歧也在日益凸显。是继续专注于母婴用品市场，还是引入化妆品做综合B2C（Business to Customer），李阳坚持前者，徐沛欣坚持后者。

在二人矛盾无法调和后，风险投资方支持徐沛欣，杨涛也选择站在徐沛欣一方，董事会决定让李阳和妻子王爽离开。另外两位创始人也因为内部原因而离开后，创始人团队只剩下被认为代表资本意志的徐沛欣。2012年9月，苏宁宣布以6 600万美元收购“红孩子”，“红孩子”变成苏宁的母婴频道。

9.3.2.5 固执己见

创业者要有自己的主见，但并不意味着固执己见。固执己见的人大多都会被人贴上“顽固不化”“以自我为中心”的标签，这类人不善于听取别人的意见，总以为自己是对的，殊不知世事变化无常，人的智力有限，不可能所有的事做得都正确，一旦自己出现认知偏差，做出错误的决定，必然导致严重的后果。往远了说，官渡之战之时，袁绍不听田丰据险固守、分兵抄掠的疲敌策略，最终官渡大败；往近了说，万科集团创始人王石太过自信，固执己见，不把大股东放在眼里，最终演变成大噪一时的“宝万之争”，伤及元气。

所以说，想要做一名合格的创业者，应该多听取他人的意见，懂得从他人的意见中辨别好与坏，好的采纳，不好的不采纳，要有敏锐的判断力，超人的决策力和执行力。

【企业实例 9-7】

善于纳谏的比尔·盖茨

比尔·盖茨是一个没有老板架子的老板，但他有脾气，到处都能听到他的吼声和尖叫。别人也同样可以对他发脾气，他绝不会记恨别人的冒犯。他不在乎礼仪，只在乎效率。在微软公司，人们有什么不同意见，就直截了当地说出来，不必管对方听了以后心情如何。

有一次，他跟行政助理马凯斯小姐发生了争论。两人都气得砸桌子，你砸一拳，我砸一拳，各不相让。但事后却像什么事也没发生过一样。这是微软的风气，当双方意见僵持不下时，解决的方法是看谁吼叫的声音最高，仿佛声音越高就越理直气壮似的。争论只是就事论事，并不影响到双方的关系。

盖茨也欢迎员工的挑战，他不怕遭到下属的反驳。他很要强、固执，但并不是一个武断的人。有时，他会声嘶力竭地与某人争论一个观点，一两天后，他可能会承认自己的观点错了，并诚心地接受他人的意见。

比尔·盖茨很尊重那些敢于反对他、冒犯他的人，他不喜欢“应声虫”。他有时甚至会故意反对某人的意见，以试探对方是否真的对自己的意见有把握，并且不惜因此冒犯他。总之，他要英雄，不要奴才。

9.3.2.6 资金危机

资金是企业赖以生存的基础，资金链断了，就如同大河断流，河里的鱼也许可以遥想着明天会有大水到来，但可怜的是，今天夜里它就会死掉。很多优秀的初创企业不是死在没有发展前途，相反是死在前途光明，由于种种原因导致资金链条脆弱不堪，一点风吹草动就使得资金这条生命线怦然断裂，结果导致企业突然死亡。

所以，创业者在创业过程中，一定要规划好周转资金，控制好成本。一方面要知道在可预见的将来能有多少收益，另一方面也要判断现阶段的固定支出，从而确定资金需要量的多少，并筹措足够的备用金，以从容应对企业随时可能遇到的突发事件，避免项目因为资金断流而失败。

【企业实例 9-8】

“凡客学徒”的模仿困境

维棉网上线于 2010 年 11 月，那正是风投资本对电子商务趋之若鹜的疯狂时期，维棉网就在那个时代诞生了。维棉网的创始人林伟是北京金山的早期创业员工，曾担任金山软件渠道经理，2000 年接触过电子商务，曾在中国最早的 B2C 网站之一“酷比得”担任产品行销总监。受到“凡客模式”的影响，维棉网定位于以袜子为单品突破点，未来向更丰富的百货类商品做拓展。此外，颇有意思的是，维棉网与凡客的创始团队都与“金山系”有着密切关系，这或许也加深了维棉网与凡客之间的交流和学习。

同时，维棉网还得到金山原高级副总裁、现蓝港在线 CEO 王峰的第一轮天使投资。在王峰投资维棉网并出任董事长后，2010 年 12 月份，新东方联合创始人徐小平以千万元级别投资维棉网，成为第二大股东。

但是，不同于凡客的“幸运”，维棉网生不逢时。凡客早在 2007 年就成立，那时，风险投资环境与 4 年后不可同日而语。凡客曾先后六次融资，共融得 27 亿元，而维棉网只是停留在最初的千万元级别。成也资金，败也资金。在资金难以为继的情况下，维棉网的商业运营开始遭遇挑战。除裁员之外，未经证实的消息是，维棉网已经亏欠广告代理商数百万元广告费。有人评价“维棉网涉足电商的时间有点晚，如果第二笔投资能较快补上，维棉网的成败可能不会那么快就有定论。”

9.3.3　创业后期的主要风险与防范

9.3.3.1　恶性竞争

"同行是冤家"，这是中国人经商的古训，也是中国传统文化的真实写照，有什么样的文化方式，就有什么样的竞争模式。一提到竞争，那就是对手、死对头，就意味着不是鱼死就是网破。其实这样做的结果往往是两败俱伤的，近年来爆发的微波炉大战、彩电大战、智能手机大战等，无一不是如此，任何一方都没有捞到什么便宜。毕竟，"杀敌一千，自损八百"的战场铁律是任何人也改变不了的。

正因为如此，曾经的华人首富李嘉诚提出了"商者无域，相融共生"的经营理念，并将其用于商业领域的竞争中，也就是说，对付竞争对手的最好方法，不是恶性竞争，而是合作共赢，双方共同把市场做大，把对手变成并肩作战的朋友。实践证明，这种良性竞争的方法是值得推崇的①。

【企业实例 9-9】

华为公司的改变

创业初期，残酷的竞争环境曾使任正非希望与竞争对手合作，但那时没有一个跨国公司会把小小的华为当成自己的合作伙伴。这更促使华为从小就养成了杀气十足的狼性气质，当华为成长为中国最大的电信设备制造商，并开始走向国际市场时，华为发现，从电信设备到数据产品，从传输到移动终端，华为的产品线越来越长，而单凭自己的渠道、品牌以及对全球市场的把握能力，根本无法全线作战。徐直军说："我们在数据通信和思科竞争；在固网和阿尔卡特竞争；光网络的对手是西门子和北电。"

在"单骑难以闯天下"的形势判断下，2001 年，任正非提出"以合作联盟等方式，改变全球市场竞争的格局"的联盟策略。

在进入陌生市场时，华为与当地公司成立合资企业，因为对方更了解本地市场。在经销渠道上，华为与 3COM、西门子、NEC 等结盟，利用对方在美国、欧洲及日本的渠道销售华为产品。在技术上，华为与西门子成立合资公司，共同进行 TDS-CDMA 的研究。在市场上，华为通过入股电信运营商的方式，结成战略性关系。另外还有相互捆绑销售、OEM、成立联合实验室等合作方式。

熟悉任正非战略考虑的吴春波说："与跨国公司成立合资公司不是在具体某个市场，更多的是战略上的考虑。这是双赢的结局。"这些合作使华为的技术水平、市场能力、管理能力在多个优势不足的领域得到提升，尤其对华为品牌在全球的知名度大有裨益。

9.3.3.2　心理失衡

做企业的人要保持一个良好的心态，因为思想决定行动。心态不对，行动就容

---

① 王滟. 规避创业风险有绝招［M］. 中国经济出版社，2009：182-183.

易错误，最后毁人毁己。但是企业家要保持一个良好的心态不容易，尤其是涉及利益格局和利益分配的时候。中国有句古话“富不过三代”，但如今有不少靠创业致富的人，在短短几年里就失去了辛苦积累而来的财富。这究竟是什么原因呢？

有关专家对这部分创业者的失败原因进行分析，得出许多共同的结论，也就是创业成功以后心理失衡，具体体现在以下几个方面：

（1）忘乎所以。比如禹作敏成功后派头十足，用封建帝王的那一套来“统治”大邱庄，俨然成了割据一方的诸侯，到最后甚至公然对抗国家司法机构。为商先为人。如果丢失了做人之本，也就失去了发展之本。

（2）坑蒙拐骗。曾有“中国大陆首富”之称的牟其中，最后因犯外汇诈骗罪而被判无期徒刑。此类事件并非偶然事件，然而，靠欺骗手段建起来的基业最后只能是“空中楼阁”。一分辛苦，一分成果。创业靠的就是实打实的苦干，而不是坑蒙拐骗、投机取巧。

（3）胆大妄为。赖昌星出道之初是搞运输的，也算是一名创业者，然而生意越做越大，他的胃口和胆子也越来越大，甚至到了胆大包天的地步，成为中国历史上最大一起走私案的直接策划者与领导者。然而，天网恢恢，疏而不漏，最后东窗事发，赖昌星沦为抱头鼠窜的“通缉犯”。多行不义必自毙，小心驶得万年船。靠着贪念和贼胆致富，注定是此路不通。

【企业实例 9-10】

胡志标与爱多

胡志标出身贫寒，他的命运在 1995 年开始转变。1995 年 7 月 20 日，胡志标成立广东爱多电器有限公司。1997 年 11 月，爱多又以 2.1 亿元的出价获得了中央电视台第四届广告招标的“标王”，全国轰动。

但胡志标的烦恼也就自此而来了。爱多公司的另一位大股东陈天南，从来不过问公司的事，每年却可获得爱多 45% 的红利。这使胡志标心里很不平衡，他先是封锁财务不让陈天南查账；又自己成立公司，盗用“爱多”的招牌，此事引起了陈天南的强烈反响。陈天南先是发“律师声明”，后又进行“逼宫”。但因陈天南不懂经营，又将胡志标扶上马。

经此一役，爱多元气大伤。2000 年，中山市政府委托有关部门对爱多进行审计，发现爱多共有固定资金 8 000 万元，库存物料近 2 亿元，负债却达 4.15 亿元。当爱多最终被正式破产清算的时候，爱多各项实物资产加起来还不到 2 000 万元。

2003 年 6 月，胡志标被中山法院以“票据诈骗罪、挪用资金罪、虚报注册资本罪”三罪并罚，判处有期徒刑 20 年。没有人想到一代标王会落得这样的下场。

9.3.3.3 感情用事

英剧《神探夏洛克》中夏洛克说过：“感情用事是失败者的生理缺陷”，亚里士多德也说：“人是理性的动物”，然而但凡是人就不可能缺少感情，理性和感性也没有泾渭分明的界限。但是，对于一个创业者来说，切不可在工作中感情用事，那样的话会给团队和项目带来灾难性的打击。

对于创业者而言，感情用事是大忌，如果一个创业者不能改正的话，那么他的事业有80%的概率会失败，其余的20%交给运气。因为一个创业者每天都会遇到很多问题，头脑要时刻保持理智，不能凭个人喜好进行决策。

【企业实例 9-11】

武东福的失败

武东福曾是湖南衡东现代节能工程有限公司的董事长。他是个绝顶聪明的人，也是个白手起家的典范。在20世纪80年代初，武东福成功研发出乳化炸药承载体。武东福名声大振，广播有声，电视有影，连中央电视台都来做了专题报道。因为搞的这个乳化炸药承载体与节能有某种技术上的联系，武东福顺势成立了一个节能工程公司。武东福成了湖南省第一个百万富翁，武东福想自己有今天，全亏了与自己一起打天下的那帮农民兄弟，现在自己富了，他不能亏待这帮兄弟。

武东福在自己的节能公司底下成立了十几个分公司，好兄弟一人一个。他规定这些分公司只需要定期向上级交纳一些象征性的管理费，其他盈利都是自己的。可这些兄弟怎么回报他的呢？他们开始还严格按照规定办事，按期交纳管理费。慢慢有人就看出了武东福仁慈、好说话，于是管理费不交了，管理费慢慢变成了白条，武东福从来没有要求过他们将白条兑现。不但管理费不交，这些兄弟还想方设法从武东福的总公司弄钱。他们要求武东福担保贷款，武东福总是有求必应。这些兄弟算是看清楚武东福了，并且吃定了他。武东福还是一个非常讲社会责任感的人。在衡东当地，到处都树满了刻有武东福名字的公德碑，几乎每一块碑后，都是一大笔捐款。武东福办企业十几年，自己的账上竟然没有一分钱的积蓄。这样靠义气经营的企业，发展后劲可想而知。公司在经过最初几年的红火后，很快就陷入了沉寂。由红火而至平淡，由平淡而至落寞，可叹武东福自己竟然不自知。就在他最困难的时候，他还捐出了100多万元，帮助穷人。

武东福很快变成了一个穷人。2000年8月，武东福因为一张别人拿来抵债的价值2万元的虎皮被警方逮捕，在牢里坐了四个月。当他出来后，发现十几家分公司中，只有两家分公司的兄弟还在坚定地等着他，要与他东山再起。武东福心灰意冷，将他们尽行遣散，不但如此，他还坚决地与自己几十年来相濡以沫的妻子办理了离婚手续。他的理由是：自己已然如此，何必还要连累别人。

9.3.3.4　挥霍浪费

在创业获得初步成功以后，创业者手里掌握着越来越多的资金和资源，没有了过苦日子的意识，企业有了资源，有了资金，创业者以为苦尽甘来，放松了警惕，贪图享受，花钱大方，甚至挥霍无度，再加上管理上若出现混乱，虽然企业的业务在不断增长，可到头来利润却有所下降，关键就是不注意控制成本和费用。

因此，企业在取得一定成绩、平稳发展时，创业者不应挥霍浪费，而应时刻注意控制成本，节约开支，艰苦奋斗。

9.3.3.5 缺乏创新

缺乏创新而只会模仿自己或别人过去成功的经验，是人类自古以来的弱点。有的创业者急功近利，只顾追求市场和产量，不主动要求创新，管理工作流于形式，自然看不见创新成果。这种只顾眼前利益，管理放松的做法最终结果就是技术放松，技术创新能力慢慢衰竭，核心竞争力无法形成。

有的创业者的创新尚处于浅层次，在创新观念上还存在着“走老路稳当”的误区。在这样的发展态势下，企业不可能开拓新的市场和取得超额的利润，企业只有产出的高效率而没有增长的高效益。

因此，创业者在创业成功以后，不应骄傲自满、故步自封，而应该保持创业初期的进取心和创新精神，进一步去巩固成果并开拓新领域，不断调整市场定位、重构产品，把握好新兴市场的方向。

【企业实例 9-12】

8 年创业，10 亿被卖

开心网创办于 2008 年，是国内第一家以办公室白领用户群体为主的社交网站。开心网为用户提供包括日记、相册、动态记录、转帖、社交、游戏在内的社交工具。其开发的“开心农场”更是掀起了全民网上“偷菜”的热潮。

创办仅仅一年多之后，用户即超过 6 000 万，创立一年时估值便超过 1 亿美元。据当时报道，2010 年，开心网年收入 3 亿元，同时开始盈利，开心网创始人程炳皓喊出了“一定要上市”的口号。

但好景不长，从 2010 年开始，开心网的访问量迅速下降，人均网站驻留时间则从最高时的 40 分钟下降到不足 10 分钟，谷歌发布的全球网站 TOP1000 排行榜，开心网 2010 年 6 月的全球排名是第 107 位，而一年后，却下跌到第 235 位。

真假开心网之争、新浪微博上线，是影响开心网发展的关键节点。虽然 2010 年下半年开心网也内测了类似微博的产品，但初期遭遇挫折。2011 年上半年问题解决时，社交格局已经发生翻天覆地的变化。

随即，开心网开始转型并着力于发展游戏研发与发行业务。主要研发和运营的游戏为三国题材类的策略游戏《一统天下》《三国群英传》等，但这也并未改写此后的结局。

2013 年，CEO 程炳皓在接受腾讯科技专访时表示，最大原因在于“偷菜”、争车位这些社交游戏有很强周期性；此外，开心网内部创新不足，2010 年后并没有超越 2009 年之前的创新。团队经验不丰富，面对竞争对手的步步紧逼不能灵活应对，开心网黔驴技穷。

9.3.3.6 管理困境

成功管理的关键不在于排除所有问题，而在于把注意力集中到企业当前阶段所存在的主要问题上，这样企业才能成长、成熟并壮大起来，去面对下一阶段的到来。创业成功后，企业面临的主要管理困境是决策得不到有效执行，管理开始失控。当企业开始有现金流入或者盈利时，招聘、迁址、购置新设备、培训等接踵而至，于是管理费用急剧上升。企业经营的范围和地域也会扩大，管理开始变得复杂起来，问题也多了起来。因此，创业者应一如创业过程中那样果断，员工也应继续贯彻执行决策，否则，决策执行的效果将大打折扣。

【企业实例 9-13】

扩张无度，缺乏后期管理

安博和新东方、学而思等"内生性"教育培训品牌不同，安博走了另外一条道路：通过资本撬动快速整合区域市场，达到庞大的体量。目前来看，这种尝试并不成功，因为无节制的扩张和并购毁了这家在纽交所上市的中国教育企业。

安博最初设想只收购培训学校，只收购各个行业内前三名的公司。但这一并购设想执行得并不到位，首先是什么领域的公司都收，其次并不只并购行业前三的公司，还并购了很多小公司。从招股书公布的并购项目看，2008—2009 年安博并购的 23 所学校里，既有民办大学，也有教育软件公司；既有全日制学校，也有 IT 职业培训公司……并购金额从 792 万元到 4.5 亿元不等。安博并购公司的庞杂，导致其后续管理极难。

从安博教育的收购流程来看，收购后先做财务和 IT 的整合，然后进行 HR 培训和课程整合，再进行商业模式整合，大概需要 12-24 个月。但在具体实施过程中，很多整合措施的合理性和执行的有效性有待商榷，以至于安博教育的人员大量流失，资源越来越少。

2013 年 6 月 12 日，公司的注册地开曼群岛法院向安博发出临时托管的通知，并且任命毕马威（KPMG）为临时托管人。同时，法院还命令遣散安博董事会，并赋予临时托管人控制公司账目和业务的权利，这是在美上市的中概股首次被判托管。

【本章小结】

创业风险是指创业活动偏离预期目标的可能性及其后果。

创业风险来源于融资缺口、研究缺口、信息和信任缺口、资源缺口和管理缺口。

创业风险主要包括创业管理风险、创业市场风险、创业资金风险和创业技术风险。

创业风险识别是对创业企业面临的现实以及潜在的风险，运用各种方法加以判断、归类并鉴定风险性质的过程。

创业风险的识别途径，重点应从风险的来源上入手。

创业风险在各个阶段的表现形式各不相同，因此防范和应对风险的手段也不相同。

【核心概念】

创业风险　创业管理风险　创业市场风险　创业资金风险　创业技术风险　创业风险识别

【课后思考】

1. 对于创业风险的定义，不同人的理解有所不同，阐述你对创业风险内涵的认识。

2. 剖析创业风险识别的概念，分析其内涵。

3. 每一种风险识别方法都存在局限性，根据自己的理解，分析原因。

4. 创业风险无处不在、无时不在，除了本书中列举的创业各阶段风险外，还有哪些创业风险？

5. “没有风险就不会有超额的利润，坚持零风险就等于断绝自身超额利润的来源”，你同意这样的观点吗？为什么？

【实践演练】

昙花一现的秦池酒厂

2004 年 4 月，中国国内媒体纷纷报道了一条消息：山东秦池酒厂准备资产整体出售。

1995 年，名不见经传的秦池酒厂以 6 666 万元人民币夺得中央电视台“标王”。1996 年 11 月 8 日再度以 3.2 亿元人民币的天价，蝉联标王。

秦池横空出世，一战功成：夺标当年秦池销售额一举飙升 10 倍，逾 10 亿元，创造了中国企业发展史上令人瞩目的“秦池奇迹”和“秦池速度”。秦池以广告封杀的绝笔，将中国市场进一步推入传媒主导企业的时代。

二夺标王后的秦池，知名度如日中天，但知名度并不能决定消费者的购买行为。由于整个白酒市场的滑坡和来自政府、传媒的方方面面的诘问和非议，尤其是企业膨胀式发展带来的一系列管理问题、素质提升问题、品牌成长问题等等，使雄心勃勃一心想要实现“酒王”梦的秦池，一时非花非梦，身陷困境。

1997 年年初，一则关于“秦池白酒是用川酒勾兑”的系列新闻报道，给秦池当头一棒。通过报道，一个从未被公众知晓的事实终于浮出了水面：秦池的原酒生产能力只有 3 000 吨左右，它从四川邛崃收购大量的散酒，再加上他们本厂的原酒、酒精，勾兑成低度酒，然后以“秦池古酒”“秦池特曲”等品牌销往全国市场。同时他们还发现，秦池的罐装线基本是手工操作，每条线有 10 多个操作工，酒瓶的内盖是专门由一个人用木榔头敲进去的。

业内人士认为，秦池从四川收购散酒进行勾兑这种模式应该说是科学的，符合经营规律。但由于酒是一种嗜好品，消费者实际上消费的是酒背后的东西（包括产地、历史、工艺、文化内涵等）。一旦消费者发现秦池酒实际上是川酒，就会有上当受骗的感觉，因为有时候，消费者尤其是酒类消费者并非是理性的。正因如此，秦池酒销量大减。

日益激烈的市场竞争，加上秦池自身的问题，使其市场份额产生了波动。由于发展太快，秦池对代理商失去了控制能力，导致了代理商私自提价，将低档酒以高价卖出，造成质价背离。秦池二度中标后，消费者认为3.2亿元的广告额将转嫁到他们身上，对秦池品牌产生了不信任感。针对这种消费心理，秦池也束手无策。

波动不定的市场份额，使秦池陷入了严重而难以自拔的经营风险之中。当年，秦池完成的销售额不是预期的15亿元，而是6.5亿元，次年更下滑到3亿元。秦池从此一蹶不振，最终从传媒的视野中消失了。

业内人士认为，秦池在企业管理、生产、销售各环节的衔接上，相对于品牌的快速扩张是滞后的，而这种滞后恰恰被“标王”的光环所遮掩，完全忽略了过度膨胀引起的并发症。最关键的一点是，秦池在成为全国知名品牌时，企业的发展步伐还停留在单纯的卖产品上，而没有进行品牌文化建设。只重视知名度不重视美誉度，一旦产品出现质量问题，自然被淘汰出局。

2000年7月，一家酒瓶盖的供应商起诉秦池酒厂拖欠其300万元货款，法院判决秦池败诉，并裁定拍卖“秦池”注册商标。令人啼笑皆非的是，几亿元打造的商标最终却以几百万元的价格抵债。

阅读上述资料后，请回答以下问题：

1. 秦池酒厂成功的原因是什么？此时面临着什么样的风险？

2. 秦池酒厂为什么没有能够成功化解这些风险？

第 10 章　新创业企业成长

企业都是从小长到大的，创业大概有一年半到两年是瓶颈期，然后突破瓶颈组织成长，组织膨胀、业务膨胀，然后陷入经济危机，这时迅速调整，调整过来就好了，调整不过来就死掉。

——冯仑

【学习目标】

1. 掌握企业的成长规律
2. 了解新创企业生存面临的主要问题
3. 理解新创企业管理的特殊性
4. 了解新创企业成长面临的挑战
5. 掌握保持新创企业持续成长的驱动因素和管理策略

【引导案例】

别了，港湾公司

2000 年李一男离开华为公司创办了港湾公司，并与华为公司签订同业禁止协议。做了一段华为数据通信产品代理之后，港湾公司很快将华为公司一脚踢开，推出了自己的产品。接着，华为公司北京研究所的一个研发团队集体投奔港湾公司。港湾公司挖人的手法为：除了提供高薪之外还摆出诱人的股票和期权，以及美好的上市前景。风险投资商在港湾公司先后投下了将近一亿美元的重注，希望公司能够尽快到美国纳斯达克上市。一位国际著名投资银行的高层在 2001 年公开表示，李一男是中国下一代企业家的第一人选。

李一男希望港湾公司也能像几年前的华为公司那样高速增长，他希望港湾公司不是一家产品单一的网络设备商，而是华为公司那样的全业务解决方案供应商。当然，他本人也想成为第二个任正非。在港湾公司推出宽带接入产品大获成功之后，急不可耐杀入路由器、光网络等新领域，上马高端路由器并在 2002 年年底推出了产品。这一次他确实跑在了任正非的前面——当时业界普遍认为，在数据通信领域，港湾公司要领先华为公司至少半年。

也许是认为超越华为的时机即将到来，港湾公司于 2003 年 12 月收购了另一位前华为公司副总裁黄耀旭创办的深圳钧天科技公司。如果之前只是像蚊子一样在华为这头大象身上叮几口的话，此时的港湾公司已经憧憬着正面击倒大象的时刻了。

深圳钧天科技公司是一家专注于光网络的技术型公司，而光网络产品线一直都是华为的利润奶牛，曾经占华为全部利润的三分之一以上。

这使得任正非不得不对李一男痛下杀手。为了对付港湾公司，华为内部成立了专门的机构，并与港湾公司在每个地区、每个客户、每个订单上展开了血腥的争夺。据说，只要把订单丢给港湾公司，华为所在地的办事处主任就要被免职。在2004年某电信运营商宽带接入的招标中，华为将原来1.4亿元的投标价一口气降下了50%，就是为了阻击港湾公司。

这是狼群中的头狼与小狼为争夺领导地位的巅峰之战，双方都使出了浑身解数。只有到了这个时候，李一男在管理能力上的欠缺才会暴露无遗：长期以来的独断专行使得他与投资人的关系日趋紧张，对投资业务的陌生又使得他轻率地与投资人签下了对赌协议；他对部下分而治之却无法掌握好平衡，各部门内斗不断；他对华为出身员工的盲目重用使得非华为出身员工的积极性备受打击；他对公司内部管理的疏忽使得公司产生了几千万元说不清道不明的坏账……他也许是一位很好的技术带头人和组织者，但不是一位真正的企业家。

最后，在投标失利、现金流枯竭、上市无望、与西门子通信的收购意向又被华为硬生生拆散之后，已经撑不下去的投资人再也无法忍受，将港湾公司的大部分资产出售给了华为，2006年6月，李一男亲手创立的港湾公司完败于曾经带给他无限荣耀的老东家——华为公司。

资料来源：李家华. 创业基础［M］. 北京：清华大学出版社，2016.

10.1 新创企业成长概述

10.1.1 新创企业的界定

【拓展阅读10-1】

对于新创企业界定的不同观点

新创企业达到成熟阶段所要花费的时间，取决于它所处的行业、资源和战略等等。这个时间最短是3~5年，较长的时间是8~12年（Biggadike，1979；Kazajian & Drazin，1990）。《全球创业观察》（Global Entrepreneurship Monitor）报告将创立时间在42个月以内的企业界定为新创企业。Chrisman，Bauerschmidt和Hofe（1998）认为，在创业企业没有达到成熟阶段之前，一直处于“新创”阶段，都可以被称为“新创企业”，但何时达到成熟却不存在精确的时间。Wong（1993）认为，创业者创建企业后需要有过渡期和起飞期，这与成熟企业的生命周期不同，这两个阶段均为新创企业的初创期，过渡期主要是指企业从创建到首次盈利，也就是从第一次获利开始可看作是新创企业能够生存，但这种情况一般需要持续3~5年才算生存下来并开始起飞，进而成长，整个过程需要5~8年，因此Wong在他的研究中以8年为限来界定新创企业。Burt（1993）用Wong的结论研究了新创企业创建对经济发展的影响，认为8年是新创企业创建后的一个过渡期，即从创建向发展阶段转变，而且他认为创业者能够清晰地记起8年内新创企业的发展及其对社会经济逐渐产生的影响，对实证研究具有可操作意义。我国学者贺小刚和沈瑜（2008）在进行新创企业研究时把成立时间在8年以内作为界定新创企业的标准之一。

资料来源：李志能．新创企业：大企业的“小版本”[J]．南开管理评论，2002（3）．

新创业企业，即“New Venture”或“Emerging Venture"，也称新企业、新生企业、新创企业[①]，是指创业者利用商业机会通过整合资源所创建的一个新的具有法人资格的实体。一般的研究认为，新创企业是处于发展早期阶段的企业，主要是指企业的初创期和成长期。当企业总体上能够“稳定”下来后，该企业就变成了“成熟公司”。

10.1.2 新创企业的特征

在创业学从20世纪80年代初崛起成为一门独立的学科之前，现代管理理论中很少有专门针对新创企业的研究。现在越来越多的人认识到，新创企业与已经有较长历史、经营相对稳定的成熟企业有着巨大的差异。正如李志能先生形象比喻的，新创企业不是大企业的“小版本”，与年幼小孩并非小的“成年人”一样，其思维方式和行为特征大不相同[②]。我们必须从创业理念、成长模式和管理机制诸方面，从新的视角来认识新创企业，并寻求适合于新创企业创立与成长的支持系统。在新创企业日益重要的今天，继续沿用传统的企业理论来解释新创企业创立与成长问题，无论从理论上还是从实践上都存在许多障碍。与一般成熟企业相比，新创企业具有以下特征：

第一，新创企业着眼于动员各种资源去实现商业机会，即通过创新来创造价值；而成熟企业的管理者则着眼于提高已有资源的收益。新创企业能否成功，很大程度上取决于它们能否保持这种“创新价值”足够持久。因为新创企业的“先发优势”在拥有庞大资源的成熟企业面前往往不堪一击。如“铝听罐装”是由美国一家名为RC Cola的小企业首先引入市场的。但实力强大的Cola公司和百事可乐迅速跟进，很快就将RC Cola挤出市场。因此，新创企业创业时需要界定的一个重要问题是——是否能保持创新？这种创新是否是不可模仿的和不可替代的。

第二，新创企业的价值主要体现在创业者识别了一个迄今为止没有人（至少是自己尚未）涉足的、新颖且具有潜在价值的市场机会或商业模式，发现并鉴别了别人没有发现的机会，并在为自己创造价值的同时为其他人创造了价值。新创企业的价值主要存在于创业者及其创意中，或对源头创新的领悟程度，以及对这些创新的孵化和产业化能力；创业者专有的知识技能、探索中的企业盈利模式，使新创企业构成了一个具有巨大潜在价值的“期权”，而又很难用一个量化的模型将其价值

① 本书中统称为“新创企业”。
② 李志能．新创企业：大企业的“小版本”[J]．南开管理评论，2002（3）．

“甄别”出来。例如，1999年中国新华社曾在“中华网”（www.china.com）上先于美国纳斯达克（NASDAQ）上市一个月，以1 000万美元将上市后价值13亿美元的资产卖出。还有，当年杨致远和菲罗找到OFJ投资公司经理派克希望能得到风险投资时，杨致远创立的雅虎公司的价值无非是体现在“把一些人的名字列在网页上”这一构思。当时的OFJ投资公司在价值判断时出现了失误，而同在硅谷的红杉树公司却以100万美元的价值买了雅虎公司25%的股份。但就是这个红杉树公司在1996年仅仅支出100万美元，但在短短的五年内变成了40亿美元。与新创企业不同的是，尽管成熟企业也有很多知识储备与技术创新，但其商业模式已广为人知，其蕴含价值基本上已经体现在企业价值上。在经营上，新创企业并不拥有成熟企业所拥有的庞大的互补性资产，也不能像成熟企业那样围绕已有的资源经营，而只能依靠创新，通过构建适合自己的商业模式来捕捉商业机会。因此，新创企业需要界定的另一个问题是：是否具有企业盈利模式？是否具有买方净盈利？

第三，与成熟的企业相比，新创企业一般都会遇到“新进入缺陷”问题（Liability of Newness）①。这种缺陷不但包括围绕企业内部过程的“内部缺陷”，还存在围绕企业外部环境的“外部缺陷”。不难理解，新创企业的企业组织形式、企业内部运作模式以及企业与外界的联系等都还没有有效地形成，或者尚未经历市场的考验，这就必然会出现在成熟企业中不易出现的问题、支付在成熟企业不必支付的成本，甚至失败。大家记忆犹新的是，前些年大量的互联网公司为了迅速赢得公众的注意，采用大规模“烧钱”的做法，这种商业模式在成熟企业中是不会发生的。但是，新创企业一旦探索创造出适应其商业模式的企业内部过程，将会产生巨大的成效。因此，如何围绕创业的本质和新创企业的基本特征营造有效的“技术创新、市场创新和组织创新”支持系统是新创企业诞生与发展的核心。在新创一个企业或对一个新创企业进行评价时需要回答的一个问题是——它是否是一种新的组合？是否能够形成一种产品-市场组合。

10.1.3　新创业企业成长的内涵

从理论上而言，新创企业一旦完成正式的企业组织的组建，便开始进入新创企业的成长进程，但是从实际上来看，新创企业由企业建立就能马上顺利进入成长阶段并不是一个普遍现象。对于大多数新创企业而言，由于新创企业的幼稚性和脆弱性，在正常情况下一般也都存在着一个从企业建立到进入成长阶段的过渡期，有的企业的这一过渡期可能很短，有的企业的过渡期也可能很长，不一而足。而且，更为重要的还在于，即使新创企业进入成长阶段，其成长的过程也不是一帆风顺的，新创企业在成长过程中总是要遇到挑战、遭遇曲折甚至重大挫折。这一点，对于当今世界那些由小小的新创企业成功地成长为世界级大企业的

① STINCHCOMBE. Social Structure and Organizations [J] //Handbook of Organizations [C]. Chicago: Rand McNally, 1965: 142-193.

公司而言，也不例外。事实上，新创企业的成长并不像有些人认为的那样轻松，其成长的曲线也不像有些人认为的那样是一条平滑的一直上升的曲线，新创企业成长的初始条件和成长过程中所面临问题的复杂化趋势，决定了其成长之路是一条艰辛的道路。因此，新创企业成长是指新创企业充分利用内外部资源实现发展的过程，是量的成长和质的成长相结合的过程，其结果表现为新创企业素质的提高、规模的扩大和竞争力的上升，即新创企业由小到大、由弱到强、由低级到高级的动态变化。

1. 新创企业成长的初始条件

新创企业的成长过程都普遍地表现为一个并不轻松的历程，其原因不仅在于企业成长所表现出的足够的复杂性，还与其成长的初始条件密切相关。一般来说，新创企业的成长都普遍地是在一个弱势条件下开始的。

新创企业成长的初始条件的特征主要表现在如下几个方面：

新创企业初创之时，就像一棵刚刚破土而出的嫩芽，体质柔弱，不禁风寒。这时的新创企业，规模一般都较小、实力薄弱。虽然说新创企业一旦创立，其目标重心便由技术研发转向了企业生产经营，其行为重心也由个人或小组等非正式组织行为（或组织外行为）转向正式组织行为（或组织内行为），但是，这时的新创企业没有相应的经营管理经验、没有组织经验甚至还没有成熟的产品，更谈不上什么竞争优势，它还是一个市场中的生手。这时的新创企业从内部而言还处于组织内的磨合状态，还谈不上什么组织效率，它还没有进入稳定的生产经营状态，还没有形成自己的市场及市场份额，也谈不上什么生产经营的效率。因此，这时的新创企业一般都带有组织的幼稚性和自身基础的脆弱性。正是因为如此，在实际中，处于初创时期的新创企业具有很高的死亡率。

（2）企业与市场的高不对称性

作为市场主体和市场元素的企业，从来都是在市场中生存与发展的。对于新创企业而言，市场是其生存的土壤和成长的环境，与新创企业的创建同时产生的则是新创企业与市场的关系。不过，初创时期的新创企业和市场之间相互处于一种高不对称状态，即新创企业这时对市场的所知甚少，它还不能确认它所生产经营的产品能否被市场接受、有多大的市场规模、市场的价格接受弹性有多大、价格承受能力有多大、这一市场的未来用户及特点等方面的信息，而这时的新创企业本身也同样地不被市场所知，它没有市场知名度、没有形成市场中企业形象和产品品牌等。总之，市场对于新创企业还不了解、缺乏认识。这样的一种高不对称状态，使得新创企业与市场之间的连通和互动都很脆弱，这时所形成的产品交易都可以说是一种高交易成本的交易。

（3）竞争对手的潜在性和低可识别性

企业在竞争中生存和成长早已成为常态，新创企业在成长中面临其他企业的竞争或早或晚都是不可避免的。对于处于初创时期的新创企业来说，这时的竞争对手还主要处于潜在状态，这是由于上面所说的高不对称性相伴随的一个结果。这时的新创企业还不被市场所熟悉，包括不被其潜在的竞争对手所了解，同样地，新创企业也不了解它的潜在的竞争对手，它们还未形成现实的冲突。新创企业可能对自己所要介入的市场及现有的其他企业有有限的了解，但它却无法确认有哪个或哪些企业会真正成为自己的竞争对手，它无法知道哪个或哪些新的企业会进入自己所处的市场领域，因此，处于初创时期的新创企业是很难识别其潜在的竞争对手的，也就是说，处于初创时期的新创企业具有很大的信息盲区。

2. 新创企业成长的过程

对于绝大多数新创企业而言，其成长的初始条件，决定了新创企业从企业创立到进入成长存在着一个过渡期，从企业成长的观点来看，这一过渡期也可以称为新创企业成长的“启动期”。但是，不管这一时期是短是长，不管新创企业成长的启动是否顺利，其以后的成长过程都不是一个轻松愉快的旅程，而是一个充满了风险和挑战的征程。它既是一个新创企业从幼稚和脆弱的起点向着成熟和强大发育成长的过程，也是一个新创企业在其与外界关系不断发展演变中不断克服困难、缓解成长矛盾的适变过程。

假如新创企业能够进入成长的轨道并使其成长变成一个持续的过程的话，那么，随着成长状态的持续，新创企业自身也在这一过程中发生着多方面的变化，从而使得新创企业在成长过程中显现出一些基本的变化趋势。这些基本趋势主要是：

一是企业规模扩大化。这是包含着新创企业在内的所有企业成长最直接的体现，也是新创企业成长中所显现的最明显的基本趋势。企业规模表现在多个方面，比如生产规模、企业员工人数、销售额、市场份额、利润、企业市场价值、现金流量等，许多新创企业成长的经历都充分证明了这一基本趋势的存在。

二是企业组织复杂化。这也是所有企业成长中所显现出的基本趋势。对于一般的企业而言，企业规模扩大化必然带来组织的复杂化。这是因为，企业规模的扩大本身就带来了组织规模的扩大，而企业组织规模扩大也总是伴随着诸如企业要素资源结构的复杂化、企业信息结构的复杂化、企业组织内部纵向与横向的差异性增加等增强组织复杂性的变化，这些方面的变化导致了组织对象和组织活动的复杂化。对于新创企业而言，在其企业成长中企业组织复杂化的变动性更强、特征更明显。在许多新创企业的成长经历中，都可以看到企业组织不断复杂化的痕迹。

三是企业产品扩展化。这里所说的产品扩展，包含了某种产品功能的扩展和产品品种或种类的扩展。一般而言，新创企业的成长是以单个技术核心和单一的产品为起点的，随着其成长的持续进行，其所生产经营的产品品质得到不断改进、产品自身的功能不断增强、产品的品种和种类也不断地扩展，这一点在许多新创企业的成长中都可以得到实际验证。比如以半导体产品起家的英特尔公司，现在不仅生产经营一系列的集成电路、处理器等半导体产品，而且前不久还介入了笔记本电脑领域；再如以计算机系统操作软件产品创业的微软公司，目前也已经将其产品范围伸展到网络产品、电子商务等领域之中等。

四是企业能力核心化。企业能力核心化表现为企业形成其自身核心能力的过程。所谓“企业核心能力”，是企业通过对其组织资本和社会资本的有机结合与发挥，而能有效地获取、协调和配置各种资源和技术一体化的优势能力。企业的核心能力是在市场中、在企业与其他企业的比较中和在动态中体现出来的。企业能力核心化是新创企业成长中的基本趋势之一。从企业创业开始，那些能够进入并使得成长持续的新创企业，其成长过程都普遍地表现为其核心能力的形成、保持和提升的过程。而那些未能进入成长阶段或其成长过程未能持续保持的新创企业，则是其未能形成企业核心能力或其企业核心能力未能得到保持的结果。

10.2 新创企业的生存

10.2.1 构建新创企业合法性

1. 合法性含义

在初创阶段，合法性（Legitimacy）对于新创企业的生存至关重要，克服新进入缺陷的关键在于塑造利益相关者对于新创企业的“合法性”感知。在企业初创阶段，是否具有生存能力在很大程度上取决于利益相关者对它的主观感知而不是实际的财务绩效。因此，新创企业获取资源的关键在于创业构想和新创企业对资源拥有者是否有意义、有价值，是否值得信任和富有吸引力，也即是否具有合法性。具有合法性的新创企业被认为更有价值、更可预测以及更加可信，从而易于获得资源支持。[①]

【重要概念 10-1】

合法性

所谓合法性，是指在特定社会系统内对一个实体的行动是否合乎期望及恰当性、合适性的一般认识和假定，它反映的是外部环境对于组织特征或行为是否符合外界的价值观、规范、要求和期望的一种判断与感知。在许多创业研究学者看来，合法性对新创企业能否成功至关重要。

资料来源：张玉利. 创业管理［M］. 4版. 北京：机械工业出版社，2016.

事实上，很多创新事物的发展过程都经历了合法性从无到有的过程。[②]例如，当大多数消费者已经熟悉并习惯于商场或超市这种购物形式时，这种经营模式就逐渐嵌入于人们的习惯中而被理所当然化，即“购物=商场”。而当电子商务和网上交易出现时，这种全新的虚拟消费方式极大地背离了人们以往形成的惯例和先前的

---

① 张玉利. 创业管理［M］. 4版. 机械工业出版社，2016.
② 张玉利. 杜国臣. 创业的合法性悖论［J］. 中国软科学，2007（10）：47-58.

认知，此时计算机网络等新兴产业中的创业者在发展的最初阶段就面临着如何建立起包括消费者、供应商和投资者在内的利益相关者对互联网及其商业模式的理解和认识，如何为此类新生事物建立起外在的正当性，即如何为创新活动和新创企业赢得合法性的问题。

2. 新创企业合法性的类型

管制合法性。管制合法性来源于政府、专业机构、行业协会等相关部门所制定的规章制度。一部分制度是以法律的形式来规定的，要求所有企业都必须遵守。另一部分制度则是以行业标准和规范的形式规定的，只有属于该行业的企业才必须遵守。一旦新创企业按照这些规章制度和标准规范的要求进行经营运作，它就获得了相应的管制合法性。管制合法性对新创企业的成长非常重要，如果没有它，新创企业很难通过合法的途径去接近和寻求所需的其他资源。例如，如果一个新创企业达不到银行贷款所规定的各项标准，它就不能从银行那里获得所需的资金投入。

规范合法性。它也被称为道德合法性，来源于社会的价值观和道德规范。管制合法性反映的是社会公众对企业“正确地做事”的判断，而规范合法性反映的是社会公众对企业“做正确的事”的判断。这种判断是基于企业的行动是否有利于增进社会福利，是否符合广为接受的社会价值观和道德规范。规范合法性有助于新创企业接近顾客并获得顾客的认可。顾客的购买行为受其价值观影响，而顾客个体的价值观又是根植于整个社会的共同价值观的。只要新创企业的经营活动符合社会的共同价值观和道德规范，必将会得到顾客的心理认同，愿意购买其提供的产品和服务。

认知合法性。认知合法性是人们对特定社会活动的边界和存在合理性的共同感知。当针对某种技术、产品或组织形式的知识越是被普遍接受，并被认为是“理所当然”时，认知合法性就表现得越强，更难以被改变。作为产业中新进入者和创新者出现的新创企业，往往被认为是新的参与者而缺乏这种普遍认知。例如，今天被视为创业传奇人物的“阿里巴巴”总裁马云和他的互联网事业在创业初期就经历了这样一个阶段：“没有人相信他，1995 年的杭州，人们不知道互联网是什么东西。在那段时间里，马云过的是一种被人视为骗子的生活。”

3. 新创企业获取合法性的途径

对新创企业来说，准确地认识到合法性的来源很重要，但是，如何采取有效的方式获得这些合法性更重要。企业主动地获得合法性有两个主要思路：一是对自身进行改变，如建立完善的组织架构、管理团队和操作流程等；二是对所在的外部环境进行改变，比如企业通过广告和公关来改变管理环境等。

具体来说，新创企业可以采取依从、选择、操纵和创造 4 种有效的战略来获取合法性（见表 10-1）。

表 10-1 合法性获取途径的类型、含义和特征

类型	含义	特征
依从	新创企业完全依从制度	制度环境难以改变，改变自己服从环境
选择	选择更有利的制度环境	有可以选择的更有利的环境
操纵	影响制度环境	现有制度不能完全接受新创企业，需要影响制度管制、规范或认知使其接纳新创企业
创造	创造新的制度环境，建立认知基础	现有制度没有和企业相匹配的认知基础，需要创造新的模式、实践和认知信仰等

资料来源：ZIMMERMAN，ZEITZ. Beyond Survival：Achieving New Venture Growth by Building Legitimacy [J]. Academy of Management Review，2002，27（3）：414-431.

不同的合法性获取途径对企业能力的要求不同，同样，不同行业和组织特征的新创企业对合法性获取战略的选择倾向也存在差异。因此，创业者应该综合考虑自身资源和能力条件、新创企业所处行业的特征、外部环境的宽容程度等，选择适合自身发展的合法性获取途径。

4. 通过象征性行动获取合法性

新创企业在资源不足的情况下，经常采取象征性行动来获得利益相关者的认可和支持。所谓象征性行动，是指并不实际改变企业的做事方式，而只是将自己描绘或表现得似乎与利益相关者的期望相一致。象征性行动是一种独特形式的印象管理。印象管理指的是人们试图管理和控制他人对自己所形成的印象的行动。通常，人们总是倾向于以一种与当前社会情境或人际背景相吻合的形象来展示自己，以确保他人对自己做出正向的评价。象征性行动的目的有些类似于利用经济学中所谓的信号效应，即由于信息不对称，人们判断一个陌生事物总要依靠其外在的标志。

新创企业可以在以下三个层面采取“花小钱，办大事”的象征性行动来获取合法性：首先在创业者个体层面，新创企业创建初期，创业者承担了大部分的工作，因此创业者的能力在某种程度上可以代表新创企业的能力。要想获得利益相关者的认可，创业者必须满足两个条件：创业者是值得信赖的；创业者有能力完成组织任务。因此，在创业者个体层面，可以通过传递关于创业者的特殊人力资本和社会资本这些信息来改变外部利益相关者对新创企业合法性的认识。其次在新创企业组织层面，可以通过传递关于新创企业的先前成就、技术能力、市场能力及组织专业化这些信息来改变利益相关者对其合法性的认识。最后在新创企业与其他企业间关系层面，通过与成功的既有外部实体建立组织间关系，比如新创企业通过建立担保关系、战略联盟等传递象征性行动，获得广泛的认可。

10.2.2 保障现金流稳定

1. 现金流的概念

有经验的创业者都明白“现金为王”的道理。对创业者来说，最大的幸福在于

正现金流。实际上，在成功创业者的人生中，最愉快的日子莫过于企业开始产出正现金流的那一天。企业发展需要现金，现金不仅有助于当前的成长，还能为未来的成长做准备。通过增加现金流，企业在成长过程中能更好地避免现金危机，并且避免受到难对付的债权人或投资者的支配。一旦现金流出现赤字，企业就将发生偿债危机，可能导致破产。企业如果没有充足的现金就无法运转，更可能危及企业的生存。

【重要概念 10-2】

现金流

现金流，是指企业在一定的会计期间按照现金收付实现制，通过一定经济活动（包括经营活动、投资活动、筹资活动和非经常性项目）而产生的现金流入、现金流出及其总量情况的总称，即企业一定时期的现金和现金等价物的流入与流出的数量。

资料来源：张玉利．创业管理［M］．4版．北京：机械工业出版社，2016.

2. 现金流的变化

对成长潜力大的新创企业而言，在初创期通常会大量消耗资金。新创企业通常在最初几年亏损，其中在第2年和第3年亏损的程度还可能进一步加剧，然后，现金流会逐渐改善，呈正向增长。如果在低现金流阶段，新创企业没有获得再融资或者没有追加的现金投入，创业很有可能以失败告终。高潜力企业由于在此阶段还没有完全发展壮大，因此几乎不可能靠所拥有的知识资本进行再融资。这正是很多新创企业在最初5年里失败的主要原因之一。由于新创企业的经营历史有限，信用记录不足，银行通常不会贷款给它们。因此，一旦资金提供者中断未来投资，新创企业将没有足够的资金维持下去。结果，新创企业通常会在早期关键阶段耗尽全部资金，并且由于没有后续资金的支持而不得不终止经营。

【专栏 10-1】

什么是“烧钱率”

初创企业能够维持多长时间在很大程度上取决于消耗创业资金用以支付日常开支的速度，这一速度被称为“烧钱率”。烧钱率一般用月度表示，计算公式如下：

现金耗尽前月数=（现金+收入）÷负现金流量

初创企业在最初几个月出现负现金流量属于正常现象，在初创阶段，会面临支出高于收入的情况。创业初期，销售收入挺多却没有利润的情况也是正常的。但长时间下去则无法生存，因为烧钱的速度实际上很快。

资料来源：张玉利．创业管理［M］．4版．北京：机械工业出版社，2016.

企业一般通过以下方式获得现金流入：产品或服务的销售、贷款或借债、资产出售、创业投资。企业现金流出的方式主要包括营运费支出、还贷款和借债、资产购买和创业投资撤出。因此，现金流入和现金流出可被分为以下三类：营运现金，包括销售和营运费开支；投资现金，包括资产出售和购买；融资现金，包括还贷和还债，以及创业投资和撤资。

理想的情况是，绝大多数现金流转都是通过营运活动获得的，也就是通过产品或服务的销售获得，这是企业获得长期成功的关键所在。在初创期，将现金流问题提高到任何高度都不为过，这是创业者真正的生命线。尤其是小资金创业时，应当更加关注现金流的变化而不是成本的变化，要关注现金流的状况是否合理，而不是账面利润的最大化。

3. 增加应付账款和减少应收账款

一般而言，当顾客延迟付款，而供应商急于回款，即企业付款周期比收款周期短时，企业便会陷入资金周转困难的境地；相反，当企业付款周期长于收款周期时，那么企业业务量越大，则相当于从供应商那里获得的“无息贷款”越多。举个简单的例子，某企业原材料成本是 60 万元，员工工资成本是 10 万元，销售利润是 30 万元。如果应收账款能在 30 天内到账，而应付账款 60 天后才需要支付，那么相当于公司“免费”获得了“100 万元在银行中存放 30 天的利息”收入。

假如公司没有将这 100 万元存放在银行而是继续投入扩大再生产，那么在 60 天应付账款的周期内，公司还可以再完成一单同样的业务，也就是说能够多获得 30 万元的“理论”利润。由此可见，如果有效管理好企业的应收账款和应付账款，既能避免现金被无效占用或者出现现金断流的不利局面，还能巧妙地给企业衍生出相当多的现金用以支撑各种经营和投资活动。

【专栏 10-2】

从应收账款和应付账款视角看待现金流问题

假设你从事的是高级红酒批发业务，以箱为单位批发给餐厅和零售商，如果所有的客户都是一手交钱一手交货，当然什么问题都没有。但在最近，越来越多的客户提出要改为延期付款，而且其中一些客户已经在拖延付款时间。你还能坚持多久？

很显然，事情已经偏离了正轨。但先不要紧张，拿出账本和一个计算器，来看看未来的现金流情况。这种计算方法既快又简单。从资产负债表的应收款项目（顾客总共欠你多少钱）和损益表上过去 12 个月的销售记录入手，用很简单的公式计算你平均花多少天才能从客户那里收回货款。这就是“应收账款周转天数”(Days Sales Outstanding，DSO)。工作已经完成了一半，再看看你的付款速度。从总应付款（你欠供应商多少钱）和过去 12 个月内的销售记录开始，算出你平均需要多少天来完成付款。得出的结果为“应付账款周转天数”(Days Payables Outstanding，DPO)。

如果你自己付账的时间比客户付账给你的时间长（DPO>DSO），现金就是在不断流入并积累。不过，如果你的客户更能拖延时间（DSO>DPO），现金就是在源源不断地从你手里流出去。差值越大（DPO−DSO），现金流入或流出的速度就越快。

情况可以有多糟呢？这个差值，或“流动值”，就是每年销售（的现金值）从你的企业中流入或流出的天数。对营业额100万元的企业来说，仅仅一周的负流动就会在账面上造成近2万元的资金缺口（计算公式：销售额÷365×流动值）。更糟糕的是，这个缺口可能会扰乱某个付款周期。

资料来源：WORRELL D. 盯紧现金流［J］. 创业邦，2009（3）.

为了实现“早收账，迟付账”的目标，新创企业可采用的方式包括获得顾客的部分预付款、对提前支付的顾客提供折扣、实施严格的收账政策、出售或转让应收账款、与供应商协商优惠的付款条件等。在加快收款速度方面，从一开始就避免拖延付款/不付款的顾客。在应付账款方面，同供应商协商延长付款期限，尽可能推迟资金过账时间。

4. 控制成本开支

在发现资金短缺时要立刻回头检查各项开支，尽可能地节流。只购买对收入有直接帮助的资产，检查所有办公用品或店铺设备的账单，看能否用更便宜的东西替代。只有当资产（比如楼宇、设备和交通工具）能够产生收入时，才应该花钱购置它们。

评估间接成本，看看是否有下降空间，降低间接成本会直接有益于盈利能力。管理费用是企业为组织和管理生产经营活动而发生的各项费用，这是一种尤其值得重视的间接成本。

对于产品销售，在削减采购清单的同时，集中力量抓最畅销的产品。随着企业成长及业务量的扩大，创业者应重新评估产品定价，即确定顾客到底愿意为产品支付多少钱，而不是根据成本和利润制定价格。即使现金流很充沛，企业也应全力寻求增加收入的途径。此外，科学规划库存、尝试合理避税、优化供应链等，都是创业者节流的有效途径。创业者应当不断向自己发问，产品成本花费在哪里？怎样才能减少花费？怎样才能使管理费用最小化？

5. 应对现金流危机的措施

（1）控制好运营环节

尤其当实际情况与设想有出入时，一定要从其他地方挽救回来。例如，在供应商与原先所估计的不一致时，应该加大力气去寻找更低价格的合格供应商，或者与供应商建立长期合作协议；在销售上，要按所设想的计划坚持不懈，寻找出每个机会，找到更好的分销商。

（2）战略性地削减成本

不要随便就要砍掉10%的成本，应该仔细检查每一项开支，自问“削减这项开支是能帮公司坚持得更久，还是会让公司更快倒闭？”尤其不要削减那些会影响公司利润的服务项目。例如，如果顾客很看重公司出色的服务，那么削减电话服务中心的接线员只会降低顾客对你的忠诚度。

（3）放弃一些顾客来提高利润率

如果在现金流危机出现之前，顾客量增加30%听起来还不错，但毛利分析的结果可能会打破这个美丽的错觉，因为你可能需要为这些顾客增加大量服务成本。这时，创业者可以放弃一些带给你的利润最低、付款最慢、偏偏麻烦最多的顾客，接着就可以削减一些员工，减少管理费用，虽然收入变少但却能提高利润。

（4）推迟支付工资

除去养家糊口和支付税金所需的费用，把余下的钱都留在企业保险柜里。假如情况变得更加危急，建议你去问问员工能否推迟一个月发薪，这能为企业节省数十万甚至更多的现金。部分员工可能会因这种不祥之兆而感到恐慌，但如果你有一个清晰的问题解决方案，他们多半会和你一起坚持下去。

（5）检查你所制订的方案

每当市场或经济形势发生变化时，应立刻检讨企业的经营模式，确保企业能够在新的环境下继续盈利。假如顾客不断流失，你就要问问自己为什么留不住顾客。必要的话，你可以调整产品和服务内容，或补充特殊服务来吸引更多的顾客。

【拓展阅读 10-2】

起步期的现金流管理

起步期的现金流管理主要在于提升吸纳资金的能力。处在起步期的行业，经营特点是营业水平比较低、市场风险很大。由于这是一个全新的市场经营，对于所开发产品的未来需求尚不明确，但创新项目和市场研发的费用都很高。

此外，如果在这类行业的经营中，企业所开发的技术处于科技的最前端，产品开发的产业链也许还不够成熟，后续的生产、供应、销售等整个开发体系建设将难以为继。正如在 20 世纪 90 年代初，数码相机的技术已经十分成熟了，但当时配套的软件转换技术却一直无法克服，导致了数码相机的 10 年发展的停顿。于是我们看到很多数码相机生产厂商还没有等到软件技术破解就销声匿迹了。

而更加令人忧心的是，创新产品刚刚推入市场时，对于消费者来说意味着消费习惯和理念的又一次革新，要他们真正习惯和接受，需要适应期，这个环节市场的推广费用肯定不能节省。

三个因素叠加，对于身处起步期行业的企业来说，吸纳资金就变得异常重要。特别是在研发的初期，往往需要用金钱来换时间，缩短新产品上市的时间。那么，对于这类企业来说，如何顺利渡过研发期，实现较快地成长呢？

方法之一是找钱，可仅仅依靠风险投资和股东投入，只是一时痛快，一旦出现问题，股东和投资者只要投出不信任票就会导致项目被腰斩。还有人抛弃主业，先做一些来钱快的贸易，这样也不可取，毕竟对于创业型企业，时间就是金钱，必须尽量缩短新产品推出的时间才能尽快获得市场的认可。

企业经营的奥妙就在于平衡任何支出与收益之间的关系。产品与市场的对接是所有处在“种子期”的企业都必须解决的一个重要问题，关乎企业生死存亡。1～3 年的时间内，企业要如何发展、如何研发、如何进行市场开拓，一切问题都要事先考虑清楚。没有人愿意看到一个准备并不充分的企业，贸然杀入市场横冲直撞，终致一无所成。具体到财务管理中，企业的资金可以分成两个部分：一是用作设备投资和产品投入的部分；二是用作企业的日常费用开销。这两项现金流要分开管理。前一项要有战略的投入，而后一项则可以想办法创收。

有一位企业家，创业之初也是步履艰难，后来在研发期间，碰巧研发出一种专门用来做化学检测的试剂，拿到市场上卖出后换回来300万元现金。有了这笔资金，企业的日常费用开销就有了着落。这教会了我们一个道理，即企业家在找出市场需求以后，要对产品研发期有一个近期、中期、远期的规划，在不同生产阶段设计不同的产品研发组合，用以实现不同阶段的周转资金安排，惟有如此才能保证企业正常的经营循环。

种子期企业一定要利用现有的市场，开发现有的产品，赚现有的钱，然后用这些现金去养活未来的产品，以达成长短期的平衡，这才是此类企业发展的关键。

资料来源：史永翔．现金为王：行业阶段决定成败［J］．中外管理，2012（9）．

10.2.3　新创企业初期的职能管理

1.创业初期的营销管理

有别于成熟企业，创业初期新创企业拥有的资源极其有限，往往市场份额很小，地理分布也十分狭小，难以形成规模经济。新创企业急切需要将企业创造的产品或服务出售，获得收入，如此才能体现企业的价值，同时也对企业进一步的成长奠定基础。卖出产品，换回收入，即销售是此时最重要的任务。创业初期的销售有时甚至是不赚钱的，为了吸引顾客从消费其他公司的产品和服务转移到自己的产品和服务上，即使不赚钱甚至赔钱也卖。所以创业初期的销售收入增长很快，但由于成本增加更快，加上价格往往在成本附近，所以出现销量很大却没有利润的困境。随着企业逐渐成熟，对已有的销售行为进行规范，对客户进行筛选和细化管理，对产品售前、售中、售后整个过程进行监控，整合所有销售相关的资源，把销售工作当成经营来做，逐步使销售收入与利润实现同步增长。

从创业的第一天开始，创业者必须不停地思考以下问题——谁是我们的顾客？我们通过什么方式吸引顾客？顾客为什么选择我们的产品而不是竞争对手的产品？考虑到有限资源，创业者必须寻找到一个足够有吸引力和差异化的市场，发挥自己独特的优势，拓展足够的成长空间，从而在激烈的竞争中站稳脚跟。

【企业实例10-1】

中星微电子公司的创业定位

1999年，邓中翰决定回国组建中国本土的芯片设计公司。从创立伊始，中星微电子公司的决策层就清醒地意识到，产品研发并不是单纯地填补技术空白，而是要填补市场空白；研发定位不是纯粹的科学研究，而是旨在适应市场需求实现大规模产业化，这是当前中国芯片设计产业的迫切需求。中星微电子公司的产品定位成功避开了CPU和存储芯片等主流市场的激烈竞争，面向未来广阔的多媒体应用领域。在选定了市场方向之后，中星微电子公司展开技术攻关，在一年多的时间内成功推出国内首枚具备自主知识产权、百万门超大规模数字多媒体芯片“星光一号”，并迅速占领了数码影像市场。目前“星光”系列数字多媒体芯片销售已经覆盖了欧、美、日、韩等16个国家和地区，产品客户囊括了三星、惠普、飞利浦、富士通、罗技、联想等大批国内外知名企业，在PC图像输入芯片领域占据了全球60%的市场份额，牢牢占据着市场领导者的地位。

资料来源：李家华. 创业基础 [J]. 北京：清华大学出版社，2016.

在目标市场中找到独特的价值定位非常关键。市场定位并不是仅仅从产品出发寻找差异，而是在目标顾客心中建立自己和竞争对手的区别，使得本企业和其他企业严格区别开来。价值曲线是一种非常有效的市场定位工具，其核心在于为顾客和企业创造价值飞跃，由此开创无人竞争的价值蓝海。使用价值曲线进行市场定位，必须回答以下几个问题：哪些是目标顾客最关心的因素？哪些是行业公认的想当然的因素，但目标顾客其实并不关心？哪些因素并不是顾客关心的重点？哪些因素是目标顾客关心但目前该行业并未能提供的？

2. 创业初期的人力资源管理

创业初期人力资源管理的主要特点体现在，由于企业规模小，组织结构层次简单，决策权在主要创业者手中，决策过程简单，只要经营班子制订出可行性方案，就可迅速执行；决策与执行环节少，使得决策集中高效，执行快速有力，对于市场变化能够迅速作出反应；创业初期的企业人财物、产供销、机构设置、生产方式、经营形式、利益分配、规章制度以及人员使用都由企业自主决定，机构精简、决策自主、反应灵敏、工作效率高，尤其是在用人机制上，创业企业有充分的用人自主权，能够吸引大批的人才加盟。

创业型人才和创业型企业有勇气和信心，有冲劲，但缺乏经验。往往是创业前什么事都好办，创业时什么事都难办，创业后什么事都怕不好。创业型人才一般以年轻人居多，处事不够稳重、欠考虑，在创业初期热情高涨，情绪很能影响合伙人。他们考虑最多的是如何多拉业务、如何扩大业务圈、如何尽快提升销量、如何多进账。于是他们把更多的精力放在跑业务上，放在“钱”“利”“财”上，忽视了企业内部管理，如销售管理、生产管理、技术管理、采购管理、财务管理、后勤管理等，特别忽视了人员管理的重要性。

初创企业一般都是中小企业，人员配置少、身兼数职，所以不能忽视每一个人对企业的影响力。创业者不能把做企业想象得过于简单，更不能忽视人员管理。每个企业都离不开员工在其中发挥的作用，企业管理人员与基层人员决定了企业的方方面面。人安定，则企业安定；人复杂，则企业复杂。管理好人是企业第一要素，而人又是最复杂的动物，如果不加以管理，往往容易失控，甚至会波及身边人或更多人。在一个小企业中，一个员工的情绪常常会不同程度地影响集体情绪甚至整个公司的情绪，不良情绪的出现往往会妨碍工作，扰乱管理，在一定程度上加速了不成熟公司的瓦解。

3. 创业初期其他职能管理

创业初期的系统相对集权，有可能使子系统之间严重失衡，缺乏计划和控制系统下高度的灵活性，没有实施专业化管理的土壤，如果各个部门之间协调不好会降低工作效率。在计划方面，创业初期的企业应更多注重对市场机会的开发、把握，以现有可以利用的市场机会确定经营方向，包括愿景目标（3～20 年）和实现愿景目标的战略（1～3 年）；在领导方面，可通过与所有能互相合作和提供帮助的人们进行有效的沟通，并提供有力的激励和鼓舞，率领大众朝着某个共同方向前进；在控制方面，初创期企业应尽量减少计划执行中的偏差，确保主要绩效指标的实现。

总之，对创业初期的职能管理而言，没有规范化的管理方式，只有经过大量的实践后，才能结合企业的实际情况，形成符合自身特点的管理风格。用人来定制度，然后再用制度来管理人，企业秩序的实现主要靠人。

10.3　新创企业成长面临的挑战

【企业实例 10-2】

迅雷公司的起步

2002 年迅雷的创始人程浩和邹胜龙开始共同创业时，选择的项目是电子邮件的分布式存储系统。当时电子邮箱开始收费，邮箱容量也越来越大。不过电子邮箱的存储市场并没有他们当初设想的那么大，两三个月后公司陷入困境，两人商量转型。程浩发现，门户、邮箱、搜索、即时通信、下载，其他的都有主流提供商，唯独下载没有，但对于大容量文件，例如电影、网络游戏有下载需求。于是程浩和邹胜龙决定研发迅雷软件。迅雷软件采用基于网格原理的多资源超线程技术，下载速度奇快，但漏洞百出。为了产品能以最快的速度发布，程浩在研发过程中放弃了对产品各种细节的考究，只关注目标消费者最关心的特性。

为了让用户使用该软件，迅雷公司聘请专业营销人员每月花费两三万元进行市场推广，但使用者寥寥无几。2004 年年中，程浩通过朋友找到了金山软件公司的总裁雷军。此时迅雷公司没有名气，雷军只是给了他一次测试的机会。测试显示，迅雷软件的下载速度是其他下载工具的 20 倍。于是金山软件公司同意推荐其游戏用户使用迅雷软件免费下载其热门游戏的客户端软件。在获得了金山软件公司的认同后，迅雷公司迅速和其他网络游戏厂商达成协议，新增用户量由每天不到 300 户增加到一万多户。半年多时间，迅雷公司拥有了 300 万名用户，95% 由网游合作伙伴带来。有了可观的用户群后，迅雷公司很快通过广告、软件捆绑、无线、按效果付费的竞价排名广告等渠道获得了收支平衡。随即，迅雷公司也不断推出升级版本修正软件漏洞。

资料来源：李家华. 创业基础［M］. 北京：清华大学出版社，2016.

10.3.1 新创企业成长的障碍

新创企业的数量很多，但能够实现成长的企业并不多，其中实现快速成长的企业则更少，其原因在于新创企业的成长会遇到各种限制和障碍，会面临各种发展陷阱和挑战。

1. 内部管理复杂性的增强

新创企业的快速成长体现为市场的快速扩张、顾客数量的规模化增加、职工人数的大幅增长等，也会吸引各种组织（包括竞争对手、潜在投资人、管制机构、新闻媒体等）的注意力，同时也需要获取更多的资源以支撑其成长，这就使得企业内部的管理工作会在短时期内快速增加。尽管创业者开始在组织内部设立职能部门和管理组织，制定各种必要的规章制度和流程，试图强化职责分工和协调配合，逐步进行管理授权和分权，然而由于企业规模的急剧扩张，创业团队管理技能的不足、缺少有管理经验的员工、部门分工不够科学合理等原因，企业内部管理往往显得杂乱无序，问题常常容易演变为危机，创业者需要花费大量的时间用于“救火”。部门间的协调配合和“救火式”的管理方式融合在一起，增加了企业整体管理的复杂性。表 10-2 为艾迪斯模型所归纳的基于组织内部特征视角下的新创企业，在成长过程中容易遇到的各种问题，不管是其所归纳的“正常现象”还是“不正常现象”都值得借鉴。

表 10-2 **组织内部特征视角下的新创企业容易遇到的问题**

正常现象	不正常现象
创业者承担了现实的义务	创业者只有不切实际的幻想
产品导向	利润导向，只考虑投资回报
创业者掌握了控制权	创业者的控制地位不稳固
现金支出大于收入	现金支出长期大于收入
缺乏管理深度	过早授权
缺乏制度	过早制定规章制度
缺乏授权	创业者丧失控制权
愿意听取不同意见	刚愎自用
一切都视作机会	摊子铺得太大，远远超出能力
因人设事，责任交叉重叠	创业者过早分权，失去控制
经营权和所有权开始分离	创业者遥控式管理
暂时丧失远见	开拓型人才离去，行政型人才掌权
董事会加强对管理人员的控制	董事会解雇了创业型人才

资料来源：艾迪斯．企业生命周期［M］．北京：中国社会科学出版社，1997．

2. 外部环境不确定性的增加

企业的快速成长吸引了众多竞争对手的进入，改变了行业的竞争状况，让新创企业的市场环境变得更加不确定。行业内的大企业开始注意新创企业所在的细分市场，凭借资金、技术、品牌和成熟的销售网络等种种优势，向成长中的中小企业发起挑战或进行打压。行业内众多“跟风”创业的小企业则“搭便车”，对产品既不进行创新，也不进行广告投入，只是一味地模仿，利用低成本、低价格和地域性优势抢占市场。众多竞争对手的加入，使得消费者有了更多的选择，竞争变得越来越充分，一度的“蓝海”逐渐变为“红海”，产品价格可能迅速下降。这就迫使新创企业不得不加大产品创新力度，调整市场战略，进行地域市场扩张，进入新的细分市场，或开始尝试多元化经营等，但这些情况无一例外地增加了企业活动所面临的不确定性，使其经营环境变得更加复杂。

3. 创业团队管理能力的不足

创业者和管理者的素质和能力是有差异的，而且思维方式也不同（见表10-3）。创业者是机会导向的，对资源约束考虑较少，而管理者更多是资源驱动的，会基于所掌控的资源约束去追求机会；创业者的责任是创建企业，而管理者的责任是维持和壮大企业；创业者要引进新产品或服务，管理者要协调生产产品或服务。随着新创企业的成长，创业者要从事的管理工作越来越多，其面临的管理压力也越来越大，这就要求其具备越来越高的管理技能，逐步从“创业者”向“创业管理者”转变，但并不是所有的创业者都能顺利地实现这种角色的转变。从企业成长和企业家成长之间的互动关系看，企业家管理是企业持续成长的必要条件，管理能力不足则是企业成长的最大障碍，这也叫“彭罗斯效应”。对于新创企业而言，企业家管理一部分要用于现有业务的运作和优化，另一部分要用于扩张性活动，如开发新产品、开发新市场等。如果管理能力的增长跟不上企业规模扩张的步伐，就会出现管理危机。

表10-3　**创业者和管理者思维方式的差异**

创业者的思维方式	管理者的思维方式
市场机会在哪里	在现有资源条件下，什么机会是合适的
如何获取资源	有哪些可用的资源
如何组织资源开发商业机会	如何经营才能使企业风险最小化
具备哪些条件就可以采取行动	具备哪些条件才能确保投资不失误
什么样的组织结构最有利于机会的开发	什么样的组织结构是最有效率的
问题的出现往往意味着变革和机会	问题的出现往往意味着威胁，必须消除
对趋势的把握要依赖自身的洞察力	对趋势的把握主要依赖过去的经营历史

【重要概念10-3】

彭罗斯效应

彭罗斯（Penrose）把企业视为一种有意识地利用各种资源获利的组织过程。他认为生产性资源（包括物质资源和人力资源）是任何企业都必不可少的，但对企业至关重要的并不是这些要素本身，而是对它们的利用，即生产性服务。作为一种“功能”或“行动”，“服务”而非“资源”才是每个企业独特性的根源。生产性服务又有“企业家服务”（Entrepreneurial Service）和“管理服务”（Managerial Service）两个相对照的部分。前者用来发现和利用生产机会，后者用来完善和实施扩张计划。它们都是企业成长不可或缺的。不过在某种意义上，企业家服务对成长的动机和方向影响更深远，企业家管理是企业持续成长的必要条件。管理能力不足是企业成长的最大障碍，这种观点被称为“彭罗斯效应”（Penrose Effect）。

资料来源：张玉利，李新春．创业管理［M］．北京：清华大学出版社，2006.

4. 市场容量的限制

市场是企业得以生存和发展的土壤。一旦企业实现了初期的快速成长，很快就会有其他的企业跟进，竞争就会变得越来越激烈。而且越先进入的企业成长速度越快，跟进的企业就越多，新创企业就会在更短的时间内面临更激烈的竞争，信息发达和市场开放使这种规律更加明显。一方面，在市场容量有限的前提下，众多竞争对手的加入，会阻碍新创企业的成长。另一方面，新创企业是在行业内的细分市场开始创业和经营的，随着企业规模的成长，创业初期的区域市场容量将无法支撑企业快速发展的需要，创业者必须寻求扩张。扩张的路径主要有两条：地域扩张和产业延伸。但地域扩张往往受到各地文化、法律和市场环境的影响；产业延伸面临资源不足、管理分散和多元化经营的相关障碍。如果创业者不能很好地解决这些问题，市场容量的局限性就会显得明显，最终像一堵墙一样阻碍企业继续扩张和成长。

5. 人力资源和资金的限制

新创企业的成长还面临极大的资源约束，尤其是人力资源和财务资源的缺口。伴随着业务的快速发展，新创企业迫切需要吸引大批人才的加入，虽然新创企业良好的创业氛围和广阔的发展前景也能打动一部分人，企业也有充分的用人自主权，但总体而言，由于新创企业发展的不确定性和高风险性、能够提供的薪酬难有竞争力、管理不够规范、办公环境较差、企业的社会声望不高等原因，多数新创企业对优秀人才的吸引力不足，导致较大的人力资源缺口。同样，为了支撑企业的快速成长，新创企业有了新的需要，如不断增加固定资产投资，招聘更多员工，加大研发投入，建立销售网络和强化营销推广等，这样就要有更多的资金投入，同时日常管理运营费用也大幅增加，但在创立初期和成长期，多数新创企业的自由现金流入不足，而且不够稳定，无法满足企业快速成长的需要，导致较大的资金缺口。

【拓展阅读 10-3】

新创企业的十大管理陷阱

有关新创企业的大量研究揭示出很多可以避免的管理陷阱，一项有关失败企业的研究指出了新创企业失败的具体原因。

（1）缺乏经验。很多企业破产的原因只是因为缺乏经验。

（2）超越资源的扩张。很多公司的成长速度很快，而其簿记系统却不能应对这种急速成长。在很多情况下，新创企业所有者试图通过走捷径来节省簿记系统的成本，而这一做法最终会产生灾难性的后果。

（3）缺少客户信息。失败的企业一般都缺少客户信息，如一家公司向未进行信用调查的客户运送商品，结果货款回笼时间长达90~120天，甚至更长。

（4）没有将市场多元化。流失一位客户会对企业的整体效益产生极大影响，如一些公司全部产品都出售给一个买家，一旦买家取消购买合同，公司就要面临破产。

（5）缺乏市场调研。大部分新创企业在创办时并未进行充分的市场调研。市场条件的变化使企业深陷困境，缺乏对市场的分析评估会导致企业没有应对危机的心理准备和能力。

（6）法律问题。节约法律费用是一种目光短浅的做法。一旦遭遇“马拉松式”的诉讼，企业则无力应对。若企业所有者从一开始就拥有寻求法律建议的远见，则会避免很多纠纷。

（7）裙带关系。偏袒家庭成员会导致企业失败。最致命的是企业为对整体运营贡献很少的家庭成员提供高薪待遇。

（8）个人管理。个人管理会导致企业失败，一个人的技术才华可以成为企业成功的原因，但没有了那个人，企业可能就会遭遇灭顶之灾。

（9）缺乏技术能力。当所有者对基本的技术知识一无所知，或者其管理团队中无一人掌握基本技术知识时，企业会蒙受损失。

（10）缺勤管理。当所有者长期不在企业时，企业运营就会逐渐恶化。企业内会出现忽视财务记录、纳税额下降、忽视顾客等情况，若长此以往，企业必将遭遇失败。

资料来源：库拉特科，霍恩斯比. 新创企业管理：创业者的路线图［M］. 北京：机械工业出版社，2009.

10.3.2 新创企业成长的驱动因素

当企业渡过了以生存为主要特征的初创期后，就进入了以快速成长为主要特征的发展期，也叫成长期。对于进入发展期的企业，其成长性并不相同，有的企业成长较快，有的企业成长较慢，甚至不少企业遇挫夭折。但一般而言，随着产品或服务逐步被市场认可，销售收入不断增加，企业规模不断扩张，成功穿越初创期“死亡陷阱”的新创企业会表现出强烈的成长冲动。归纳起来，新创企业成长的主要驱动力量可以概括为企业家的成长欲望、市场扩张、组织资源的增加以及创新与变革等四个方面。

1. 企业家的成长欲望

具有企业家精神的创业者，成长欲望强烈，工作充满热情，拥有勇于向困境挑战、识别并开发商业机会的能力。正是这些能力使得他能够把经济资源从生产率较低的领域转移到生产率较高的领域。企业家的成长欲望是新创企业实现快速成长的关键因素。有企业家精神的创业者，往往目光远大，在产品投入市场并赢得一定利润后，不会以达到个人满意的生活水平和享受利润所带来的好处为目标，而是利用利润进行再投资，期望将自己的企业塑造为一个可以向行业内的标杆看齐的高速成长企业，企图在市场上创造一个为消费者所认同的著名品牌。创业者的企业家精神和成长欲望，给新创企业的成长注入最根本的驱动力，使其在实现企业目标时更加坚决、乐观并持之以恒，这不仅极大地激发了员工的工作热情，而且使其他企业认为不可能实现的事情在其企业里得以实现。

2. 市场扩张

如果新创企业的产品或服务具有较好的市场竞争力，良好的市场反馈会使创业者确信自己所干的事业是有生命力的，会极大地强化创业者的企业家精神。在区域市场取得初步成功后，创业者有很大的动力去加快市场扩张，从而推动新创企业的快速成长。这里指的市场扩张包括两个方面：一方面是指在现有的区域市场，由于更多的消费者接受新创企业的产品或服务，导致本地市场的扩张；另一方面是指创业者采取批发、代理、特许经营、建立直营分支机构、直销、电子商务等，将新产品或服务分销到更广阔的市场区域，进行异地扩张。

3. 组织资源的增加

在一定程度上，企业成长欲望的实现取决于其所控制和能够利用的组织资源。这里，组织资源被广义地定义为人力资源、财务资源、无形资产、厂房设备、技术能力、销售网络、组织结构、管理能力等。度过初创期后，新创企业拥有的组织资源不论在数量上，还是在质量上都会有明显的增加，而且创业者对资源的获取、整合和利用能力也有明显的提升。这就为新创企业下一步的成长奠定了必要的基础。例如，在财务资源方面，企业累计的利润和现金流，能够在一定程度上支持成长所需的资金；银行可能看好企业的发展前景，愿意提供一定额度的商业贷款；具有高成长欲望的创业者可能愿意通过出售部分股权的方式筹集更多的发展资金。又如，随着创业团队对企业的经营活动越来越熟悉，管理能力不断提高，其可以在不降低现有工作质量的前提下，节约出管理资源以支持企业成长。

4. 创新与变革

新创企业的成长具有明显的创业特征，需要持之以恒的创新精神，创业者擅长识别和追求机会的能力使新创企业具有创新的优势，创新使企业能够赢得快速成长的机会。与此同时，新创企业在成长的过程中会面临各种挫折和挑战，具有企业家精神的创业者会不惧挑战，审时度势，大胆变革，并以此为契机将企业推向一个新的发展阶段。哈佛大学教授拉里·格雷纳（L.E. Greiner）认为，企业成长的每个阶段都由前期演进和后期的危机与变革部分组成，这些危机与变革加速了企业向下一个阶段跃进。企业成长的每一个阶段都有其独特的管理方式，推动现阶段成长的动力往往会成为下一阶段进一步成长的障碍，因此，能否通过变革与创新突破这种障碍是企业能否进入下一个成长阶段的关键。

10.3.3　新创企业成长管理策略

企业成长是一个动态的过程，是通过创新、变革和强化管理等手段整合资源并促使资源增值进而追求持续发展的过程。创业管理者除了需要为成长做好准备外，还需要结合新创企业的管理特性，遵循企业的成长规律，抓住成长管理的重点。

1. 确立企业的愿景、使命和核心价值观

企业愿景、使命和核心价值观是引领企业发展的灵魂，虽然无形，但却渗透在企业发展的方方面面。企业愿景又称企业宗旨，是指企业长期发展的方向、目标、目的和自我设定的社会责任与义务等，其描述了企业在未来社会的样子；企业使命是指企业在社会经济发展中所应担当的角色和责任，是指企业的根本性质和存在的理由；企业核心价值观是指企业在生产经营活动中逐渐形成的，由组织成员共同遵守和分享的同一价值观念、价值判断和行为准则。

多数快速成长的企业都有比较固定的价值观体系，用以支持企业的健康发展。例如，著名外语培训机构新东方的愿景和使命是“成为优秀的教育机构，培养成就中国的精英，推动中西文化融合”；新东方的核心价值观是：“诚信负责、真情关爱、好学精进、志高行远”，此外，新东方一直致力倡导“新东方精神——一种朝气蓬勃、奋发向上的精神，一种从绝望中义无反顾地寻找希望的精神”。

【企业实例 10-3】

联邦快递的创业愿景

联邦快递成立于1971年，创始人史密斯当时27岁。创业的前5年诸事不顺，公司累计亏损3 000万美元，史密斯被银行控告欺诈背信，被家人控告侵占，他的CEO职位被投资机构派代表取代。但史密斯坚持创业愿景，以极大的热忱凝聚员工同甘共苦的共识，以诚恳的态度与极大的耐性与投资人沟通，化解一波又一波的危机，终于成就伟大的事业，并实现快递业“隔夜送到”的典范经营模式。

许多探讨联邦快递的个案，大都指出运转中心式的创新经营模式以及史密斯的领导风格，是联邦快递创业成功的关键因素。史密斯在耶鲁大学二年级时的一份期末报告中，就提出了这种将货物集中于转运中心后再出货的经营构想。不过他的教授却告诉他“这个构想虽然很具创意，但因为不可行，所以只能给C以下的成绩”。他的教授在评语中还指出，一份好的创业构想的先决条件是“必须可行”。当时所有快递业者都认为运转中心的构想是不可行的，因为不符合经济效益原则，同时顾客也无“隔夜送到”的强烈需求。史密斯相信顾客会欢迎这样的服务产品，并且未来快递市场竞争的关键必然在于速度。采用转运中心营运模式的一个主要困难，就是需要相当的经济规模，也意味着史密斯所要面对的创业投资风险将非常高。

史密斯的成功之处在于他勇于利用理性分析与坚强的毅力，来降低创业风险。他委托研究机构替他验证转运中心营运模式的可行性，并且用这些事实数据以及他个人极大的热情，说服投资者提供资金，最后筹措到 5 200 万美元的创业资金。

刚开始创业的第一个月就产生 440 万美元亏损，但这丝毫不影响史密斯对于创业愿景的信心。他还将自己家族企业的股票全部抵押借贷，这种坚持信念是转运中心营运模式得以实现的关键因素。由于史密斯的坚持，以及转运中心营运模式改变航空货运业的营运模式，最后导致美国政府配合业界需求，修订航空法，解除对于空运业的限制。

创业不仅是一个人的行为，塑造愿景，沟通与宣扬愿景，说服他人共同追随愿景，是创业领导人的重要职责。联邦快递的成功故事带给创业者最重要的启示是，伟大的创业构想并不难产生，但实现创业构想却需要一位能够塑造愿景、坚持信念，并且具有领导团队魅力的伟大领导者。

资料来源：李家华．创业基础［M］．北京：清华大学出版社，2016.

对于新创企业而言，其企业价值观一般是创业团队，尤其是创业领导人自身价值取向的体现，这种价值取向直接而又深远地影响着企业的成长和发展。有共同愿景、明确使命和核心价值观的企业，在成长过程中如果遇到挫折，创业团队能够团结一致，患难与共，求新求变。相反，没有愿景、使命和核心价值观的企业，遭受挫折打击就会涣散、消沉，直至分崩离析。因此，在新创企业成长过程中，创业者必须适时地提出一套能够凝聚人心的愿景、使命和核心价值观，从而在成长中凝心聚力，形成强大的组织力量。

2. 管理好支撑企业持续成长的人力资源

人才是支撑企业成长的关键要素，是企业的核心资产。从根本上说，企业的成长是基于人力资源的成长，企业的发展是基于人力资源的发展，快速成长企业的一个共同特点就是有强有力的人力资源管理。在某种意义上，技术可以模仿，商业模式可以模仿，唯有人才队伍无法模仿。因此，企业持续竞争力的根源，是其良好的人力资源管理机制。快速成长的新创企业必须通过建立“招聘、培育、使用、挽留”在内的人力资源管理体系，来打造一支优秀的人才队伍。其具体措施主要包括：

第一，提供有竞争力的薪资待遇。成长企业要吸引优秀人才的加盟，所提供的薪酬待遇在人力资源市场上一定要有竞争力，同时在企业内部要有相对的公平性，包括提供较好的工资收入和跟绩效挂钩的奖金，以及医疗保险、养老保险、工伤保险、失业保险、生育保险、住房公积金等“五险一金”。

第二，提供广阔的成长空间。员工的成长机会和成长空间包括：晋升空间；学习与培训机会；持续的工作指导和工作支持；工作内容丰富化；管理技能的发展和提升等。对于不同的员工，其关注和需要的成长机会是有差异的，要因人而异。

第三，实施经营成果分享计划。新创企业的薪酬水平，很难比得上大企业。更为不利的是，新创企业有失败、被兼并和被收购的危险，稳定性和安定感较差。事实上，新创企业的员工总是承担着公司的一部分经营风险，一旦企业倒闭，他们的生活也就没有了保障，所以只有让员工分享企业的成功才是公平的办法。因此，一些优秀的新创企业实施利润分享计划，通过员工持股、股票期权、虚拟股份制等方式让员工参与经营成果分享。

第四，营造良好的工作环境。良好的工作环境不仅包括为开展工作所需的各种必备资源，如办公空间、办公设备等，更重要的是指营造良好的人文环境，如和谐的同事关系、顺畅的沟通渠道与沟通氛围、积极向上的企业文化等。

3. 注重资源整合和资源管理

由于新创企业的人力、财力、物力资源相对匮乏，仅仅通过自身的滚动发展往往速度缓慢，所以借助别（包括合作伙伴、金融机构、政府部门、社会团体，甚至竞争对手）的力量来发展壮大自己，便显得更加重要，这也是快速成长企业特别擅长的策略。快速成长企业常采用的外部成长策略包括：建立战略联盟；成立合资公司；兼并和收购；引入创业投资；IPO上市融资等。

新创企业的成长是靠资源积累实现的，但是，如果积累的资源没有被企业有效利用，而是被企业中的个人（不管是创业者、高层管理人员，还是一般员工）占有，必将威胁企业的成长。这些未被有效利用的资源不仅包括一般的财务资源、人力资源、客户资源、固定资产及办公设备资源，还包括占用人自身的人力资源。例如，常见的衍生型创业，有很大部分是在母体公司不情愿也不支持的情况下出现的，给母体公司的发展带来很大的伤害。对于母体公司来说，离职创业的员工大多在企业中担任重要的研发、市场或管理工作，掌握关键的技术诀窍，拥有较高的人力资本，因此更容易发现和识别创业机会，他们的离开不仅会造成企业技术资源、客户资源的外流，往往还会带走一个人力资源团队，危害极大。

在企业成长的过程中，当创造和整合的资源越来越多时，创业管理团队的关注重点就需要从创造、整合资源，转向管理好已经创造出来的资源，从注重“资源的开创”到注重“资源的有效开发利用”，并通过现有的资源创造出最大的价值增值。例如，IPO虽然可以为企业募集大量的资金，迅速壮大企业的规模，可以提高企业的知名度，增强市场影响力，可以获得持续的融资能力，可以通过增发股份等方式获取扩张资本，但是，如果企业不能很好地利用所获得的资源，不能为投资者创造价值，最终还是会走向失败。

4. 注重用成长和创新解决成长过程中的问题

每个企业在成长过程中都会遇到各种各样的问题和障碍，有的企业在障碍面前止步不前，甚至一蹶不振；有的企业则将阻碍变成动力，适时变革、积极应对，实现了新的成长。优秀企业和平庸企业的重要区别之一，就在于其对待阻碍所采取的对策存在巨大差异。平庸的企业通常采取的是被动应对，用“救火式”的方法来应对发现的各种问题，结果是问题的暂时解决；优秀的企业则积极主动地推动变革和创新，用成长的方式解决成长过程中所遇到的问题。

用成长的方式解决成长过程中出现的问题，其本质是推动并领导变革。从快速成长企业的经验看，往往在以下几个方面表现突出：一是注重在成长阶段主动变革。主动变革意味着创业管理团队掌握变革的主动性和主导权，所承受的变革成本也较低，所面临的变革阻力也较小。二是善于把握变革的切入点。企业变革不能一下子全面推开，需要科学地把握切入点，由点到面，层层深入，这不仅可以在短期内取得较好的效果，也能够增强对变革的控制性。三是善于通过系统的建设和制度的完善，来巩固变革的成果。

持续的创新与变革是新创企业成长的强大驱动力，也是企业快速成长的基本生存方式。但如果不注意管理，创业精神会随着时间的推移而慢慢减弱，乃至消亡。许多新创企业之所以无法快速成长，甚至无法生存发展，其根本原因就在于创业者创业精神退化，不思进取、小富即安，从而使自己的企业变为“老小树企业”，10年、20年过去，企业的业务和规模原地踏步，就像是贫瘠荒坡上一棵陈年小树，任时间推移，怎么也长不大，最后慢慢变老，直至朽死。因此，对于追求成长的新创企业而言，创业管理团队务必要通过创业精神的保持和发扬，源源不断地给新创企业的成长注入创新与变革的基因，使其不因企业的成长而减弱，而是不断地迎接挑战，进行二次创业、三次创业等。

【拓展阅读 10-4】

战略清晰减少中小企业成长的震荡

长江商学院教授，雅虎代理总经理曾鸣经常被问及的一个问题是，小企业是否需要战略？“真正意义上的小企业不需要一个规范的战略过程，因为所谓的战略都在老板的脑子里。”他常常这样回答。

在具体的案例中，大部分的中小企业在创业初期并没有非常清晰的关于未来发展方向的考虑，更多的是看准了某个行业或某些产品的发展前景。深圳好易通科技公司总裁陈清州承认，当时进入对讲机这个行业，自己并没有更多地考虑“战略”的问题，“踏踏实实地做，可能是我唯一能够选择的战略”。

在曾鸣看来，中小企业最终还是要发展到用战略来决定取舍的阶段。“当你发展到一定阶段，诱惑越来越多，方向越来越多，这个时候一定要做取舍，要有所为，有所不为，很多时候会突然一下子被眼前的成功和过多的机会所诱惑。”曾鸣在研究的过程中发现，企业想做、可做、能做三者的交集，最终构成了一个焦点，这个焦点就是企业的战略精髓。战略精髓使得企业的领导者清晰地认识到自己的目标所在，在进军的过程中能够避开小障碍、小机会、小诱惑。

华友世纪的总裁王少剑对此深有体会：“在各个行业里面都有很多的机会、很多的诱惑，但是别人的机会不一定是你的机会，你的机会在哪里？你的强项在哪里？你应该在自己的行业里面深深地把根植住，在这个基础上再发展。”由于清晰地了解了自己的战略目标，王少剑知道自己的现金应该怎么用，他和团队能够抵挡住外来的诱惑，按照自己的既定方针去发展。

资料来源：王利伟. 战略清晰中小企业成长方可少震荡［N］. 第一财经日报，2007-01-22.

【企业实例 10-4】

亚马逊的低成本战略

亚马逊书店的创始人贝索斯在创业之初就认识到自己所进入的是一个竞争激烈、盈利空间非常小的行业。低成本战略成为亚马逊公司的基本战略选择。贝索斯将这一战略引入日常管理之中，提倡节俭的文化支持企业的低成本战略。直到今天，公司所有的办公桌都是由再生木板做成的。其员工虽然都是来自哈佛、斯坦福等顶尖学校，但所得到的基本工资甚至略低于市场平均水平。公司没有短期激励计划，而主张依靠长期激励，即用新员工股票期权方式吸引高素质员工。这种做法与公司的整体战略思想相当一致。

资料来源：姜彦福，张帏. 创业管理学［M］. 北京：清华大学出版社，2005.

【本章小结】

新创企业是处于发展早期阶段的企业，主要是指企业的初创期和成长期。大部分企业的成长过程都是有规律可循的组织生命周期，这个过程包括：进入（出生）阶段、早期成长、持续成长、成熟和衰退。新创企业管理是以生存为首要目标的“生存管理”。新创企业生存管理主要包括构建新创企业合法性和保障现金流稳定。与成熟企业相比，在新创企业的成长过程中，总是要不断地面临和遇到成长中的自身缺口和外部障碍。这种缺口和障碍既是多样的，又是变动的，这体现在新创企业在成长的不同时期和不同阶段存在的差异：内部管理复杂性和外部环境的不确定性的增加，以及创业团队管理能力、市场容量、人力资源和资金方面的制约。因此，为了保障企业的持续成长，新创企业应结合新创企业的管理特性，遵循企业的成长规律，抓住成长管理的重点，通过创新、变革和强化管理等手段整合资源并促使资源增值进而追求企业的持续发展。

【核心概念】

新创企业　新创企业成长　企业生命周期　生存管理　合法性　现金流管理　新进入缺陷　成长战略

【课后思考】

1. 思考新创企业的特殊性及如何克服新创企业的新进入缺陷。
2. 说明新创企业要经历的发展阶段及其独特性。
3. 思考新创企业现金流管理的具体对策。
4. 举例说明新创企业在成长过程中会遇到哪些困难和阻碍。
5. 举例说明新创企业在成长过程中可采取哪些应对策略。

【实践演练】

1. 选择一个你比较熟悉的行业，并从中选择两个比较有代表性的企业作为研究对象，对这两个企业的成长过程进行对比分析，包括其成长背景、成长历程、成长速度、成长战略、成长特点、发展态势等，并从对比分析中获得启示。

2. 选择校园内或学校附近的一个新创企业进行调查访谈，了解该企业的成长过程和该企业的创业管理团队是如何进行成长管理的。同时根据你所学的理论知识，为该企业下一步的成长发展提供相关对策及建议，并反馈给受访企业。

第11章　创业与创富

【学习目标】

1. 理解并重塑创业价值观
2. 认知创业和创富的关系
3. 读懂财富，学会投资理财
4. 了解共享经济消费创富
5. 掌握消费创富商业模式

【引导案例】

案例1：创富难　守富亦难

张某与别人合伙，早些年创业成立了一个快消品配送公司，并担任企业的总经理。经过十余年的打拼与辛苦耕耘，创业获得了成功。公司配送业务在张某所在城市占领了一定的市场份额，公司每年盈利稳定在300万元左右。工资加上股权分红，张某每年可以拿到100多万元的收入，十余年积累下来，张某的家业颇丰，积累了1 000多万元的现金资产，还有两套房子及一辆豪华轿车。张某的妻子在家做全职太太，一个女儿在读小学，张某也在创业期间攻读了知名大学的EMBA，并取得了硕士学位，而且积累了良好的人脉资源。在别人看来，张某的创业是成功的，其家庭也是幸福的。然而，随着2015年的一场巨变，张某的生活发生了天翻地覆的变化。

2014年7月开始，国内A股走出了一波大行情，直至2015年6月，从2 000多点一直涨到了5 170多点，涨幅高达150%。在行情逐步走高的吸引下，张某在友人的建议下于2014年8月投进股市200万元，很快就盈利了40余万元，这钱较之实业来得太快、太容易了。接下来在盈利的诱惑下，张某陆续将手里的1 000万元资金全部打入股市，并在朋友担保公司的担保下，通过自己的公司向银行融资1 000万元，也将这部分资金打入股市，更具有赌博性质的是，还加了1∶1配资杠杆，这样下来，张某的初始投入达到了4 000万元，最高的时候账户浮盈600余万元。就在张某畅想着赚个千八百万元就激流勇退的时候，接下来犹如一场噩梦。

2015年6月15日，A股逆转之下，十余天之内大盘跌幅高达30%，个股更是哀鸿遍野，有的股票连续跌停，甚至拦腰斩断。不幸的是，张某的股票账户几乎爆仓，被配资强制平仓了，这意味着自己的1 000万元，加上银行贷款的1 000万元，转眼之间灰飞烟灭了。张某甚至不敢相信眼前的事实，突然之间，自己由一个千万富翁变成了千万负翁。创业的公司由于是股份有限公司，其他股东是不会同意也是不能卖的，即便变卖了名下房产、汽车来归还银行贷款，资金缺口也是很大的，无奈之下，张某选择了与妻子离婚。接下来，张某要面对巨额的债务、孤独的生活还有前后失去与失落的十年。

案例 2：财富不等于力量

李某是一个“拆二代”，家在一个沿海二线城市，家里有五套房子，外加不菲的拆迁款现金。十余年来的快速城市化，使得李某身家快速增值，五套房子市值达到 500 万元，手里的现金最高达到了 300 万元（海域养殖政府征地补偿款），加上豪华汽车等资产，李某高峰时期身家也将近千万。海域被征地后，除了熟悉的海产养殖外，李某已是身无长技，本身也不是一个做事业的料，炒股亏钱，经商被骗，打麻将也输到差点把一套房押出去。眼看坐吃山空，手中的现金越来越少，总得有个事情做啊，于是李某托人转行在一个小区做物业管理，每天开着豪车上下班。用李某愤愤不平的话说，自己被一个还要租房住的外地人主管每天呼来喝去的，他这个小富豪做得也太憋屈了。

案例 3：世上只有妈妈好

小王是一个刚毕业的女大学生，目前就业于沿海城市的某家银行，其父母是其家乡知名的农民企业家，从事水果种植和销售生意，企业资产过亿。小王的父母虽然事业有成、家境殷实，但却因为身处农村且文化程度不高，不想让女儿重复自己的人生路。小王本科毕业于家乡所在城市一所不太知名的高校，学的是财会专业，父母托人安排她进了银行工作，并在市里为其买了房、车，从而满足父母心愿成了一名都市女白领。刚一工作，小王就感受到了银行的业绩压力，吸取存款的任务就落到了小王的头上。为了帮助女儿完成业绩，小王的父母用公司的资产抵押，从银行贷款 1 000 万元，然后在市内注册了一个新公司，并以新公司的名义将贷款存入了女儿所在的银行，用小王父母的话说：虽然存贷差每年就有 30 万~50 万元，权当给女儿开工资了。有这样的父母，小王是不是很幸福呢?!

资料来源：根据相关资料整理。

创业成功实属不易！在美国，新创公司成功率不到 20%，能存活 10 年的比例不超过 4%；在我国，创业成功率更是低于 5%，仅仅是死亡率的一个零头。如此说来，真要佩服并祝贺那些创业并取得成功的人，他们是幸运的；那些好不容易获得成功又转为失败的，就更令人痛惜了！那些一心想着发大财而准备创业的人，也必须要接受一个绝不危言耸听的事实：你要进行的创业活动，其结果在大概率上有可能是失败的！因此，创业成败是一回事，能否创富并守住财富则是另一回事！这确实需要创业者提升读懂、积累、倍增、驾驭和分享财富的能力与素养。从根本上讲，纯商业性的创业动机一定是要创富的，即赚取利润，然后才是其他理想和价值目标。如此看来，创业不是目的，创富才是关键，但创业与创富在现实中的表现却往往是冰火两重天。

11.1　创业价值观与创富

11.1.1　创业价值观问题

先讲一个故事：白龙马跟随唐僧师徒取经回来，获得了自由，有一天在自由漫步途中遇见了一头拉磨的小毛驴。小毛驴羡慕地说：白龙马，看你多自由啊，不像我天天被蒙上眼睛拉磨啊！日复一日地没有一点自由啊！白龙马语重心长地对小毛驴说：小毛驴兄弟，其实你走的路并不比我少，只不过你是日复一日地在原地打转啊，我只不过是跟随着唐僧师徒完成了西天取经的壮举，走的路其实不一定比你多啊！这个故事说明，走的路长不等于成就就高，努力重要，选择则更重要。

再说一个现代版的真人实事。2000 年，阿里巴巴在中国还排不上号，这时公司来了一个新职员叫童文红，她进入阿里巴巴的第 1 个职位是公司前台。刚进入一个公司做前台服务，她也是各种不适应，入职一星期后，甚至想过要辞职。恰好当时阿里巴巴内分配股权，给了她这个前台 0.2% 股权，马云说将来阿里巴巴上市，市值会达到 1 000 亿元以上，公司上市以后你就有 2 个亿了。2004 年的时候她问马云什么时候上市，马云说快了；2006 年，马云还说快了；一直到 2014 年 9 月阿里巴巴集团终于在纽交所成功上市，市值 2 457 亿元，童文红身价 3.2 亿元。当然，童女士不是一直在做前台，经过一年多的努力坚持，她被调到行政部，3 个月后升职为行政经理，然后担任人力资源、集团客服等部门的管理工作，一路升到阿里巴巴集团副总裁。试问一下，如果你现在的老板也给你 0.2% 的股权，告诉你好好干，大有前途，将来上市你会达到多少身价，你会信吗？

事实上，人生一直就是在选择与被选择，看看人山人海的招聘市场便更理解这句话的含义了……不管选择了哪种形式的创业，创业是一个人生选择的事情。知名企业家冯仑指出，创业是一种特别的人生：第一，创业是一个人生选择的事；第二，创业就是失去现在要未来；第三，创业就是要从 95% 的人变成 5% 的人。换句话，抛开动机不说，创业与价值观是如影相随的，有什么样的价值观（不管是显性的还是隐性的），才会有什么样的具体行动和选择。比如拥有北京房产的退休老太太，既可以选择每天清晨（特别是冬季）在北京打雾霾太极，也可以选择卖掉北京房产（应该是千万资产吧），然后在云南大理买若干套房产开个度假公寓（或者干脆信托理财吧），每天清晨告别雾霾，在大理纯净的空气中打太极……老了退休了做出选择是一种生活选择，那么早些时候做出创业选择则是一个人生选择。

既然创业是一个人生选择的事情，那么，选择创业的人生与传统的人生自然就不同了。传统人生往低了讲，就是要过好日子讨好生活，日子要熬着过；或者往高了讲通过努力学习或工作，成为中产阶层，日子过得相对安逸。而创业人生则是以不确定的方式在不确定的环境下寻找确定的结论——成功，其最大的精彩就是在不确定中体验这种确定带来的失败、成功、焦虑、等待、孤独或喜悦。据一项调查表明:“实现自我价值”“享受人生自由”“实现理想”是被调查者提及最多的自主创业的好处，分别占72.1%、65.8%和59.9%，可见创业成功了是多么的美好，因为其承载了那么多的人生梦想与价值。

但是，不可否认的现实是：我国高校创业教育尚处于起步阶段，在整体上其课程体系、创业文化、创业支持体系还很不完善，特别是在创业教育中对创业价值观的培育与践行问题还没有得到充分的重视。也就是说，绝大多数被教育者或创业者的创业价值观是缺失的（或者是不完整的），即便是社会上的创业者，大多数人的创业价值观无外乎更多地体现在通过创业赚取财富、实现个人价值等。那么，创业者的创业价值观缺失，会带来哪些影响呢？首先，国内创业教育尚处于起步阶段，创业者创业价值观教育缺乏，很容易导致创业者信念不坚、自信不足、职业观模糊和企业家精神缺乏；其次，不成熟的创业价值观，会让创业者难有正确的创业态度、不放弃的意志以及客观对待创业风险和问题的心理素质；最后，创业价值观需要在长期的创业实践中得到历练与提升，而内化后的创业价值观又是为指导创业实践服务的。

据调查，中国大学应届毕业生创业比率不足2%，而欧美的这个比率达到30%~40%。差异竟然如此之大！大学生在创业过程中没有正确的价值观作为指引，或者不成熟的创业价值观让大学生在创业时很难有正确的创业态度、不放弃的意志以及客观对待创业风险和问题的心理素质。因此，对于创业成功而言，创业的生态环境是一回事，创业者的创业价值观又是另一回事。

价值观是指个人对周围客观事物及其对自己行为结果的意义、效果与重要性的总的看法。它是区别好与坏、对与错的客观标准与重要心理因素之一，是推动或牵制一个人采取决定与行动的内心尺度，是影响一个人行为与态度的核心因素之一。创业价值观是指个人的创业心理品质，以及在创业过程中应对各种人和事的能力。创业价值观并不是天然地存在于人们的头脑之中的，它的形成与发展需要一定的条件和基础，是在教育引导和环境熏陶的双重作用下形成的。一个人的创业价值观一旦形成往往具有相对稳定性，并且会在创业实践活动中表现出鲜明的个性特征。可见，创业价值观有其显性的、工具的、物质的一面，也有其隐性的、人文的、精神的一面。在创业价值观上，既要重视创业的显性价值，又要重视其隐性价值，既要重视其自我价值，又要重视其社会价值，既要重视其理性价值，又要重视其感性价值，既要重视其理论价值，又要重视其实践价值。

正所谓“不忘初心，方得始终”，创业价值观决定了创业者是本着什么样的“初心”去投入到创业实践中去的，就像当年马云创办阿里巴巴是为了“让天下没有难做的生意”一样。在很大程度上，创业价值观指引和调节着大学生创业者的行为和方式，大学生创业价值观既具有一般价值观的特征，又有其独特的内涵，是由创业期待、积存创业潜能并以一定社会责任感等要素结成的较为稳定的价值取向。因此，创业价值观可以从创富观、事业观、使命观和贡献观等四个层面进行延伸理解，见表11-1，让我们借用一下知名人士对财富及创业的理解语句来加深一下认知吧。

表 11-1　**创业价值观的延伸理解**

创业价值观	创富观：创业奔向创富无可厚非，但拥有财富的同时，更要学会驾驭财富，并具备正确的财富观	财富本身毫无问题，“金钱拜物教”绝对有问题。如果人一味追求财富，心灵上会一片空白，行为上会麻木不仁	叔本华
		财富体现一个人的能力，是人格尊严的基本保证。财产虽身外之物，然人之欲立功名享福利者，恒不能徒手而得，必有借于财产	蔡元培
	事业观：创业需要一个志向，并将其上升为事业，然后有志者事竟成	做生意能否坚持不在于生意好坏，而在于追求的理想是否高远	冯仑
		人的高下，不是成功和失败，而是看失败后的反弹力	褚时健
	使命观：创业者的最高境界与归属：创造的不仅是物质财富，还有精神财富	我们意识到软件时代到来了，并且对于芯片的长期潜能我们有足够的洞察力，这意味着什么？我现在不去抓住机会，反而去完成我的哈佛学业，软件工业绝对不会原地踏步等着我	19岁时的比尔·盖茨
		创业就是找不舒服，就是在不舒服中习惯，把不舒服当舒服	王石
	贡献观：创造财富不是创业的唯一目标，创业的终极目标是回报社会	人生是专门为心的修行而设立的道场	稻盛和夫
		财富从无到有，满足个人是一种小快乐，而回馈社会则是一种大快乐	牛根生
		拥有一亿的财富和拥有十亿其实区别不大	史玉柱

11.1.2　创业与创富的关系

有一个故事，一只猴子在四处寻找食物。它从一个岩石的间隙中看到在岩石那边，有一棵结满果子的果树，于是拼命想从岩石狭小的间隙中钻过去。如果对于猴子来说，岩石那边的果实是它最渴求的东西（比如创富），猴子会怎么做呢？它选择的是意志坚定地一直使劲钻，身体都被岩石磨破了好多处（比如创业）。因为劳累和饥饿，猴子瘦了，就这样，在第3天，它竟然很轻松地钻了过去，并美美地吃上了果子。等树上的果子全部吃完后，猴子准备继续寻找食物，这时它才发现，因为太饱了，它又钻不出来了。多天以后，当它终于饥饿、疲惫地从岩石的间隙中钻出来后，它甚至已经无力再去寻找新的食物了（守不住财富）。其实，猴子在自己辛苦钻过去后，把果子先搬到岩石的那一边，然后再钻出来，边吃边寻找下一棵果树；它也可以叫一个小一点的猴子钻过间隙，把果子运出来一起分享。

在现代经济社会，不可否认任何人的生存与发展都离不开金钱。同样，创业者可以怀揣着各种动机开展创业，但目的绝对不是要去“找死或赔光”，相反，大家都希望通过创业成功获得财富，即通过价值创造与输出获得财富回报。因此，不管是要开展哪种形态的创业活动，最终作为一个企业或运营组织，都脱离不开盈利取向和运营经费的支持。因此，抛开各种创业动机不说，营利性的创业活动都脱离不开创富的动机，也就是说既然创业首先就要实现创富，然后才是其他的动机目标的实现，创富是创业的首要目标，也是其他动机实现的前提和基础。事实上，创业能不能创富是一回事，创富后如何对待财富又是另一回事。正如上节的名人名言所阐述的，对于创业与创富关系的认知构成了创业价值观的延伸认知。

因此，创业与创富仿佛一对孪生兄弟，但往往并不能一起诞生。如果没有创业，创富则需要另辟蹊径了！获得财富的方式和手段，总结起来无外乎这些：抢夺、骗取、偷盗、贪污、借贷、继承、赠予（中彩）、工薪、资产性收入、投资和理财收益、创办企业盈利等。就创业的价值手段而言，需要符合合法性、灵活性和创新性。因此，前四种方式和手段显然是不合法的，中间四种缺乏灵活性，一般来讲如没有特殊机缘很难与创富挂钩，只有最后三种，即资产性收入、投资和理财收益以及创办企业盈利，因为具有增值性、收益性和创新性才会使得创富成为可能。因此，创业与创富虽然不存在必然的因果关系，但却是一个每一个创业者都渴望实现的“起点出发-终点到达”的关系。作为创业者，奔向创富的终点目标，在路上则要特别关注以下三个问题：一是要注意规避创业风险，充分认识创业的机会成本；二是要理解创业路途的艰辛，迎着风口上路；三是要尽早读懂并守住财富，实现财务自由。

创业活动犹如一个舞者，穿上红舞鞋之后就需要热舞至死，风险从来就伴随着创业者的左右。因此，对创业者而言，首要的问题是创业风险的规避问题，就犹如投资中避险是刚需一样，创业的刚需也是要把避险放在首位。目前在中国，大学生创业成功率只有 2%，世界的平均水平是 10%，美国的大学生创业成功率是 20%。做一个形象的比喻，目前国内一个刚毕业的大学生创业成功的概率，和一个人从五楼跳下来没摔死的概率差不多，是一个标准的小概率事件。相反，失败率则达到了 98%，可见大学生创业失败是一个大概率事件。虽然说失败乃成功之母，但谁又知道后面一定是成功呢?！因此，不管是激情创业、冲动创业或者是梦想创业，出发之前都要好好考虑风险，想方设法降低创业的成本，创业失败不仅会使创业成本沉没，而且还会带来巨大的机会成本，特别是时间成本，借用现在流行的一句话：七年就是一辈子啊！

创业的本质是在高度不确定的环境下寻找确定性的成功。换句话说，创业面对着高度的不确定性环境，不确定性即风险，甚至有时连风险都无法度量。因此，创业成功在某种程度上说是偶然的，创业失败则因为其大概率性（国内创业失败率在 95% 以上）却往往成了必然！创业失败对创业者而言，除了可能获得一些宝贵的经验和教训以外，剩下的就是巨大的浪费了，包括时间和精力的浪费，创业投资中金钱的浪费。

一句话，创业失败的沉没成本和机会成本是巨大的！当然，这是就结果而言的，在创业过程中的浪费也往往比比皆是。例如，问题找错，辛辛苦苦做了一个世界独一无二的可以吹头发的皮鞋，可是做出来的产品没人要；还有解决方案做错及过早优化，辛辛苦苦又花了一年做了一个独一无二的可以吹头发的手机，做出来的产品还没卖出去，就在苦苦思考如何把它变得更加轻薄；更有甚者，一个可以吹头发的手机都没卖出去，就在苦苦思考如何寻找风投、建厂、找地皮等，甚至害怕别人把自己的黄金点子偷走，藏着掖着，闭门造车，结果做出一个东西，狗都不理。

当然，现在创业的形态选择多了，大学生创业的生态环境越来越好，如各类孵化器、天使和风投基金等，还有类似于海尔公司的员工创客化，即利用公司的平台创业，都可以有效降低创业者的个人风险，帮助创业者实现梦想。但在现实中，目前国内大学生的创业成功率就摆在那里，这便需要有创业想法的大学生提高精益创业的能力，并做好创业项目的商业模式设计。

因此，创业者要借鉴精益生产（丰田，大野耐一）的思想，追求“精益创业”。如果用一句话来表达“精益创业”的思想，应该是“你的愿景不重要，最快速最低成本地找到市场需求最重要”，即创业者在创业过程中不要过多地追求情怀和反复做浪费之举，要短平快追求高确定性的结果，有了好的结果再逐步提升，即“过程精益、结果确定”！

【创新实例 11-1】

一个精益创业的案例——呼吸机租售创业案例

小李大学本科在工科院校机械专业毕业后，在一家贸易公司从事机械产品市场销售工作，工作弹性比较大，经常外出在市场上跑客户，收入还算可以。小李的父亲在当地一家医院的器械科工作，一个偶然的机会，小李听到父亲念叨一件事：有的ICU（重症监护室）患者治愈后，虽然可以出院，但仍然脱离不了呼吸机，留在医院既占用医疗资源又浪费患者家庭的资源。说者无心听者有意，小李从小在父亲的耳濡目染下，对医院和医疗市场还算有些了解，于是和父亲商量，能不能针对这种情况面向这一患者群体租售呼吸机？父亲说可以试一试，反正买一两台呼吸机预算也不高，且自己有厂商渠道关系，如不理想可以帮助退货。

小李调研分析发现：呼吸机是一个很专业的产品，在使用和维护上，需要专业技术人员来支持，如其配套产品涉及口鼻面罩、管路、空气过滤膜、湿化器等，不仅使用需要调试，更需要定期更换配件和维护。目前其所在城市的市场上已有从事租售业务的经营主体，但由于小众市场竞争主体并不多。一般而言，医院只负责患者治疗，不提供患者离院后的上门服务，这是一个有着现实及潜在需求且受众群体很有“痛点”的市场：患者如住院，成本很大，如果购买呼吸机回家，购置成本较高且使用需要专业人士辅助，最佳的选择就是租用且有专业人士提供维护支持服务。经过调研小李发现：伴随着人口老龄化，这是一个具有高成长性和潜力较大的市场，除了医院ICU切管患者需要家用呼吸机外，越来越多的老年肌无力患者、因肥胖呼吸骤停患者也是细分的目标市场。开拓这一市场的关键是服务，即面向客户或患者提供贴心的售后和租赁服务，学机械出身的小李恰好有这方面的专业背景知识。于是小李在父亲的帮助下，对接了供应厂商并找到了一位专业护理人员合作，设计了一个租赁方案，如果患者（客户）租赁期超过1个月可以租转售，这样就可以让患者自由选择租售方案，降低患者使用成本和维护顾虑，并设计了增值服务方案。

两台呼吸机很快采购进来，加上一些配套耗材储备，总计花了5万元不到。接下来的工作，注册公司，利用私家车跑市场，目标市场很明确了，关键通路是各大医院的ICU，印制名片和宣传单直接送达ICU。结果这一“配套服务”很受ICU欢迎，因为患者既能顺利出院，又能够得到好的医疗配套服务的支持，医院又能倒出床位接纳新的患者，该项服务的推荐成了一件“送人玫瑰手留余香”的好事。3个月运营后，小李每天的租金收入达到了3 000~4 000元，滚动投入达到了20余万元，不算呼吸机及耗材销售收入，租金收入年预期可达100万元，上门维护服务人员开始“捉襟见肘”，小李开始盘算着招聘2~3名维护人员和购置运营车辆，并和软件公司接触，尝试开发一个信息平台，利用互联网和物联网技术，实现对维护服务的智能化升级。

小李决定辞掉外贸公司的工作，专注做好自己创业公司的管理和运营。①

2015年政府工作报告把“大众创业、万众创新”提升到国家经济发展新引擎的战略高度。一系列关于支持“双创”的政策陆续出台，大大激发了民间的创新创业热潮。创业路途是艰辛的，因此要迎着风口上路，也就是要瞄准新的产业发展趋势及民生需求。在互联网+时代，创业要回归初心，创富要回归匠心，创业与创富要回归本质，创业者要为自己负责，要为自己的梦想买单，不要只想改变世界，应该想如何回馈社会。每一位创业者应该提前思考盈利、产品、工匠精神这些客户关心的问题，而不是只想着如何融资或上市，通过套现实现创富。双创大风口总会过去，回归初心才能将企业做好，要找到有效的渠道，把虚拟的财富变成现实的财富，把创新创业引向创收创富。

当然，更为重要的是，通过创业奔向创富还要尽早读懂并守住财富，实现财务自由，千万不能像本章开篇案例介绍的那样，过于贪婪而让好不容易积累的财富归零甚至负债累累。因此，在创业之初树立起对待财富的价值观是十分重要的。看看知名企业家对财富的认知，马云说，“我从第一天开始就没想过当首富，所以我才会把公司持股稀释到这个样子。但我还是没有想到尽管把自己的股份降到8%，还有那么多，这是我没想到的。”不过马云认为，钱在100万元的时候是你的钱，最幸福的人是一个月有两三万、三四万元的收入，有房、有车、有个好家庭；超过一

① 本案例来自于真实的创业素材，经创业者口述，编著者加工整理而成。

两千万元，麻烦就来了，你要考虑增值，是买股票好呢？买债券好呢？还是买房地产好？超过一两个亿的时候，麻烦就大了；超过十个亿，这是社会对你的信任，人家让你帮他管钱而已，你千万不要以为这是你的钱。

这说明，当人们拥有的财富超过一定边界后，就会考验人们对于财富的驾驭能力了。对创业者而言，最好是在创富之前便读懂财富，以便在创富过程之中更好地驾驭财富。

11.1.3　创富就要读懂财富

"据一项调查表明，美国中奖的人，在中奖20年后，生活状态大多还不如中奖之前。为什么呢？因为他们大多数不具有驾驭那么多财富的能力，拥有这么多财富使得他们迷失了自我。"这说明，拥有财富固然是好，但还要读懂它。对于突如其来的财富，好多人还没做好准备乃至于不善于驾驭财富，最终财富还是会离之而去。

一个典型的例子，就是曾经的世界拳王泰森。"只要泰森在世一天，他的身价就不会跌落"，事实果真如此吗？在19岁那年创造出拳击史上最年轻的世界重量级拳王后，很多人都相信，泰森会是一棵永不倒的摇钱树。然而世事都有轮回，既然能一夜暴富，也有可能顷刻间一无所有，泰森便尝到了这样的滋味。美国时间2003年8月2日，泰森因拖欠1 740万美元的税务费及50万美元的律师费，向纽约曼哈顿破产法庭正式申请破产。曾经身价惊人的世界拳王泰森在过去的20年里挣下了4亿美元，这对于拥有一份比较体面工作，周薪1 000美元、年薪5.2万美元的普通美国人来说，泰森花掉了他们7 600年才能积攒起来的钱。可让无数人都感到困惑的是，泰森如今竟落下了一屁股的债无法偿还。泰森花钱如流水，是出了名的"慷慨大方"。他身边的雇员都是美国拳击界收入最高的，他购置的110辆豪华轿车中有三分之一送给了朋友。他也曾多次慷慨地向儿童基金会捐赠巨款，每年圣诞节前夕还会想到穷人，并赠送给他们火鸡。据美国媒体公布的一份1995年至1997年间泰森的花销表，可以看出他是一个挥金如土的家伙：他花在离婚上的诉讼费高达900万美元、通信费23万美元、轿车保养费6.5万美元、宠物养育费8 100美元、前妻莫尼卡的赡养费1 000万美元（后因无法支付，而减为650万美元）。泰森如此花钱，怎么能不把自己折腾穷呢？

相信不仅仅是泰森，还会有很多鲜活的例子，人们在拥有财富或者实现"财务自由"之后，不懂得珍惜，也读不懂财富，结果驾驭不了财富。创业者最大的悲哀，莫过于通过创业实现了创富，但不知道如何把握住这来之不易的财务自由机会，又去不加风控地盲目投资或乱铺摊子、随意扩张，结果从自由又到了不自由阶段，富翁成为负翁，"创业泰森"何其多啊！当然，创业者在创业成功并实现创富后，在企业达到一定规模后，其个人的创富目标就会转变为带领全体员工为社会创造财富的目标。越做越大的企业，超过一定规模边界后，财富目标就会超出个人和集体的范畴，而演化为社会的概念，积累的"人民币"无穷多以后，最终会变为人民的货币。

11.2 读懂财富 驾驭财富

11.2.1 财富的本质

有一个故事，一位古代商人一生中积累了数百万的财富，临死前他嘱咐他的儿子：孩子，对于我给你留下的财富你要明白三点：第一，财富是流动的，到手的财富千万不要肆意挥霍，否则，财富会很快流走的；第二，财富是流动的，已经失去的财富，你千万不要为之惋惜；第三，财富是流动的，没有固定的主人，该花的钱一定不要吝惜。商人去世后，儿子转眼就把他父亲的忠告忘了，认为那是他父亲弥留之际所说的昏话。他辞去了他本来的工作，在海边购置了别墅，终日和他的酒肉朋友们吃喝玩乐。不出一年，父亲留给他的钱财全花光了，连他的别墅也被拍卖抵债了，他只好在贫民区租了一间破房子，自己又去打工度日。直到此时，儿子才想起父亲的忠告是对的，可后悔已经晚了。于是，他下决心自此要把父亲的忠告记在心上，他开始遵循第二个忠告：不再惋惜他失去的财富，且开始认真打工挣钱。新年的第一天，儿子早早地打开大门，看见外面的雪地里蜷缩着一个衣衫褴褛的年轻人，一问才知道年轻人是进京赶考的读书人，因为盘缠没了才蜷缩在他家屋檐下。此时，儿子想起父亲的第三个忠告，就把身上仅有的一点钱以及父亲留给他的金手镯送给了读书人。一年后，读书人金榜题名，正好被皇上派到此地任官，读书人到任后为了报答商人的儿子，很快就把他接到自己的住所来了，并让他担任手下的官差，商人的儿子做官很认真，三年不到，商人的儿子又变得和他父亲一样富有了。

上面的故事说明，自古以来财富一直都是以流淌的方式来分配的。不同的朝代，对财富的称呼不同，过去也许叫交子、金银或铜钱，现在叫人民币（RMB）。事实上，当纸币诞生后，作为一般等价物，其本身是没有价值的（当然有些许印制成本），但在国家主权信用的担保下，却成为人们高度认同并不懈追逐的价值度量衡，因为一切显性或有形财富或资产，都可以用它来衡量价值。俗话说，人追钱很难，钱追人很容易。进一步深刻地去理解“钱”是流淌的，是一个能量流。即便你的钱以“睡觉”的方式躺在银行账户里，但银行却没让它睡觉，可能被贷出去投资或者消费了。

事实上，当国家把货币印出来后，货币就像“水”一样走向了流通。在传统文化里，代表智慧的是“水”，水主财运，所以从本质看，财富可以理解为“水”，水是流淌的，是能量流。水会流向更多水的地方，所以财富只会慢慢向少数人手里集中。同样，企业可以亏损，但是不能没有现金流，没有现金流，就是没有“能量或血液”了，没有“能量或血液”的东西必定消亡。并且，财富与金钱之间有一定的区别，一个人最重要的首先是在人格上能够建立起巨大的财富，有了这个资本，才能够建立金钱的财富。换句话说，像流水一样的金钱，有些时候是会跟着“人的思想”走的，即跟着能够创造价值的人走。那些创业失败的人，换种说法也就是没有挣到钱或留住金钱的人。在人们的眼中，财富不仅仅只是货币、珠宝、房产、豪车等，换句话说，金钱并不能使人真正的富有，一个人要想拥有真正的财富，必须要有内在的支撑。

有一个海盗王，他有一个12岁的女儿，他十分疼爱她，便给她留下了一大笔的金钱，她现在总该幸福了吧?！可事实并不是这样的，她几乎每天都会面对遭到绑架的威胁，无奈之下，她父亲只好把她一个人关在一座城堡里。小女孩安全了，却也失去了生活中最重要的一样东西，那就是人间的真情。金钱能买来很多物品，却买不来真情，小女孩失去了人间真情也就没有了幸福快乐可言了。有人会说，对人生而言最大的财富是健康，俗话说身体是革命的本钱，要是没有一个健康的身体，我们有再多的金钱也是没用的。因此，一个拥有金钱财富的人并没有错，重要的是看他如何去对待它？如何使用它？或者能不能驾驭好它？如果没有用正确的心态去面对，就有可能受金钱的诱惑而坠入罪恶的深渊，又怎么能说拥有财富呢？其实，财富分为有形与无形两种，有时无形胜于有形，一个人内心的淡定与精神的富足要远超于财富的富有。真正带给人们力量的，不是金钱，也不是财富。

金钱不等于财富，财富不等于力量！

11.2.2　创富需要驾驭财富

创业需要实现的创富，可以表述为两个层面：一个是金钱财富的创富；一个是创业者内心的创富。正如稻盛和夫所言，人生是专门为心的修行而设立的道场。创业人生也是一个道场，本章探讨创业与创富，所指向的创富侧重于前者，即关于金钱财富的创富。

关于财富的理解，以下五个关键词尤为重要，即“读懂、积累、倍增、驾驭、分享”。创业者通过创业实现创富，如果能够做到以下五个步骤的财富理解和能力培养，就不会走“创业泰森”之路了。

读懂：即要读懂财富的本质，并认识到金钱不等于财富，财富不等于力量。

积累：即不断积累或获得财富，通过点滴持续的积累，努力获得第一桶金。

倍增：财富的倍增有三个要素，即本金有多大？收益有多高？时间有多长？

驾驭：要能驾驭并守住财富，驾驭不了金钱，守不住财富是一种人生悲哀。

分享：有了财富还要学会分享，在自我实现的基础上多为社会贡献价值，做到既不为财富所困，亦不为财富所累。

那么，有多少金钱或财富算是创富呢？这个问题单纯从创业的角度恐怕难以回答，毕竟财富多与少取决于不同的追求。还是让我们从人或家庭财务自由的角度来理解这个问题吧！关于财务自由，维基百科的定义是：你无须为生活开销而努力为钱工作的状态。简单地说，你的资产产生的被动收入必须至少等于或超过你的日常开支。事实上，我们要的自由，最根本的不是财富，财富只是工具，我们要的自由，本质是时间的自主权。因此，财务自由也可以进一步理解为：某个人再也不用为了满足生活必需而出售自己的时间了。可见，财务自由不是目的，而是一种生活方式，然而大多数人在追求某个东西的时候，可能连那个东西的定义都不清楚。创业人生与拥有财务自由的人生应该辩证统一起来，很多人创业虽然成功了，也早早地实现了财务自由，但过得却不是自由的人生，因为时间不自由，往往上了创业的战车便停不下来了。当然，个人或家庭财务自由的实现，也不一定单纯地依赖创业来实现。正如《富爸爸》作者罗伯特·清崎先生关于收入来源的四个象限所分析的（如图 11-1 所示），工薪一族只能用时间换金钱，没有时间上的自由，并且随着年龄增大收入可能会下降。那种自雇型的创业者（小生意人），往往由于生意的不稳定，或赚或赔，也很难实现财务自由。最有希望的是后两个象限，即拥有生意系统或交易系统的人，要么能够杠杆他人的时间和金钱，要么能用金钱创造金钱，能持续获得资产性收入。显然，要么创业进而成为生意拥有者（有生意系统），要么加强内向自我修炼成为投资者，拥有属于自己的交易系统。可见，在股权投资的时代，想要拥有生意系统的机会是很多的（参股即可），不一定需要自己来创建；但要成为一个合格的投资者，还要学习、学习，再学习。

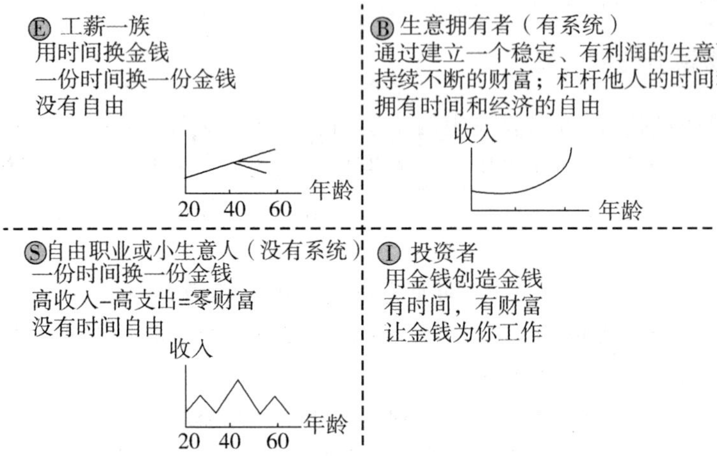

图 11-1 收入来源的四个象限

据美国的一项调查表明，年收入在 8 万美元的，家庭幸福指数最高！即前面马云所说的，最幸福的人是一个月有两三万、三四万元的收入，有房、有车、有个好家庭。也就是说，在国内如果家庭年收入能达到 50 万元，有房、有车，子女上大学都不是问题，偶尔也可以来一个说走就走的旅行，就算是一个十分幸福的中产家庭了。问题是，家庭年收入达到 50 万元，算不算是财务自由呢？显然不算。

下面我们就基于上述幸福指数最高的标准，将财务自由层层推导一下。

首先，即便不工作也能食利化生存，就是利息的利息、理财收入的收入，可以达到幸福指数最高的收入状态（50 万元家庭年收入），这样的计算，基本过滤了通货膨胀而不怕财富被蒸发。在年化 5% 的收益率下，1 个亿资金利息的利息是 50

万元；在年化10%的收益率下，5 000万元资金利息的利息是50万元；在年化20%的收益率下，2 500万元资金利息的利息是50万元。可见，财务自由不一定要对应着一定要有多少资金（或能带来收益的资产），关键看你的收益率或年化收益能力。

其次，若要实现财务自由，不能把目光盯在1个亿2个亿的目标上，因为太过遥远且又不容易触及。要努力先争取家庭收入达到年50万元（可以通过创业实现），如能提高投资或理财的收益率（能力目标为20%），这样将小目标定在250万元的高净值（也可以通过创业实现），也是可以实现财务自由的。

最后，即便只有250万元的本金，加上250万元的1∶1杠杆资金，如果扣除杠杆资金的利息，每年能够确定性地获得10%的收益率，也是可以实现年收入50万元目标的。当然，即便没有其他资产或高净值，只要具备这种确定性收益能力，还是很快就能达到财务自由状态的。

如此看来，读懂财富并能够驾驭财富是至关重要的！可以说，创业就是要拿到第一桶金，接下来，或者继续稳健你的生意系统，也可以构建你的交易系统，努力提高能够掌控的收益率。事实上，本金不是问题，时间也不是问题，关键问题是确定性的高收益能力，创业与投资都是如此！

11.2.3　创富更要投资理财

"理财"往往与"投资理财"并用，因为"理财"中有"投资"，"投资"中有"理财"。所谓的理财也不仅仅是把财务往外投，被投资也是一种理财，不懂得被投资也就不懂得怎么更好投资。何谓理财呢？理财（Financial Management或Financing），指的是对财务（财产和债务）进行管理，以实现财务的保值、增值。理财分为公司理财、机构理财、个人理财和家庭理财等。人类的生存、生活及其他活动离不开物质基础，与理财密切相关。

创富为什么要投资理财呢？这一点已经实现创富的人会非常理解。因为我们的财富如果是单一的以货币形态存在的，而且大部分是使不完、用不了的，那么就不得不考虑如何跑赢通胀了。通货膨胀的本质是货币发行多了，超出了实物流通的需求，进而呈现的物价上涨现象。事实上，在经济规律和体制特征的作用下，货币超发是一个常态现象，相应通货膨胀（不管是温和的还是不温和的）也是必然的。对于财富拥有者来说，跑赢通胀就是一个非常现实的问题。

试着回忆一下，找一些例子来看看近十年来我们的物价上涨了多少？有时候，名义的通货膨胀率不能代表实际的感受，老百姓真真实实的感受才是有力证明。真实的情况是物价大约每6、7年就会翻一倍（真实通胀率是10%以上），加上M2货币超发速度（一般每年会在12%左右），我们把每年GDP6%～7%的增长速度和相应的收入增长（或者说资本的机会成本）包含在货币超发覆盖的范围之内，那么，投资或理财的收益率要达到22%以上，才能让你的财富不至于被通货膨胀和货币超发所稀释，才能确保财富地位不变。想一想，不由得恍然大悟，通胀是不是猛于虎呢？我国的货币和准货币（M2）供应量增长情况如图 11-2 所示。

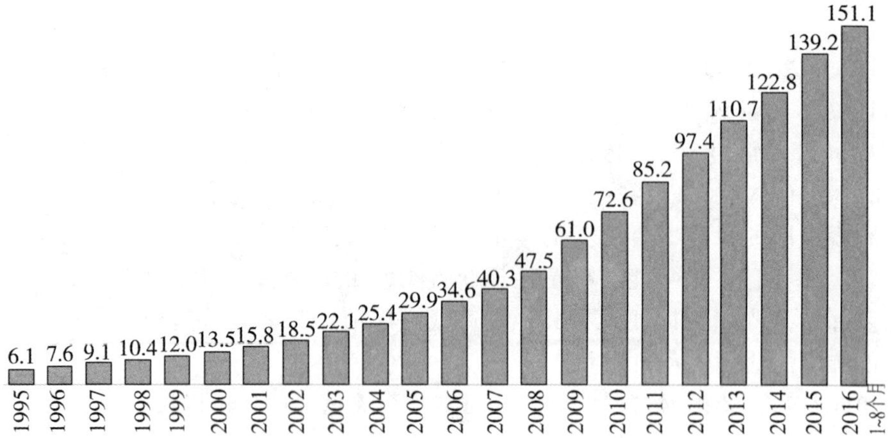

图 11-2 中国货币和准货币（M2）供应量走势图（单位：万亿元）

依照图 11-2，我们截取一个完整的十年（2005—2015 年）来计算一下年均增长速度，2005 年 M2 总量是 29.9 万亿元，到 2015 年为 139.2 万亿元，年均增长速度在 16.5% 以上。为什么会有如此快的货币超发速度？这肯定有我国国情的原因，但有一点是明确的，高于 GDP 或国民收入增长速度的货币超发，肯定会带来财富的稀释。也就是说，同样是一元钱，在今天或十年前肯定是不一样的价值代表，另外还有通货膨胀在后面追赶呢？因此，前有货币超发后有通货膨胀，即便通过创业活动创富了，想要守住财富或者保持自己的财富地位也是不容易的。创业者好不容易有了第一桶金，要倍加珍惜，面向财务自由也好，保持财富增值保值也好，都需要提高自己的投资理财能力。

正如上一节所介绍的，对于创业者来讲，拥有生意系统（创业）重要，拥有交易系统（属于自己的）也很重要。就创建实体企业，每年 20% 以上的盈利已经很可贵了，相对来讲，较高收益率的投资理财能力的培养何尝不是一种创业创富呢?！举个例子来说，如果银行借贷资金的年化利息不超过 8%，你的投资理财的收益能力如果能达到年化 20% 以上，看看，这是不是有投资理财的操作空间或创业机会呢?

事实上，巴菲特 43 年里复合年化收益率为 21.1%；西蒙斯 30 年里复合年化收益率为 34%；格林布雷 20 年里复合年化收益率为 40%。有人不禁要惊讶，怎么能够比肩巴菲特呢？答案是：因为你还有时间。时间是什么？是良药，是战略武器，也是复利的计量刻度。还记得前面提到的投资理财三要素：本金有多大？时间有多长？收益率有多高？时间是一个重要的要素，如果时间足够的长，本金可以少一点或者慢慢积累，收益率也可以低一些（加一倍杠杆就可以减半了）。

以下理念作为投资理财的重要准则，需要在实践中加以贯彻：

（1）驾驭好通货膨胀这只老虎。我们权且把货币超发也一并纳入到通货膨胀范畴吧，驾驭好这只老虎，如果不能跑赢它，就让它拖着你跑。道理就是利用你所拥有的时间，合理的负债，然后让这只老虎帮助你稀释债务。比如说，作为刚需，你一定要在合理负债的前提下，尽量选择按揭贷款购买房子，然后让接下来几十年的时间帮助你去稀释债务。房贷是居民家庭最好的金融资源（特别是公积金贷款），穷人储蓄、富人借债的道理是显然的。

（2）利用好自己的时间杠杆。属于你的时间是你最大的财富，因为健康是最大的财富，健康即意味着你的时间是有长度的，空间也是可以有广度的。自由人生=M1·（T+S）·M2，M1是思想（Mind），M2是财富（Money），T是时间（Time），S是空间（Space）。那么，时间杠杆是什么呢？比如尽早购买重大疾病或生命保险，就是给自己加时间杠杆（反过来保单抵押可以随时向保险公司融资，继续让老虎拖着你跑）。

（3）掌握理财之“道”，形成基因记忆。人们对于风险的认知，还远没有形成基因记忆，哪怕有一点肌肉习惯也是难得的。在经济学中关于风险管理的概念是不确定性（Uncertainty），其指的是经济主体对于未来的经济状况尤其是收益与损失的分布范围以及状态不能确知。由经济学家法兰克·奈特提出的奈特氏不确定性（Knightian Uncertainty），是指无法被衡量、不能被计算或然率的风险。在他的成名作《风险、不确定性与利润》中，他为风险与不确定性做出定义，主张风险是能被计算概率与期望值的不确定性，而不能被预先计算与评估的风险则是不确定性。千万别做随机漫步的傻子，如买了股票不知道究竟买了什么，就如同手持火把穿过一个炸药工厂，可能活下来，但是仍然是个傻子。理财之“道”在于做到“不赔”（即能够避险），高确定性“赢”（对风险的识别、认知和驾驭），还有就是“淡定”（淡定才能富足，积小胜为大胜）。

（4）注意投资的刚需是避险。避险就是努力控制风险，降低不确定性。收益率有多高重要，回避风险更为重要，因此要学会风险的回避或化解能力。对投资理财而言，最大的风险莫过于系统性风险了。系统性风险（Systematic Risk）又称市场风险，也称不可分散风险，是指由于多种因素的影响和变化，导致投资者风险增大，从而给投资者带来损失的可能性。系统性风险的诱因多发生在企业等经济实体外部，企业等经济实体作为市场参与者，能够发挥一定作用，但由于受多种因素的影响，本身又无法完全控制它，其带来的波动面一般都比较大，有时也表现出一定的周期性。投资避险，就是要防范系统性风险。

（5）掌握做空手段，提防黑天鹅事件。黑天鹅事件（Black Swan Event）是指非常难以预测，且不寻常的事件，通常会引起市场连锁负面反应甚至颠覆。在发现澳大利亚的黑天鹅之前，17世纪之前的欧洲人认为天鹅都是白色的。但随着第一只黑天鹅的出现，这个不可动摇的信念崩溃了。黑天鹅的存在寓意着不可预测的重大稀有事件，它在意料之外，却又改变着一切。人类总是过度相信经验，而不知道一只黑天鹅的出现就足以颠覆一切。黑天鹅事件都是无法预测的，9·11事件的发生、美国的次贷危机、我国的雪灾，都证实了这一点。但我们要注意不被其伤害，相反可能还会吃上一口黑天鹅肉（如利用做空手段）。

（6）区别“理财”、“投资”、“投机”与“赌博”。理财要“笃行”；投资要“独醒”；投机要拒绝“毒性”；赌博要拒绝“赌性”。要明确知道自己的行为属于哪一类，学会界定风险，要远离赌博、适度投机、价值投资、科学理财。

11.3 共享经济与消费创富

11.3.1 消费资本时代来临

消费资本（Consumption Capital）是指以消费形态表现的资本，包括在产品和服务的消费过程中，所有由消费者创造的市场力量及其价值表现。它是货币资本和知识资本之外的第三种资本形态。消费资本可分为广义的消费资本和狭义的消费资本。广义的消费资本是指包括在产品和服务的消费过程中，所有由消费者创造的市场力量及其价值的总量。狭义的消费资本是指市场消费资本总量在一定时期内在企业中释放出的现值。

在直销模式爆发的年代，人们刚刚认识到：原来好的东西除了自己消费，还可以推荐给亲朋好友，并且还能拿到销售分层奖励。其实本质上，传统的直销就是去中间、去门店，将中间商分销的利润省下来，然后由消费顾客（也是员工）分享收益。到了互联网+时代，商业模式变迁迅猛，消费者社群兴起，电商、微商等线上消费平台与模式日新月异，于是消费资本的时代真的来临了，如锤子手机在京东网上的众筹或预售所代表的，无一不是借由消费者所创造的市场力量获得了良好的价值表现。

伴随着消费资本论的兴起，以及实践模式的日益丰富，消费者主权蓬勃兴起。不良商家再也不敢误导或欺负消费者了，因为消费者一个差评或晒单就可以给商家造成难以挽回的损失。那么，什么是消费者主权呢？消费者主权（Consumer Sovereignty）是诠释市场上消费者和生产者关系的一个概念，消费者通过其消费行为以表现其本身意愿和偏好的经济体系。换而言之，即消费者根据自己的意愿和偏好到市场上选购所需商品和服务，这样消费者意愿和偏好等信息就通过市场传达给了生产者，于是生产者根据消费者的消费行为所反馈回来的信息来安排生产，提供消费者所需的商品和服务。

现在国家提出的供给侧改革，就是面向消费需求的精准供给，通过“三去一降一补”的政策，即去产能、去库存、去杠杆、降成本、补短板，提高生产精益程度，提高流通效率，实现国民经济整体的降本增效。在消费者主权兴起的背景下，消费者的消费行为在商品生产这一最基本经济问题上将起决定性作用。这种作用表现为：消费者用货币购买商品是向商品投“货币选票”，“货币选票”的投向和数量，取决于消费者对不同商品的偏好程度，体现了消费者的经济利益和意愿。生产者根据消费者“货币选票”确定生产的数量、雇佣的劳动力和所需的生产资料，同时改进技术、降低成本、增加品种等，以满足消费者的需要，从而获得最大的利润。在这一过程中，消费者的消费抉择与行为做出了巨大贡献。

消费者主权理论又称顾客主导型经济模式，与生产者主权或企业主导型运作模式相对，其相对应的是流通主导权的对角线转移（飞利浦·科特勒），即从制造商主导转为中间商（批发商）主导，然后转为零售商主导，最终会转移到消费者手中，移动电商的迅猛发展便是例证。中国互联网络信息中心（CNNIC）2016年年初发布的《第37次中国互联网络发展状况统计报告》显示，截至2015年12月，我国网络购物用户规模达到4.13亿，较2014年年底增加5 183万，增长率为14.3%，与此同时，我国手机网络购物用户规模增长迅速，达到3.40亿，增长率为43.9%，手机网络购物的使用比例由42.4%提升至54.8%。可以预计，基于消费资本及消费者主权的移动电商创新，将会逐步替代甚至颠覆传统的商业模式。

消费竟然还能够赚钱，这是一个多么美好的时代啊！事实上，相关的商业模式已经层出不穷了（见后文云集品案例）。正因为有了大数据和云计算，消费者的信息及消费数据可以被搜集、加工和追踪，正如马云曾经在一次演讲中提到的，“人类正从IT时代走向DT（Data Technology）时代”。在DT时代，数据（信息）资本理论是消费者主权论的理论根基，信息流的无线畅通打破了过去的信息不对称，消费者很容易货比三家并抱团取暖（如团购模式）。亚当·斯密在其《国富论》中认为：社会居民及个体有用的能力也属于资本。根据消费者主权论，消费者的“消费行为”将在“商品生产”这一最基本经济问题上起决定作用，消费行为信息将在大数据和云计算的辅助下质变为数据资本。那么，消费者的行为数据作为“独特资产”参与并促进商品的生产与流通，因而有权参与分配数据资本所产生的增值部分。

消费行为是经济的原动力，消费力与生产力同等重要，以消费为导向，将彻底改变“为生产而生产”的“生产中心”倾向，变被动生产为主动生产，避免造成一次又一次的经济危机，使经济活动回归消费本身，促进生产与消费的和谐统一，促进国民经济的良性循环，构建和谐社会。

诚然，新兴事物或趋势需要一个认知的过程，也有人认为“消费资本论”是歪理邪说，违背了马克思主义资本积累的一般规律，认为消费行为并不能创造剩余价值，进而怎么会转化为资本呢？甚至认为“消费资本论”是专门为“返利式传销”准备的理论基础，认为供给者和消费者一旦成了“生意合伙人”，会严重扰乱市场经济的正常秩序，会破坏供需平衡下的市场均衡状态。

谁是谁非无需在这里下结论，对创业者而言只需关注趋势，这种代表消费者主权的消费资本发展趋势。这是因为存在的不一定合法，但可能是合理的，如各种消费者合作社或消费联盟是存在的，各种团购让利是存在的，各种网购平台的众筹和大规模定制是存在的，各种“股东、员工、顾客”三合一的商业模式是存在的，各种消费即分享收益的微店是大量存在的（最多三级分销）。

思维的改变与信息的畅通，让人类成功创富的速度空前倍增。如以积累10亿美元的财富的时间来比较，福特汽车的创始人亨利·福特用了23年，沃尔玛的创始人萨姆·沃尔顿用了20年，比尔·盖茨用了12年，亚马逊的贝佐斯只用了3年。因此，顺应时代大潮，创新商业模式，将消费转换成一种资本，进而成为互联网经济时代的消费主权资本家，使得创业与创富机遇越来越多。

11.3.2 共享经济与消费创富

共享经济（Sharing Economy），或称分享经济，是指将社会海量、分散、闲置资源，平台化、协同化地集聚、复用与供需匹配，从而实现经济与社会价值创新的新形态。分享经济强调的两个核心理念是“使用而不占有”（Access over Ownership）和“不使用即浪费”（Value Unused is Waste）。分享经济模式作为社会资源重新配置的新方式，正日益成为全球共识，Uber、Airbnb、滴滴等为代表的分享经济企业正在崛起，表明全球共享经济时代已经到来。根据相关机构统计，2025年，全球共享经济产值可达到2 300亿英镑。

共享经济的特征可以归纳为五大驱动、三大基石、四低四高。五大驱动包括：（1）用户驱动。消费者主权得到体现，分享经济由用户意愿、用户需求、用户选择、用户体验、用户价值、用户分享所驱动。（2）信任驱动。“互联网+分享经济”重构了连接、交互、关系和信任。（3）平台驱动。社会化资源借助互联网搭建平台，解决信息不对称和资源集聚，实现供需匹配和交易，为分享经济提供支持。（4）数据驱动。开创阶段是信息化、数据化；第二个阶段是聚类、结构化，进行用户画像；第三个阶段是预测、智能化。如滴滴出行已进化到第三阶段，可以预测某时段、某区域的用车需求，甚至预判用户的目的地，为车辆调度、供需匹配、路线优化的精准化提供支持，为利用动态价格机制缓解拥堵提供支持。（5）价值驱动。闲置资源、过剩产能可以参与价值创造，认知盈余、闲暇时间可以价值化，连接本身就具有价值，可以使交互更具意义。三大基石包括：（1）信息对称。降低信息不对称，会给资源的聚集、资源配置、供需连接、用户体验、主体协同带来正面影响，也会促进交互的有效性。（2）游戏规则。规则的设计与动态调适对大众参与分享经济模式至关重要。规则的公平、透明、均利是基本原则，让用户、伙伴通过特定的方式参与游戏规则设计也值得尝试。（3）协同协作。参与者彼此依赖，与平台方共建共享；形成协同消费、协同创新。四低四高包括：（1）四低，即低交易成本、低信任成本、低门槛、低碳。（2）四高，即高渗透率、高效能、高估值与高留存。

现在的人们可能已经习惯了共享经济，如出门打车用滴滴，自行车用摩拜单车，共享经济通过高效利用社会资源，达到供需双方的有效连接，提升企业竞争力。据IT桔子（2015）统计，我国共享经济领域快速崛起了16家独角兽企业，覆盖出行、短租/长租、金融等八大行业。如在滴滴出行的平台上，有出租车、专车、快车、顺风车、巴士、代驾等各种出行工具，在高峰时段，滴滴调动社会运力，承接海量出行需求，通过共享经济解决城市交通的潮汐问题。2015年9月，滴滴出行的估值已高达165亿美元，2015全年完成14.3亿个订单；2016年春运，滴滴春运跨城顺风车共计190万人合乘，用户遍及332个城市，《人民日报》更是以“滴滴顺风车成春运重要补充运力”进行了报道。另外，据艾瑞统计数据显示，2012年是中国在线短租市场的加速年，总计市场交易规模约为1.4亿元，增长达18倍；到2014年短租市场交易规模突破40亿元，2015年短租市场规模突破105亿元，环比增长159.3%。还有大量立足于知识分享的商业模式不断诞生，如猪八戒网、得到、分答、知乎等各具特色。此外，共享金融如互联网P2P和众筹、开放平台、众创空间等诸多分享经济模式更是风生水起，形成中国新经济当中的一道独特的风景线，为创新创业生态化自由生长奠定了基础。

在消费者主权兴起及共享经济模式大爆发的环境下，消费者开始成为中心，一切商业模式创新都以消费者的意志、喜好和需求为出发点。在移动购物与社交群体的相互交互下，被关注者或者意见领袖的作用越来越大，于是粉丝经济、网红经济等不同引领消费创富的经济形态便应运而生，基于消费创富演化的商业模式越来越多。

粉丝经济泛指架构在粉丝和被关注者关系之上的经营性创收行为，是一种通过提升用户黏性并以口碑营销形式获取经济利益与社会效益的商业运作模式。以前，被关注者多为明星、偶像和行业名人等，比如，在音乐产业中的粉丝购买歌星专辑、演唱会门票，以及明星所喜欢或代言的商品等。现在，互联网突破了时间、空间上的束缚，粉丝经济被广泛地应用于文化娱乐、销售商品、提供服务等多个领域。商家借助一定的平台，通过某个兴趣点聚集朋友圈、粉丝圈，给粉丝用户提供多样化、个性化的商品和服务，最终转化成消费，实现盈利。

网红经济是以年轻貌美或特立独行的时尚达人为形象代表，以红人的品位和眼光为主导，进行选款和视觉推广，在社交媒体上聚集人气，依托庞大的粉丝群体进行定向营销，从而将粉丝转化为购买力。

消费创富，既可以理解为通过自己直接的消费来获得收益，也可以理解为通过吸引消费者关注，引领消费者的消费，从而创建独特的商业模式而创富。

【创新实例11-2】

一个消费创富的案例——浪漫女孩凭“吻印”创富

2005年的一天，正与男友热恋的赵建君擦掉口红时，无意中看到纸上的吻印特别漂亮。于是突发奇想，找来白纸，很认真地印了一个“吻”，还写了一些恋人之间的浪漫文字，过塑后送给男友。这个简单而充满创意的礼物让男友特别开心，还开玩笑说：“这个很有创意，还不如开个小店专门为情侣们服务呢。”

那时还没工作的赵建君对男友的这句玩笑动心了。2005年中，“以吻定情”个性小店在东莞正式开张了。半年之后，结婚并怀有身孕的赵建君回到家乡长春休养，又在当地开了“爱的吻唇”实体旗舰店，乘势推出亲情吻唇、天使吻印（宝宝的吻印)、周年吻印、新婚吻印等等。这些吻印不但可以做成卡片，还可以做成T恤、项链、手机链等相关产品。现在，赵建君月收入已近万元。

11.3.3 消费创富新模式

《世界是平的》作者托马斯·弗里德曼指出：互联网形成了一个“扁平的世界平台”，使得人们可以以个人的形式采取全球行动，这就是这个时代的新事物，由于互联网，个人被赋予了强大的力量。PC端的消费互联网，主要解决的是买卖双方之间的信息不对称问题，到了移动互联网阶段，便有了质的飞跃，各种消费互联网模式逐渐向线下实体延伸，向产业靠近，且更加垂直细分。正如马云所言：未来的世界，我们将不再由石油驱动，而是由数据驱动，是用户改变企业，而不是企业向用户销售，制造商必须个性化。可见，移动互联网、大数据、云计算等力量交织在一起，共同打造了一个以消费者为中心的时代，传统大规模生产将被个性化定制所取代，生产制造的柔性化开始走进人们的生活。

美国著名趋势学家杰里米·里夫金在其最新作品《零边际成本社会》一书中，系统地做出了关于未来世界的三大预测：协同共享经济将颠覆许多世界大公司的运行模式；现有的能源体系和结构将被能源互联网所替代；机器革命来临，我们现在的很多工作将消失。在书中，里夫金开创性地探讨了极致生产力、协同共享、产消者、生物圈生活方式等全新的概念，详细地描述了数以百万计的人生产和生活模式的转变。他认为，“产消者”正在以近乎零成本的方式制作并分享自己的信息、娱乐、绿色能源和3D打印产品；他们也通过社交媒体、租赁商、合作组织以极低或零成本的模式分享汽车、住房、服装和其他物品；学生更多地参与到基于零成本模式的开放式网络课程。里夫金分析认为，在数字化经济中，社会资本和金融资本同样重要，使用权胜过了所有权，可持续性取代消费主义，合作压倒了竞争，“交换价值”被“共享价值”取代。他甚至预言，“零成本”现象孕育着一种新的混合式经济模式，这将对社会产生深远的影响。零边际成本、协同共享将会给主导人类生产发展的经济模式带来颠覆性的转变，我们正在迈入一个超脱于市场的全新经济领域。上述“以消费者为中心”、“产消者”、“共享价值”和“新的混合式经济模式”等观点，都在预示着消费者主权下消费创富时代的来临。

奇虎360董事长周鸿祎指出：互联网+主要侧重于“四个化”：一是商业模式互联网化；二是产品体验互联网化；三是市场推广互联网化；四是产品销售互联网化。其根本指向是通过商务电子化压缩中间渠道、环节等不必要的成本。事实上，国外及国内实体零售的倒闭及纷纷向O2O转型便早已印证了互联网商业模式带来的冲击。可以预见，消费创富的新模式，必须将消费者置于中心地位，以共享或消费联盟的手段，辅以必要的共享激励机制，并在移动互联网商业模式的支持下进行。

【创新实例11-3】

一个消费创富的案例——爱情小期货

钻石恒久远，一颗永流传！钻石几乎成了爱情的代言，交换钻戒则成为现代婚礼仪式上的一个必备仪式。但对于年轻人而言，若想送自己最爱的人一颗价值不菲的钻石，还是要付出很大代价的。不可否认，这是一个接近于刚需的市场，也可以预见中国市场将成为一个潜力巨大且高成长的市场。那么，如何提前锁定目标市场并让这个消费群体分享钻石保值增值的收益呢？“爱情小期货”便应运而生了。

2014年11月28日，西部商品交易所钻石现货电子交易平台在发布会上正式上线，这个由中国西部商品交易中心与富利鑫投资控股集团、大连信和嘉泰投资有限公司共同组建的西部钻石资产管理有限公司开创了国内首个开展钻石连续现货交易的电子平台，通过线上钻石电子化交易，线下多行业介入，实现钻石投资、变现、抵押贷款、回购、储存等功能，以解决中国投资钻石的变现及流通问题，激发钻石的金融投资属性。而中国作为全球第二大钻石消费国和第二大钻石加工国，其投资渠道却一直存在瓶颈，西部商品交易所钻石现货交易平台的上线则有望解决钻石的流通和变现问题。目前，在国内，除了消费型钻石的供应场所外，供应渠道不足，客观上抑制了钻石的投资需求；而在国外，钻石可以通过抵押融资、拍卖、珠宝公司回购等多种途径变现。

“爱情小期货”正是依托西部商品交易所钻石现货电子交易平台功能，开发的一个面向准消费群体的一个消费创富平台产品。消费者可以在平台上以1 000元的代价，获得相应钻石产品的预购权益，然后可以在未来的某一天完成实物购买交割。在此期间，这个“爱情小期货”可以为消费者贡献以下价值：一是锁定钻石消费，这笔预定金可以随同钻石指数的走势获得升值收益；二是一旦履行交割，除了这笔预定金转为钻石实物产品购买资金，还可以享受会员折扣优惠和一系列增值服务；三是该笔“爱情小期货”可以随时买卖，即利用多空机制进行反复投资，在风险不大的情况下通过滚动投资积累钻石购买资金。

“爱情小期货”体现了消费创富思想，同时也提前锁定了目标消费群体，相当于预售制下的标的物投资。该产品一经推出，便获得了目标群体的追逐。一方面，钻石产品中长期的刚性价格上涨走势为其提供了指数化投资收益保障；另一方面，通过多空短期滚仓操作，还可以锻炼目标消费者（或投资者）的投资技能。

（微信公众号：wwwzs5icom-dg，钻石现货点价订购平台）

【创新实例11-4】

云集品，全球互联网分享经济的引导者

随着电子商务日新月异的发展，“互联网+全球速递”使得人们进行全球消费成为可能，跨境电商+全球速卖（销）模式应运而生。近几年来，在国家政策的倡导下，跨境电商企业及其商业模式创新层出不穷，深圳前海云集品电子商务有限公

司（以下简称云集品）便是一家抓住先机，探索“互联网+跨境电商+分享经济”商业模式的平台创新型企业，其正在打造全球首家会员制跨境电商平台，并努力成为最具客户黏度的全球消费者共联、共创、共享机制的商业生态云公司，致力于成为全球互联网分享经济的引导者。

云集品成立于2014年7月，注册于深圳前海，是一家以“共联、共创、共享”为核心的全球最大的会员制消费分红平台，公司目前的电商平台由香港汤普森电商公司全球会员制电商平台、杭州沃好电子商务有限公司综合性大型跨境电商双语平台以及美国1direct英文电商平台等三个平台组成。云集品目前已成为同时支持多国语言（中文、英文、韩文、繁体字）、支持多国币种（人民币、港币、韩币、美元）的大型双向跨境电商平台，该平台实现全球共联、共创、共享，将日常生活消费变为“投资”，每日赚取全球销售利润分红的“会员制跨境电商营销平台”。

来自商务部和海关总署的数据显示，从2008年到2015年，中国跨境电商的交易规模已由起初的0.8万亿元增长至4.8万亿元，占货物进出口总体交易比重的19.5%。基于国家政策鼓励与互联网+的发展，预计到2020年这个比重将上升至37.6%，整体交易规模突破10万亿元。2015年6月16日出台的《国务院办公厅关于促进跨境电子商务健康快速发展的指导意见》中特别指出，要培育一批公共平台、外贸综合服务企业和自建平台，并鼓励国内企业与“一带一路”沿线国家和地区的电子商务企业强强联合，并为跨境电商企业提供积极的财政金融支持，鼓励有实力的企业做大做强，共享10万亿元跨境电商蛋糕。

云集品顺应时代发展潮流，打造“消费商+综合型电商平台+供货商（C2B2B）”的全新商业模型，以跨境电商为切入点布局全球，实现“互联网+跨境电商+分享经济（会员制）”三位一体的新零售体系。在这一新零售体系下，供应商、经销商和消费者同时共同分享平台产生的利润，供应商免费入驻，汇聚全球优质产品，实现全球同质同价；经销商享受全方位“一站式”跨境电商创业与服务平台；消费者免费注册，会员制按需消费，自主购物利益共享。

云集品使消费者成为消费商，不但让消费者可以购买到优质的全球商品，更重要的是通过“去中间、去门店”把传统分销模式下利润转变为以互联网大数据为基础，通过奖励制度技术化、系统化分享给消费者，一方面有效刺激并满足了消费，另一方面全球优选促进了供给侧改革。一句话总结：通过去中间、去门店将传统的分销变为跨境速销速递，全球精准供应与分享消费，使得生产和消费由传统的价值创造–效用追求异步关系转变为价值变现与分享消费的同步关系。

云集品乘政策东风，自注册以来获得了快速发展，目前已经布局了5个国内仓和3个海外仓，产品市场发展到50多个国家和地区。2016年2月18日，是云集品发展史上一个重要的里程碑，在全国数百万家电商企业中，云集品接受了中央电视台的专访，成为“中央电视台战略合作伙伴”；2016年3月19日，云集品被“中国企业家联合成长计划”授予“2015年全国最具发展潜力的华商品牌”奖项，成为全国电商行业唯一的中奖企业。

【本章小结】

创业是一个人生选择的事，创业就是失去现在要未来，创业就是要从95%的人变成5%的人。创业与价值观是如影相随的，有什么样的价值观，就会有什么样的具体行动和选择。

创业人生则是以不确定的方式在不确定的环境下寻找确定的结论——成功，其最大的精彩就是在不确定中体验这种确定带来的失败、成功、焦虑、等待、孤独或喜悦。

大学生在创业过程中需要正确的价值观作为指引，创业价值观不成熟会让大学生在创业时很难有正确的创业态度、不放弃的意志以及客观对待创业风险和问题的心理素质。

创业奔向创富无可厚非，但拥有财富的同时，更要学会驾驭财富，并具备正确的财富观。

创业者的最高境界与归属，不仅创造物质财富，还要创造精神财富，创业的终极目标是回报社会。

创业活动犹如一个舞者，在穿上红舞鞋之后就需要热舞至死，风险从来就伴随着创业者的左右，对创业者而言，首要的问题是创业风险的规避问题。

当财富超过一定数量级后，就会考验人们对于财富的驾驭能力了，对创业者而言，最好是在创富之前便读懂财富，以便在创富过程之中更好地驾驭财富。

财富分为有形与无形两种，有时无形胜于有形，一个人内心的淡定与精神的富足要远超于财富的富有，金钱不等于财富，财富不等于力量。

读懂财富并能够驾驭财富对创业者是至关重要的，创业就是要拿到第一桶金，接下来就需要继续稳健生意系统、构建交易系统，努力提高能够掌控的收益率。

理财要“笃行”，投资要“独醒”，投机要回绝“毒性”，赌博要拒绝“赌性”，创业者要明确知道自己的行为属于哪一类，要远离赌博、适度投机、价值投资、科学理财。

消费行为是经济的原动力，消费力与生产力同等重要，以消费为导向，将彻底改变“为生产而生产”的“生产中心”倾向，变被动生产为主动生产。

在消费者主权兴起及共享经济模式大爆发的环境下，消费者开始成为中心，一切商业模式创新都以消费者的意志、喜好和需求为出发点。

消费创富的新模式，必须将消费者置于中心地位，以共享或消费联盟的手段，辅以必要的共享激励机制，并在移动互联网商业模式的支持下进行。

【核心概念】

创业价值观　财务自由　理财　不确定性　系统风险　黑天鹅事件　消费资本　消费者主权　共享经济

【课后思考】

1. 什么是创业价值观？大学生创业之初，需要树立起什么样的创业价值观？
2. 在目前的国情下，为什么说大学生创业在大概率上有可能是失败的？
3. 创业与创富是什么关系？如何实现精益创业？
4. 为什么在创富之前要读懂财富？如何做到更好地驾驭财富？
5. 创业者为什么要提高投资理财能力？面对风险如何生成基因记忆？
6. 谈一谈你对消费资本及消费者主权的理解。
7. 推荐一个共享经济的案例，分析其成功的原因。
8. 学完本章，在移动互联网的支持下，你能否酝酿一个消费创富的 idea？

【实践演练】

演练 1：投纸球游戏。

道具准备：用废纸团成一个纸球，大小如网球，然后外表用透明胶带包裹好，便于用手握持和投掷，再准备一个纸篓，作为纸球投掷的容器。

游戏规则：将纸篓放置于教室通道前方，在距离纸篓 1.5 米、2.5 米、3.5 米处设置三个投掷点，站在以上投掷点投中将分别得 1 分、2 分和 3 分，投不中或球由纸篓内弹出不得分，累计得分最高者为胜。

游戏组织：将班级分成若干小组，再由各小组推选出投球选手一人，然后由各小组商议制订投掷方案（每个小组有 5 次投球机会，决策做出投掷点选择及先后顺序，如 11223 等）报给课代表，然后由课代表按照抽签次序组织比赛，教师负责监督。

游戏研讨：风险与确定性关系及启示。

演练 2：大富翁游戏。

道具准备：大富翁现金流游戏（可在淘宝网购买，可以五六个人使用一套道具）。

游戏规则：按照游戏指导手册进行，最先跑入快车道者为胜出，小组可按平均财富值计算排名。

游戏组织：将班级分成若干小组，一般每组不宜超过 10 人，五六个人一组最佳。

游戏研讨：选择个人代表进行心得总结，各小组研讨如何尽快跑到快车道及其影响因素。

演练 3：K 线角斗场游戏。

道具准备：手机下载淘金路 APP，安装后选择进入 K 线角斗场，先熟悉一下使用功能，然后准备游戏。

游戏规则：先按照小组进行比赛，每人 5 次角斗机会，然后计算各小组的平均收益率进行排名；然后各小组选出成绩最优秀者进行个人 PK，每人 5 次角斗机会，成绩最佳者为冠军。

游戏组织：将班级分成若干小组，第一轮游戏决出小组排名，第二轮游戏决出个人冠军。

游戏研讨：各小组进行心得总结，研讨个体能否战胜市场？如何有效降低股票的投资风险？

第12章　家族创业与传承

【学习目标】

1. 了解创业家族企业的内涵
2. 了解家族企业在不同生命周期中的创业挑战
3. 了解家族企业代际传承的实质
4. 辨析家族企业基业长青的模式
5. 了解家族治理对于家族企业基业长青的作用

【引导案例】

2017年5月16日消息，深交所网站最新公布的数据显示，美的集团创始人、实际控制人何享健于5月12日通过大宗交易减持公司股票3 232.84万股，占总股本的0.5%，减持均价为34.68元/股，套现金额约为11.21亿元。

近期，在整体股市行情向下波动时，美的集团股价表现“抢眼”，非但没有大幅下跌，反而逆势连创新高。5月12日当天，更是一度探至36.35元的高位，公司总市值达到2 350亿元。今年以来，美的集团的累计涨幅达到29%。

据悉，截至2017年第一季度末，何享健通过美的控股持有美的集团22.44亿股，占总股本的34.71%；另外，何享健个人还持有美的集团7 847.49万股，占比1.2%，为第十大股东。若以此推算，此次减持后，何享健个人直接持有的美的集团股份比例将降至0.7%。

现年75岁的何享健是美的集团的创始人，2016年胡润百富榜上，何享健、何剑锋父子以780亿元的财富排名第10位，而在今年3月发布的福布斯全球富豪榜上，何享健以133亿美元的资产位列全球第102位，中国第8位。

2012年，何享健卸任美的集团的董事长，只担任美的集团的控股股东及美的控股公司董事长，集团董事长交由职业经理人方洪波。何享健独子何剑锋在美的集团董事会中担任董事，任期为2012年8月25日至2018年9月18日。

与很多白手起家的中国商人不同，73岁的美的集团创始人何享健选择在“企业外”培养自己的儿子。

何享健唯一的儿子何剑锋，多年来无意涉足美的的经营，在2012年美的集团更朝换代中，仅以董事身份，位列在新一届美的集团董事会的10名成员之一。但这一切，似乎并不阻碍何剑锋在美的集团之外的商业江湖中“锋芒毕露”。

8月初，低调匿身投资圈的何剑锋，因为旗下4个基金账户被监管部门限制交易一事突然卷入做空漩涡。自此，何享健、何剑锋父子多年来在金融领域的布局浮出水面。相比利润微薄、竞争激烈的家电制造业来说，何氏家族运筹帷幄，精心布局的另一个“隐形美的”，前景似乎更为广阔。

“美的绝不会做成家族企业。”早在将美的集团交班给职业经理人方洪波之前，何享健就多次在公开场合如是说。这种大度放权的管理方式，被业内视为家族企业转型的典范。

但在现实里，传统的企业管理思维仍难以抛弃。退居幕后的何享健，仍然掌控着美的的战略方向。

12.1　创业家族企业

本章所描述的，是那些拥有或经营着企业的家族以及企业本身的故事。这些企业可能是“夫妻店”，或是仅有几名雇员的街角便利店，也可能是雇员数以万计的跨国企业集团，比如引导案例中的美的集团。但是更多的中国家族企业是占据企业数量四分之三的众多不知名的小企业。这些各不相同的企业有一个共同点，那就是他们各自都与一个家族联系在一起，而这种联系使得他们成为特殊的企业。

其中一些公司因自己的家族企业身份而感到自豪，例如已经传承到第四代的李锦记集团，李锦记的第四代不仅全部在企业担任领导人，而且是少有的将家族利益放在企业利益之上的“耿直”家族企业。更多的情况是，为数众多的由家族管控的公司并不视自己为家族企业，而是将自己视为“私有”企业、“民营”企业等等。无论他们如何看待自己的企业，其中的参与者都深知家族企业与公众企业间的区别。这些家族企业的所有者清楚地知道，与那些公众持股企业的股东们相比，他们的角色有何不同；雇员们能够认识到，在他们的日常工作、企业文化和职业生涯中，家族管控所造成的差异；市场营销人员了解，家族企业留给顾客的印象存在哪些优势；家族成员深知，彼此在事业中的合作是人生中的重要经历。

基业长青：家族企业的终极目标？

长寿是每个企业追求的目标，恐怕一位成熟的企业主不会因为自己的企业拥有刹那间的辉煌，就说自己实现了创业目标。因为繁荣、持续经营的企业有助于创业者、他们的后裔、员工、社区以及整个经济创造价值。在那本著名的《基业长青》中，两位作者柯林斯和波勒斯将基业长青企业的秘密凝练为：“要有掌控连贯性和变化性的能力”。

在追求基业长青的过程中，很多家族企业在创业初期往往是无意识的，坦率来讲，创业初期的企业很难触及“基业长青”这个目标，他们全部精力都用于完成企业的第一笔订单，继而维持企业的简单运营，突破创业失败的众多陷阱。

【创业迷思 12-1】

迷思 1：伟大的公司靠伟大的构想起家。

事实：靠“伟大的构想”创立公司可能是个馊主意。高瞻远瞩公司创业时，没有伟大的构想。事实上，有些公司创立时根本没有特定的构想，有几家一开始就错误连连。此外，不管创业理念如何，高瞻远瞩公司初期所缔造的事业成就远不如现实中的对照公司。就像龟兔赛跑的寓言一样，高瞻远瞩公司起步时经常步履蹒跚，最终却赢得长距离的竞赛。

迷思 2：高瞻远瞩公司需要杰出而眼光远大的魅力型领导者。

事实：高瞻远瞩公司绝对不需要眼光远大的魅力型领导者，事实上，这种领导对公司的长期发展可能有害。高瞻远瞩公司历史上若干最出众的 CEO，并不是高姿态魅力型领导者的典型——的确如此，有些人刻意避免做这种典型。就像美国制宪会议时的建国先贤一样，他们专心致志地建构一种大而持久的制度，并不刻意成为伟大的领袖。他们追求的是制造时钟，而不是成为报时人。和对照公司的 CEO 相比，高瞻远瞩公司的 CEO 更倾向于这样。

迷思 3：高瞻远瞩公司拥有共通的正确的价值观。

事实：就高瞻远瞩公司而言，没有放诸四海皆准的“正确”核心价值观。的确如此，两家公司可能拥有截然不同的理念，却一样高瞻远瞩。高瞻远瞩公司的核心价值观甚至不见得要能“启迪人心”或“合乎人道精神”，虽然通常如此。此中重要的变数不在于公司理念的内容，而在于公司的一切作为都能遵循核心价值观。高瞻远瞩公司不问“我们应该珍视什么？”只问“我们究竟实际珍视的是什么？”

12.1.1 家族企业的内涵

在学术界，关于家族企业内涵和范畴的界定存在争论，但这并不妨碍学者对家族创业问题的深入研究。过去，凡是家族控制的企业就被认为是家族企业，是家族系统和企业系统的交集部分，但此定义很难用于定量研究。家族企业的范畴往往要从家族、企业和所有权三个维度共同把握。

近些年来，学术界认为还要从家族意图来明确地限定和缩小家族企业的概念，使家族愿景通过企业的家族控制者得以在企业中实现。在这样的思路下，有学者认为必须将两代家族成员都在企业经营管理作为家族企业的判断标准之一。基于以上的研究，判断是否为家族企业的标准可以汇总为以下几类：（1）所有权比重；（2）投票权比重；（3）家族对企业战略的影响力；（4）管理权；（5）是否多代家族成员参与。

以任何单一标准去区分家族企业都有争论。比如所有权比重，一般认为个人或者所在家族拥有 50% 企业的公司股权才为控股。但是，就上市公司而言，随着家族企业上市之后的股权稀释，很少有上市公司仍由某家族拥有 50% 的控股权。所以，有学者提出 20% 甚至 15% 的股权也能相对控股，这样的上市公司也可以成为家族企业。有美国学者提出家族控股权5%左右的上市公司也可以被认为是家族企业。

综合我国的法律规定，以及改革开放近40年的家族企业的短暂发展历史来看，可以就家族企业的内涵作如下三种定义（见表12-1）。

表12-1　家族企业的三种定义

定义	区分是否为家族企业的标准	实质
广义	条件1：企业由家族所有 条件2：家族对企业战略方向有影响力	所有权
狭义	除了条件1和条件2之外，还有条件3 条件3：创始人或家族成员要参与企业运营	所有权+管理权
严格定义	除了条件1、条件2和条件3之外，还有条件4 条件4：已经"子承父业"，后代参与企业运营	所有权+管理权+传承

广义的家族企业是指那些个人或者家族凭借一定比例控股权[①]成为企业的实际控制人，并实现家族战略影响力的经营单位。首份《中国家族企业发展报告》[②]显示，若以广义家族企业定义，我国85.4%的私营企业是家族企业。狭义的家族企业是指不仅凭借一定比例控股权成为企业的实际控制人，同时实现家族战略影响力，而且还要家族参与管理。同样是《中国家族企业发展报告》的调查结果，如果按照狭义标准，我国55.5%的私营企业是家族企业。[③]第三种家族企业的定义更为严格，它要求除了具备狭义标准的三个条件外，还要求多代传承，持续经营。也就是说，家族企业是指那些至少完成了一次交接班的企业。但是考虑到我国家族企业是在改革开放后才发展起来的，完成换代的企业数量不多，因此国内学者普遍还是基于更宽泛的定义，对家族企业创业发展的特性展开分析。

12.1.2　家族企业的经济影响力

前面数据揭示，民营企业中采用家族制的比重非常高。因此我们可以通过《中国民营企业500强》与《中国企业500强》的数据简要分析中国家族企业的经济影响力。

按照中华全国工商业联合会2016年8月发布的《2016中国民营企业500强》数据，排名前三名的分别是华为投资控股有限公司、苏宁控股集团和山东魏桥创业集团有限公司，营业收入总额分别为3 950亿元人民币、3 503亿元人民币和3 332亿元人民币。除此之外，营业收入跃升千亿级的民营企业增加到22家。几乎同一时期发布的《2016中国企业500强》，则由中国企业联合会、中国企业家协会牵

① 控股权的标准因企业上市与否、治理结构要求等原因存在较大差异。国内非上市家族企业往往选择绝对控股，即50%以上为临界点；规模较大的家族企业控股权标准可降到三分之一或是20%。大型家族企业尤其是上市家族企业，控股权还会更低，10%左右的情况也非常多见。

② 《中国家族企业发展报告》由全国工商联研究室、中山大学中国家族企业研究中心、浙江大学城市学院家族企业研究所和李锦记家族共同历时一年多，在全国范围的调研基础上联合完成的。这是首个针对中国家族企业进行的全国范围的调研与研究。

③ 除了企业法人之外，个体经营户的经济行为更是有家族成员涉入和帮助，也就无法避免家族意图对个体经营的影响。因此常见的个体经营户，是一种规模较小的经营单位，有学者认为他们也是家族企业。

头。在其公布的榜单中，占据榜单前位的均为国有企业，国家电网公司以 20 713 亿元人民币位居第一，中石油和中石化紧随其后，位列二、三位。民营企业第一大户——华为投资控股有限公司排名第 27 位，另外两家企业苏宁控股和山东魏桥则在大榜单中分列第 35 和第 37 位（见表 12-2 和表 12-3）。

表 12-2 **2016 中国民营企业 500 强（前十位）**

排名	企业名称	营业收入（万元）
1	华为投资控股有限公司	39 500 900
2	苏宁控股集团有限公司	35 028 812
3	山东魏桥创业集团有限公司	33 323 772
4	联想控股股份有限公司	30 982 614
5	正威国际集团有限公司	30 036 385
6	大连万达集团股份有限公司	29 016 000
7	中国华信能源有限公司	26 315 060
8	恒力集团有限公司	21 207 961
9	江苏沙钢集团有限公司	20 584 340
10	万科企业股份有限公司	19 554 913

资料来源：中华全国工商业联合会。

表 12-3 **2016 中国企业 500 强（部分企业名单）**

排名	企业名称	营业收入（万元）
1	国家电网公司	207 134 945
2	中国石油天然气集团公司	188 073 616
3	中国石油化工集团公司	184 977 795
27	华为投资控股有限公司	39 500 900
35	苏宁控股集团有限公司	35 028 812
37	山东魏桥创业集团有限公司	33 323 772
38	联想控股股份有限公司	30 982 614
40	正威国际集团有限公司	30 036 385
42	大连万达集团股份有限公司	29 016 000
50	中国华信能源有限公司	26 315 060

资料来源：中国企业联合会、中国企业家协会。

虽然说国有企业在体量上仍然是国民经济的中流砥柱，地位不可撼动，但是从 2016 年的榜单中发现，民营企业的实力在稳步提升。民营企业上榜企业由去年的 203 家增至 205 家，营业收入占比 24.1%，净利润占比 23.3%。

如果说上述通过民营企业实力以及民营企业在我国企业总体中的排位是间接方式刻画家族企业的影响力，那么接下来选择更加直接的方式，即中国家族企业市值水平及家族财富来考察一下家族企业之于国民经济的分量。其中不乏大家耳熟能详的知名企业和优秀创业家。

《福布斯》杂志2016年年底发布的福布斯2016中国家族企业榜显示，美的集团的何享健家族连续三年登顶，这是何享健家族在继2014年、2015年之后，连续第三年排名第1。碧桂园杨惠妍家族排名第2，比亚迪王传福家族排名第3（见表12-4）。在同年的民营企业榜单中，家族企业美的集团排名第14。

表12-4　**2016中国上市家族企业排行榜**

排名	企业简称	控制家族	企业营业收入（亿元）
1	美的集团	何享健家族	1 393.47
2	碧桂园	杨惠妍家族	1 132.46
3	比亚迪	王传福家族	800.09
4	世茂房地产	许荣茂家族	577.91
	世茂股份	许荣茂家族	150.33
5	国美电器	黄光裕家族	664.02
6	新希望	刘永好家族	615.20
	宝硕股份	刘永好家族	3.49
7	中国宏桥	张士平家族	448.16
	魏桥纺织	张士平家族	114.44
8	九州通	刘宝林家族	495.89
9	温氏股份	温氏家族	482.37
10	飞马国际	黄壮勉家族	476.37

排行榜体现了激烈的市场竞争，体现了商场残酷的优胜劣汰，最终上榜的都是富有创新、创业精神的企业家。在其背后还有千千万万个勤劳的不安于现状的创业者。现阶段大多数中国家族企业仍由第一代创业者控制和管理，他们基本上都是从白手起家的状态开始，亲历创业艰辛，对企业有强烈的感情。这些都使得他们具有非常强的事业心和奉献精神，也构成了中国家族企业的竞争力。因此，中国家族企业能否保持竞争力在很大程度上取决于继任者是否能够延续第一代的创业精神。

细看榜单不难发现，上榜家族企业均是所在行业的领头企业，更是优秀人才就业的心仪之选。可见，为数众多的中小家族企业不仅占据了企业总数的绝大比重（有调查显示全国企业数量的四分之三以上是家族企业），而且大型家族企业已然成长为国民经济的支柱力量。在创新创业的时代背景中，一大批家族企业更是充当起颠覆原有模式、探索崭新领域的先行军和弄潮儿。

《福布斯》调查显示，与时代应运而生的，是中国传统家族企业开始走上制度化、专业化管理的规范道路，而家族传承也与更年轻的一代紧密联系在一起，在新的经济环境下探寻多样化的继承方式。目前中国大部分的家族企业都面临着老一辈创业者对下一代的权力交接问题，家族企业的“接班时代”带来了一次规模空前的财富迁移运动；但不可避免的是，在财富的转移过程中，也恰恰是这个企业最为脆弱的时刻。

一方面，越来越多的企业家二代对于家族事业热情不高，而更多的是谋求其投身的事业能与自己的意愿相一致。而另一方面，那些愿意接过父辈权杖的企业家二代，开始进入接班高峰期。如果以二代担任董事长作为完成接班的标志，仅在2015年一年中，完成交接班的企业又新增13家。此外，尚未担任董事长，但已作为总经理接过管理权的二代数量在过去一年中也有了突飞猛进的增长。代际之间的传承对家族企业保江山和创江山无疑至关重要，二者之间的关系将在本章后面详细剖析。

12.1.3 家族企业的创业选择

尽管证据表明很多建立新创企业的人是在企业主家庭中成长起来的，但创业者并非一定是“天生的”。研究表明，在美国新创企业中，有77%创建时有明显的家族涉入（Family Involvement），另外3%则是在初创的两年内，其家族成员积极地介入。这个证据显示出，只有20%的新创企业与家族缺乏重要的关联。这些企业可能是由个人、单个创业者或者是没有亲属关系的创业团队建立起来的。正如表12-5显示的，创业研究在很大程度上是去理解新的创造，包括新的事业、产品或服务、市场和流程——相关的家族在一个不稳固的阶段可以创造抑或毁灭一家企业。

表12-1　　**家族企业的创业选择**

<table>
<tr><td colspan="2" rowspan="2">创业
家族</td><td colspan="2">企业中有新创造（新事业、新产品/服务、新流程等）</td></tr>
<tr><td>否</td><td>是
创业研究焦点</td></tr>
<tr><td rowspan="2">企业中有显著的家族影响</td><td>否</td><td>稳定的企业
安于现状的经理</td><td>创业型企业
单个创业者/创业团队</td></tr>
<tr><td>是
家族企业
研究焦点</td><td>稳定的家族企业
安于现状的家族</td><td>创业型企业
创业的家族</td></tr>
</table>

从图12-1可以看出，随着时间的推移，企业可以从一个单元移动到另一个单元。例如，对于单个创业者建立的企业，当有下一代家族成员加入的时候，家族对企业的影响力就从不显著转变为显著。又或者企业是在初创阶段借助显著的家族涉入而发起的，在渡过了创办期后，可能发展成由个人或者团队控制的创业型企业，甚至由稳定的家族成员或非家族成员管理。此外，一家初创的企业也许会进入为期数年的在创新意义上的停滞状态，然后再次更新，重新回到一家创业型企业。

本章的重点在于创业家族企业（Entrepreneurial Family Firm），这些企业以创新的战略和行动经历不同的领导者、产品和经济生命周期。这些企业无论其规模大小，都受到创业家族影响。他们创造代际价值传承，由此维持并发展企业的竞争优势，获得永续经营。

鉴于家族成员显著影响着家族企业的战略决策，经营管理和公司治理两者之间的角色和责任的区分就显得尤为重要并且复杂。管理是指领导公司的运营，并且对实际运作承担责任，而治理机制的目标在于为公司确立战略控制架构，包括家族涉入的程度和方式以及设立绩效标准和行为准则，以便代表所有者指引管理层。在公司的初创以及较小规模阶段，一个兼任管理者的家族所有者通常可以同时实现管理和治理双重任务。然而，随着公司和家族经历生命周期的不同阶段，他们之间的关系变得越来越复杂，任务和角色就会发生分化，迫使他们采取不同的治理机制。

在一个追求持久成功的企业组织里，家族影响怎样可以激发创造？为了支持创造力的注入，公司应该在不同的阶段采用何种治理机制？应该采用什么措施去保证家族成员与非家族成员共同工作，而不至于陷入墨守成规的控制模式的陷阱？在有或没有显著家族影响的企业里，创新条件是否存在差异？为了确保创始人的创业精神在家族和非家族领导者的代际传承，应该使用何种治理机制？本章设法解决以上这些问题。本章除了使你理解在新企业创立时，家族所扮演的不可或缺的角色，还会将视角延伸到企业的整个生命历程，包括在创始人任期内和卸任后，家族所带来的积极和消极影响。

在脆弱的初创期存活下来，克服经济低谷和产业生命周期变化期间的失败和威胁并取得成长的企业，当其创办人接近退休年龄时，人类寿命的有限性就成了关注的问题。糟糕的所有权转移计划会使繁盛的企业面临生存的挑战。受到这样的警示，家族企业研究者致力于找出导致代际传承（Transitions）成功和失败的原因。虽然这些努力已经大大增加了对传承的过程及它的前因后果的理解，但是彻底厘清这种现象的挑战仍然存在。

《2016中国家族企业健康指数报告》显示，目前中国家族接班形势不尽如人意，并非所有民营企业家对接班都有完善的规划：50%的“企一代”传承规划不完善，25%的“企二代”不愿接班。在调研的1 186家家族企业中，进入企业的企业家子女比例已经达到60.96%，超过五分之四（81.70%）的二代已担任中高层管理职位。然而与之背道而驰的是，在被访的家族企业中，只有7.69%的企业有系统的传承规划和周详的书面方案。有27.74%的企业甚至完全没有考虑过接班问题。浙江大学管理学院企业家学院院长陈凌认为，当下家族企业传承最严峻的问题便是对规划缺乏认知。

或许有人会争辩，一个典型的成功创业者，拥有很长的寿命，精力充沛，思想乐观，去担心公司领导力交接的问题还为时尚早。然而，在人、信息和商品都跨越国界、自由转移的经济领域里，商业周期变得更短。为了保证企业长青，企业内部持续的再生和无缝交接的计划就变得十分关键。在这样的背景下，希望在企业战略决策上保持他们影响力的家族企业就必须战胜传统的挑战。他们不仅要在是否选择家族成员或非家族成员来领导企业的问题上做出艰难的选择，并且不同辈分的家族成员还必须学会如何一起工作，以保证他们的影响可以确保公司顺畅的运作。此外还必须建立治理机制，以便在他们生命的不同阶段培育和保护成员的创业精神。今天在世界很多地方，个人主义文化占据主导，家族结构不断变化，不同辈分家族成员的生活经历显著不同，创业学习在多代合作的领导团队中面临额外的挑战。

在这个全球范围内充满激烈竞争与挑战的经济环境里，企业不能在保持现状或者享受片刻奢侈的时候才来关注领导权的转移，而让竞争者通过迅速行动占据了自己的位置。对于繁忙的创业者，他必须为保持竞争优势作持续的努力。他要如何寻求宝贵的时间为下一代领导者做准备？当价值观的传递有可能是一个漫长、耗时的过程时，基业长青和持续革新的愿望和渴望应该如何传递给未来的领导者？一个人怎样训练自己和他人从投入和利用个人的能量和努力到发展与别人有效合作的能力，并逐渐发展到学会通过他人来完成工作？经验建议，这需要决心、坚持不懈以及创业者生命中最宝贵的资源——时间。

12.2 跨越生命周期的家族创业

创业家族企业的领导人需要为公司整体发展奠定方向并进行监督，包括在公司的不同发展阶段中家族涉入的程度与方式。家族企业的领导人意识到他们需要关注公司的“家族性”从而保持家族与企业之间资源流通的平衡。他们必须牢记，不管是给予者还是接受者（家族成员或非家族成员），每一次资金或时间的给予都隐含着成本，并且必须以某种形式偿还。严格治理的文化应该在企业建立之初就开始形成，通过采用各种机制使得不同观点在酝酿成冲突和愤恨之前就得以表达出来。

在早期的家族企业学术文章中，比如 John Ward 的《让家族企业保持健康》（Keeping the Family Business Healthy）和 W.Gibb Dyer, Jr. 的《家族企业中的文化变迁》（Cultural Change in Family Firm），作者观察了创始人对企业和家族文化的深远影响。创始人推崇的那种关于“家族在企业不同发展阶段中发挥作用的程度与方式”的观点对企业几代人之后的发展轨道有着根深蒂固的影响。这些价值观，反过来为恰当地治理公司埋下了种子，从而影响家族与企业两个维度的绩效表现。

正如我们之前所注意到的，本章的目的是帮助读者在职业生涯中成功地创建一个或者更多的创业家族企业而做好准备。为了达到这个目的，重要的一点是不但要在企业生命周期的不同阶段识别出机会，而且要调动和有效地管理资源并利用它们的潜力。主动采纳适当的治理机制来管理和解决企业生命周期中不可避免的冲突，将有助于家族企业的成长和发展。相比于其他企业，在家族系统中拥有健康关系的家族企业比它的竞争者表现得更好。

12.2.1 初创期

在起步前和起步阶段的家族企业具有许多新企业创立的创业事件。而正是在这个最初阶段，创业的土壤已经准备就绪，等待播撒严格治理的种子，产生和筛选商业创意；确定家族成员和非家族成员在选择和开发机会方面的角色；解决企业出售商品和服务过程中的筹资来源问题；确定创业团队成员和他们的角色。

在初创期通常存在什么问题和机会？什么样的战略对构建创业家族企业的坚强

基础产生影响？接下来对创业者在企业初期必须解决的上述问题进行解释。

近年来，新生创业者（Nascent Entrepreneur）的话题受到越来越多的关注，他们是积极准备创建新企业的一个群体。并非所有的新生创业者都去创办新企业，但是他们会撰写商业计划书、请求融资、组建创业团队或者怀着对创建新事物的期待以其他方式前行。

正如前面所讲的，创业企业既可以由个人创业者独立创建，也可以由家族成员或非家族成员组成的创业团队创建（如图 12-1 所示）。研究显示，在美国新创建的企业中，有 77% 以家族企业的形式诞生，另有 3% 在其创立的两年内转变成家族企业。在直系家族或者旁系家族成员拥有企业的情境下，新生创业者必须决定是在其家族企业的庇护下创办企业，还是创建独立的企业。因此新生创业者必须解决一些基本问题，比如既然有那么多职业道路可供选择，为什么要选择创业？如果一个人决定花费时间和精力进行创业活动，就需要解决如下几个问题：企业需要提供什么产品和服务来为个人、家族和社会创造价值？谁应当参与到企业中？家族成员在这个创业企业中应该扮演什么角色？如何将生产要素或资源结合起来使创业变成现实？来自家族的资源是否应当在新企业中使用？如果是，这些资源的使用条件应该是怎样的？让我们仔细思考下面的每一个问题。

（1）为何找寻烦恼——Why。

新生创业者必须找出要创造新事物的理由。有关创业职业路径激励的推拉理论（Push-pull Theory）提出，一般而言，创业者既有可能被积极因素所引导，也可能被环境中的负面因素推向创业之路。被拉动因素吸引的被称为“机会型创业者”，而那些被推动因素所驱使的则被称为“生存型创业者”，具体见表 12-6。

表 12-6　**驱使个人进行创业的拉动因素和推动因素**

拉动因素	推动因素
机会型创业者	生存型创业者
• 通过个人的经历和工作经验识别机会并创造价值	• 因个人缺乏相关个人才能和能力，或者某种形式的歧视而不能获得工作机会
• 具有创业的激情	• 意识到的，不参与家族企业将失去收入的机会成本
• 具有在家族企业中留下自己印记的渴望	• 家族规范，如长子继承制，这一制度要求长子接管企业，不管他的能力和愿望如何
• 变革和创新的家族文化	
• 被家族中的创业榜样、近亲和朋友所影响	

机会型创业者是那些自己有意经营企业的人。他们可能是被自己或别人发现的创业机会所驱动，其中的例子包括社交网站 My Space 和 Facebook 的创立。机会可能是通过工作或个人的经验而出现或者激发，并在家族成员与非家族成员的协作下进行开发的。例如，山姆·沃尔顿在彭尼百货公司和 Ben Franklin 杂货店的工作经历使他能够深入了解零售市场，从而吸引他与兄弟 Bud 合作创建沃尔玛。

其他人可能是因为他们在某一特定领域的激情而进行创新活动，Utzon 创建悉尼歌剧院就是这样的一个例子。在家族企业的环境中，年轻一代在他们的家族企业史上留下独特印记的渴望经常导致创建新的企业。例如，澳大利亚葡萄酒生产商布朗家族的第64代年轻人创立了一个新的葡萄酒品牌——“Kid You Not”。该品牌葡萄酒的目标在于满足20~35岁的顾客需求。与原有的传统葡萄酒相比，Kid You Not葡萄酒在配料、口味、设计标签、分销以及用来到达目标客户的市场渠道都不一样。尽管在很多方面具有差异，Kid You Not葡萄酒表达了布朗兄弟的核心价值观——激情、创新以及谦虚，这是整个布朗家族为之自豪的核心价值观。

与机会型创业者相比，生存型创业者被需求因素推入创业的职业生涯。其中的例子包括因缺乏可出售的技术和才能而无法获得工作机会，或移民到一个因语言障碍或某种歧视而找不到工作的国家。在家族企业中，个人可能意识到如果不参与其中，就会失去从企业获得的报酬和收益，从而被迫在家族企业中寻求发展。另外，还有家族陈规的影响，比如长子继承制——长子被视为接管企业的不二人选。

（2）从事何种生意——What。

不管一个人是由于推动因素抑或拉动因素而选择创业的职业路径，机会搜寻过程都开始于有关新企业“新颖程度”的决定。创业者在试图识别和筛选不同机会时，需要解决两个相关问题：①企业将专注于什么产品或服务？②市场范围是什么？已经有家族成员创业的创业者必须决定是创建相关企业还是不相关企业，即决定新企业与现有家族企业在产品/服务和市场范围方面的差异程度。

创业所需的资源和风险因素随创业行为的新颖程度和与现有家族企业相关程度而变化。因此，在关键的起步阶段必须做好不同方面的决策。这并不意味着初创期所做出的决定在以后就不能更改了。然而，这些变化消耗了创业者的宝贵资源。

家族成员可以鼓励、支持、禁止或拒绝创业者所做出的基本决策。研究显示，原生家庭和家族情结对家庭成员的创业追求具有重要影响。人们发现，创业者经常会有已经拥有自己企业的亲戚。当创业者需要主动发展和实践创业技能时，往往在家人或朋友所经营的企业中，或者通过正式的雇佣，或者通过非正式的帮忙，家族成员的创业精神和能力得以发展。这些经验有助于培养识别机会的能力并树立信心，从而走上创业生涯的道路。

但是，仅凭信心来创建一个新企业并不是成功的充分条件。研究表明，约37 700多家美国公司中有一半以上的企业创始人在事业开始之前都是自雇的家庭成员，企业成功与拥有自雇家庭成员两者之间的相关关系是微弱的，而与先前在家庭成员的企业中的工作经验相关程度较高。这项研究说明了获取通用型和专用型人力资本对于成功创办企业的重要性。聪明的下一代家族成员会在技能发展方面主动地寻求发展，他们不一定需要等到长辈让他们加入到家族企业中。相反，他们积极地在自己的家族企业或者其他的企业里寻找就业机会和有挑战性的任务，在年轻的时候就开始培养自身的创业经验和技能。

对于追求跨代经营的家族企业而言，机会的识别和开发是这些持续经营企业的核心。他们明白家族企业的可持续性需要依靠下一代成员的创新和承担风险的能力。在一些最为成功的家族企业里，每一代家族成员要么在现有企业进行革新，要么成立一个子公司或者全新的企业。这样的创业型企业在其创建之前或者初创期等各个发展阶段都进行持续的创新活动。但是，这些创业家族企业的领导者知道创业能力的培育需要时间和实践活动。因此，他们为年轻一代的家族成员在更小的创业活动提供磨炼创业技能的机会。

通过组织和训练，创业者能够更加容易地识别创业机会。在选择进行创业时，我们鼓励设计一个商业计划来引导你思考和与现有家族企业的关联程度。一旦锁定创业机会，下一步就是“如何做”的问题：如何抓住机会并使之顺利进行？生产要素或资源要素如何组合在一起以实现创业过程？

（3）如何进行运作——How。

创业机会的开发需要资金、人力、信息、管理等各类资源。在初创阶段，会碰到资源紧缺和经营活动的起伏跌宕等情况，使创业者承受的压力达到了极点。资源流入和流出之间的平衡仍然是大多数创业者的主要挑战，处于入不敷出境地的创业者需要在维持家庭开销的同时进行创业方面的开支。家族与企业之间的资源流动使得家族成员对企业具有重要的作用，既能支持创业亦可能导致创业失败。

在现金流入方面，第一笔销售收入的时间是不确定的。顾客也许会犹豫要不要买一个新创企业的产品，这使创业者背负很大的压力。即使假定新创企业能够满足当前的顾客，但极需要更多的产品和资金来满足不断扩大的顾客群体。而新公司不为供应商和债权人所信任，他们怀疑你的企业是否真的能生存到足以偿还债务和贷款的那个时候。因此，初出茅庐的创业者受制于这些供应商和债权人的要求，很难有充分的理由（同时）说服两者。有研究证明，创业所需的大部分费用都是由创业者自己支付的，但是当口袋空了的时候怎么办呢？向家族伸出求助之手。

亲属帮助创业者的方式是难以言尽的，一个家族的社会关系通常能够帮助创建新的企业。除了第一笔资助，创业者从家族成员中获得他们的第一个顾客或者是生产设备的捐助，不足为奇。创业起步阶段的特征是有着不可预知的经营高峰和低谷，家族成员能够在这起伏跌宕的阶段帮助创业者获取所需的资源。有时一个创业者所需要的仅仅是鼓励，创建一个新企业的心情如同坐摩天轮一样起伏不定。有时候创业者可能在费用日益增加的情况下，久久地等待第一笔订单的到来，心急如焚。家族成员是提供情感支持的一个重要来源，他们也可以通过付出时间和个人精力来帮助创业者。

精明的创业者不会把家族成员的支持看作是理所当然的。在某些情况下，家族成员可能一开始就反对创业。反对的理由可能是：创建企业将耗费创业者的时间和家庭储蓄，而这些资源原本是可以用于家族成员更加喜欢的其他目的的。反对的理由还可能是：家族成员怀疑创业者是否具有足够的创业能力，及其准备程度是否能够保证创业的成功。在另一些情况下，家族成员被创业失败拖垮并感到沮丧，放弃了企业及其创建者。

那些你爱的人和与你一起生活的家人的劝诫性评论可以消磨你的精力和热情。

家族可以有意无意地破坏你创业的努力。如果他们认为你在企业中投入过多时间和精力，而忽视了你的配偶、子女或其他人时，他们也许会让你感觉愧疚或要求你在家庭里花更多时间。那些提供实物资本或贷款的亲戚，也许有他们个人的资金需求，并在不恰当的时机提出付款或偿还。

在企业的初创阶段，资源逐渐从家族进入到企业。这里隐含的假设是，当企业开始获得收益时，家族成员的投资将会以某种形式获得回报。由于家族成员一般不习惯以书面的形式写下他们的一致意见，从而隐藏了如何以及何时从已投资的种子资金或者时间和精力中获得回报，这样容易导致企业发展的后续阶段产生不满、意见不一和冲突。经验丰富的创业者了解拟定书面协议的重要性，从而确保企业涉及的所有人——家族或非家族成员，形成清晰的认识并达成协议。

（4）与谁同行——Who。

创业者要决定的下一个重要问题是，谁应该融入到创业团队中，每个成员应该扮演什么角色？尤其是家族成员介入企业的程度和方式应该如何安排？在识别机会、决策推进和组合资源方面家族成员扮演了重要角色。创业者的家族成员不仅提供“企业的第一笔投资或种子资金”，也帮助创业者构建财务投资者的网络以帮助企业成长。家族关系和家族活动为培养新企业提供了重要条件。

人们也许可以创业，因为他有一个朋友或同伴会成为你的第一个顾客或供应商。通过建立供应链开始创业，而顾客或供应商可能是信誉的来源或至少能够提供建议。无论是在家庭还是在工作的地方，我们都期望和有才智的、守承诺的、努力工作的人在一起，每个创业者都盼望有一个具有竞争力的团队帮助企业获得成功。但是这些有能力并努力工作的人在哪儿？如果他们和我们心目中所设想的一样优秀，毫无疑问，他们将被雇用并得到很好的报酬。但他们凭什么离开现有的工作而加入到高风险的创业活动中？谁最有可能相信你的愿景并在你需要的时候冒险帮助你呢？又是家族。

但是在企业初创阶段，你的亲戚是最有资格进行这项工作的人吗？并且，当企业进入到不同的生命周期阶段，他们有可能成长和适应企业的发展需要吗？阅读本章之后，你在创建创业家族企业方面已经领先于大多数创业者了。多数创业者没有在早期阶段就将企业视为家族企业。我们鼓励在初创期准备一个创业计划，并且其中应该包括让你的家族为新企业可能面临的挑战有所准备。如果新生创业者开始就对他们所爱的人坦白说明企业将消耗的时间、金钱和精力，他们将很快从配偶、父母和子女的反应中得知他们会持支持还是反对的态度。

成功的创业家族企业领导者在初创阶段就意识到企业的演化状况，甚至在企业发起之前就为规范的治理做了准备。他们有意无意地了解家族和非家族的利益相关者在企业成长不同阶段所扮演的角色。在本章最后部分，我们将讨论治理工具包，它在创业家族企业的不同阶段非常有用。

签订的协议书是用来阐明企业不同利益相关者的角色和责任的。例如，当我们雇用家族成员来协助经营企业时，把雇用条款用双方都满意的书面文档记录下来会很有帮助。类似地，当从家族成员那里借钱时，签订协议也是极其有用的。明晰偿还贷款的条款也很重要，它有助于建立长期稳固的信任关系。

创业者在创业的早期阶段常常误将投资人当作是合作伙伴，后来才发现这些合作伙伴在决定企业战略方向上往往会寻求并扮演积极角色，这超出了创业者们的预期。有远见的创业者将债务和股权融资的成本和收益区分开来，而不论资金来源于家族成员还是外部人员。虽然在企业正需要资源助其成长时，举债融资带来支付利息的负担，但它消除了下一阶段分享利润或者失去企业控制权带来的负担。

一旦当前和未来潜在的参与者变得明晰，恰当的治理机制也就到位了。两个有助于创业家族企业治理的基本结构是顾问董事会和家族会议，这两个都可以是相对非正式的治理结构，筹备好这两个结构可以让创业者拥有一个支持关系网络，从而可以在里面分享和评估意念。这些治理机制没有一个会是累赘而耗时的，但建立它们就撒下了企业规范化治理的种子。

12.2.2 成长期

由于成长的时期和程度各异，所有创业家族企业的成长阶段都是不同的。在跨越几代领导人和经济生命周期的时期里，一些家族企业经历着突发性的快速成长，而另一些企业则成长得缓慢。更有甚者，在经过缓慢、停滞或者衰落之后，没有进入成长阶段就退出了历史舞台。

正在成长的企业面临的挑战和问题与初创期是不同的。在企业初创期，家族成员可能齐心协力投入运营，而没有考虑有关如何获得投资回报之类的问题。一旦步入正轨并获取利润，下述议题以及其他的问题便开始浮现出来了。

（1）产权问题。

产权问题在初创期便开始涌现，那时候家族企业中存在很多的模糊产权和关系产权。正如前文指出的，聪明的创业者往往会通过书面协议来厘清产权关系，并且尽快将关系产权中的双方资源定量化和转变为正式产权。即便是没有处理好产权问题的创业者，初创期的精力被更多地牵绊在创业团队组成和创业机会把握等方面，毕竟这是企业眼前最需要解决的存亡大事。而一旦企业成功走过初创期，开始成长壮大的时候，产权便是创业者最不应该忽略的问题之一。

步入成长阶段之后，很多企业创始人在股权上的开放度反而下降了。这是由于闯过初创期后，业务的不确定性消除，企业的成长前景变得清晰，容易吸引风险投资和职业经理人。另外，随着创业团队中成员能力距离的拉开，核心创始人的控制权逐渐加强。这种状况使得创始人与创业团队成员、职业经理人之间，创始人与外部投资者之间更容易出现心理契约的不一致，导致较多的问题和冲突。

①创始人与创业元老间的产权冲突。

创业团队成员与作为主要出资方的创始人之间的合作，是一个团队成员以专用性人力资本投入换取企业股权或期权的非正式合约。在艰难的创业阶段，由于团队成员的专用性投入对企业闯过生存期有较大助益，创始人往往会关心和团结团队成员，与他们保持较好的私人关系，持续承诺，增强他们的信心。

然而，企业渡过初创期、进入快速发展阶段后，企业对职业经理人的吸引力增强，使早期创业管理成员的工作具有更多的可替代性，创始人就会将创业元老与职业经理人作比较，关注其高于职业经理人的工资和福利待遇；而创业元老们的比较对象则是创始人本人，创始人个人财富随着企业的成长而不断增值，当初与他一齐打拼的自己，则一直未能兑现应分享的财富，双方之间的冲突往往由此而起。在隐含的股权和期权未能兑现之前，创业元老们主要依靠分权带来的控制权收益补偿，如果创始人想进一步以职业经理人代替创业元老，就会引起更强烈的冲突。当年用友软件高薪引入职业经理人何经华的内部冲突就与此有关。

②人力资本股权激励的失效。

在企业成长期，所有者也期望激励职业经理人，激发他们的奉献精神和主人翁责任感，一些所有者也愿意给有能力的经理提供股权激励。然而，有学者在调研中发现，职业经理人往往将老板的许诺当作“画饼”与圈套。经理们为何不相信所有者的许诺？除了所有者失信的原因外，还存在两个关键原因：一是产权权力难以保证；另一个是权力与责任不对等。

由于不愿意放松对企业的控制，所有者愿意提供给职业经理人的往往都是所谓的“干股”，这类股权未进行正式的工商登记，没有影响决策的权力，只有参与分红的权利。由于其非正式的形态，企业主可以随时将其夺走或不予承认。与前述外部资源供应者相比，在企业主手下工作的职业经理人谈判权力非常有限，这使其专用性投入形成的准租很容易被企业主盘剥。即使企业主承认经理的分红权力，在企业管理不规范的情况下，他们也很容易变相剥夺经理的分红权。由于企业的财务状况往往由企业主及其家族成员所掌握，信息不透明，企业的盈亏常常凭借企业主的一句话，虽然经营情况经理们也心中有数，却难奈其何。在这种情况下，“双鸟在林不如一鸟在手”就成为职业经理人自然的选择倾向，因此接受这种干股的多数是与企业主有特殊关系的经理。

上面说到的是产权权利难以保证的情况，即使这一问题能够克服，即经理们能获得正式的股权，但权利与责任不对等也会大大削弱股权对他们的激励作用。在由控股股东主导的家族企业中，小股东很难有参与决策的权利，也很难了解企业的财务信息。这样一来，即使正式股权的权利也是残缺的，而大股东往往又会要求参股的职业经理人与他一样承担同样多的责任，这就是权利与责任的不对等。对此，学者们早已指出只有让员工感受到自己的权利，正式所有权才能形成心理所有权。

③股权结构与控制权匹配过程中的冲突和矛盾。

在企业成长过程中，企业控制权发生变化，而企业的股权结构和治理结构却未作出适时调整，这时企业的联合创始人之间就会出现冲突。在缺少有效治理结构或原有治理结构失效的情况下，只有股权结构与控制权之间重新形成匹配才可以达到平衡。

创始人和企业两方面的原因都会诱导控制权的变化。在企业成长过程中，创始人之间能力的不均衡发展可能导致有的创始人能力成长往往更快。就如真功夫的蔡达标、爱多电器的胡志标等人，他们在经营中借助自己的能力逐渐掌握对企业的控制权。此外，企业成长进入新阶段之后，对能力的需求也会发生变化：在初创期，研发能力更重要，而进入成长期后，营销和管理能力会更为关键。在真功夫就是如此。在电脑程控蒸汽柜发明之前，潘宇海的能力对企业的发展更重要，但当餐饮生产标准化之后，蔡达标的管理和营销能力则更受投资者和员工的推崇。这也同样可以解释华为的任正非在企业创业阶段对核心研发人员很关心、脾气也很好，但在企业成长起来之后对他们的脾气就大了很多。

在控制权结构变化、一方主导控制权之后，如果股权结构和治理结构未能适应这种变化，就会为控制权冲突埋下隐忧。一个隐忧是，控制权受到股权结构的牵制，掌握控制权一方能力难以施展，就会谋求一个与控制权更对称的股权结构。另一个隐忧是，主导控制权一方会寻求控制权私人收益。由于感觉原有股权结构下收益不能反映自己的贡献，就会寻求攫取更多控制权私有收益的机会。为了解决这些隐忧，通常只有紧密的家族关系与规范的正式治理机制联合，才能有效应对控制权与股权之间较大的偏离。香港李锦记家族旗下的健康产品业务（无限极中国有限公司）是李惠森在家族支持下创办的，他一直掌握着企业的控制权。但企业的股份却是在第四代四位男性家族成员之间平均分配的。然而，这种不平衡至今运行得很好，不仅因为李惠森与其他股东之间存在亲近的血缘连带关系，更因为他深刻认同父亲的“思利及人”价值观，而且家族内部也适时发展了有效的正式治理机制。

（2）管理专业化挑战。

管理能力供应不足是制约家族企业成长的关键因素之一。虽然在初创期企业可以低成本利用家族内部的人力资本，但当家族自身的管理能力不足以满足企业成长需要时，就可能制约企业的成长。一方面迫切需要管理人才，另一方面又难以引入职业经理人，难以向管理专业化过渡是很多家族企业面对的现实挑战。

①挑战的第一方面表现在管理制度化建设方面。

引入职业经理人不仅是企业管理制度化的标志，更是其自然结果。由于管理的流程和制度是企业控制体系的重要组成部分，管理制度化工作应在引入职业经理人之前开展，以便两权分立之后所有者和董事会能对控制权进行有效的监督。有不少企业所有者以为聘请职业经理人只是一个交权仪式，这是过于简单化的想法，其实在此之前应做大量管理制度化和规范化的工作。缺少了有效的制度约束和监控，很可能诱发职业经理人的道德风险。美的电器在这方面有很成功的实践，外界多只看到何享健步步授权的成功，却往往忽视美的在“集权有道、分权有序、授权有意、用权有度”的思想指导下扎实的制度建设工作，诸如财务预算制度和资金管理制度、信息系统管理制度、敏感岗位轮岗制度等，正是这些制度的建立和实施确立了董事会监督和约束控制权的基础。

②创业者还会遭遇职业经理的内部培养挑战。

很多企业不愿在人才培养上多投入，总想将别的企业能干的经理挖来。在外部制度环境不完善的情况下，这种方式会增加企业出现代理问题的风险。一方面，经理的品格和能力需要长期观察才可能探知，仅仅依靠一两次深谈往往不足以了解；另一方面，外来的经理缺少对企业文化的了解，在短时间内很难形成对企业文化的认同，这可能使企业失去了一种有效的非正式治理手段。在外部控制手段无法监控的时候，企业文化可以作为一种内化的控制措施发挥作用，然而很多企业往往只重视制度等硬措施对控制权的约束，未把企业文化等软措施配合起来使用。

③人力资本投入的资本化也是成长期的关键挑战之一。

在企业不断成长的过程中，人力资本的作用越来越重要，但如果企业主仍将企业视为自己个人的或是自己家族的，不愿意肯定职业经理人在人力资本方面的贡献，也就难以获得经理对企业的承诺，激励他们额外付出。要借助管理职业化实现企业的进一步成长，企业家需要理解创维创始人黄宏生所说的那句话，“企业小的时候都是自己的，企业大了之后都是社会的”，确立财富的分享观念。创维的经验和国美的教训恰恰能为此提供正反两方面的对照。黄宏生在陆华强等一批经理人离职后，反思自己的失误，在创维推行了对张学斌等一批高管和高级技术人才的股权激励；在黄宏生出事后，创维的高管团队仍能保持稳定，业绩连创新高，股权激励功不可没。反观国美的黄光裕，迟迟不愿授予高管期权，而在与陈晓爆发控制权争端初期还指责股权激励计划是“慷股东之慨”，全然忽视了高管们在应对他带给企业的危机中的贡献，直接将跟随自己多年的高管推向陈晓一边。

④最后一个不能够忽视的管理专业化挑战是给经理人足够的施展平台。

经理人的激励不能也不应仅仅依赖于经济措施，单纯强调经济激励可能弱化经理积极工作的内在动机。管家理论提示人们，多数经理人存在自我实现和追求成就的动机，施展自己的才能可以给经理人提供满足，为经理人提供展现才华的公平路径和自由舞台能够给他们提供额外的工作激励。然而，与其他类型的企业组织相比，家族企业提供这类工作激励却需要跨越更多的障碍。一方面，家族的涉入使企业主习惯于家长式领导风格，在这种领导之下，经理人发挥才能的空间大大受限，工作成绩不易得到肯定，工作积极性很容易被挫伤。另一方面，家族的涉入使家族内的“需求法则”往往与企业内的公平法则产生冲突，企业主不能在企业内坚持公平法则，经理人就会感觉难以凭自身的才能获得公平的成长机会。美的电器能够打造成功的职业经理团队，与何享健为职业经理人创造的成长环境有关。美的虽有家族持股，却是一个家族色彩较弱的企业。何享健的子女很有才干，但何享健未安排他们在美的公司工作；他的妻子虽是创业元老之一，但多年来一直从事基层工作。家族最低程度的涉入给职业经理人留足了成长的空间。

12.2.3 成熟期

“成熟”这个词隐含着稳定的意思。在前面表 12-5 中我们提到过两种类型的家族企业——平稳型和创业型。前一种企业安于现状经营，他们已拥有提供相同产品和市场的公司，并长期利用一样的流程。而创业型家族企业由创业家族经营，他们通过持续创新和产品、流程的不断更新创造跨越代际的企业价值。可以想象，这两种企业的成熟期看起来是不同的。当然，我们关注的是创业型家族企业的成熟期挑战，毕竟，这类企业更加容易获取好的发展机会，也是家族企业主应该努力打造的方向。

创业型家族企业可能会同时进行多个创新活动，这些活动都是策略性地用于确保企业的持续成长。有些渐进式创新在以现有产品服务于当前客户方面是最有效的，保证了企业的短期利润。其他一些创新利用熟悉的技术涉入邻近或者相关的市场和产品，以获取公司成熟资产所产生的最大化利润，这些活动能够确保企业中长期的成长和收益。还有一些创新项目处于萌芽期或者早期开发阶段，这些活动引进新的技术、开发新的产品或者进入新的市场，保证企业长期的更新和发展。处于改进核心业务时期的创业型家族企业具有更大的活力，而企业领导者总是在寻找新的机会。

（1）成熟阶段的产权问题。

企业步入成熟阶段的重要标志是上市。上市让家族获得大笔投资和财富定价机会的同时，也稀释了家族股权。在这个过程中，利用外部资本与保持家族控制成为家族企业需要小心掌控的平衡，而家族延续的旧有观念与保持社会情感财富的动机往往带来家族行动与中小股东利益及监管规则之间的冲突。

首先，社会情感财富和家族对企业的股权控制。

为满足家族自身的社会情感财富目标，家族往往非常重视对企业的控制。社会情感财富是家族凭借其所有者、决策者和管理者的身份能够从家族企业获得的非经济收益，具体包括行使权力的能力，满足归属、情感和亲情需要，在企业内部长久保持家族价值观，维系家族控制，保护家族社会资本，履行基于血缘关系的家族义务，以利他主义来对待家族成员。

为了持续获取社会情感财富，家族会很小心地保持着对企业的股权控制。在中国香港这样监管较严格的资本市场上，一些大型上市家族企业的持股比例也不低，很多企业主小心地将自己的持股比例保持在33.4%以上。因为低于这个比例，家族可能难以阻挡股东大会对重大事项的决议。即使在因为家族股东涉罪、企业的家族控制合法性受到质疑的情况下，家族也只愿意通过减少董事会和管理层两个层面的家族涉入来减弱企业的家族色彩，而不愿降低家族对股权的控制。

由于公司上市后股权的流动性很好，家族持股分散也会让家族失去对企业的控制。一些家族采用了家族信托基金的形式来防范家族股权流散。中国香港上市的家族企业早已开始了这种尝试。由于不少国内家族企业为绕开政策限制，采用了红筹方式赴港上市，一些家族就将家族股权放入信托基金委托给专门的信托机构管理。其中雅居乐很有代表性，由于企业股权由四兄弟的家族持有，企业可能会更早地面对家族分裂带来的股权流散危机，成立家族信托基金保持家族控制的意图更加明显。

创始家族与投资者和监管要求之间的冲突，是创业家族企业面临的又一挑战。

公众公司意味着企业的股权向公众开放，信息向社会公开，并且在经营上接受监管机构和社会公众的监督。然而，很多家族领导人对上市存在错误认识，仅仅将上市视为将股民的钱圈过来为己所用，忽略作为公众公司必须承担的责任。这种认识误区与家族的心理惯性、保存自身社会情感财富的愿望交织在一起，往往会激发家族企业的第二类代理问题，这一代理问题会在下面的段落阐释。家族出让了相当部分的股权，却将企业视为自己的领地，而随意支配公司的财产，让企业创始人与公众投资者、监管机构和法律的要求之间产生了冲突。在成熟的资本市场上，家族企业的上述倾向与主流的公司治理观念分歧明显，冲突更为激烈。

归纳起来，家族企业的产权问题其实是企业发展需要与家族保存社会情感财富需要共同作用的结果。在企业生存和发展更需要倚重外部资源供应时，家族企业领导人往往愿意在产权上做出妥协和退让，以此吸引外部资源供应者做出投入。而一旦企业对外部资源的依赖下降，保存社会情感财富的动机往往会支配家族企业领导人的决策。这种功利性的相机决策往往与合作方之间的心理契约和社会普遍接受的制度逻辑产生冲突，激化家族企业与资源供应者之间的冲突。家族主义观念较重的中国家族企业主在产权问题上遭遇了更多的冲突和挑战，也更需要关注和小心处理这方面的问题。

（2）成熟阶段的治理问题。

公司治理是公司用来管理公司利益相关者之间利益冲突的一种方式。对于家族企业而言，公司利益相关者包括公司创始人、公司创始人家族成员、外部投资者、职业经理人、员工、供应商、顾客及公司所在社区。这些利益相关者之间都可能产生利益冲突。因此，如何建立一套有效的机制保障各利益相关者的利益至关重要。

传统的公司治理理论主要关注公司所有者与公司职业经理人之间的关系，即委托-代理关系。由于西方大型企业的股东通常比较分散，每个股东只掌握很少一部分股权。这造成的后果是，由于股东不具有直接监管职业经理人的能力和动力，职业经理人很可能借此从事机会主义行为。因此，公司治理的主要目的便是通过各种方式确保职业经理人与公司股东的利益相一致。传统的公司治理理论提出增加所有权集中度、加强董事会对职业经理人的监管，以及对职业经理人进行激励可以有效地减少职业经理人的机会主义行为。

在家族企业中，公司所有者与公司职业经理人的利益冲突通常并不是发生利益冲突最为严重的地方。由于家族通常是公司的最大股东，他们有动力对职业经理人进行有效监督。同时，家族也可以通过控制董事会的方式加强对职业经理人的监管，或者直接委派家族成员担任公司高级管理人员，从而保证公司管理层与公司最大股东利益一致。

针对新型市场国家公司治理状况的一系列研究发现，家族企业中最值得关注的治理问题是大股东和小股东的利益冲突。大股东与小股东之间的关系通常被称为委托人-委托人关系。在新兴市场国家，由于投资者保护制度不健全、法律执行不严格，小股东很难通过法律途径来保护自身的利益。而大股东通常可以利用自身对公司的控制，为自己谋取私利。

接下来我们分别探讨这两类治理问题。

第一类是委托人-代理人关系，即家族与职业经理人之间的利益冲突。

对于家族企业而言，聘请职业经理人是企业持续壮大发展的必要措施。在初创期，创业者可以依靠家族成员实现对权益和各项职能的管理。然而，当企业发展到一定规模以后，单纯依靠家族成员管理企业往往会成为企业成长的羁绊。由于家族内部成员所拥有的知识和管理能力具有一定的局限性，因此聘请外部职业经理人参与家族企业的管理成为企业发展壮大的必要手段。

但是，控制企业的家族与职业经理人的利益并不总是一致，两者之间不可避免地存在着各种潜在冲突。对于家族而言，为家族获取各种利益是他们创立并持续经营企业的最重要的动力。而对于职业经理人而言，获取更高的报酬和在职业经理人市场上的名声则显得更为重要。在职业经理人追求经济报酬和个人名声的过程中，他们所做的战略决策很有可能并不符合家族的利益。

基于此，家族企业如何设计一套有效的正式治理机制，以确保职业经理人与家族利益一致，对家族企业的持续发展显得尤为重要。

首先，家族可以通过集中股权的方式，有效监控职业经理人。在股权高度集中的情况下，家族可以对职业经理人实行严密监控，从而避免职业经理人损害家族的利益。当然，在现实情况下，还是会有很多企业主掌控不到的方面，但至少可以在一定程度上有所改善。

其次，创始人还可以通过控制董事会达到有效监督职业经理人决策的目的。董事长和总经理两职分离是监督职业经理人的具体举措。当公司总经理兼任董事长时，董事会就很难对总经理实行有效监督。我国家族企业中同时担任两项职务的个人通常还是掌握企业控制权的家族成员。此外，增加独立董事的比例通常也被认为是提升治理效率、抑制管理层机会主义行为的有效措施。

再次，企业创始人通过直接参与管理来达到监督职业经理人的目的。通过直接介入经营管理，家族成员可以对所聘请的外部职业经理人进行近距离观察和直接监督。高管人员之间的监督也被称为互相监督，是企业减少职业经理人机会主义行为的一种有效方式。

最后，更加积极解决家族企业委托-代理问题的方式是通过薪酬激励等手段，确保职业经理人与家族的利益一致。家族可以通过两种方式激励职业经理人：一种方式是将职业经理人的报酬与公司绩效挂钩；另一种方式是给予职业经理人一定比例的股票期权。然而，针对职业经理人的激励通常是与公司的客观财务结果挂钩的，因此家族企业还可能面临职业经理人操纵企业利润、重视短期绩效等机会主义行为的威胁。由此可见，激励与监督是两项相辅相成的措施。目前广大家族企业都是综合运用各种措施，确保所聘用的职业经理人能够维护家族利益。

第二类是委托人-委托人关系，即控股家族与机构投资者的利益冲突。

在家族企业内，委托人之间冲突主要体现为家族与其他股东之间的利益冲突。目前，学术界普遍关注的是家族股东与中小股东的利益冲突。但是，由于中小股东在新兴市场国家缺乏有效的途径来保护自己的利益，事实上控股家族在谋求维护家族利益时很少遇到中小股东的挑战。

控股家族与机构投资者之间的利益冲突往往更为明显和难以调和。在家族企业的发展过程中，引入机构投资者可以为企业带来资金和专业管理经验。一方面，专业机构投资者注入资金，可以为企业快速发展提供足够的保障。另一方面，机构投资者往往在企业战略决策、经营管理方面具有专业经验，可以为家族企业发展提供更多的智力支持。

不可忽视的是，控股家族和机构投资者出于维护自身利益的考虑，往往会在企业未来发展方向上产生矛盾。控股家族的核心利益是维护家族对企业的控制权、维持家族企业的长远发展。而对于机构投资者而言，尽快获取投资回报是他们投资于家族企业的最终目的。

合理的公司治理机制可以在一定程度上缓和控股家族和机构投资者之间的矛盾，这些公司治理机制主要包括董事会和对赌协议。

首先来看，董事会作为解决利益冲突的平台，是公司的最高决策机构。机构投资者为了保障自身的利益，在投资家族企业时，往往也要求获取一定数量的董事会席位。由于家族企业急切需要机构投资者的支持，他们甚至允许机构投资者获取高于股权比例的董事会席位比例。同时，控股家族在引入机构投资者时，往往过于乐观，高估了自己对董事会的控制能力。比如雷士照明创始人吴长江在与机构投资者发生冲突之后才认识到，“不该同意过多不懂行业、没经验的人进入董事会”。

当控股家族与机构投资者之间发生矛盾时，双方往往通过合纵连横，争取更多的董事的支持。这种董事会内的冲突往往会影响企业的正常经营。因此，为了更好地解决控股家族与机构投资者之间的矛盾，控股家族在引入机构投资者时需要更为谨慎，同时也有必要提前设计好双方冲突解决机制。

接下来是对赌协议，这是利用合同来解决利益冲突的方式。对赌协议又称棘轮协议，是一种为控股家族提供激励机制和为投资者提供保护的方法。根据协议，如果控股家族在未来未能达到某些事先承诺的财务目标，该机制就要求控股家族向机构投资者补偿一部分股票；相反，如果控股家族在未来实现了这些财务目标，该机制则强制投资者向控股家族奖励一部分股权。很多家族企业在引入机构投资者时，都运用了对赌协议这一机制，比如广州恒大上市之前引入德意志银行等机构投资者。

然而，对赌协议并不是总能够获得令人满意的结果。有的家族企业为了获得机构投资者的投资，盲目签订对赌协议，最终由于不能达到对赌协议规定的财务目标，而不得不放弃公司的控制权。因此，对赌协议虽然能够很好地解决控股家族和机构投资者之间的利益冲突，但是对于家族企业而言，在签订对赌协议之前需要审慎地评估自身的实力。

12.3　代际传承与跨代创业

12.3.1　传承的实质

家族企业历来被认为逃不出“富不过三代”的魔咒，一贯追求家业长青，但时常面临“一创、二守、三败”的困扰。传承往往成为家族企业的分水岭，家族事业的扩大或衰落从此可一分高下，这一问题也无疑成为学界和业界共同关注而忧心的问题。家族企业能否实现顺利传承和持续成长已不再是完全私密性的事件，而是关乎各利益相关者生计的关键，是事关整体经济发展后劲的重要力量。家族的跨代创业也是国民经济转型升级的重要推动力，是激发地区创业创新活力的催化剂。

进一步而言，家族企业传承的不仅仅是财富，而是家族事业及创业精神。与近来社会上不断曝光的富二代相比，家族企业传承需要涌现出更多具有跨代创业和发展精神的“创二代”，而非纨绔子弟形象的富二代。常言道，“财富之泽，三世而衰，五世而斩”，描述的就是“创业、守成、挥霍、败落、灭亡”的过程。自古创业难，守业更难，创二代肩负着比父辈更重大的责任。成就大业犹如逆水行舟、不进则退，老一辈企业家开创的事业要继续发扬光大，很大程度上取决于“接班人”的进取精神和持续创业。家族企业二代是具有传承海量财富权利的“富二代”，是需要肩负父辈及家族责任前行的“负二代”，还是沉溺于享受和挥霍的“腐二代”?

然而，现有的一些调查数据显示家族企业传承状况不容乐观，其一是家族传承问题的认识，其二是家族传承的实际结果。家族后代与父辈的代际隔阂和理念差异使得许多家族二代不愿接班或根本不具备接班的能力。

根据余明阳教授对国内182家在各行业排名居前3位的杰出家族企业接班问题的调查，这些位居82%领袖地位的家族企业中仅有18%的企业家二代愿意主动接班，有多达82%的“接班人”不愿意接管父辈的企业。不愿意“接班”的原因有很多，有的是对严厉、小气、事无巨细、自以为是的父辈不满；有的是对传统产业毫无兴趣；有的是养尊处优惯了，不习惯被约束；有的是国外生活多年不适应国内风格。大部分接班者都是被动接班，且接班后与父辈及原始创业人群冲突明显。即使在接班后，家族企业仍需面临实际绩效的考量或潜在问题的考验。根据中国香港中文大学范博宏教授等（2012）对近20年来中国香港、中国台湾、新加坡收集的200起家族企业传承案例的研究，家族企业在继承过程中面临巨大的财富损失。平均而言，在继承年度（新旧董事长交接完成的一年，通常交接伴随控制股权交接）及此前5年、此后3年的累计股票超额收益率平均高达-60%。换言之，股权所有人于企业传承前5年每份价值100元的股权，在传承完成时只剩下40元。可见，攸关家族企业长期存续的莫过于企业的传承和跨代创业过程。

因此，对于创始人而言，选择适当的接班人，并制订精细周详的传承计划，合理安排家族内部的股权继承结构，显得尤为重要。虽然艰难，但现实中亦不乏成功的例子。李锦记已经历经四代，并建立了完善的家族治理机制，格兰仕梁庆德之子梁昭贤在接手格兰仕后，大胆开拓、勇于创新，展现了新一代的创业精神，将格兰仕带上了新的征程。

12.3.2 跨代创业的模式

家族企业传承是一件极其复杂的事情，不仅是家族事业的简单传递，更重要的是家族跨代创业与发展。“接班”的实质是创立家族企业文化与共同梦想。建立一个成功的家族企业需要付出巨大的精力、智慧和艰苦的工作，同时，还需要勇气。“接班”是企业主在创业开始就该思考的问题，简单选择新的领导者的想法过于狭隘。如果家族企业只是传承财富的话，那么通胀、税收、奢靡等因素之下，时间不会太长企业就会面临困境。而如果仅传承股权，那么接班人就不是企业家，而变成资本家了。“接班”中最重要的传承，应是“创业精神+领袖+管理”，这些尤其应在第二代落实到位。其中，二代传承与三代传承之间有着很大的差距，历史上说“一代创业、二代守成、三代消亡”，可见二代之重要性。如果“二代”不能很好守成，可能家族企业前途就堪忧了。而中国的“二代”面临着三个独特问题：第一，从打江山到坐江山；第二，是做夫妻店还是大企业；第三，是否继承家族文化与梦想。这三项使命决定了“二代”传承是否能够成功实现。

传承，是任何一个家族企业都无法回避的问题。家族企业作为中国企业创业和成长最普遍的组织形式之一，传承的重点也在于创业精神的保持和增长。家族企业的传承有多条路径，跨代创业形式也是多样化的。家族企业传承的有形因素主要包括控股权及决策权的传承。有的可能仅是将股权保持在家族控制内，采用职业化管理手段；而有的可能同时保持家族的所有权和采用家族管理模式。尤其是在近年来企业竞争日趋激烈、行业利润摊薄的情况下，老一辈企业家艰苦奋斗的原有行业对后辈企业家的吸引力明显淡化。再加上家族新一代的成长环境不同以往，优越的生活条件甚至海外留学教育使得许多二代接班人不愿接班或不愿从事父辈原来的行业。这样，家族企业主可能选择不传承，通过卖掉企业或关闭原企业而实现创业退出，并获得一定的经济收益。另外，也有家族后代努力奋进，在关闭或卖掉原企业后与父辈再次创业，当然，这种情况并不多见，大多数家族企业领导人将企业在家族内跨代传递的观念根深蒂固。因此，选择在家族内传承时，又面临继任者的选择，包括企业内部的家族成员、非家族成员以及企业外部的职业经理人。根据调查，家族企业选择职业经理人继任的并不多见，尤其是在很多家族企业试图弱化家族色彩的过程中，因与职业经理人的冲突或不信任又转至家族制。近年来影响颇大的一件事莫过于国美电器的“陈黄之战”，这是一场创始人与职业经理人的控制权争夺战。家族企业的职业化蜕变本就艰难，虽然黄光裕涉及法律纠葛，但这对于创始人选择职业化管理仍是一个警示。因此，虽然子承父业是家族企业传承的主导模式，但当无合适的候选者时，选择内部培养有潜力的人才继任也成为可行途径之一。

图 12-1 概括了多种家族传承及对应的跨代创业模式。家族跨代创业是以创业家族为主体，在家族企业的发展过程中，后代企业家传承企业家精神，追求代际财富积累的一种创新活动。在家族内传承且持续创业成长是最为普遍的家族跨代创业模式。家族企业的跨代持续成长与创业精神的延续是保持其创新活力、实现家族盛久不衰的关键。在多个子女的企业中，未接手现有家族企业的家族成员可能出来再创业。如王永庆的女儿王雪红，在家族资源和网络的支持下，成功开创新的企业，从而形成创业家族。在企业内非家族成员和企业外职业经理人的继任中，可能在原有企业中注入新的创新和创业更新，这可被称为一种泛家族创业模式；在这种情形下，家族后代可能对其他产业感兴趣，投身于创建新企业的活动，从而衍生出新的家族企业，如引导案例中美的集团的何剑锋并未接过何享健的担子，而是创立了属于自己的事业。对于无意长期持有的家族企业，则可能选择出售或关闭企业而实现创业退出，或者进行二次创业，继续家族创业精神。本章将依次分析不同传承规则下，家族继任者的选择及创业精神的培养、创业学习与跨代创业选择、理念传承与创业转型，进而总结家族二代创业的趋势及启示。

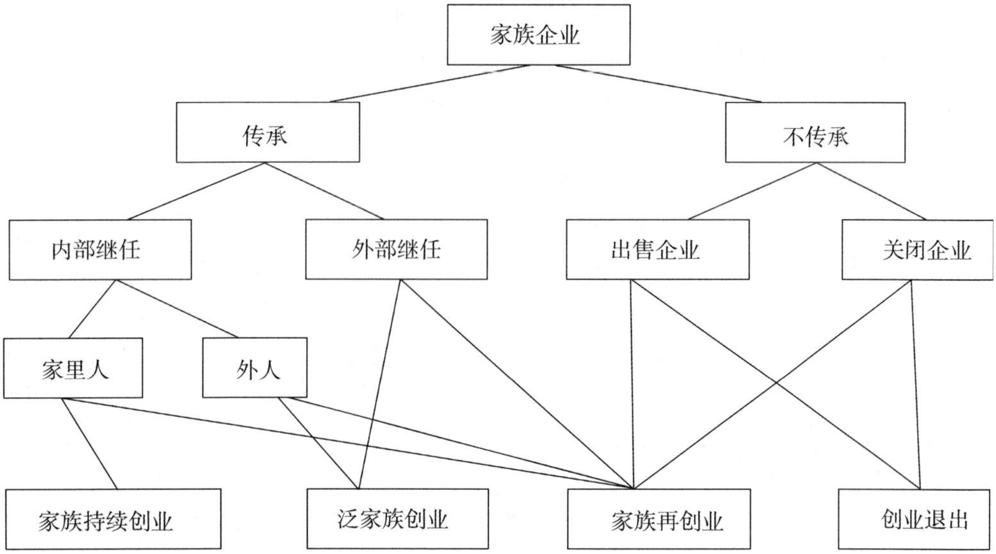

图 12-1　家族企业的传承与跨代创业

（1）家族二代接班人的选择。

家族企业的传承往往是家族企业发展的转折点，传得好则日益强大，传得不好则瞬间崩塌。尤其是中国早期一夫多妻以及在计划生育政策之前的多子女家庭结构情形，一旦家族权威逝去即面临家族财产的纷争，这一点在中国港、澳、台的大家族企业中表现得尤为明显。中国澳门赌王何鸿燊家族、中国香港霍英东家族、新鸿基的郭氏兄弟以及台塑集团的王永庆家族均爆发了家族斗争。但是，中国内地乘改革开放东风富裕起来的企业家们，又面临着单一继承人的困扰。当家族继任者无从选择时，原来重视男性继任者的趋势减弱，越来越多的女性接过父辈的担子。然而，当唯一的家族子女无意接管家族企业时，家族企业创始人将面临更艰难的抉择。除传统的聘请职业经理人外，女婿力量也在崛起，这成为女性后代接班的另一种模式。不过，目前我国职业经理人市场并不成熟，家族对外人的信任度和放权程度普遍较低，使得家族企业职业化管理的过程并不顺利，甚至会返回至家族制。在无法实现家族控制的情势下，创始家族可能逐步淡出或作为大股东，甚至卖掉企业而实现创业退出。即使是在顺利实现家族所有权传承的条件下，如何保证家族后代创业精神的延续发展，坚持做“创二代”而非“富二代”，也成为家族事业成功传承的难点所在。

现代社会，富豪处理遗产的方式变得多样化。随着女性地位的提升，传男不传女的传统不在，女子也可以当家，继承家业。古时，家业一般都不会传予妻室，最多只会分田、分地、分财予妻子，当作私人财产处理。但现代有些富豪把家族企业的股权，甚至管理权也交予妻子，譬如中国澳门一代赌王把其赌业集团的主要股权分予四太，而船务集团则交予二房女儿，即可见传男不传女、传子不传妻的传统礼法已经改变，更重要的是，世人对此事也不以为然，说明社会的规范早已改变。礼法与法律不同，它不只是明文规定的条约，而是种于人心之中。如今，人们讲究男女平等，也不再讲出嫁从夫，而是夫妻平等相处，由伴侣成继承人也不是新鲜事。再者，现代富豪中，实在不乏巾帼英雄，有一些是夫妇合伙经营，白手兴家，夫死后由妻名正言顺地继承，而女当家死后，若无子女，也不像古时规定要交予男家兄弟，一般会根据女当家的个人意愿决定。现代富豪中，也有很多深知子不类父，人人也想“生子当如孙仲谋”，守护家族产业，偏偏富二代多平凡庸碌，故父辈宁可把企业的管理权交予专业人士，另成立基金照顾子女生活，如此或者可以改变富不及三代的宿命，使企业得以延续下去。总的来看，古今家产分配的最大差别在于古人重视家族利益多于个人利益，而要维系家族利益最有效的方法是法律与礼教，家产分配不能随便按个人意愿决定，而必须遵守千百年来的制度。今人更加注重按个人意愿、个人利益来进行家族财产分配。

①二代均分还是只择其一。

家族企业时常面临多子女的困扰，尤其是有多个子女涉足企业时，家族纷争往往难以避免。尤其是当家族权威逝去，各子女存在冲突或企业家能力势均力敌时，家族斗争就会爆发。传统上，中国是一个奉行诸子均匀制的国家。除古代帝王及爵位的传承采用嫡长子继承以防纷争外，家庭的继任规则以诸子均分为主导，而且男性子嗣均享有继承权。一般父母在世或死后，兄弟们就会平分家产，一个大家庭解体为数个小家，直到各自的小家又发展成为一个大家，或者就此破落。在华人家族企业中，创业者在世时，儿子们或许会分管企业的不同部门或工厂，上一辈去世之后，没有了一个权威坐镇，继承者们往往或因为财产纷争，或因为意见不合，导致家族企业的分裂甚至解体。诸子均分继承制度更被指是华人家族企业寿命短和内部矛盾的症结，受到不同层面的批评。因此，华人家族企业创始人往往在位时不愿放权，并竭尽全力设计完善的机制，防止家族分裂，如新鸿基地产的郭得胜设立家族信托以避免家族分拆，但仍未能阻止兄弟阋墙，内讧不止。不过，家族企业不同于一般的家族财产，诸子均分难，只择其一也往往不可行。惯用的做法是择一优者主控，其他协助或开创新事业，中国香港首富李嘉诚最近公布的财产分配安排，正是这种模式的实践之一。从小跟着李嘉诚在企业做事的李泽钜将作为家族事业的准接班人，而喜爱闯荡的李泽楷则给予资金扶持其开拓自己喜爱的事业。这可视为一种预防性的家族治理安排，还可以充分发挥家族其他成员的创业精神，从而形成相互支撑的企业家族。在二代共同参与家族事业中，也有子女各分管一块的成功案例。如李锦记集团的第四代家族成员均参与家族事业，反而具有良好的协同效应。究其原因，家族治理优先于企业治理的观念起着关键作用。在此类家族传承中，家族持续创业精神得以发挥，甚至可以衍生出更多的新家族企业，从而形成相互扶持或相互竞争的企业家族。

②独生子女继任。

一方面是对职业经理人的排斥，另一方面是中国的独生子女政策几乎让坚持家族企业"血脉相传"的企业家丝毫没有选择的余地。计划生育政策使得中国越来越多的家庭仅有一个子女，家族继承人的选择范围大大缩减。这对传统的"传子不传女"的观念形成了挑战，女儿与儿子一样接受良好的教育、掌管家族企业。近年来家族二代女接班人的能力和素质表现并不比男性接班人差，如立白集团创始人陈凯旋之女陈丹霞、碧桂园杨国强之女杨惠妍、拓日新能创始人陈五奎之女陈琛等。但是，当唯一的儿子或女儿没有接班的意愿或能力不足时，家族企业可能面临后继无人的麻烦。在这种情况下，吸收家族外优秀的职业经理人进入家族作为继任对象就成为一种替代选择。当然，在有家族后代继任的条件下，通过联姻吸收家族外优质资源也是增强家族优势的途径之一。在此类家族传承中，家族创业模式以家族持续创业和泛家族创业为主，在原有的企业基础上进行更新或变革，甚至推动原有企业的转型，或开创一片属于自己的新天地。

上市公司中也有不少女承父业的案例。在日本或者欧美，一些大家族更倾向于生女儿，因为儿子可能不孝，生女儿却可以挑选一个各方面能力都非常优秀的女婿来承担儿子的责任。广东家族企业中，女儿和女婿接班者也不在少数。拓日新能的陈五奎家族，送独女陈琛前往海外学习前沿的经管知识，回来即在企业历练，为接班准备。漫步者和键桥通讯都是女婿接班的代表，漫步者创始人王文魁已将董事长决策权交付给女婿张文东，实现了女婿的传承。

（2）去家族化与创业退出。

家族企业二代企业家与一代创业者出生环境不同，成长经历有别，尤其是在接受过现代管理理念或西式教育之后，更能接受现代管理制度和职业化管理。在新一代家族接班人看来，家族企业常被人诟病的任人唯亲、裙带关系是建立现代管理制度的障碍，因此在家族二代接班后往往希望淡化家族色彩。但这在一定程度上会引起接班者和创业元老的冲突，对继任者的权威形成挑战。另外一个值得注意的现象是，并不是所有的家族企业都是追求跨代延绵的。尤其是不少广东人固有的“小富即安”的心态，对长期的成长和发展考虑不够。如果成长空间吸引力不足或过于辛苦，创始家族可能安于享受现有的舒适而转做其他。因往往与失败相联系，创业退出一直极少被提及。但创业的成败并不在此，创业退出可能是受眼前利益的驱动或者理想门槛的限制，并不一定是不得已而为之。当然，也有许多创业失败的案例，成为再次创业的前车之鉴。

（3）家族二代培养与跨代创业。

①正式教育和学习。

中国的第一代企业创始人大多出身贫寒、白手起家，往往只有中小学文化程度，有大学学历的很少。“学而优则仕”的思想仍是主导，他们多希望自己的子女接受更好的教育，以弥补自身的遗憾。因此，很多富二代中学时代就被送往海外私立学校，之后继续修读大学。对他们而言，出国留学后回家接班似乎是一条共同的道路。30岁以下的富二代中，很难找到没有留学经历的。例如，中顺洁柔的邓冠彪和邓冠杰两兄弟分别在日本和英国留学，凯撒股份郑合明的千金郑雅珊获得英国伦敦中央圣马丁艺术与设计学院学士学位，拓日新能陈五奎之女陈琛获得美国波士顿大学经济学硕士。由于有留学背景，不少富二代也拥有海外居留权，如新时达的纪翌拥有加拿大长期居留权，中顺洁柔的邓冠彪拥有冈比亚永久居留权，键桥通讯的葛讯持有澳大利亚护照。这样的国籍设计如同一柄双刃剑，一方面，固然可以从一定程度上将子辈隔离在父辈的“原罪”之外，但另一方面家族也要面对海外高额的遗产税。

“富二代”一词现已为公众所熟识，其本意是指那些20世纪80年代后出生，乘改革开放东风先富起来的民营企业家的子女。但随着越来越多的与“富二代”牵连的负面事件的曝光，使“富二代”的贬义色彩日益严重，广东人也称其为“二世祖”。而那些身为家族企业接班人、拼搏奋进的年轻二代则时常受这一“帽子”的困扰。2011年盖洛特市场调查研究公司与51调查网合作进行了关于“您眼中的富二代”的调查，调查结果值得家族企业同行深入思考。其中，对于“富一代应该如何教育后代”这一问题，近一半的被访者（48%）认为“应该给予精英式教育，让他们开阔眼界，走向国际”；有39%的人认为“应该穷养，让他们知道财富来之不易，培养他们节俭的习惯”；只有3%的人认为“应该富养，什么都给他们提供最好的条件”，虽然富养会带来弊病，但众所周知，这确实是不少富一代惯常的做法；另有10%的人认为“任其自由发展，不横加干涉”。

“若您的儿子是富二代，希望他学习的能力”这一问题的调查结果显示，高达八成（84%）的人希望儿子“友善待人，乐于助人”；有七成的人认为，要“学会感恩，回馈社会，自制能力强，独立能力强，有自信心，责任心”；有六成多的人认为，要“有创新精神，能自主创业”；有五成多的人认为，要“学会储蓄，精明理财不乱花钱，理解父母赚钱的辛苦，学会体察民情，关注民生，关心国家大事，关注经济发展”。

②社会网络和资源。

家族企业传承的关键在于隐性知识能否得以有效传承，这也是保持家族持续竞争优势的重要条件。研究显示，经历交接班的家族企业均会面临市值缩水的风险，而家族网络和资源构成了家族专用性资产，也是家族企业独特的竞争优势。中国香港中文大学的范博宏指出，“家族企业创办人有两种方法为其财产增值，这在资产负债表上体现不出来。一方面，他们的声誉确保银行愿意为其公司贷款；另一方面，他们与政府的关系经常让他们有利可图。可惜的是，这些影响力很难传给他们的子女”。正所谓“传财产易，传人脉难”，在中国强关系社会下，关系网络是事业成功的重要因素。而这种无形的社会资本传承比所有权和管理权都要隐秘和困难得多。现在许多华人富豪把下一代送往欧美最有名的大学攻读企业管理，却发现子女的学院训练和他们的经营传统格格不入，第二代尽管娴熟华尔街的运作模式，却往往无法和父亲一样掌握国内政商环境。二代接任后不但要找到与创业元老的合适距离，亦要与供应商、客户、员工等多方利益相关者建立联系，对政府政策的认识和关系处理也是一项巨大的挑战。尽管受过多方面的训练，新一代的管理者仍难以洞悉政治的玄机，更无法像父辈那样长袖善舞。

这一特征在地产界表现得尤为突出。20 世纪 90 年代，粤派地产异军突起，合生创展的朱孟依、碧桂园的杨国强、恒大地产的许家印、富力地产的李思廉和张力、宏宇集团的黄文仔都创造了自己的地产王国。开发商的企业竞争力，很大程度上体现在人脉关系上。当前做得成功的地产企业家，无一例外都是处理政府关系、企业关系和员工关系的高手。很多“关系”，都是靠长时间积累下来的。在中国办事，常常是先看人再做生意，老板的地位无法替代。这使得二代在接班后的 3~5 年内难以独当一面。同时，缺乏关系网络、行业经验不足及对政策和宏观局势的把握较弱也是家族二代创业的阻碍因素。

③企业经验和知识。

在家族二代完成学历教育之后，绝大部分创业者倾向于将他们放在家族企业内部培养。基本上都是从部门经理、下属公司负责人等低层实职做起，通过切实的历练熟悉业务，再逐级升任副总经理、总经理乃至董事长。有一些家族创始人让子女从小就旁听学习家族事务，在耳濡目染中学习家族企业的经营管理知识，甚至在家里吃饭讨论的都是企业事务。如碧桂园杨国强对女儿的培养可称作“精英教育+学徒实践”的典型。在杨惠妍年仅十三四岁时，杨惠妍、杨子莹两姐妹就已经列席旁听董事会会议，会后父亲会给她们解释为何在会议上如此表态以及如何批评下属等。两姐妹的年幼时期基本上是在杨国强创建的广东碧桂园学校中度过的，旨在培育“董建华式人才”，即“开车不用司机，当官不用文秘，出国不用翻译”。高中毕业之后，两姐妹先后被杨国强送往美国俄亥俄州立大学攻读市场营销及物流专业和心理学专业，杨子莹 20 岁起即任总裁助理，杨惠妍进入企业历练后 31 岁即被任命为集团副主席。总的来看，中国的接班人培养方式还是停留在让接班人接受正规教育和在企业内部轮岗，分别占 49.7% 和 30.7%。从国际经验来看，约旦的富二代接班制值得中国企业家参考，当地有67%的继承人在加盟家族企业之前，通常需要到其他企业工作一段时间，这也是欧美地区企业常用的培养方式。不过在全国工商联调查的3 286家中国家族企业中，只有11.6%的家族企业采取了这种做法。

当然，也不乏一些企业创始人先把后代放在其他环境中历练。中国香港李锦记集团是华人社会中少见的长寿家族企业，从李锦裳先生1888年创办至今已走过120多个年头，传至第四代。李锦记近年来不遗余力地呼吁关注家族企业，其家族宪法、家族委员会等一系列相关家族治理方略日益得到家族企业同行的熟悉和认可。在李锦记"宪法"里有着关于进入企业工作的明确规定：家族欢迎家族成员加入家族企业，但必须在家族外的公司工作3~5年，才能进入家族企业。信立泰药业的叶澄海对其子叶宇翔的培养也是十分典型，叶澄海已年近七十，曾经历过政治生涯的大起大落。1985年下海，先后在深圳、美国、南美等地经商，之后又放弃到手的美国"绿卡"回国创建企业。其子叶宇翔具有显赫的商业教育背景，是美国耶鲁大学的工商管理硕士，具有美国国籍，1996—2002年在美国American Management System、惠普电脑公司任职，后进入信立泰历任总经理助理、副总经理、总经理，逐步接手家族企业。

还有一些家族二代对家族事业不感兴趣，或希望开创自己的事业。李嘉诚之子李泽楷一开始不愿意加入父亲的公司，毕业后在国外一家投资公司打工。1990年返港为母亲奔丧时，拗不过李嘉诚的劝导，李泽楷才答应到和记黄埔工作。初到和记黄埔的李泽楷，接手创办香港卫星电视，并迅速发展。工作后的李泽楷极其反感"接班人"这个身份，他尽可能摆脱父亲的影响和庇荫。在卫视迅猛发展之际卖出获得创业资金后，李泽楷决定离开父亲另起炉灶。由此创盈科，并借壳在新加坡上市，家族创业精神得以发挥。

【本章小结】

从创业过程来看，创业是以机遇为导向的，为创业者和创业团队所驱动，需要运用资源最小化且富有创造力的策略，依靠机遇、团队和资源三要素之间的和谐和平衡，因而是一个综合的有机整体，一旦三要素失去平衡，创业活动就会受到影响。

创业者以及创业团队的形成和组建是一个复杂的过程。很多创业者在制订创业计划和开始商业运营的时候，并没有意识到管理团队的重要性。而往往就是由于这一疏忽使得很多创业企业陷入困境，痛定思痛的时候才发现组建一个强有力的管理团队何其重要。

广义的创业团队一般由初始创业者、董事会、核心员工和专家顾问组成。影响创业团队有效性的管理要素主要包括团队成员的甄选、创业团队的核心领导力、股权配置与退出、团队冲突处理等。

【核心概念】

创业家族企业　传承　创业精神　跨代创业　家族产权　管理专业化　委托人-委托人关系　基业长青　家族治理

【课后思考】

1. 简述家族企业与创业家族企业的区别。
2. 初创期创业家族企业面临的挑战有哪些？
3. 成长期创业家族企业面临的关键问题是什么？
4. 成熟期创业家族企业可能遭遇的挑战有哪些？
5. 代际传承的含义是什么？
6. 简述代际传承的内容。其中什么是代际传承的本质？

【实践演练】

立白集团：女儿上阵

立白集团是国内大型日化企业，由广东潮汕商人陈凯旋、陈凯臣创建于 1994 年。产品范围涵盖“织物洗护、餐具洗涤、消杀、家居清洁、空气清新、口腔护理、身体清洁、头发护理、肌肤护理及化妆品”九大类几百个品种，综合实力位居中国洗涤业前三甲。2006 年立白收购了化妆品品牌高姿，以提高高附加值产品比例。在接手高姿前，陈凯旋之女陈丹霞已在悉尼大学留学获得市场营销与战略管理双硕士学位，并具有 4 年海内外工作经验。在刚进入高姿时，高姿内部已有 5 股人马。有收购后总部空降过去的一批子弟兵，有在高姿服务超过 10 年的老员工，还有前三任总经理带去的行业精英们。公司程序复杂，市场反应速度迟缓。于是，陈丹霞大幅缩减管理层级，直接与一线员工沟通，现在高姿的管理架构非常简单——陈丹霞直接管理几个部门长，部门长直接管理部门的业务。陈丹霞将高姿管理得有声有色，并计划若干年后将高姿带到资本市场。陈丹霞也有意将自己的职业转型为专业投资人，她表示自己对投资蛮有兴趣，刚毕业时，有机会直接做投资，但觉得还是要先做一做实业。再做投资时，会更易看到本质的东西。也因为陈凯旋和陈凯臣出自潮汕地区，他们对“二代们”继续灌输着潮汕的文化传统，如低调务实、勤劳节俭、艰苦奋斗、敢为人先、尽忠尽孝、低调谦虚、永不言败等。

你如何评价独生女儿现象对家族企业代际传承和基业长青的影响。

第13章 企业内创业与已定型企业的持续成长

【学习目标】

1. 熟悉企业内创业的含义
2. 了解企业内创业的必要性
3. 了解企业内创业与独立创业和一般研发活动的异同
4. 熟悉内部创业者的含义
5. 了解个体选择内部创业的动因
6. 了解影响企业内创业的因素及其互动过程
7. 了解通过企业内创业实现企业持续成长的机制

【引导案例】

内部创业者阿尔特·弗越伊及其内部创业故事

美国3M公司的员工阿尔特·弗越伊是3M公司Post-it® Notes系列产品的缔造者，也是企业内创业者的典型代表。Post-it® Notes是一种到处可见、小小的黄色便签纸，在其背面的顶部涂有可剥离的粘胶。阿尔特是1974年开始从事Post-it® Notes的发明的。那时，他在教堂的唱诗班里唱诗，每个礼拜日两次。他用书签夹在赞美诗集中，标出所选的赞美诗，尽管第一次使用时这些书签挺好用，可是到了第二次，有些书签就掉出来了。他意识到，需要有一种东西既可以粘到纸上又不致在揭下时把纸撕破。3M公司允许技术人员利用15%的时间按照他们自己的设想去从事工作。阿尔特利用这一政策的方便，开始制造既有粘性，又可揭起的赞美诗集书签的样品。

他决定利用一种胶粘剂，这种胶粘剂是由中心实验室的斯彭斯·西尔弗研制的。公司里到处都有这种新的胶粘剂样品，希望有人能够找到其用途。阿尔特的手头就有一瓶胶粘剂，所以他打算自己做几个有粘性的赞美诗集书签。阿尔特要克服的最大障碍是找一种工艺，把这种新的、难粘的胶粘剂涂到纸上，以使它起到应有作用。阿尔特发现在实验室以外几乎无法得到多少支持，从事制造的人们认为那是不可能的，因为粘度不可控制。然而，在其他人看来是失败的地方，阿尔特却预见了成功的曙光，可剥离的胶粘技术已经用来制造自粘公告牌，从这里阿尔特立即领悟到在消费者用的自粘纸方面肯定会有更大的销路。

阿尔特不光是发明家，他还是革新家。他懂经济学和实用哲学，还有强烈的赚钱动机。他自己能动脑筋想事情，很懂用户的要求。而3M公司的最大好处是：像阿尔特这样的内部创业者能够相当容易地使用其他部门的设备来尝试他们的设想。事后，阿尔特说“你必须要耐心地了解3M公司内可以使用的各种不同的涂镀设备和纸处理机的地点，然后了解它们什么时候开门，而从正常渠道是每每办不成事的。”“你可能认识同一个越野滑雪俱乐部的什么人或以前的同事，因此不管条件如何，总会有办法使用机器的。”如果只有晚上才能使用设备，阿尔特就夜间工作，实际上，他的忘我精神是惊人的。当他得到官方允许使用实验工厂时，他连续不停地工作了五个八小时班，即四十小时。鲍勃·莫莱达是阿尔特的顶头上司，在整个开发过程中他都是阿尔特的强有力的支持者。他回忆这段经历时说：“我最后进来时，他的眼光呆滞，你要是问他一个问题，他不像平时那样迅速回答，他要停顿三秒钟才开始说话。”但阿尔特为了制造Post-it® Notes始终心甘情愿地吃苦，为找到一个可行的工艺方法而努力。当他走遍3M公司的生产机械设备仓库寻找答案时，同时也向机械供应者们宣讲制造这种产品是可能的。在他所问到的单位中，有80%的人都说他们的设备不能帮助他，其他的20%同意可以试一下，但都失败了。最后，产品看来是制造不出来了。

严格说来，按3M公司的组织方式，生产程序的设计不是阿尔特的分内事。他应只管设计产品，而让工艺工程人员去考虑怎样制造加工它。问题是，制造部门告诉他，用现有的3M公司技术，确实是不可能的。但阿尔特不这样认为，他后来发明了一种看来可能做这种事情的机器。遗憾的是，制造工程部门都说他设计的机器要六个月才能做出来；而且要花费巨资。对于对政治懂得很少的阿尔特来说，这给他带来的烦恼实在太大了。他愤而自己动手，第二天一早，人们来上班时，竟发现阿尔特把加工程序搞完，正在运行。他花了一夜功夫，在地下室造了一台简陋的机器并把它安装起来。

加工过程看来有希望解决了，却又出现了另外一个问题。销售人员进行了用户调查，结果很糟糕，人们说他们并不觉得要用带有微粘性的纸片。几乎每一个内部创业者最终都会走到这条死胡同。如果你调查的是某种非常新颖的东西，人们想象不出如何使用时，结论通常是不需要这种东西。首先，他们没有这种东西也生活了这么多年。但是，这并不意味着被拒绝的产品就是一项不好的设想，只有人们使用过以后，才能知道它是个好东西。过去，确实没有一种纸既能粘上又能揭下，所以，人们想象不出怎么去使用它，他们也不可能评论是否有此需要。

为了克服这种困难，阿尔特把样品在3M公司内分发，请大家试用。他给了几种不同样式的样品，有纸带、标签和小黄纸本，请大家使用后尽快给出反应。阿尔特所在技术部门的负责人杰弗·尼科尔森也分发到了样品，但他是在部门的上层官员中验证这种产品。阿尔特对每个人的使用情况做了时间图表，他把这个产品的利用率与3M公司最大的办公用品推销部的透明胶带做一比较，惊奇地发现：人们使用Post-it® Notes比用透明胶带多。尽管正规的销售调查仍然表明人们没有兴趣，而阿尔特却注意到：“从我的个人调查来看，人们在竭力得到这种东西，与斯科奇牌透明胶带相比，有更好的利用率。我推断会有一个大的市场。”

一旦他感到满意，他就能够证明有市场，而且他正在考虑如何使生产过程符合经济原则。阿尔特开始和各部门一起寻找他所想象的新系列产品的用途。阿尔特如此描述他的推销过程：“我编了一本小册子，介绍了各种形式的产品。这本小册子看来很好，因为，没有什么比第一次印象更重要了。如果一个人得到某种东西，但它还没有达到他所需要的质量，看起来不好或性能不好，他就会说糟糕。这样，你就可能再没有机会去做了。这本小册子有许多例子，有应用、市场范围、说明，它是在 8.5 英寸×11 英寸的纸上用打字机打的，有图示、有举例。它可以放在文件夹里，这样立即可以用来书写文件夹名，标题下还可写条目等，既容易阅读又易保存，所以你就不会想把它扔掉……”阿尔特把小册子送给商业胶带部门的每个经理，并约定时间与负责可能使用这项产品的市场业务开发单位的人员见几次面。把兴趣引起来了，阿尔特又亲自和几个项目组一起工作，这些项目中最重要的是面向办公用品市场的项目，阿尔特觉得这项产品在办公用品市场会最有意义。

3M 公司一开始是在四个城市里出售 Post-it® Notes。他们发起了一个广告运动，但是没有带样品，用户们简直不明白让他们买什么东西。阿尔特所在部门的总经理乔·雷米起初表示怀疑，但是尽管推广受到阻碍，后来他也成了一位积极的拥护者，部分原因是阿尔特和尼科尔森的热情感动了他。雷米和尼科尔森还把产品拿到街头，召唤买主。结果表明了阿尔特早就预见的事情：一旦你让大家来试用，他们就会被吸引住。办公用品销售部门的经理杰克·威尔金斯也看出他们是从错误的方向来解决市场问题。因为 Post-it® Notes 的真正用途没有经过实践，因此，广告运动才告失败。

雷米认为应该进行另一种市场试销。原来的广告撤下来，把精力集中在博伊西、爱达荷，在这两个地方，他们大做广告、派送、推广。结果，销售是惊人的，不仅地区、国家的市场打开了，甚至国际的市场也都接着打开了。

资料来源：PINCHOT Ⅲ. 创新者与企业革命：2000 年的总经理与内企业家［M］. 丁康之，丁伟之，译. 北京：中国展望出版社，1986.

现实中，人们对于创业的理解大多还停留在“新企业的创建”上；似乎，那些已经创立起来并实现了稳定经营的大中型企业与创业并无关联。然而，实际的情况并非如此，随着企业内创业在全球范围的兴起，越来越多的企业意识到内部创业的重要性，管理学家们也在积极倡导大中型企业应致力于营造内部创业氛围、培养内部创业者、鼓励企业内部的创业活动。本章的引导案例向我们生动展示了一位内部创业者的企业内创业过程。从中，我们不仅看到了内部创业者对机会的敏感以及他们对所从事事业的热情；同时，也看到了一个组织是如何支持和阻碍企业内创业的。本章将对企业内创业的内涵、必要性及其实现企业持续成长的过程和机制等内容进行系统介绍。

13.1　企业内创业的内涵、必要性与特征

13.1.1　企业内创业的内涵

20世纪80年代初，企业内创业（Intrapreneurship）开始引起众多学者的关注。正如对创业的定义难以达成一致一样，学者们对于企业内创业的定义也不尽相同。有学者认为内部创业可以被看成组织内的个人在不考虑资源条件的情况下追求机会的过程（Stevenson和Jarillo，1990）；也有学者将企业内创业理解为已有组织中的一种创业精神（Hisrich和Peters，1998）；新风险企业的形成（Kanter和Richardson，1991；Baduerahanian和Abetti，1995）等。目前，对企业内创业最为宽泛的定义是：已有组织内部的创业活动。主要用于描述在已定型的中型和大型公司内发生的创业活动，因此，也称公司创业（Corporate Entrepreneurship）。与传统创业理论相比，企业内创业理论更关注已有或已存在公司内部的创业活动和创业精神。

综合以往学者的观点，本书对企业内创业的定义如下：由企业内部有创业愿望的个体或群体，基于机会而发起的，为了获得创新性成果在公司授权和资源保证下开展某些业务或工作项目，并与企业分享成果的创业活动。其目的是通过产品或方法等方面的创新以及市场开拓等为企业创造新的商机。

13.1.2　企业内创业的必要性

如今，已经有许多公司都意识到推动企业内创业的必要性。发表在流行商业杂志（如Business Week，Fortune，Nation's Business）上的文章都在报道企业创业思考对科层式结构的冲击。在最畅销的《追求卓越》一书中，Peters和Waterman用了一整章的内容来阐述企业内创业。非常明显，商业企业和咨询专家、管理学家等都认识到了企业内创业的必要性。这种必要性来自于三个紧迫的问题：

1. 动荡的环境与不断加剧的竞争

当今的时代是一个巨变时代，今天的高科技经济正面临着更激烈的竞争，企业也都面对比以前更多的竞争对手。与几十年前相比，现在市场中的消费者需求的变化、技术的创新和进步是非常普遍而迅速的。在这样的竞争环境中，企业要么创新，要么就过时。

2. 已定型组织的成长困境

与创业期的企业相比，已定型企业拥有更加丰富的资源，因此，似乎应该比创业期的企业拥有更强的创造超额利润的能力。然而，现实的情况并非如此，一些学者的研究也表明：在企业成长动机和成长速度等方面，资源丰富的已定型企业并未体现出相对于创业期企业的优势。究其原因，还在于企业内存在的阻碍企业持续成长的力量。20世纪80年代以来，惯性逐渐被组织及战略管理研究学者借用来描述组织维持现状的趋势和对当前战略框架之外的战略性变化的抵制，而企业相对于竞

争对手对环境变化所做出的相对反应速度就反映了组织惯性的强弱程度。思维和行为的方式往往是与过去的成功相关的，那些创造了核心竞争力的成功就会导致常规的产生，而惯例的形成就会带来惯性。由过去的成功形成的隧道视野会阻碍企业识别激进的新机会。另外，用来将机会资本化的经营模式和战略也会固定于相对熟悉的形式里，这样就限制了战略更新和再创业的发生。虽然，组织惯性的作用并非总是消极的，因为对于企业现有战略和业务的发展而言，组织惯性是具有促进和支持作用的，但是，从企业长期持续成长的角度看，组织惯性对企业持续成长的制约作用就突显出来了。因为，从长远的角度看，积极型的惯性行为将使组织成为自己过去的成功的牺牲品。企业的妄自尊大、故步自封会使组织丧失创新精神，并在未来的竞争中处于劣势。柯达公司的衰落无疑就是其中的典型案例。

【企业实例 13-1】

柯达的衰落

2012 年 1 月 19 日，美国柯达公司正式提出破产保护申请，这家有着 130 多年历史的世界最大的影像产品公司在挣扎了 10 多年后，最终还是在商业世界的选择、演变中被淘汰。

在过去的几十年经营中，柯达一直使用着“剃须刀和刀片”的商业模式，即出售低价的相机产品，然后通过高利润的胶卷产业盈利。庞大的胶卷产业是柯达长期以来获得高额利润的重要支柱力量。然而，成也萧何，败也萧何。在摄影拍照技术从“胶卷时代”大踏步进入“数字时代”之际，柯达借助胶卷时代的鼎盛发展，却也陪着胶卷时代的离去而衰落。

其实，并不是柯达不具备数字影像方面的技术和能力，相反柯达早在 1976 年就开发出了数字相机技术，并将数字影像技术用于航天领域，其在 1991 年就有了 130 万像素的数字相机。但是，倚重传统影像业务的柯达高层不仅没有重视数字技术，反而把关注的重点不恰当地放在了防止胶卷销量受到不利影响上，导致该公司未能大力发展数字业务。结果就是舍不得“自杀”，只能“他杀”。2002 年柯达的产品数字化率只有 25% 左右，而竞争对手富士胶片已达到了 60%。随着胶卷的失宠，以及更后来的智能手机的出现，柯达走向了末路。

柯达作为第一家研制出数码相机的公司，反而却被埋葬在数码潮流中。究其原因是柯达无法割舍胶卷业务的巨大利益以及胶片胶卷事业成功所带来的发展惯性。在两种力量的驱使下，决策层宁愿相信“胶卷行业还没有结束，数码影像时代还远着呢”。

现实中，伴随全球消费电子产业的升级转型，大批传统产业在数字互联网浪潮的冲击下消失，而同时大批新兴产业诞生。再大的企业也无法抵抗整个行业衰退带来的发展冲击。而柯达的困局也只是全球电子消费技术在创新驱动下产业“吐故纳新”的缩影。

3. 企业中最优秀人才的流失

对于现代企业，特别是大型公司带来的挑战是十分现实的。由于自主创业逐渐地形成潮流，其在经济社会中的地位在不断上升，成功的创业者成为一代"新英雄"，这对年轻的和经验丰富的员工来说都富有吸引力。同时，在最近几年中，风险投资也已经成长为一个大产业，这就形成了一个能够为创业者实施风险项目提供重要的资金资源的资本市场。种种变化和发展都在鼓励那些具有创新思想的人脱离大公司，为自己而奋斗。因此，现代企业不得不寻求开展企业内创业的途径。不这样做就等于是等待停滞、人员流失和衰退。这是一场新的企业革命，它反映了一种对在企业组织内部开展内部创业的认识和渴望。

13.1.3　企业内创业的特征

要全面把握企业内创业的本质及特征，还需要将其与独立创业和企业内一般的研发和创新活动相区分。

1. 企业内创业与独立创业的比较

（1）创业主体比较

独立创业的实施主体是独立创业者；企业内创业的实施主体是内部创业者。无论何种创业，创业主体都是创业活动发生的关键，他们既是创业才能的载体，也是创业活动的发起和实施者。内部创业者与独立创业者有许多相似之处：首先，与创业者一样，内部创业者也不一定是产品或服务的发明人，但却对将创意或产品原型转变为可盈利的实际产品怀有强烈渴望；其次，内部创业者具有绝大多数独立创业者所常有的个性和行为特点（Ross 和 Unwalla，1986），如具有很强的成功欲望、渴求权力和不受束缚、具有很强的内控意识、容忍不确定性、自信、乐观、果断、精力旺盛等。但内部创业者与独立创业者之间也存在一定差异[①]：内部创业者在风险态度、关注焦点、对组织系统的态度方面体现出介于独立创业者与传统管理者之间的特征。这些差异也是导致内部创业者选择在企业内部而非自立门户实施创业活动的主要因素之一，对此本书将在后面的内容中进行详细的比较和分析。

（2）创业活动比较

独立创业与企业内创业，在本质上都是一种创新活动，但二者在活动背景和过程方面存在较大差别：独立创业是独立创业者在市场环境下发起并实施的创业活动，而企业内创业则是内部创业者在特定的企业框架内发起并实施的创业活动。这种背景差异，导致独立创业者需要独自筹集创业资源；而内部创业者则可依托企业现有资源优势开展内部创业活动。事实上，企业内创业对企业现有资源的依托，使其与独立创业相比具有更高的成功几率，这也是企业内创业的重要优势所在。但背景的差异也使企业内创业面临更大的阻力。相对独立创业者而言，内部创业者对环境，特别是内部环境缺少控制权。创业者自己是老板，而内部创业者则必须向上级

① PINCHOT Ⅲ. Intrapreneuring［M］. Harper Collins Publishers，1985：54-56.

报告，并寻求对创业活动的支持。熊彼特曾把创业描述为创造性破坏，创业的这一性质更是使内部创业者常常需要面临内部的各种批评和抵制。

（3）创业结果比较

创业失败对独立创业者来讲，会导致其破产；但企业内创业的最终风险由企业承担。通常，如果创业失败，根据很多公司的规定，内部创业者仍可以回到原部门工作。可以看出，就内部创业者个人风险而言，企业内创业相对于独立创业的低风险性，也是其选择企业内创业而不自立门户的又一重要原因。创业成功的结果是一个新企业（组织）的诞生；而企业内创业的目标并不是建立新企业，其结果是现有组织的成长，且这种成长可能发生在产品、组织、战略和使命多个层次。

【企业实例 13-2】

企业内创业的支持政策

2000 年 8 月 15 日，华为出台了《关于内部创业的管理规定》，凡是在公司工作满 2 年的员工，都可以申请离职创业，成为华为的代理商。公司为创业员工提供优惠的扶持政策，除了给予相当于员工所持股票价值 70% 的华为设备之外，还有半年的保护扶持期，员工在半年之内创业失败，可以回公司重新安排工作。

松下公司在 2000 年投资 100 亿日元设立了公司创业基金，用于支持员工创业，方式是通过商业计划书，一年有 3 次海选。为了鼓励员工创业，松下规定创业者初期出资比例可以在 30% 以下，以后再从松下公司回购股份，创业的员工可以签约成为松下的合同工，即使创业失败，5 年内仍可加入公司继续工作。

2. 企业内创业与企业一般研发和创新项目的比较

企业内创业的本质是创新，但这种创新活动与一般的研发和创新项目不同。通常的研发和创新属于既有战略框架内的创新活动，其目的在于发展而非变革现有战略及相应的组织模式。而与企业内创业相伴随的创新则试图变革既有战略，并常常带来企业战略观念的转变。从国外企业的实践看，企业内创业在实施方面也与一般研发和创新项目有明显区别，具体表现在以下几方面：

（1）企业内创业是内部创业者的“自主选择”

企业内创业是内部创业者出于将创新想法变为现实的强烈渴望，而发起并实施的创新活动，是创业者及其创业团队的一种主动的自愿选择。这与由管理高层指派人员开展的研发和创新活动有根本不同。企业的研发和一般性创新活动主要是受命实现管理高层的创新想法；而企业内创业则是内部创业者寻求企业支持来实现自己的创业梦想。这种差异导致内部创业者及其创业团队在积极性和创造力方面都高于传统的研发和创新项目团队。

（2）企业内创业由专门的内部风险资本（Intra Capital）扶持

就一般的研发和创新项目而言，其资金来源主要是企业的财务预算。而企业内创业活动所需资金则主要来自企业设立的内部风险资本。鼓励企业内创业的企业通常留出专门资金为内部创业者的创业活动以及进一步开发进行投资，该资金的运作方式也与真正的风险资本类似，所以称为内部风险资本，其与通常的财务预算形式有本质不同。

（3）内部创业者与其创业项目伴随始终

一项创意一旦被采纳，将由创意的提出者——内部创业者来执行该项目（包括人员的召集、资金的筹措和创业想法的实施等），直至最终成功。而通常的研发和创新任务往往只局限于特定的创新环节。以产品创新为例，研发团队开发出新产品或服务就算完成使命，其生产、销售等则交由其他部门依次完成；而内部创业者及其创业团队则负责从创意形成到产品推广的全部过程。

13.2　内部创业者及其创业动因与形式

13.2.1　内部创业者及其与一般创业者和管理者比较

内部创业者就是在企业内部实施创业活动的个体或团队。一般来说，企业内创业者不一定就是新产品或服务的发明人，而是能够将创意或产品原型转变成可盈利的实际产品的那些人。他们是支持产品或服务的人。他们是负责并具有希望看到想法成为现实的强烈愿望的团队创建者。可能更令人惊奇的是，他们大多只具有平均或平均偏上的智商，也就是说，他们并不是天才。

大多数企业内创业者都是从一个创意开始建立其“内部企业”（Intraprise）的。这个创意基本上是开始于一个幻想，或如经常所称的“白日做梦阶段”。在这一阶段，企业内创业者首先在心理自我审查将创意转变为现实的程序。不同的途径都要考虑到，潜在的干扰和障碍也要在心里盘算到。Pontiac Fiero 公司的内部创业者 Hulki Aldikacti 提供了这一过程的一个例子。当 Aldikacti 向 Fiero 公司提出他的创意时，他并不能确定他要制造的车会是什么样子。因此他建造了一个乘客车厢的木制实物模型。然后他就坐在这个模型中，想象着驾驶的是一辆成品车会有什么感觉。这帮助他开发和完善了最终的产品。

通常，企业内创业者最初可以看作是并不存在的一个新的风险事业部门的总经理。开始时，个人可能只专注于一个领域如营销或研究与开发，但是一旦内部创业开始，他或她就要开始快速学习与该项目相关的所有方面。内部创业者很快就会变成具备多项技能的通才。企业内创业者大多是行动导向的。他们能迅速地把事情做好。他们也是目标导向的，准备尽一切努力达到目标。他们身上一般也结合了思想家、行动家、计划制订者和劳动者的各种优点。他们能够将梦想和行动结合到一起。将精力专注于新的创意上面是最重要的，因此企业内创业者往往期望一些不可能的事情发生，也不认为任何挫折都会大到造成项目的失败。

当面对失败或挫折时，企业内创业者大多保持乐观态度。首先，他们并不承认他们被打败了，他们将失败视为暂时的挫折，从中吸取教训并加以解决。失败并不是退却的理由。其次，他们认为他们自己要对自己的命运负责。他们并不将失败归咎于其他人，而是进一步集中精力学习如何做得更好。通过客观地处理自己的错误和失败，内部创业者学会了如何避免再犯相同的错误，而这又帮助他们进一步取得成功。

表 13-1 比较了企业内创业者与传统管理者和独立创业者的特征和技能，从中可以进一步了解内部创业者的基本特征。

表 13-1 **传统管理者、独立创业者与企业内创业者的比较**

特征	传统管理者	独立创业者	企业内创业者
首要目标	提升和其他传统的企业奖励，如办公条件、雇员和权力	独立，创造的机会，金钱	独立地使用企业资源，在企业奖励中领先于他人
时间导向	短期；完成定额和预算；每周的、月度的、季度的和年度的计划范围	企业生存，实现5~10年的企业成长目标	在传统管理者与独立创业者之间，依赖于急需满足的自定的和企业的时间表
行动倾向	对行为授权，大量精力用于监管和报告	直接行动	直接行动多于授权
技能	专业管理，通常受过商学院教育；使用抽象的管理工具、人员管理和政治技巧	非常在行，具有比管理或政治技能更大的商务洞察力。如果在技术行业，通常接受技术培训	非常像一般创业者，但其地位要求其具有更大的在企业内取得成功的能力；需要这方面的帮助
对勇气和命运的态度	视其他人的命运为其掌握；可能是强有力的野心勃勃的，但可能害怕其他人的能力	自信、乐观、富于勇气	自信、富于勇气；许多内部创业者对制度持嘲笑态度，但对他们瞒骗制度的能力很乐观
关注的焦点	主要是企业内部的事件	主要是技术和市场定位	兼顾企业内外的事件；向内部人员传递市场的要求，也关注顾客的要求
对风险的态度	小心谨慎	喜欢适度的风险；大量投资，但期望获得成功	喜欢适度的风险；一般不害怕被解雇，因此并不注意个人风险
市场研究的运用	进行市场研究以发现需求，并指导产品概念化	创造需求；创造不能被市场研究所检验的产品；潜在的顾客还不能理解这些产品；与顾客交谈并形成自己的观点	像创业者一样，自己进行市场研究和直观的市场评估
对地位的态度	对地位的标志很在意（如角落的办公室等）	只要工作完成，倒喜欢坐在黄木箱上	将传统的地位标志视为玩笑，珍视自由的标志
对失败和错误的态度	努力避免错误和令人吃惊的事情；会推迟处理已发觉的错误	将错误和失败作为一种学习经验	从错误中学习而不付出公开失败的政治成本，总是试图隐藏有风险的项目

续表

特征	传统管理者	独立创业者	企业内创业者
决策制定的类型	支持掌握者的意见，会拖延制定决策直至获得老板的想法	服从个人的想象，是性格坚决的、行动导向的	是精通说服其他人同意自己愿景的高手；比企业创业者更有耐心、更愿意妥协，但仍是一个实干家
为谁服务	取悦其他人	取悦自己和顾客	取悦自己、顾客和赞助人
对组织系统的态度	将组织系统视为培养和保护人的场所，在其中寻找自己的地位	在组织内迅速成长；当遇到阻挠时可能会离开组织而成立自己的公司	不喜欢组织系统，但会学着控制
解决问题的类型	在组织系统内部解决问题	在大型的、正式的组织中通过辞职和自己独立开始的方式来逃避问题	在组织系统内部解决问题，或者不辞职而绕过问题
家庭史	家庭成员曾经为大企业工作	创业型小企业，专业或农场背景	创业型小企业，专业或农场背景
与父母的关系	独立于母亲；与父亲关系良好但有些依附	没有父亲或与父亲关系紧张	与父亲关系较好，但仍有些粗暴
社会经济背景	中产阶级	在一些早期的研究中为下层阶级，在最近的研究中为中产阶级	中产阶级
教育水平	受过高等教育	在一些早期的研究中没有受到很好的教育，在最近的研究中有一些研究生，但没有博士生	通常受过高等教育，尤其是在技术领域，但有时也并非如此
与其他人的关系	将管理层级理解为基本关系	将交易和协议签订理解为基本关系	将管理层级内的交易理解为基本关系

值得强调的是，上述种种对企业内创业者特征的表述都不是绝对的，只能在大多数情况下适用。世界是缤纷多彩的，任何单个的企业内创业者都可能具有其独特的品质。

13.2.2　个体为何选择在企业内创业

Pinchot Ⅲ（1986）曾经对潜在的内部创业者提出建议："假如你的情况符合以下条件的话，很明显，做内部创业者比做独立创业者更好。"[①]如果你的设想本身是内部创业式的，而不是独立创业式的（比如说，你想提供一种利于改善公司业务的方法）；如果你想做些新东西，但希望与公司保持友好关系，并想得到公司保护的心情比希望得到发财的机会更强烈；如果实现设想所需要的资本在公司内比在公司外更容易得到；如果你想在公司内先进行创办实业的实践，然后再到公司外利用自

① PINCHOT Ⅲ. 创新者与企业革命：2000年的总经理与内企业家［M］. 丁康之，丁伟之，译. 北京：中国展望出版社，1986：91-92.

己的资金冒险；如果你是靠公司的牌子和销售渠道来扩大事业的规模或增加成功的机会；如果你需要继续利用公司的专有技术来保持竞争能力。事实上，Pinchot Ⅲ的上述建议已经分析了个体选择在企业内创业的原因。归结起来，个体选择在企业内部实施创业活动主要基于以下 5 方面原因：

1. 企业内创业可以利用现有企业的销售势力

现有企业所拥有的销售势力常常成为个体选择在企业内创业的理由。即使内部创业者能够绕过现有企业的销售渠道，但他也必须考虑企业品牌的力量。独立的创业者常常面临的一个难题是，如何使顾客相信他们的产品。对于那些已经创业成功，特别是已经建立起品牌知名度的企业而言，只要生产出一种新产品，超级市场就会把它摆上货架。但独立创业者即使生产完全相同的产品，却不得不用广告来推销产品，还得让商店相信它的销路才能得到同样的待遇。而这意味着大量的成本开支。

2. 企业内创业可以利用现有企业的技术基础

通常大企业在基础研究方面可望比小企业有更多的盈利。因为一个人不可能确切地了解研究成果会在哪个行业中领先。企业越大、越多样化，研究成果就越有可能适用于企业所从事的某种业务，至少也是企业有能力从事的业务，因此大企业可能倾向于承担更多的基础研究。但通常定型化的大企业都缺少有效的机制支持内部创业活动，他们只能利用内部开发的新技术所带来的极小部分。结果，尽管实验室有许多技术突破，却不能指出这些研究成果会带来多少效益。更糟糕的是，如果内部创业者不能在企业内使创新商品化，他们很可能会带着新技术离开企业，甚至作为竞争者，出现在本来已经为新技术开发付出代价的企业面前。但如果企业给内部创业者以一定的权力，就可以恢复大企业应从其技术基础得到的经济优势。而对内部创业者而言，有一个既保护企业专有技术，又鼓励企业内创业的企业支持，这是其宁做内部创业者而不去做独立创业者的强有力原因。

3. 企业内创业可以利用有界资源网的优势

独立创业者的资源网是无界的，他们可以找世界上任何领域的最合适人选。而企业内部的资源网却很有限。但是，正是由于公司资源网是有界的，现有企业才有重要的优势。他们可以自由地与公司内的人共享专有技术的秘密，因为他们都知道共享的范围。而独立创业者与其他创业者打交道时，却没有明确的专有技术的信息界限，这样就不能互相交换信息。

4. 企业内创业可以将企业作为实验工厂

现有企业内的内部创业者更有机会使他的设想在企业的工厂内变成产品，特别是那些负荷不足，而且渴望试制新产品的公司。当然，这种优势理论上虽然是对的，但只能在少数企业得到实现。这些企业必须能让内部创业者自由地打破部门界限，寻找他们所需要的东西。

5. 企业内创业可以获得创业所需资金

随着风险投资的兴起，大企业在提供资金方面的优势已经大为减弱，但对于有些创业活动，利用企业资源则更为有利。如（1）那些风险资本家不愿干而企业却经常干的冒险活动；（2）资产的购置，企业内部的创业者可能比他们单独经营时更易于购置到合适的创业资产；（3）内部资金融通，就像通用电气公司的风险资金一样，可以得到扣除，从而减免所得税负担。

【企业实例 13-3】

海尔集团里的“创客”团队

海尔集团这个世界最大的白色家电企业通过自身再造，正由中国最大的家电制造企业整体转型为创业平台。目前，海尔创业平台已经吸引了企业内外98家孵化园区，1 328家风投机构，在全社会孵化和孕育着2 000多家创客小微公司，已成功推出雷神游戏笔记本、天樽空调、免清洗洗衣机等1 081个创新产品及创业项目。

李艳兵、李欣、李宁原本是海尔集团的三名85后普通员工。2013年6月，他们了解到，整个PC行业市场规模大幅下滑，市场需求已陷于停滞和萎缩，但是作为细分市场的游戏本一直处于增长状态，于是三名游戏发烧友从京东3万条“差评”中总结出用户对笔记本的“18条抱怨”，产生了开发一款更适合游戏玩家的笔记本的创业想法。

而当他们找到了海尔智能互联平台的平台主管周兆林，看着游戏本样机完全背离笔记本“轻薄”的发展趋势，周兆林心里有点打鼓，这几个“小孩”要创业能行吗？但他没有立即反对，而是让他们先去试试。在当下创客文化的氛围中，三个年轻人获得了创业的机会，他们迅速组建雷神小微团队。

随后，三个人开始寻找用户痛点并观察是不是也和自己一样有很多抱怨。于是三个人用了一个简单粗暴的方法——“手动大数据”。他们直接去京东和天猫笔记本板块翻用户的回复，收集了接近三万条用户体验，然后花了整整两天时间归纳整理，最后总结出用户对目前游戏本的抱怨分为十八条。带着这些数据发现，他们去百度贴吧、IT类论坛发帖与用户沟通交互以确认痛点的有效覆盖率。

问题找到了，那么就一定要找最好的游戏笔记本生产供应商来解决这些问题，经过四个多月的艰苦谈判，一家台湾游戏本代工厂蓝天终于被拼命“三李”的决心以及细致的可行方案所打动。带着生产出的第一代样机，“三李”又回到交互的第一阵地邀请粉丝试玩、测评、提出改进意见再反馈给蓝天……就这样周而复始的两个多月，最终雷神游戏本解决了用户“卡机、蓝屏、屏幕亮点”等诸多市场产品痛点。

2013年12月24日，雷神的第一款产品在京东商城预售，3天时间500台游戏本一售而空。截至2014年12月，在短短的一年时间，雷神产品的销售量达到5.82万台，产品销售额达到2.5亿元，成为京东及天猫商城游戏本销售量、销售额第二名的品牌。2015年1至5月份，雷神游戏本销量达到3.4万台，销售额达到1.87亿元，同比分别增长109%和163%。产品在15个月内迭代达六次，积累了近150万粉丝，成为2014年游戏本业内最热门的品牌。

2014 年 4 月，通过海尔内部创客孵化平台的启动资金、供应链、服务、人力、资源等支持。雷神小微注入第一批启动资金，注册成立青岛雷神科技有限公司，雷神小微实现了独立运营，自负盈亏，拥有用人权、分配权、决策权。

雷神成立公司后，开始与一些风投接触沟通投资事宜，2014 年 12 月，成立仅一年零三个月的雷神首批 A 轮融资 500 万元到位。2015 年 3 月，雷神京东股权众筹一小时募得 1 500 万元。至此雷神累计获取社会化资本 2 000 万元。2015 年 5 月，雷神京东众筹 2 829 万元刷新了中国众筹的纪录，七十二小时实现 1 600 万元超募。

资料来源：佚名 . 海尔集团里的“创客”团队［N］. 半岛都市报，2015-06-01.

上述内容虽然不是影响内部创业者创业决策的全面因素，却是非常重要的因素。并且，通过上述分析可以看出，企业内创业无论是对企业而言，还是对内部创业者而言，都具有积极意义。这也是为什么企业内创业理论和实践不断升温的原因所在。

13.2.3 内部创业者的创业形式

一些学者将企业内创业限定于产品创新，本书认为这种界定过于狭窄。从国外企业的实践看，企业内创业涉及的范围已经扩大到企业活动的各个领域。根据创新层次的不同，本书将企业内创业区分为产品/市场创新、组织创新、战略创新和使命创新四种类型。

1. 产品/市场创新。

产品/市场创新是目前最被广泛接受的，同时也是最常见的一种企业内创业形式，指的是企业不断地推出新产品和服务或进入新的市场领域。企业不断地进行产品和服务创新以及介入新市场，其目的在于利用企业创新能力开发潜在的或未利用的市场机会。企业通过对产品生命周期进行管理，不断地剔除老产品、推出新产品，从而可以提高企业总体竞争力。进行此类企业内创业活动的企业一般体现出学习型组织的特征。

2. 组织创新。

组织创新指的是企业通过改变其内部流程和结构来维持或提高竞争地位的企业内创业活动。在企业内创业的文献中，这一现象也被称为公司更新（Corporate Renew）。但公司更新常常既包含组织变革又包含战略调整。相对而言，组织创新更能体现针对组织本身的企业内创业形式的内涵。将组织创新与战略创新区分开来的原因是要建立这样一种认识：不仅战略创新能够为企业带来竞争优势，通过组织创新来提高战略执行效果也可以保持和提高企业的竞争性。通过组织创新提高战略执行效果，通常需要重塑价值链（Porter，1980），或改变内部资源的配置方式。

3. 战略创新。

战略创新指企业通过改变竞争方式来重新界定与市场和产业竞争者关系的企业内创业形式。与组织创新强调组织本身的特点不同，战略创新关注的焦点是组织与外部环境的关系。战略更新要求新战略要与原战略有重大区别，如新战略使企业能以更好的方式整合资源，或能更充分地利用产品/市场机会。战略创新既可以使业绩滑坡的企业摆脱困境，也可以使领先企业保持优势地位。

4. 使命创新。

使命创新指的是企业通过创造或开辟其他企业尚未发现或尚未积极开发的新竞争领域而重新定义其经营范围的企业内创业形式。在产品/市场创新型企业内创业中，企业或者凭借现有产品进入从前未曾进入的市场领域，或者在现有市场中引入新产品；使命创新，则是企业以新产品进入新市场，这一新市场领域的发展可能会引发一个新产业的诞生。通过这类创业，企业率先发现了某种新市场机会，并将竞争引入这一新领域，以此赢得“先动优势”。使命创新的目的在于影响和塑造一个产业的初始结构，从事此类创业活动的企业常常可以凭借“先动优势”建立有利于自身的产业标准，为其他企业进入该产业设置困难和障碍，从而可以在较长的时间内保持竞争优势。

13.3　基于企业内创业的企业持续成长机制

13.3.1　企业内创业与企业成长之间的关系

Porter（1980）曾提出企业竞争优势的两种基本形式：总体成本领先和差别化。后来的战略管理学者 Stalk（1988）又指出了快速反应对于建立企业竞争优势的重要性。由于企业内创业在现实中有多种表现形式，而不同的企业内创业所带来的竞争优势也是不同的。表 13-2 显示了四种企业内创业形式、企业竞争优势及企业成长之间的对应关系，同时也对四种创业活动关注的焦点、频率及创业失败对企业的影响程度做了比较。

表 13-2　**企业内创业、企业竞争优势与企业成长**

企业内创业形式	关注焦点	企业竞争优势	企业成长性质	创业活动频率	创业失败的影响度
产品/市场创新	新产品或新市场	差别化/快速反应	质的成长	高	低
组织创新	组织本身	成本领先	质和量的成长	中	低到中
战略创新	经营战略	不确定	不确定	低	中到高
使命创新	经营领域的拓展	快速反应	质的成长	很少	不确定

鉴于消费需要的迅速变化，持续的产品/市场创新，首先可以为企业带来快速反应的优势。其次还可以为企业带来差异化的竞争优势。因为，具有创新精神的公司常常会赢得声誉上的优势，而这本身就使本企业与其他企业形成差异；此外，这种声誉优势将有助于企业在消费者心目中建立起积极的产品特色，这也会提高企业在消费者心中的差异化水平。产品/市场创新的这两种优势，都会带来企业质的成长，但在量的成长方面，由新产品所处生命周期阶段的特征所决定，通常导致业绩水平的短期下滑。

组织创新型企业内创业常常是总体成本领先优势形成的根源。通过采取降低成本结构的行动，组织创新型企业内创业常常可以为企业带来效率上的优势，从而形成成本上的领先竞争优势。这种优势可以带来企业质和量的全面成长。

战略创新与上面提到的任何一种竞争优势的联系都是最弱的，但这并不是说战略创新不能形成上述三种竞争优势，而是指战略创新并不像其他三种形式的企业内创业那样与特定的竞争优势相联系。某种战略创新型企业内创业究竟会为企业带来何种竞争优势，要看具体的战略创新情况才能确定。因而，其究竟会带来企业的何种成长也是不确定的。

使命创新，即事业领域的重新定义，有助于企业对外部环境做出快速反应，同时也意味着企业将竞争引入到新的市场当中，如果竞争者也不得不进入该市场领域，那么企业的先动优势就会成为竞争优势之源。这种创新也主要带来企业质的成长。

综上所述，可以看出：企业内创业活动通过提高企业在成本、差异化和快速反应等方面的优势，不仅可以带来企业量的成长，更重要的是它还可以带来企业质的成长。因此，我们可以得出结论：企业内创业是企业成长的重要途径之一；企业内创业实现企业成长的方式是通过提高企业竞争优势来实现的。

13.3.2 企业内创业活动的影响因素与互动过程

在不同组织中，企业内创业活动的频度和形式也是不同的。企业内创业活动的出现是组织特征、个人特征和一些突发事件的相互作用的结果。图 13-1 所示的模型揭示了与企业内创业相关的关键要素及其相互作用的模型[①]。

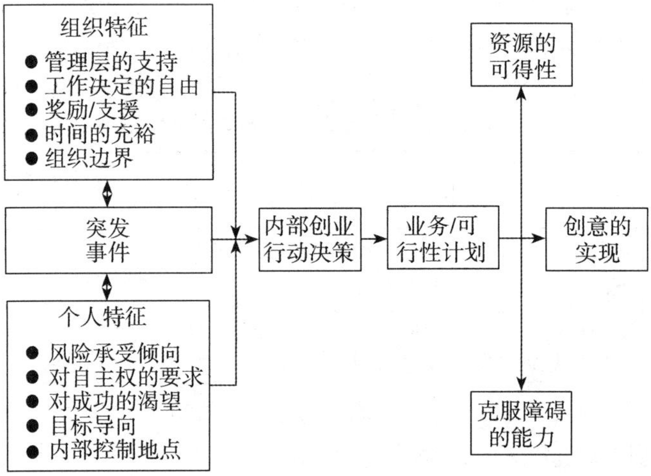

图 13-1 企业内创业的影响因素与互动过程模型

通过前面有关内部创业者的分析，我们已经了解内部创业者的特征。因此，这里我们主要分析促进企业内创业的组织特征。根据企业内创业的互动过程模型，促

① HORNSBY,NAFFIIGER,KURATKO et al. "An Iteractive Model of the Corporate Entrepreneurship Process [J]. Entrepreneurship theory and Practice 17, No.2, 1993: 31.

进企业内创业的组织特征包括：

1. 管理层的支持

管理层的支持即管理层对员工的内部创业活动的支持程度，以及管理层是否鼓励员工相信创业实际上是为公司所有成员设定的角色的重要组成部分。反映管理层支持的管理活动有：员工想法的迅速采用、对提出想法的人员的赏识、对小的试验项目的支持和项目启动的种子资金。

2. 自主权 / 工作决定权

员工具有能够以他们认为最有效的方式来决定如何完成自己工作的决定权。公司允许员工作出关于工作进展的决定，并避免对员工在创新时所犯的错误进行批评。

3. 奖励 / 支援

奖励和支援能够刺激员工专心于创新行为。公司必须奖励可能的成绩、提出挑战、增强责任并在公司系统内宣传创新者的想法。

4. 时间的充裕

新的创新想法的培育需要个人有一定的时间来形成这些想法。公司必须合理分配员工的工作负担，避免在员工工作的任何方面增加时间约束，允许员工与其他人一起解决问题。

5. 组织边界

这是一些真实的或想象的边界，它阻止员工关注本职工作之外的问题，因而这是一个负面因素。员工必须以广阔的眼光来看待企业。企业应该避免将所有主要的工作都设计成标准化过程，也应该减少对范围狭窄的工作任务说明和僵化的绩效标准的依赖。对创新活动的支持意味着组织边界的模糊化甚至消失。

统计结果支持这些基本的内部环境因素，那些试图建立内部创业战略的企业需要集中关注这些因素。以前的研究也提到，这些因素是涉及建立内部创业氛围的关键步骤。

当其他条件有助于企业内创业行为时，突发事件就为企业内创业行为提供了原动力。研究者 Shaker Zahra 揭示了一些企业内创业过程中可以被视为突发事件的影响因素。这些因素主要包括三个方面，即环境因素如敌意（竞争过程中的对企业目标的威胁）、动态性（由于各种变化造成的企业市场的不稳定性）和异质性（对企业产品产生新的需求的市场中的发展变化）。

这些影响因素中包括了环境或组织变革的一些方面，这种变革会突然引起或刺激组织特征与个人特征的相互作用，从而引发内部创业突发事件。更具体地说，企业内创业过程中的突发事件可能有：新过程的开发，公司管理层的变更，兼并或收购，竞争者市场份额的增加，新技术的开发，成本降低，消费者需求的变化和经济变革等。

在决定进行内部创业活动之后，紧接着的主要任务是制订一个有效的业务计划。整个业务计划应包括新的内部风险事业所涉及的所有发展阶段。

一个精确的业务计划是必不可少的，其实施和内部创业的最终成功依赖于两个关键因素。第一个关键因素是，组织是否能够提供所需的资源；第二个关键因素是，内部创业者是否能够克服可能妨碍新项目的组织障碍和个人障碍。

一个内部创业想法的最终实现是这里描述的这些因素相互作用的结果。在完成了开发可行性分析、认识到资源对新风险事业的必要性和克服了所有现有的组织障碍之后，内部创业者就可以推行其想法并正式开始创新了。

本书强调，对企业内创业过程的理解比对创业者的理解更为重要，对创业者的理解只是对企业内创业过程理解的一部分。企业内创业是多维的，依赖于一些组织和个人活动的相互作用。

【企业实例 13-4】

Google 的企业内创业

在 Google 公司内部，有一个随时变动的 Top100 项目列表。Google 鼓励员工把自己想到的富有创新性的想法写出来，让其他员工进行投票，使得大家觉得最好、最可能成功的项目凸显出来。然后 Google 会给员工提供技术和资金支持，员工可以运用 20% 的自由工作时间将自己的想法付诸实践。Google 的这一鼓励内部创新创业的模式跟 3M 公司的“15% 定律”不谋而合，充分体现了这些世界级的大公司自由开放，且极具创新力的企业文化。

2015 年 8 月，谷歌重组改名为 Alphabet，业界认为这是 Google 两位联合创始人放权脱身以激励内部创业所作出的举措。重组之后，原先的 Google 瘦身成为全资子公司，它的一些与核心业务关系不大的业务纷纷分拆成新的子公司，而 Alphabet 将成为一个新的大的控股集团。很多子公司将由自己的 CEO 负责，两位创始人只需从战略层面管理好这一大集团便可，这样既能将两位创始人从繁琐的事务中拉出来，去考虑大的方针问题，又能培养新的、年轻的 CEO。

用 Google 联合创始人兼 CEO 拉里·佩奇的话说，重组可以让 Alphabet（或者谷歌）重新获得“创业公司般的活力”，革命颠覆性的创新不断推送着下一个巨大的增长领域，以继续保持与行业挂钩。

在保证核心互联网业务占据主导地位的前提下，通过独特的 20% 内部创新创业模式，Google 发展了很多在外人看来“稀奇古怪”的项目，例如无人驾驶汽车、气球网络项目、可以监测血糖的隐形眼镜等。Google 通过激发内部活力完成了自身的再创业，保证了 Google 以更灵活的管理方式去适应市场的新变化。在新的 Alphabet 架构下，这些项目纷纷脱离，成了 Alphabet 旗下的独立子公司。

可以看出，Google 的内部创业公司涉及的很多领域都是比较前沿的，这也是为什么 Google 能够保持行业领先、全球领先地位的重要原因。

资料来源：根据相关资料整理 .

13.3.3 企业内创业活动推动的企业持续成长

如果企业内创业活动能够持续发生，并因此不断新创企业竞争优势，则可以有效推动并实现企业的持续成长。不过，与独立创业主要依赖于创业者的个人素质不同，企业内创业的发生和发展必须依赖特定的组织机制。企业内创业活动的发生是内部创业者个人特征、企业组织特征和外部突发事件共同作用的结果，并依赖于特定的组织机制将这三方面力量有机结合。我们将企业持续催生内部创业者及其企业内创业活动的组织机制，称为企业内创业机制。这一机制的运作方式如图 13-2 所示：

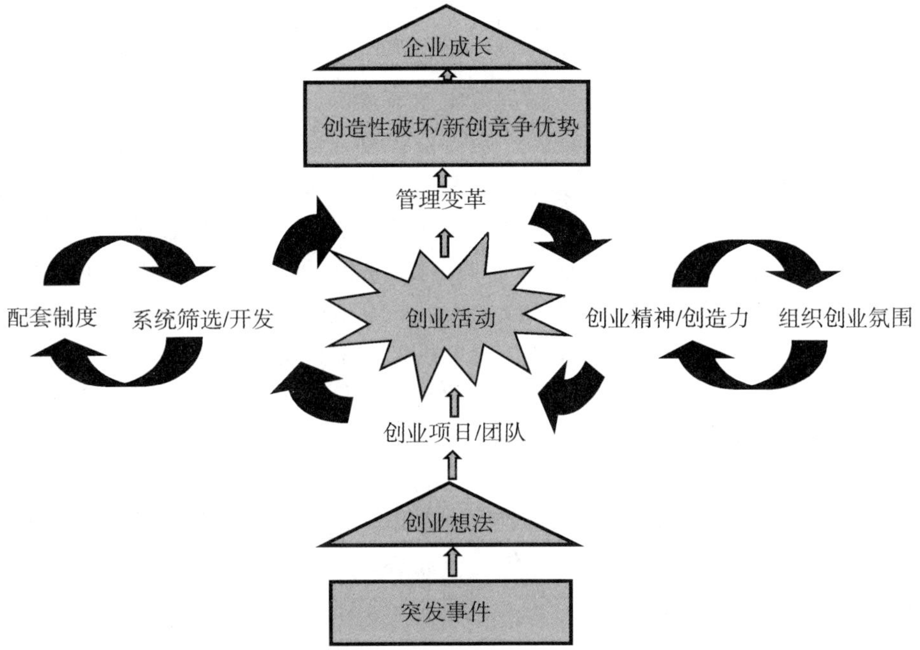

图 13-2 基于企业内创业的企业持续成长机制

图 13-2 中纵向部分描述的是企业内创业发生、发展及实现企业成长的过程。在此，外部突发事件为内部创业者开展企业内创业活动提供初始动力。Zahra (1991) 指出有许多影响企业内创业的突发事件，具体包括：竞争者市场份额的增加，新流程的出现，消费需求的变化，公司管理结构的变化，企业兼并，新技术的出现，总体经济环境的变化等。突发事件的出现引发了内部创业者变革现状的思考，思考的结果就是创业想法的诞生。之后，内部创业者会在企业范围内，寻找志同道合且在技术上相互支持的合作者，形成非正式的创业团队，共同进行企业内创业活动。企业内创业活动的实施及其成功将带来企业在产品/市场、组织、战略或使命多种层次的变革与创新，从而形成熊彼特所谓的创造性破坏，这一破旧立新的过程同时也是新创企业竞争优势的过程，其最终结果是企业质和量的成长。

图 13-2 中横向部分是企业持续催生企业内创业活动的组织过程。右环，即组织创业氛围——创业精神/创造力环，所体现的是企业培育和塑造内部创业者的过程。内部创业者所具有的创业精神和创造力是企业内创业发生的关键因素，而要将员工培育和塑造成具有创业精神和能力的内部创业者，企业必须营造鼓励创业的组织氛围、倡导创业精神。而内部创业者数量的增加和员工创业精神的形成，反过来会进一步深化组织的创业氛围，从而形成一种良性互动循环。左环，即配套制度——系统筛选/开发环，体现的是企业通过相关配套制度筛选和开发企业内创业

活动的组织过程。尽管成功的企业内创业会为企业带来成长机会，但同时也存在着创业风险。因此，企业作为风险的最终承受者，有必要对员工提出的企业内创业项目进行科学系统的筛选与开发。配套制度主要包括：（1）风险-收益评估制度，其作用是确定创业项目的价值和意义，并由此决定企业对项目支持与否和支持力度。一些企业设立专门的企业内创业风险基金委员会，来完成这些活动。（2）管理和控制制度，其作用是对企业内创业活动进行由始至终的监督和控制，以保证企业内创业活动沿着有利于组织的方向发展。在对企业内创业活动进行系统筛选和开发的过程中，企业积累的经验教训反过来也会不断完善各项配套制度，从而形成又一个互动循环过程。中环，体现的是企业持续催生企业内创业活动的核心过程。创业氛围的形成推动内部创业者的不断涌现；内部创业者在组织环境的支持下不断地发展创业想法、提出创业方案；企业通过不断地完善配套制度，加强对企业内创业的支持和管理；企业内创业活动本身，以及配套制度的建立和完善又会促进组织的管理变革；而这种变革又会进一步强化员工的创业精神和创造力，进而形成新的创业项目和创业活动。如此，循环往复。

通过上述分析可以看出，企业内创业作为一项活动，可通过直接贡献于企业竞争优势的方式，实现企业成长；而企业内创业作为一种机制，则通过不断催生内部创业者及其企业内创业活动，不断新创竞争优势，形成持续的竞争优势流，来实现企业的持续成长。

【企业实例 13-5】

美国 3M 公司的企业内创业

美国 3M 公司是一家以创新著称的公司，而其持续不断的创新活动以及公司的创新精神则来源于 3M 公司的几项重要政策和哲学：[①]

1.15% 的选择权。在 3M 公司，员工可以利用 15% 的工作时间来从事自己选择的项目。且不必向任何管理者报告，更无需管理者判断正当与否。

2.30% 原则。每个单位的收入中，必须有 30% 来自于在过去四年里引入的产品。业务单位的奖金多少取决于部门经理实现这一目标的情况。

3. 双阶梯晋升。3M 公司为员工提供了两条职业生涯阶梯：技术生涯阶梯和管理生涯阶梯。两条途径具有同样的升迁机会，因此可以使员工坚持自己的研究和专业兴趣。

4. 种子基金。产品发明者可以向所在事业部的经理要求种子基金用以开发新产品创意。如果管理者拒绝提供资助，发明者可以凭借其创新想法向 3M 公司内的任何其他事业部申请资助。如果没有事业部愿意支持其方案，员工还可以向公司办公室申请“创始基金（Genesis Grant）”。这一基金可以向员工提供数额达 50 000

① 这些公司政策和哲学由以下文章整理而来：COLLINS，PORRAS.Built to Last: Successful Habits of Visionary Companies[M].New York: HarperBusiness， 1995:156-158; RONALD ， MITSCH. Three Roadsto Innovation [J].The Journal of Business Strategy， September/October 1990: 18-21.

美元的资助，用于支持在某些新兴技术领域进行独立研究、产品开发及市场试验。每年公司大约会提供90笔这类资助。获得种子基金之后，产品创新的发起人就可以组建创业团队进行产品开发。创业的成员不是指派的，必须由发起人招募。

5. 容忍失败。如果创业未能成功，公司会为团队成员保留其原有工作。3M公司的公司文化强调“失败导致成功”，因此，员工不会因某一产品的市场失败而受到惩罚。在3M公司有许多传奇故事，告诉你最初的失败在后来却带来了具有安全感性的产品创新，其中最著名的故事就是前面已经介绍过的阿尔特·弗越伊发明Post-it®的过程。

6. 奖励成功。如果创业活动实现了收入目标，团队成员将获得加薪、提升和褒奖。这类褒奖之一就是Golden Step奖。获得该奖项的条件是一项新产品投入市场并在美国市场实现了200万美元的收入或在全球市场实现了400万美元的收入。另外一项奖励是Carlton奖，其奖励的对象是对3M公司的基础性技术创新做出重要贡献的员工。Carlton奖在3M公司享有极高的声誉，被称为3M公司的诺贝尔奖。如果一项新产品的销售超过某个截止目标，公司将会成立一个独立的部门；当（销售上升）达到另一个截止点时，就会成立事业部。如果事业部的销售规模达到2亿~3亿美元，事业部就会分立出去。每个事业部都是一个利润中心。产品创新的发起人有机会成为新事业部的负责人。事业部经理被要求熟知每个为其工作的员工的名字。总体上，几乎所有的3M员工都有资格参与分享利润的计划。

7.R&D支出。3M公司将大约6%~7%的销售收入用于研发活动，并在过去的20几年中持续增加研发支出，平均而言，其研发支出规模是一般制造企业的2倍。

8. 三层次研究机构。3M公司有三个层次的研究机构，它们分别是：事业部层实验室，集中于特定市场领域及近期产品开发；区域层实验室，集中于具有3~10年生存期的产品开发；公司层实验室，集中于在未来20年具有发展潜力的基础性研究活动。

9. 技术论坛。3M公司支持正式和非正式的知识共享活动。来自不同实验室的科学家组成技术委员会，他们定期会面讨论技术项目的进展情况。此外，科学家们还在技术论坛上提交论文，技术论坛是3M公司内部的专业社区。其他的技术分享机制还包括电子信箱目录，在每年一度的内部交易展由某个事业部进行新产品共享，对事业部间的新产品共享给予奖励。

10. 接触顾客。专家们通过定期与顾客会面，来了解顾客如何使用3M公司的产品。顾客也经常被邀请与专家一起参与旨在产生新创意的讨论会。

通过这些政策和措施，我们不难理解为什么3M公司的创新会层出不穷。从中我们也看到一种鼓励创新的文化以及与其相适应的组织机制是如何发挥作用提高企业创新绩效的。

【本章小结】

本章扩展了创业的本质，讨论了如何将其应用到一个已经建立的组织之中。

企业内创业是由企业内部有创业愿望的个体或群体，基于机会而发起的，为了获得创新性成果在公司授权和资源保证下开展某些业务或工作项目，并与企业分享成果的创业活动。其目的是通过产品或方法等方面的创新以及市场开拓等为企业创造出新的商机。

必要性来自于三个紧迫的问题：一是动荡的环境与不断加剧的竞争；二是已定型组织的成长困境；三是企业中最优秀人才的流失。

独立创业与企业内创业在本质上都是一种创新活动，但二者在活动背景和过程方面存在较大差别：独立创业是独立创业者在市场环境下发起并实施的创业活动，而企业内创业则是内部创业者在特定的企业框架内发起并实施的创业活动。这种背景差异，导致内部创业者可依托企业现有资源优势开展内部创业活动，这也使其与独立创业相比具有更高的成功概率。此外，创业失败对独立创业者来讲，会导致其破产；但企业内创业的最终风险由企业承担。

企业内创业涉及的范围已经扩大到企业活动的各个领域，根据创新层次的不同，可以区分为产品/市场创新、组织创新、战略创新和使命创新四种类型。上述企业内创业活动，通过提高企业在成本、差异化和快速反应等方面的优势，不仅可以带来企业量的成长，更重要的是它还可以带来企业质的成长，是企业成长的重要途径之一。

与独立创业主要依赖于创业者的个人素质不同，企业内创业的发生和发展必须依赖特定的组织机制。企业内创业活动的发生是内部创业者个人特征、企业组织特征和外部突发事件共同作用的结果，并依赖于特定的组织机制将这三方面力量有机结合。

【核心概念】

企业内创业　独立创业　内部企业家　内部风险资本　产品/市场创新　组织创新　战略创新　使命创新　基于企业内创业的企业持续成长机制

【课后思考】

1. 简述企业内创业的内涵及必要性。
2. 简述企业内创业与独立创业的区别。
3. 简述企业内创业与企业一般研发和创新项目的区别。
4. 简述内部创业者与一般创业者和管理者的区别。
5. 简述个体选择在企业内创业的原因。
6. 简述内部创业者的创业形式。
7. 简述企业内创业与企业成长之间的关系。

8. 简述企业内创业活动的影响因素与互动过程。

9. 简述基于企业内创业的持续成长机制。

【实践演练】

（一）测试：你是内企业家吗？

Pinchot Ⅲ列出了以下这些项目作为一次快速测试（每个回答只需回答“是”或“不是”）。

1. 你在完成你的职责并使之维持原样时，你是否希望花去你大部分的时间将工作做得更好？

2. 你对工作中将要做的事情感到兴奋吗？

3. 你在开车上班的途中或洗澡时有没有考虑过新的商业想法？

4. 当你在考虑如何实施新的想法时，你是否能描绘出行动的具体步骤？

5. 你是否因为做了超出权限范围的事情而时不时地遇到麻烦？

6. 你是否能隐藏自己的想法，在你测试并制订了实施方案后才告诉其他人呢？

7. 当你正在干的事情看上去可能会失败时，你是否成功地渡过了那段灰暗的时光？

8. 你在工作中是否有可靠的朋友关系网？

9. 当别人试图实施你的部分想法，但又做得不够好时，你是否很容易生气？

10. 你是否考虑过努力克服自然的完美主义者的天性，独自一人完成所有工作，是否考虑由团队来为你的想法分担责任？

11. 如果成功后能得到充足的回报，你是否愿意放弃部分的薪水来试验自己的想法？

如果你得到的“是”比“不是”要多，那么你的行为已经像一个创业家了。

（二）收集资料并分析华为企业内创业失败的经验和教训有哪些？